アリストテレスの倫理思想

アリストテレスの倫理思想

岩田靖夫著

岩波書店

目　次

序　章……一
第一章　アリストテレス倫理学の基本原理……一七
一　行為の究極目的としての善……一七
二　倫理学の学的性格と方法……二〇
三　イデア論批判……二六
四　人間の善としての幸福の領域の画定……三〇
五　人間性の活動……三五
第二章　フロネーシス……五五
一　善のイデアの消去……五五
二　エピステーメー、テクネー、フロネーシス……五八
三　フロネーシスの重層的構造……六四

四　ソフィアーに対するフロネーシスの位置……七一

第三章　無　抑　制……八一
一　問題の出発点――ソクラテスのパラドクス……八一
二　無抑制の位置――考察の諸前提……八六
三　無抑制の構造の解明への四つのアプローチ……九二

第四章　自由意志……一一三
一　随　意　性……一一三
二　理性的選択意志……一二七
三　ヘ　ク　シ　ス……一三三

第五章　人　間　性……一五三
一　自　然……一五三
二　本　質……一六四
三　霊　魂……一八五

第六章　徳……二一一
一　中　庸……二一一

二　不文の法……………………………………………………………………二三三
第七章　正　義……………………………………………………………………二三五
一　ポリス的正義…………………………………………………………………二三五
二　自然法…………………………………………………………………………二四三
三　一般的正義……………………………………………………………………二五一
四　特殊的正義……………………………………………………………………二五五
1　配分的正義　2　匡正的正義　3　交換的正義
第八章　愛…………………………………………………………………………二八九
一　問題の位置……………………………………………………………………二八九
二　愛の定義………………………………………………………………………二九〇
三　利益の愛と快楽の愛…………………………………………………………二九三
四　善い者の愛……………………………………………………………………二九六
五　自己愛と隣人愛………………………………………………………………三〇二
六　愛の存在論的構造……………………………………………………………三〇六
七　エピエイケイア………………………………………………………………三一八

八　アガペー……三二七
第九章　快　楽……三四七
一　二つの快楽論……三四七
二　快楽肯定論――先行諸思想の批判的検討(一)……三五一
三　快楽否定論――先行諸思想の批判的検討(二)……三五九
四　快楽の本質……三六四
五　倫理的含蓄……三六八
第十章　観　想……三八一
一　究極の幸福としての観想……三八一
二　神への同化……三八五
三　観想の対象……三九四
四　観想する理性……四〇五
五　観想と倫理徳……四一四
あとがき……四三五
索引・主要訳語表・文献表

序章

アリストテレスの倫理思想の根本的特徴を一言で表現するとすれば、何というべきであろうか。それは、否定的に表現すれば、善のイデアの否定ということになるであろう。すなわち、なにか理念的なもの、アプリオリなものを原理として立て、そこから倫理思想を演繹的に基礎づけるという考え方の拒否である。アリストテレス哲学は、すべてイデア論批判を基本的発条として動いているが、それは特に倫理学において激しい。なぜなら、倫理学は人間の行為の世界を対象とする学であるが、この世界は特にすぐれて可変性、可能性、個別性をその本質的特色とする世界であったからである。

では、イデア的原理に代えて、アリストテレスは何を倫理的思索の基礎に据えたのであろうか。「多くの人々の是認する考え」(ἔνδοξα)を倫理的思索の基礎に据えたのである。このことは、現代の言葉に翻訳すれば、「間主観的な合意」を倫理的思索における真理性の基準として立てた、ということを意味する。プラトン的なアプリオリズムに対する真理観のこの転換は、少なくとも問題を倫理学の領域に限ってみても、巨大な衝撃とその波紋を現代に至るまで及ぼしつづけている。そこで、アリストテレスの倫理的思索のこの根本姿勢について、以下、それの含む二、三の含蓄を指摘することから始めよう。

先ず、よくいわれることは、アリストテレスの倫理学には規範《ノルム》の基礎づけがない、という批判である。この批判は、もし当為《ゾレン》と存在《ザイン》を分断し、換言すれば、価値と事実を分断し、後者によって前者を基礎づけることはできないという立場をあらかじめとるならば、当っているといってよい。この見方に立つ人にとっては、アリストテレスのなした仕事は人生の生き方に関するギリシア人の伝統的な知恵を収集し整理したということ以上のものではない。たとえば、ディルマイアーはその大著『ニコマコス倫理学注釈』の序論[1]において、『イリアス』第二四巻のアキレウス狂乱の場面とそれについてのアポロンの言葉を引用し、一例として、この言葉のうちに後にアリストテレスの倫理学において展開される基本的な倫理的規範の芽がすでに現われている、と述べている。このディルマイアーの見方はたしかに当っている。つまり、ディルマイアーのいうように「アリストテレスはギリシア的伝統の貯水槽」なのである。

このような見方は、ディルマイアー一人の理解ではなく、アリストテレスの倫理思想について多くの研究者の抱いた共通理解であり、そのかぎりそれは広い支持を受けているものであるが、しかし、この伝統への依拠もしくは「多くの人々の是認する見解」への依拠が明確な方法論的意図の下に遂行された新しい真理観の提出、あるいは新しい学の基礎づけであったという点には、これまで充分の注意が払われたとはいえない。このことに人々が気付きはじめたのは最近のことである。

周知のようにアリストテレスは『分析論後書』において、学の究極の理想形態として論証的な学(ἐπιστήμη ἀποδεικτική)を立てている。この学は、必然的な前提から出発して必然的な結論を導出する学である。この場合、推論過程が必然的であることには別段の問題はない。あらゆる学問体系において、推論過程は必然的であるはずであり、それが論理というものの役割であるからである。だが、必然的な前提とは一体何であろうか。アリストテレスは、必然性を自体性といい換え、さらに自体性を本質的な構造連関として説明しているが[2]、われわれはいかなる事象についてであれその事象の本質的な構造連関に、いつ、どこで、どのようにして到達しうるのであろうか。実際、アリストテレスは多くの学問体系を構築したが、そのどれ一つをとってみても『分析論後書』で考究された論証学の構造に適合するものは存在しないのである。

この論証学は——数学や論理学という領域を別にすれば(3)、現実には実現不可能な学の理念型であろうが——とにかく学の究極的形態を表わすものであるとすれば、それに到達しない不充分な学的形態がアリストテレスによって弁証的な学（ἐπιστήμη διαλεκτική）と呼ばれたものである、と見なしてよい。しかし、この形式的には不充分な弁証学が、実は内容的には稔り豊かなものであり、むしろ、極端にいえば、あらゆる学がこのような形でしか成立しえないものであることに人々は気付きはじめた、ということなのである。とくに倫理学に関しては、ここに理解の深化がある。すなわち、アリストテレスの倫理学がディアレクティケーであるということは、古くから何人もの人が指摘してきた点である。たとえば、その一人であるバーネットも「倫理学は、事柄の本性からして必然的に、論証的な著作ではなく弁証的な著作である」といっていた(4)。しかし、このような倫理学の性格づけは大方の理解にとっては、倫理学の学的価値を低めるものと映じていたのである。ゴーティエもこのような見方をとっている一人であるが、おおよそ次のようなことをいっている(5)。もしも、アリストテレスの倫理学とかれの他の諸学との間に整合性がないならば、換言すれば、アリストテレスの思惟のうちには仕切りがあって、倫理学者としてのアリストテレスは形而上学者ないしは心理学者としてのアリストテレスとは別個の思索を営んでいるというのであれば、バーネットの引き出した帰結を避けるわけにはゆかない。すなわち、『ニコマコス倫理学』は学問的な著作ではなく単なる弁証的な作品、つまり、常識的見解の分析にすぎないということになるであろう。このゴーティエの主張の主旨は、半分は正当である。すなわち、アリストテレスの思惟のうちに仕切りなどはないのであって、以下の本論においてみられるように、『倫理学』、『形而上学』、『霊魂論』などの間には密接不可離の関連がある。しかし、この関連があるが故に、ゴーティエが考えたように、倫理学が弁証学という性格を棄てなければならないのではなくて、逆に、むしろ、『形而上学』や『霊魂論』が『倫理学』と同じように弁証的な性格をも有する学であったことに気付かなければならないのであり(6)、また、弁証《ディアレクティケー》学という性格をもつことは学問性の喪失を意味するという理解自体に問題がある、ということに気付かなければならないのである。ここには学問性の理解に関する重心の僅かではあるが重大な移動がある。

　そこで、ディアレクティケーに関するアリストテレスの理論を簡単にみておくことが今後の理解に資するであろう。『トピカ』冒頭の周知の説明によれば、弁証的な推論とは、論証的な推論が真なる根本的な前提から出発するのに対し、一般に受け容れられている信念(ἔνδοξα)から出発するような推論である(7)。一般に受け容れられている信念とは、すべての人によしと思われるか、大多数の人々によしと思われるか、賢明な人々によしと思われているような信念のことである。真理探究の方途としてこのような道をとることは、もちろん、あらゆる場合に絶対確実な前提から出発することの困難さに由来するが、それと同時に、間主観的な合意を真理性の有効な尺度として立てるという真理論における一つの立場の表明をも含意しているのである。このことがよく現われているのは『エウデモス倫理学』の次の一文である。「さて、これらのこと(倫理的な諸問題)のすべてについては、人々に受け入れられている考えを証言や範例として用いながら、ロゴスによって信念をうるように努めなければならない。なぜなら、すべての人がこれから語られることに明らかに同意しているとなれば最善であるが、もしそれが達成できなければ、なんらかの仕方での万人の同意が望ましいからである。……というのは、それぞれの人は真理《アレーテイア》に対して寄与すべきなにか固有のものをもっているからであり、これらの問題についての証明はそのような各人の考えから出発しなければならないからである。(8)」この文章のうちには、真理の萌芽が人間個々人の考えの中にあり、これらの考えが万人の同意という形で収斂したときに真理として現成する、という考え方がはっきりと現われている。それと同時に、人々のドクサを素材として用いながらロゴスによってそれを精錬することにより、ある種の証明が行なわれる、ということも示唆されている。これはいかなる作業を意味するのであろうか。

極く簡明にいいきってしまえば、このロゴスによる作業とは、人々のドクサ相互間の整合性の追求という作業である。アリストテレスの無抑制論はこのディアレクティケーの方法がもっとも典型的に行なわれている議論であるが、それを始めるにあたってアリストテレスは議論の構造を次のように説明している。(9)先ず、われわれは当該の問題に関する多くの人々の考えを収集しなければならない。それから次に、そこから生ずる困難な点《アポリア》を明確にし、それを問題として立てなければならない。このアポリアは、通常は、当該の問題に関する人々のドクサが相互に矛盾対立するという形で現われてくる。つまり、アンチノミーとして現われてくるのである。もし、なにか或る一定の問題について矛盾対立する諸見解がなく、すべての見方が一致していたのであれば、そこには問題の生じうる可能性がなく、そういう状態を真理とする、ということなのである。従って、もしそこにアポリアが現われてくれれば、このアポリアが解消され、矛盾対立する諸見解の間に整合性がえられたときに——整合性の成立とは、しかるべき理由によって対立する諸見解の一方が棄てられることにより達せられることもあろうし、或いは、対立する諸見解のそれぞれが異なる意味において妥当であるが故に併存しうると認められて、達せられることもあるであろう(10)——とにかく、なんらかの仕方で整合性がえられたときに、エンドクサが真理として成立したということになるのである。

だが、この「現われていることがら」(τὰ φαινόμενα)もしくは「多くの人々の是とする考え」(τὰ ἔνδοξα)——パイノメナが多くの場合エンドクサと同義であることは、オーエンが立証した通りである[11]——これらのものを真理探究の基礎に据え、これらのものにかくまで固執するという立場の設定は、いかなる哲学的眺望のもとになしとげられたのであろうか。それは明らかにパルメニデス－プラトン的な思考法に対する頑強な否定として行なわれているのである。パルメニデスにとっては、死すべき者の思いなし《ドクサ》のうちには真理がなく、それは人々の踏みなれた道から遥か彼方に求められねばならなかった。また、プラトンがつねに多くの人々《ホイ・ポロイ》の考え方を蔑視し、臆見《ドクサ》と真理を対立させながら認識論を展開したことも周知のことである。つまり、このような考え方においては、人間の思いなしと真理とが終極的には乖離しているのである。これに対して、アリストテレスは、もちろんわれわれの思いなしと真理との対極的な緊張関係は保持しながら、しかもなお真理をわれわれの思いなしのうちに萌芽的に内在するものとして捉えようとした。この故に、かれは、プラトンが価値なきものとして棄てたパイノメナ(現象)とドクサ(臆見)の二語をもっとも重要な基本語として意図的に拾い上げ、これらの上にその倫理思想を展開したのである。

だが、それならば、このように「われわれに見えるもの《パイノメナ》」もしくは「われわれに思われるもの《ドクサ》」に定位することは、いかなる立場を含意するか、とさらに問い進めることができるであろう。それは、広い意味での人間の経験に立脚し、この人間に現われる世界が世界であり、この人間が善と見なすことが善である、という立場を含意しているのである。換言すれば、このような人間の経験とは別に、どこかに世界自体もしくは善自体を立てることは無意味である、という立場を含意しているのである。「なぜなら、すべての人にそうだと思われている《ドケイ》ことが、存在する《エイナイ》ものである、とわれわれはいうのであるから[12]」である。だが、そうであれば、このわれわれとはさしあたりは一定の言語や生活習慣を共有するギリシア人や日本人であるわけだから、ある言語－生活共同体の中でどれほど考え方や生き方の整合性が成就されても、それが大きな意味では相対的な性格を免れえないことは明らかである。ただし、もちろんのこと、かりに真や善がこのような大きな意味での相対性を決して免れえないにしても、ある一定の歴史的条件のもとで、ある一定の地域におけるある一定の共同体の内部においては、それらは一つであり、共同体の成員の生存条件を形成している、とはいわねばならない。それが共同体成員の合意としてのエンドクサのもつ意味と力であり、このエンドクサを共有しない者は共同体から脱落して生の場所を危うくするのである。現象《パイノメナ》（エンドクサ、われわれに語りうること）の内部にのみ真理の場所があるとする点においては、アリストテレスはカントよりもより一層徹底して現象的世界の内部的整合性を維持している、という見方さえある(13)。そして、この時代的、地域的、民族的に特殊な共同体、すなわち狭いわれわれが全人類を包括するわれわれになったときに、そこでのエンドクサがもっとも普遍的な真理として現われ出ることになるであろう。しかし、それとても、それがエンドクサである以上はおのれを絶対的な真理として立てることはできないのである。

それならば、アリストテレスは相対主義者であったのであろうか。否。なぜならば、真理という事柄自体が、おそらくは、その事柄の絶対性を要請しているからである。このことが、すでに触れたように、知識論においては論証的知識という形のもとに必然的認識への要請となって現われているのであり、認識のプロセスの説明においては、「われわれにとってより先なるもの」から「それ自体において――もしくは本性において――より先なるもの」への遡上として現われているのであり(14)、さらには、「存在するものがあり、存在しないものがないと語ることが真である(15)」という素朴実在論の原型となる真理規定のうちに現われているのである。これらの語り方において、論証的知識の土台となる本質の自体的関係、認識のプロセスの究極にある事柄の本性的《フュセイ》構造、真理概念の基礎にある存在するもの《ト・オン》は、それぞれに、知識活動における理念的な究極目標を表わすとともに、知識活動そのものの生起を可能ならしめている、人間主観が創り出したのではない客観的事態の存立を指し示しているのである。認識が空想でもなく捏造でもないという一事が、エンドクサの限りなき彼方に、到達できないけれども前提せざるをえない極として、究極的実在の存立を構造的に要請するのである。

認識におけるこの究極的実在と構造的に同じ役割を果すものが、倫理学においては人間性である。アリストテレスが善を幸福と語り、幸福を人間性の活動として説明し、この人間性の活動の諸局面を倫理学として展開したということは、だれでも知っている常識である。だが、この場合、「人間性の活動」とは倫理思想がその中で成立しうる理念的な枠組みであり、その中味はエンドクサで埋められているということを同時に知らなければならない。いや、中味ばかりではなくて、アリストテレスの語る人間性の構造自体が『霊魂論』の中で展開された人間学にもとづく一種のエンドクサにすぎない、とさえいえる。それにもかかわらず、人間性という理念的な枠組みを立てつづけるということは、人間の生き方について、時と場所と民族を越えた究極の普遍性をあくまでも求めつづけるという姿勢の現われであり、また、このような姿勢がなければ、倫理を考えるという営みの生起するいわれがないからなのである。アリストテレスは「われわれの目によしと映る善」(φαινόμενον ἀγαθόν) から「無条件的な善」(ἀγαθὸν ἁπλῶς) への遡上を語ってやまない。この無条件的な善も「人間本性の活動」という理念的な枠組みによって示されている、エンドクサの遥か彼方の収斂点を指している、と解しうるであろう。こうして、アリストテレスの倫理思想はエンドクサと人間性という二箇の礎石の上に築かれているが、この序章において、とくにエンドクサに光を当てたのは、これまでアリストテレス倫理思想の構造におけるこの側面の含蓄が充分明確に把握されることが少なかった、と思われるからである。

序章において触れておかなければならないもう一つの大きな問題は、アリストテレスの著作群のうちには三つの倫理学書が含まれているという問題である。すなわち、『ニコマコス倫理学』、『エウデモス倫理学』、『大道徳論』の三著がこれである。これらのうち『大道徳論』については、現在この書物を真作と見なす研究者はほとんど存在しない、といってよいであろう。かつては、この書物はアリストテレスの最初期の著作に属し、『エウデモス倫理学』『ニコマコス倫理学』に先行するアリストテレス倫理思想のトルソーである、という解釈もあった(16)。しかし、現在では、この書物は、大体のところ前三世紀末から二世紀初頭の頃にペリパトス学徒の何者かによってまとめられたアリストテレス倫理思想の摘要もしくは注釈のごときものであるか(17)、或いは、もう少し時代を下げて前二世紀末から一世紀初頭の頃に書かれたペリパトス倫理思想の当代版であろう、と了解されている(18)。なぜなら、この書物はアリストテレス倫理思想の忠実な再現ではなくて、新時代の精神的動向に沿ってかれの思想の重要な点を改変している面をもち、また、ストア思想との対決を意識させる面をもっているからである。たとえば、この書物の中にはロゴスの活動――フロネーシスやソフィアーなどのいわゆる知的徳の活動――のうちに徳性をみとめていないくだりがあるが(19)、これはアリストテレス自身の思想からの重大な離反であると同時に、観想的生活の優位に関するテオフラストスとディカイアルコスとの論争の結果をも反映している、とみられるからである。しかし、他方では、アリストテレスやテオフラストスに忠実に、フロネーシスを知識《エピステーメー》ではなくて徳《アレテー》であるといっているくだりもあり(20)、こういう点からみれば、大枠においてはこの書物がアリストテレス倫理思想の要約的祖述である、という点は動かないのである。この一例をみただけで、この書物が種々不整合な部分を含み、それはこの書物の著者が充分に強靱な思索力をもっていなかったからというばかりではなくて、アリストテレスの思想を時代の思想的潮流の中で理解したためでもあることが解る。この、時代の動向とのかかわりという点からいえば、この書物のもう一つの大きな特徴は情念《パトス》や外的善《エクトス・アガタ》の重視にあるが[21]、それはアリストテレス倫理思想における身体重視の側面の自然な発展であると同時に、情念や外的善に倫理上重要な意味を認めなかったストア思想との対決の結果をも反映しているものと思われる。

　このように、この書物はアリストテレス自身の著わした二倫理学書を素材として用いながら、ヘレニズムの精神的動向の中でアリストテレスの残した問題を思索しているといえるが、このような書物として、すなわち、アリストテレス倫理思想の一つの、しかし最初の解釈として、本書においてもこの書物は折々に利用されている。なお、この書物はわずか二巻の小著であるが、『大道徳論』という不似合な名前がついている所以は、各一巻の量が通常の書物に比して大きかったという全く外的な事情に由来するものと推定されている。

　それでは、次に、『エウデモス倫理学』はどのように性格づけられうるであろうか。この書物は、『大道徳論』とは逆に、かつては偽作と考えられていたことがあった。すなわち、ロードスのエウデモスの著わした倫理学書と考えられていたことがあった。[22]しかし、現在では、この書物がアリストテレスの真作であることを疑う研究者は全く存在しない、といってよいであろう。この真作確認の端緒は、イェーガーがその発展史的アリストテレス解釈の中で、この書物を初期の『哲学への勧め』から後期の『ニコマコス倫理学』へ至る思想展開の道程の中間に位置づけたことに始まる。これを証明するためにイェーガーの立てた論拠は今日では全く誤謬であることが明らかになっているが、『エウデモス倫理学』がアッソスで行なわれた倫理思想に関するアリストテレスの第一回目の講義であり、原倫理学であるという洞察は正しかったのである。このことは、次の二つの問題点を考察すれば、直ちに明らかになる。問題点の一つは、イェーガーがアリストテレスの思想の発展をプラトニズムからの離脱のプロセスとして捉え、これをフロネーシス概念の展開のうちに跡づけうると考えた点である。換言すれば、プラトンにおいては、善のイデアを認識する哲学者の知が実践的規範の根拠である、つまり、理論的認識と実践的認識とが合体している、という事情があるが、アリストテレスの特徴の一つはこの両者の分離という点にあり、この分離のプロセスが『エウデモス倫理学』と『ニコマコス倫理学』との間で確かめられる、とイェーガーは主張したのであった。[23]

ところで、この主張を根拠づけるためにイェーガーの引いた典拠は、『ニコマコス倫理学』の立場を表わすものとしては、それの第六巻のフロネーシス論——そこでは理論的認識と実践的認識との分離が明確にうち出されている——であったが、現在、研究者のほぼ一致した見解では、この第六巻は本来『エウデモス倫理学』に属していた、と了解されているのである。[24] すなわち、『ニコマコス倫理学』の第五、第六、第七巻は『エウデモス倫理学』の第四、第五、第六巻と同一であり、『エウデモス倫理学』の手稿本ではこのことが記されて当該の三巻が省略されているのであるが、現在の研究では、たとえば文体の点だけをとりあげてみてもこの三巻は『エウデモス倫理学』により近接している、ということが立証されている。[25] それ故、イェーガーの主張は、論拠という点では、テキストの所属に関する誤認にもとづいているのであり、内容的には『エウデモス倫理学』と『ニコマコス倫理学』との間に不当な思想的懸隔を仮定するという誤りを犯しているのである。それ故、以上の文献学的判定からだけでもすでにいえることは、

『エウデモス倫理学』と『ニコマコス倫理学』とはその根本においてはほぼ同一の思想を展開しているということである。この共通の三巻は、おそらくは、最初の倫理学講義において『エウデモス倫理学』の中核部分を形成するものとして起草されたが、後に第二回目の倫理学講義において、そのまま『ニコマコス倫理学』のうちに採りあげられたのである。換言すれば、アリストテレスはその倫理思想の中核部分において十年以前の思想に重大な変更を加える必要をみとめず、その当時の草稿に部分的改訂を施しただけで——しかし、くり返し改訂を加えることによって最終の成熟した思想として仕上げながら——第二回目の講義を行なったということである。この故に、共通の三巻については『エウデモス倫理学』に固有の草稿が残存していないのである。

だが、そうはいっても、『エウデモス倫理学』は早い思想であり、『ニコマコス倫理学』が最終の成熟した思想であるということは、いろいろな点から確実である。このことをはっきりと示すのは、いま述べた共通の三巻ともかかわりのある快楽論に関する問題点である。すなわち、『ニコマコス倫理学』のうちには二つの快楽論(第七巻第十一～十四章、第十巻第一～五章)があり、この両者は内容的にやや異なる面をもっているが、このことは古来から研究者を悩ませてきた問題点の一つであった。すなわち、或る研究者は両者の相違を説明するために第七巻の快楽論をエウデモスの著わしたものと想定したし、(26) 他の多くの研究者は、アリストテレスの講義ノートを編集した後代の編纂者がアリストテレスの草稿を細大もらさず無差別に収集した結果、時期的に(従って、思想的に)異なる二つの草稿を同一の書物のうちに置くという変則的事態を生んだ、と想定した。この問題は本書の第九章で主題的にとりあげるので今はその詳細に立ち入らないが、要は、第七巻が本来『エウデモス倫理学』に属することが明らかになってみれば、第七巻の快楽論が第十巻の快楽論の未熟な粗描であり、両者の間にはなるほど細部の完成度における相違はみられるが、思想の根本においては連続性が存在する、という事態が露わになるのである。そして、第七巻の快楽論が内容上それに先行する無抑制論と、第十巻の快楽論がそれに後続する観想論とそれぞれ必然的な連関をもつことを確かめうれば、この二つの快楽論がでたらめに収集されているのではないことも了解できるのである。以上、共通の三巻にまつわる二つの問題点から、『エウデモス倫理学』と『ニコマコス倫理学』とはその思想の根本においてはほとんど同一の立場にあり、ただ細部の完成度において前者が未熟な前段階にあるということを要約的に示しえたと思う。従って、本書では、『エウデモス倫理学』は『ニコマコス倫理学』を側面から照射するテキストとして補助的に使用される。

こうして、アリストテレスの倫理思想を検討する場合、『ニコマコス倫理学』がその基本的な場所であることは充分に明らかになったと思う。そこで、この書物の構造と性格について、ごく簡単な予備知識をしるして、この序章を終えることにしたい。

『ニコマコス倫理学』は各巻が同じくらいの分量でできている十巻より成る書物である。このことがすでに巻分けがなにか外的な事情によって決められている、ということを示唆している。すなわち、各一巻はおそらくパピルスの一巻き分に相当している、と推定されている。[27] この故に、各巻は必ずしも統一的な主題のもとに内容的にまとまっているわけではない。たとえば、第一巻の第十三章は第二巻(徳の一般的理論)の冒頭に位置すべきものであり、第三巻の後半部は第四巻(徳の各論)と合体すべきものであり、第八巻と第九巻は同一のテーマ(愛)にかかわるが故に分割される理由がない、というような具合である。さらに、この書物のうちにはほとんど同一の主旨の重複文章が到るところに現われてくる。このことは、この書物が公刊された書物ではなくて本来アリストテレスの講義用ノートであったということ、アリストテレスは同じノートを用いて何度も講義をくり返しながらその度に加筆、訂正、削除を止めなかったということ、さらに、古代の書物では注に当るべき部分が本文の中に書き込まれているということ、そして、後代になってアリストテレスの講義ノートを公刊した編纂者が何度も書き直された同一のテーマにかかわる先師の断簡零墨を一つも失われることのないように集成したということ、などによって説明されている。要するに、この書物は現代の書物のように統一的なプランと明確な構成のもとに仕上げられた読み易い書物ではないのである。もちろん、アリストテレスの公刊された著作はすべて散佚し、現存する著作群はすべて公刊を意図されなかった講義用ノートであるから、以上に述べた事情は『ニコマコス倫理学』に限ったことではないが、このことは充分心にとめておかねばならないことである。すなわち、アリストテレスの諸著は或る特定のテーマについてくり返しまき返し遂行された執拗な思索の軌跡ともいうべきものであり、各巻はテーマ的に関連した諸論稿の集積にすぎないのである。従って、本書は全体においても細部においても『ニコマコス倫理学』の構成の順序を必ずしも追ってはいない。筆者は、アリストテレスの倫理思想が筆者のなしうるかぎりで構造的にもっとも透明になるような視点から、これを再構成すべく努めたのである。

（1） F. Dirlmeier, Aristoteles Nikomachische Ethik (Aristoteles Werke in deutscher Übersetzung Bd. 6), 1956, Akademie Verlag, Berlin, S. 245–255. 本文二一六頁および第六章注(34)を参照。
（2） Analytica Posteriora, I, 4, 73 a 21–73 b 5.
（3） 実際、アリストテレスが論証学を論ずる際の実例は、ほとんど数学からとられている。
（4） J. Burnet, The Ethics of Aristotle, Arno Press, 1973, p. xvii.
（5） R. A. Gauthier, L'éthique à Nicomaque, Louvain, 1970, tome I, partie 1, Introduction, pp. 60–61.

(6) J. L. Ackrill, Aristotle's Ethics, Faber & Faber, London, 1973, p. 16.

(7) Topica, I, 1, 100 a 29–b 18. Cf. Analytica Priora, I, 30, 46 a 9–10.

(8) EE, I, 6, 1216 b 26–32. Cf. De Anima, I, 2, 403 b 20–25.

(9) EN, VII, 1, 1145 b 2–7.

(10) EE, VII, 2, 1235 b 13–19.

(11) G. E. L. Owen, 'Τιθέναι τὰ φαινόμενα' (Aristote et les problèmes de méthode, publications universitaires de Louvain, 1961, pp. 83–103).

(12) EN, X, 2, 1172 b 36–1173 a 1.

(13) M. C. Nussbaum, 'Saving Aristotle's Appearance' (Language and Logos, Studies in Ancient Greek Philosophy presented to G. E. L. Owen), Cambridge U. P., 1982, pp. 290–291.

(14) Met, VII, 3, 1029 b 1–12. Cf. S. Mansion, '《Plus connu en soi》, 《Plus connu pour nous》. Une distinction épistémologique importante chez Aristote' (Études aristotéliciennes, Recueil d'articles, Louvain-la-Neuve, 1984, pp. 213–222)

(15) Met, IV, 7, 1011 b 26.

(16) Cf. F. Dirlmeier, Aristoteles Magna Moralia (Aristoteles Werke Bd. 8), Akademie Verlag, Berlin, 1966, Einleitung, S. 131 sqq.

(17) Ackrill, op. cit., p. 14; D. Ross, Aristotle, Methuen, 1923, p. 15; Burnet, op. cit., Introduction, p. xi; Dirlmeier, NE, S. 248.

(18) Gauthier, op. cit., I, 1, p. 95.

(19) MM, I, 5, 1185 b 5–12.

(20) MM, I, 35, 1197 a 14–20.

(21) MM, II, 7, 1206 b 8–29. Cf. Gauthier, op. cit., I, 1, p. 97.

(22) Cf. Gauthier, op. cit., I, 1, p. 71.

(23) W. Jaeger, Aristoteles, Grundlegung einer Geschichte seiner Entwicklung, Berlin, 1923, S. 249–250.

(24) Ackrill, op. cit., p. 14; W. F. R. Hardie, Aristotle's Ethical Theory, Oxford, 1968, pp. 7–8; J. M. Cooper, Reason and Human Good in Aristotle, Harvard U. P., 1975, p. xi.

(25) Cf. A. Kenny, Aristotelian Ethics, Oxford, 1978, p. 112. 'Enough has been done to show that in respect of the use of particles, the common books ... resemble the Eudemian Ethics far more than they resemble the Nicomachean Ethics.'

(26) たとえば，古代の注釈家アスパシウス。Cf. Gauthier, op. cit., I, 1, p. 71.

(27) Hardie, op. cit., p. 2.

第一章　アリストテレス倫理学の基本原理

一　行為の究極目的としての善

「あらゆる技術とあらゆる学問的探究、同様にあらゆる行為と選択はなんらかの善を目ざしていると思われる。[1]」

アリストテレスの主著はこのような普遍的命題で始まることが多い。そのもっとも著名な例は『形而上学』冒頭の一文「すべての人間は本性的に知ることを愛好する[2]」であろう。ここでアリストテレスは「すべての人間は」という表現により、人間に本質的な特徴を、すなわち認識への希求が人間の本性に根差していることを、指示している。同様に『ニコマコス倫理学』冒頭の一文も人間の営みの本質的特徴に関する発言なのである。すなわち、あらゆる技術、学問的探究、行為、選択とは、あらゆる人間的営みのことであり[3]、これらがすべてなんらかの善を目ざすということを、この一文は語りたいのである。

だが、「あらゆる人間的営みが善を目ざす」とはどういう意味であろうか。それは、あらゆる人間的活動がなんらかの目的を実現しようとする活動であり、この目的が善である[4]、という意味である。しかし、もちろん、われわれの追求する目的がすべて直ちに真実の善であるとはかぎらない。それは、善であるように見えて真実には善でないような「仮象の善」(τὸ φαινόμενον ἀγαθόν)であるかもしれない[5]。だが、とにかく、ある事柄が行為の目的であるということは、それが行為者にとっては善と見えているという事態に他ならない[6]。

このようにアリストテレスは「行為の目的が善である」という思想から出発するが、ここで目的について二つのことを確かめておかねばならない。一つは行為の目的には二つの種類がある、ということである。すなわち、一つの種類は活動(ἐνέργεια)それ自体が直ちに目的であるような場合——たとえば、「見る」、「聞く」、「考える」などのような自己目的的活動——であり、他の種類は活動の結果生ずる作品(ἔργον)が目的であって、活動は作品に至るための運動(κίνησις)にすぎないという場合——たとえば、大工仕事の目的は家であり、医療活動の目的は健康であるというような場合——である[7]。目的をこのように二つの種類に分けることは、自己完結的内在的活動(ἐνέργεια)を、活動主体の外部にある作品において始めて活動が完結する製作(ποίησις)や生成(γένεσις)などから区別するということであるが[8]、この区別の倫理学における意味は倫理的行為を技術的製作から純化するという点にあった。いうまでもなく、技術的製作においてはいかなる作品を産み出すかが究極の目的であって、そこに至るまでの製作のプロセスは手段的な意味しかもたない。これはポイエーシスという構造そのものに由来する必然の性格である。これに対して、倫理的行為とは活動自体がいわば作品であるような活動であって、その活動を超えてなにか別に目的があるわけではない。倫理的行為(πρᾶξις)のこの自己完結的絶対的性格についての明確な認識は[9]、アリストテレス倫理思想がその上に成立するもっとも基礎的な岩盤の一要素である。

では、目的について確認しておかなければならないもう一つの点とは何か。それは、もろもろの目的はすべて同じ水準に位置するものではなく、目的手段連関という大きな秩序の中に組み込まれている、という点である。たとえば、馬具製造に関するあらゆる技術は乗馬術に仕え、乗馬術やその他の戦争に関する技術は統帥術に仕えるものであり、同様に統帥術はさらに他のなんらかの技術に仕える、という具合に進行してゆく。(10) 換言すれば、目的Aは目的Bのために存在し、目的Bは目的Cのために存在し……という具合に、諸目的間に階層的秩序が存在する、ということである。(11) だが、もしこのような目的手段の連関が無際限に進行し、どこにも終極点がないならば、「われわれの欲求は空しく徒なものとなるであろう」。(12) それ故、どこかに、それ自身のためにのみ求められ、他のすべてがそれのために求められるような究極の自体的目的が存在せねばならない。これが、すなわち、われわれの求める最高善である。(13)

こういうわけで、この最高善が何であるかを知ることは、われわれの人生にとりきわめて重要なことになる。(14) それは、われわれのすべての営みがそこへと収斂すべき標的であり、それらのそれぞれへ意味づけを与える究極の意味であるからである。従って、この最高善を考究する学、すなわち政治学（πολιτική）は、もっとも支配的かつ統帥的な学である。(15) それは、ポリスの中にいかなる諸学が存すべきか、人はそれらの諸学をどの程度まで研究すべきか、を規定する。兵学も経済学も弁論術もこの学に下属し、この学は諸他の学を使用しつつ、何を為すべきか、何を避けるべきかを指示するのである。このように、倫理学はあらゆる人間的営みを統括する究極目的を追求するという意味で「万学の女王」であることが明らかにされるが、ここで倫理学が政治学とも呼ばれていることの意味について少考しておかなければならない。一体、倫理学の目的は個人にとっての最高善の追求である。ところで、ポリスとはもろもろの個人の集合体であり、従って、ポリスの学としての政治学の目的は個人の善の総体の追求に他ならない。それ故に、アリストテレスはしばしば「個人にとってもポリスにとっても善は同一である」(16) というのである。つまり、倫理学は、個人の善を規定するというまさにこのことによって、政治学に基本原理を与える根本的政治学なのである。現代における政治学の混迷は、それが徒に政治力学の研究にのみ走って、倫理的規範の問題意識を忘却した点に由来するとされるが、[17]アリストテレスにおいては政治学は倫理学に滲透され倫理学から原理的指示を仰ぐことによってまさにポリスの学として成立していたのであり、そこに倫理学がまた政治学と呼ばれる所以も存した、といえる。

二　倫理学の学的性格と方法

「問題とされる素材に応じて事柄が明らかにされれば、充分に語られたこととしよう。なぜなら、正確さはすべての言論において一様に求められるべきではないからである。……政治学が考察の対象とする美しい行為や正しい行為は、多くの差異と動揺をもっているので、ただ人々の定立(νόμος)によってのみ存在し、自然(φύσις)によっては存在しないと思われるほどである。……従って、これらのことについて、これらのことを出発点にして語る人は、真実を大まかに示すことに満足せねばならない。そして、おおよそのことがらについて、おおよそのことがらを出発点にして語る人は、またおおよそのことがらを結論として取り出すことに満足せねばならないのである。[18]」倫理学の対象領域は千変万化する人間行為の世界である。時代の流れ、社会の動き、民族の伝統、行為者の資質や過去、直面する問題などのすべてを含めて行為の個別的状況は無限に多様であり、これを一般的な原則によって規定し尽くすことは不可能である。[19]だが、倫理学が学であるかぎりは一般的原則を語らざるをえないのだから、倫理学の発言には始めから厳密さについての限界があることは明らかである。つまり、その発言は本質的におおよその発言である他はないのである。このことを学の性質という観点からもう少し立ち入って考察してみよう。一般に、数学、自然学、形而上学などの理論学は厳密学という性格をもっている。それはこれらの学が普遍者（τὸ καθόλου）を問題にするからである。たとえば、自然学は生成消滅する自然現象を取りあつかうが、生成消滅するかぎりでの個別者を問題にするのではなく、それらの個別者すべてに共通な存在原理や存在の仕方を問題にする。つまり、この学は個別的事実の中にそれらを貫通する永遠不変の必然的原理を見出そうと努めるのであり、この普遍者の次元においてこの学の厳密性が成立しているわけである。始めから普遍者の世界において成立している数学や抽象度の一層高い形而上学において、事情が同じであることはいうをまたない。これに対して、倫理学の問題にする次元は正反対の方向にある。すなわち、ここでは普遍者ではなく究極の個別者が問題になる。なぜなら、いかに行為すべきかという問いに対する確定的な回答は「いかなる技術いかなる教説によっても与えられないのであり、つねに行為者自身がこの個別的状況に即応した事態を考察しなければならないからである」[20]。つまり、為すべきこと——善い行為や美しい行為——は、普遍的（原則的）な発言としては常に不確定の要素を内含しており、それだけでは現実の場面において実効力をもたない。この空白を埋めて真に確定的な善を洞察把握するのは、究極の現実に降りきった行為者の主体的判断力であり、それだからこそアリストテレス倫理学においてはフロネーシスの問題が中心問題として浮び上ってくるのである。しかし、これは次章で主題的に論ずるから今は措くとして、とにかく倫理学の学的性格が「おおよその論理である」という主張の含蓄は以上に述べた点にあるのである[21]。

だが、一体なぜ人間行為の世界はこのように多様で蓋然的なのであろうか。それは、この世界が「他のようでありうる」（ἐνδέχεται ἄλλως ἔχειν）可能性の世界だからである[22]。そして、「可能なものとはわれわれの力によって実現されうるもののことである」[23]。それだからアリストテレスは「他のようでありうるものの中の或るものは技術によって製作されるもの(ποιητόν)、他は行為によって成就されるもの(πρακτόν)[24]」といって、可能性(変化)の始源をもっぱら人間的起動力のうちに帰一せしめているのである。[25] 人間的世界のこの特徴は、この世界を他のようではありえない(可能性のない)世界と対比してみると、一層明瞭になる。たとえば、数学的真理の領域のような永遠的なものの世界に変化のありえないことはいうまでもないが、一見多様な生成変化を含むように見える自然的世界にも真実には他のようでありうる可能性はないのである。[26] なぜなら、そこでの生成変化は「常に同じように」(ἀεὶ κατὰ ταὐτά)すなわち法則的に生起しているのであり、その意味では、この世界は本当のところは個別者が問題にならない、一様な、普遍的な、過去も未来もない等質の世界だからである。[27] こうして、もっとも勝れた意味で「他のようでありうる」変化の世界を形成するものが人間の行為・製作であり、まさにその領域を対象とするが故に倫理学の発言はおおよそのものであらざるをえなかったのである。

さて、それでは、このような学的性格をもつ倫理学における学問方法論はどのようなものであろうか。アリストテレスはこういっている。「原理(ἀρχή)からの言論と原理へ向かう言論とが異なることを忘れてはならない。[28]」原理からの言論とは、数学のように、公理からの演繹によって成立する体系である。およそ事実を問題にする学問においてこのことが成り立たないことは自明であるが、とりわけ、他のようでありうる人間行為の世界を問題にする倫理学において、このような演繹体系が成り立たないことは、改めていうまでもない。それ故、倫理学は原理へ向かう言論である。だが、この場合原理とは何を意味するのであろうか。「原理とは事実(τὸ ὅτι)である。そして、もしも事実が充分に明らかになるならば、それに加えて理由(τὸ διότι)を求める必要はないであろう。[29]」倫理学において原理というとき、それは前節で論じた「行為の究極目的としての最高善」を意味する。しかし、この最高善は抽象的な普遍概念としては決して充分には把握されえず、つねに具体的な個別的状況におけるこの行為として確定的な姿を現わすとすれば、原理とはもっとも具体的なこの行為でもある、といわなければならない。このように倫理学における原理とは、行為の究極目的が同時にもっとも直接的な具体的行為でもあるという、つまり終極が現在でもあるという構造をもつのであるが、このことのうちに原理を価値的事実として捉えなければならない所以がある。すなわち、人々の為す個々の具体的な行為や思念という事実の中に、すでに究極目的はなんらかの形で実現されているということである。だから、人々の為す行為や抱く思念の中に散在し潜在している行為の真理を顕在化させることが、倫理学の方法となるのであり、このように原理が事実として露呈されれば、そこが終着点であって、それを基礎づける理由は必要ない[30]し、ありえもしない。なぜなら、理由とは究極の事実に他ならないからである。しかし、「事実を明らかにする」というとき、それは単に人々が事実為していることを収集し、分析し、帰納し、体系化するというような作業を意味するわけではない。アリストテレスはここで、一体、いかなる方法論を語っているのであろうか。

　ここで当面する問題を解り易く説明するために一つの例話を引いておこう[31]。紀元六四二年にサラセン人はアレキサンドリアを占領したが、占領軍の大将オマール一世イブン・アル・ハタブは、そこに博物館や図書館があるという報告を聞いて、それらの破壊を命令し、次のようにそれを理由づけたといわれている。もし、収蔵されている書物の中に書かれていることがコーランの教えに一致しているならば、これらの書物は余計であり、従って焚書にしてもよいであろう。これに反して、もしそれが真なる教えに一致していないならば、これらの書物は最高度に有害であり、従ってますます抹殺しなければならないだろう、と。これはいかにも野蛮な話のように聞こえるが、しかしこのような考え方は、一方に単なる人間の臆見(δόξα)をおき、他方に真理(ἀλήθεια)自体をおいて、両者を分断するとき、容易に生じうる立場なのである。すなわち、あらゆる人間の思想を移りゆく歴史の中へ相対化し、「真理への問い」をピントのぼけた問いとして斥ける現代の相対主義も、また逆に、真理自体を移りゆく人間の臆見とは無関係に定立するパルメニデス－プラトン流の絶対主義も、ともに右のサラセンのカリフと同一の前提に立っているのである。アリストテレスは、少なくとも倫理学の領域では、このカリフ的前提を超克しようとした。すなわち、一方に「真理自体」、他方に「単なる臆見」があるのではなく、われわれはただ臆見として——つまり人間の主観を媒介にして具体化された思念として——真理自体を所有しうるということである。これは、一言でいえば、ドクサの中に乃至は人々の語っていること(λεγόμενα)の中に真理を求めるということであり、これがあえていえばアリストテレスの倫理学方法論に他ならなかったのである。[32]

だが、もしドクサの中に真理を求めうるのだとすれば、当然あらゆるドクサが等価なのではなく、真理という点で際立ったドクサがあるということである。事実、アリストテレスは次のようにいっている。「われわれが善というものは、他のもののためにではなくそれ自身のためにそれ自身が選ばれるもの、すべてのものが希求するようなもの、そして理性とフロネーシスをもつ者が選ぶようなものである。[33]」この引用文の前半はすでに前節で論じたところの善の定義であるが、後半はそのような善を具体的にはどのようにして求めうるかを述べているものとみてよい。すなわち、どのような人々の抱くドクサの中にも真理が顕現しうる、とアリストテレスはいうのではなく、フロネーシスをもつ人の判断の中に真理があらわれる、といっているのである。[34]一般にドクサといってもすべてが等質に一様なわけではなく、そこには「通念」(ἔνδοξα)と「逆説」(παράδοξα)の別がある。「通念」とは「すべての人か、大部分の人々か、賢い人々に真と思われることがら(τὰ δοκοῦντα)」であり[35]、「逆説」とは大部分の人々と賢い人々との間に、あるいは大部分の人々どうしの間に、もしくは賢い人々どうしの間に食違いのある見解のことである[36]。アリストテレスがここで倫理の規範を求めるために定位するドクサとはこの中の通念《エンドクサ》であり、これは差し当っては大部分の人々の思念の中に人間性の本然の声が現われていると見なす立場を意味するであろう。しかし、アリストテレスは大衆の思念をそのままそっくり受容するわけではない。むしろ、大衆の思念が肯定されるとすれば、それは、かれらの思念が規範の担い手である賢明な人々(οἱ φρόνιμοι)の思念と合致するからなのである。この間の事情は前節で触れた「仮象の善」(τὸ φαινόμενον ἀγαθόν)と「善そのもの」(τἀγαθόν)との関係に対応している。すなわち、すべての人は善を希求し、善を実現しようと行為する[37]。しかし、それは差し当っては当人にとって善と思われるもの(τὰ δοκοῦντα ἀγαθά)で、善そのものであるとはかぎらない[38]。この仮象の善が善そのものと一致している人がフロニモスなのであり、だからアリストテレスは「行為の原理である善は善き人にのみ現われる(見える)」というのである[39]。また、仮象の善と真実の善の区別を抹殺し、倫理を全く主観化してソフィストの語るような相対主義に走る人々に対しては、「或る人々は狂気のために善と思われるものと善そのものとの間にはなんの区別もないと思っている[40]」と批判している。

以上のアリストテレスのやや錯綜した思考は、結局どのようにまとめられうるであろうか。先ず第一に、かれがなにか善そのものの存在を確信していたことは確実である。かれは決してすべての善を相対化するソフィスト的な主観主義者ではなかった。しかし、他方、この善そのものは、プラトンのイデアの如く抽象的な一般者として始めからアプリオリに措定されうるものではなかった。善そのものは差し当っては大多数の人々のドクサの中に、とくに勝れて理性的な人々のドクサの中に顕現してくるものとして求められたのである。この場合、大多数の人々のドクサと理性的な人々のドクサが必ず一致するとは、アリストテレスはいっていない。現実的なものが必ず理性的であるとは断定していない。むしろ、かれは理性的なものを尺度にして現実的なものを批判しながら倫理の規範を析出しようとしているのであり、この故にフロニモスが究極の尺度となったのである。[41] しかし、それにもかかわらず、アリストテレスの中には大多数の人々のドクサとフロニモスのドクサとが乖離しない境位で倫理の原理を思索しようとする強い姿勢があるのであり、ここにはやはり現実的なものの中に根拠を見出そうとする基本的な姿勢がうかがわれるのである。

三　イデア論批判

さて、前節までに論じてきたアリストテレスの基本的立場は、いうまでもなく、師プラトンの倫理思想との批判的対決から鍛え上げられてきたものである。そこで、次にイデア論批判をとりあげ、批判の根本的意図を明らかにすることにより、アリストテレス自身の立場をより一層明確に把握すべく努めてみよう。

イデア論批判は『ニコマコス倫理学』第一巻第六章においてほぼ十個の論点から行なわれている。[42] だが、これらのすべてを逐一論ずることはあまりに詳細に亘りすぎるので、細部は注に委ね、本文ではその中のもっとも核心的な論点をとりあげ、その含蓄を展開することにしよう。

「善は存在と同じように語られる。なぜなら、善は、神すなわち理性が善いといわれる場合のように、[43] 実体においても語られ、徳が善いといわれる場合のように、性質においても語られ、適度が善いといわれる場合のように、量においても語られ、有用さが善いといわれる場合のように、関係においても語られ、好機が善いといわれる場合のように、時間においても語られ、環境が善いといわれる場合のように、場所においても語られ、以下同様であるからである。それ故、明らかに、なにか共通普遍の唯一の善は存在しないであろう。なぜなら、もしも善が共通普遍の一者であったとしたならば、それはすべてのカテゴリーにおいてではなく、ただ一つのカテゴリーにおいて語られたであろうから。[44]」

アリストテレスがこの引用文で語りたいことは、善(よい)という言葉の用法――従って、その用法によって指示されるよいという事態――と存在(ある)という言葉の用法――従って、その用法によって指示されるあるという事態――とが同じ構造をもつということであり、これが善に関するアリストテレスの結論的な立場なのである。すなわち、存在はあらゆるカテゴリーにおいて語られる。[45]この場合、存在(ある)という言葉は普遍概念ではない。なぜなら、普遍概念とは種々の異なった事物の中に共通に見出される或る同一の事態を表わす言葉――たとえば、青い空、青い海、青い服における青――であるが、存在はこのような共通普遍の概念ではないからである。すなわち、いろいろなカテゴリーにおいて語られるある――たとえば、理性(実体)である、五キログラム(量)である、柔和(性質)である、親子(関係)である――のそれぞれのあるは、相互になんらかのつながりをもちながら、全く異なった事態を表わしているのである。先にあげた普遍概念の例では、青い空、青い海、青い服における「青い」はすべて同一の性質を表わしていた。つまり、普遍概念における普遍性は少なくとも同じカテゴリーの中においてのみ成り立っていた。だが、一体、性質と量、実体と関係などの間にどういう普遍性や同一性がありうるであろうか。たとえば、柔和さと五キログラムとの間にどういう共通性や普遍性を人は見出しうるであろうか。それが不可能なことは明白である。それ故、あらゆるカテゴリーにわたって語られる存在(ある)は普遍概念ではない。それでは、存在という言葉があらゆるカテゴリー

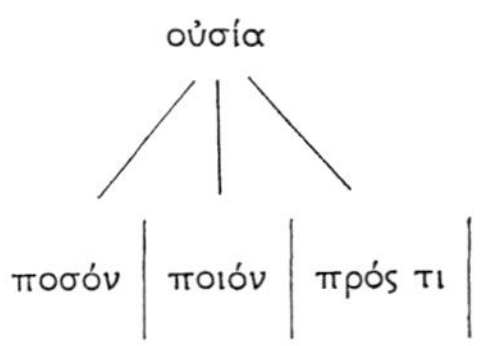

において、とにかくなんらかの意味で共通に語られているという事実を、われわれはいかに解すべきであろうか。

「存在はいろいろな意味で語られる。しかし、それらのいろいろな意味で語られる存在は、或る一つの中心点すなわち或る一つの実在との関連において、あるといわれるのであって、同名異義的に(ὁμωνύμως)あるといわれるのではない。あたかも健康的なるものがすべて健康との関連においてそういわれるようにである。つまり、或るものは健康を保つことによって、或るものは健康を産み出すことによって、或るものは健康のしるしであることによって、また或るものは健康でありうるが故に、健康的といわれるが如くにである。[46]」存在はいろいろな意味で語られる。すなわち、量、性質、関係その他のカテゴリーとして語られる。しかし、なぜこれらの諸カテゴリーが存在(ある)といわれうるのかといえば、それは、これらの諸カテゴリーが一つの中心点すなわち実体(οὐσία)との関連においてもしくは実体に依存して(ἀφ᾽ ἑνός)成立しているからなのである。[47]つまり、量、性質、関係などの諸カテゴリーには並列的には相互になんの関連もない。それらは相互に分断されていて、それらすべてに共通普遍な要素は存在しない。しかし、これらの諸カテゴリーはすべて実体の属性として(実体から、実体との関連において)成立し、この意味で実体といわば垂直の関連をもっている。この関連の故に、これらはすべてあるという述語(そして、それの指し示す事態)を共有しうるのである。

さて、アリストテレスは、すべてのカテゴリーにおいて語られる善は、以上に述べられた存在と同じ構造をもっている、という。すなわち、徳、適度、好機などは並列的には相互になんの関連もたない。これらすべてに共通に内在する普遍概念などは存在しない。しかし、性質、量、関係などが相互になんの関連ももたぬまま、それらすべてが

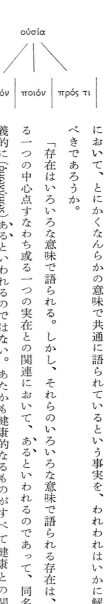

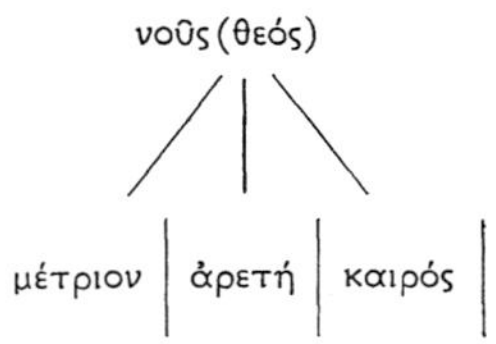

実体のひこばえとして実体に依存して成立するという意味で統一され、あるといわれていたように、徳、適度、好機などは人間の本質(実体)である理性のひこばえとして理性に依存して成立するという意味で統一され、理性が根源的によいが故にこれらは派生的によいといわれうるのである。つまり、存在論における実体に対応するものは、倫理学においては人間の実体である理性であり、この理性がアルケーとして(根源的に)善であるが故に、理性に由来し(ἀφ᾽ ἑνὸς εἶναι)理性に帰一する(πρὸς ἓν συντελεῖν)他のもろもろの善は派生的に善として成立するということなのである。(48)

以上により、イデア論を批判するアリストテレスの基本的な立場を解明したわけだが、これにより何故アリストテレスがあれほど激しく善のイデアを攻撃したかもおのずから明らかであろう。すなわち、善のイデアとは、アリストテレスの目よりみれば、あらゆる個別的な諸善において同名同義的に(συνωνύμως)成立している一つの普遍概念であるが、このような普遍概念を善の根拠とすることにより、個別的な諸善はその特殊性を失って無差別的に均一化され内容的に空洞化されるとともに、あらゆる諸善を善として統一している究極の根拠(人間の理性)もまた見失われてしまうからである。そして、善が存在と同じ構造をもつというアリストテレスの基本的な洞察は、善が根源的に自然(φύσις)——理性は人間の自然——に基礎をもち、価値は存在を離れてはありえないという立場をすでに予示しているのである。

四　人間の善としての幸福の領域の画定

われわれは、これまで第二節と第三節の論究によりアリストテレスの倫理学方法論についてほぼ次のような結果を得た。先ず第二節では、人間の多様な行為の世界が倫理学の地盤であり、そこからその中に含まれている自体的な善を解釈学的に析出することがその方法であることが確かめられた。これは、具体的には多くの人々によって語られていること(λεγόμενα)すなわち通念としてのドクサ(ἔνδοξα)を素材とし、それが理性的検討に堪えうるかぎり(エンドクサの中に含まれるアポリアがフロニモスの検討により止揚され、エンドクサ自体が是認されうるものへと純化されるかぎり)承認するという方法であった。しかし、第三節において明らかになったことは、アリストテレスには善に関して存在論的な思想があるということであった。すなわち、多様な善は人間の実体である人間性のなんらかの形における顕現として統括され基礎づけられるということであった。この観点からすれば、人間性の構造を明らかにすることが、倫理学の基礎づけにとって肝要になる。この二つの方法はいわば正反対の方向に作用しているが、アリストテレスの倫理的思索においては常に相補的に働いていて、前者が倫理学の細部に素材を提供しているとすれば、後者がそれの原理的な構図と基礎づけを与えている、とみてよい。

さて、そこで「人間にとっての最高善とは何であるか」という問題であるが、アリストテレスはこれを先ず通念から析出しようとする。「人間の実践しうる善の中で究極のものは何であろうか。名前の上では、それはほとんど大多数の人々により同意されている。すなわち、多くの人々も勝れた人々も幸福(εὐδαιμονία)がそれであるといい、良く生き、良く行為することを幸福と同じことと考えているからである。[49]」すなわち通念よりすれば最高善とは幸福である。この点は、また、最高善の規定であった「常にそれ自身のために求められ決して他のもののために求められることのない完結的目的」という要請に合致するものは幸福である、という点からも確かめられる。[50] ところで問題はこの幸福の名で呼ばれるものが一体何であるかという問いであるが(第五節)、この論究に先立ち、先ず幸福が人間の幸福として成立する条件(領域)を画定しておかねばならない。

先ず幸福は神々の賜物であるという思想がある。たとえば、プラトンは『メノン』篇の中で徳に関してこういっている。「徳は生まれつきのものでもなく教えられるものでもなく、理性とは無関係に、神の定めによって(θεία μοίρα)生ずべき人に生ずる。[51]」このように幸福(プラトンにおいてはそれは徳)がなにか人力を超えたものに依存するという考えはいつの世にもある信仰であろうが、この時代のギリシアにおいても同様で、庶民の間ではテュケー(偶然)が女神に祀られ、かの女のために神殿が建てられていたという。[52] このような信仰に対してアリストテレスは次のようにいう。「一体ニュムフに憑かれた者や神に憑かれた者のように、なにかダイモンの霊感によって熱狂する者のごとくに、人は幸福になるのであろうか。[53]」だが、もしそうだとすれば幸福になることは多くの人々にとって望みなきものとなる。なぜなら、その場合には、幸福の獲得は努力に依らず、自分自身に依存せず、自分の為しうる事柄に属さないことになるからである。[54] つまり、アリストテレスはここで人間の幸福の成立する領域を神々の干渉という上方の領域から切断し、自己自身の力の及ぶ範囲内でそれを成立せしめよう、という自律の立場をとったといえる。このような発言を為す以上、アリストテレスはすでに庶民の跪拝する神々を信じていなかったであろう。それと同時にアリストテレスにおいては神観念の変化が起っていることに注意すべきである。なぜなら、アリストテレスはこういうからである。「たとえ、幸福が神から送られたものではなく、徳、学習、訓練によって生ずるとしても、それはもっとも神的なものに属する。(55)」なぜ、神的なのか。なぜなら、そのような活動は理性の力に依存するからである。つまり、アリストテレスは幸福の根源である人間の実体としての理性を神といっているのである。(56)従って、理性と神とが同一視されるかぎりにおいては、幸福と神との関連は全く装いを新たにして再登場することになる(第十章)。しかし、この神はもはや人間的世界に介入してくる神ではない。

かくて、人間に対して外部からもしくは上方から介入する神々の力は幸福の領域から排除されたが、同じく人間に左右できないものとしての偶然もしくは運命(τύχη)はどうであろうか。アリストテレスはこういっている。「最大にして最美のもの(幸福)を偶然に委ねることはあまりにも条理に合わないだろう。(57)」なぜなら、偶然とは不安定なもの、恒常性をもたぬものであるが、(58)幸福は本来恒常的なものであるべきだからである。しかし、アリストテレスのより徹底した思想においては、偶然とは「実質のない原因」つまり「真実には原因でない原因」である。すなわち、真実の原因に関する人間の無知が、願望の予期せざる実現をきっかけにして、偶然という表象を生み出すのである。(59)従って、幸福から偶然を排除するということは、幸福の領域をわれわれの知の及ぶ範囲内に限定するという態度を意味するであろう。それは、幸福をわれわれ自身の力の及ぶ限界内に位置づけようとする強い要請の表われである、と解することができる。

かくて、幸福の領域は人間自身の力と知の範囲内にあることが明らかになったが、そこにおいてさらに「幸福は素質(φύσις)によって決まる」という思想がある。これは貴族的な倫理思想で、人が幸福になるか不幸になるか、有徳になるか徳無き者となるかは先天的に決定されている、という考え方である。プラトンの『国家』篇や『政治家』篇にみられる人間の選別の思想はこのような素質決定論の具体例である、といってよいであろう。だが、アリストテレスの目からみれば、このような思想は人間に普く自発性を認めようとせず、人間を決定論的に運動する自然物と同一視していることになるのである。「倫理徳のいかなるものもわれわれの中に自然的に(素質的に φύσει)生じないことは明らかである。なぜなら、自然的に存在するいかなるものも他のように習慣づけられることはないからである。たとえば、自然的に下方へ運動する石は、たとえだれかがこれを上方へ一万回投げ上げて習慣づけようとしたとしても、上方へ運動すべく習慣づけられはしないであろう。……しからば、徳は自然的に生ずるのでもなく、自然に反して(παρὰ φύσιν)生ずるのでもない[60]。」自然的存在者においてはその在りようは一義的に決定されている。それらは自己を決定し自己を改変することができない。しかし、人間の在り方は自発性にもとづくが故にそれ自体としては未決定であり、人間自身の決断と行為の反復により始めて一定の方向性をうる。それだからこそ、徳や幸福が人間自身の力の中にある、といえるわけである。従って、もし徳や幸福が素質によって決定されているとすれば、それらが人間自身の力の中にあるという立場は意味を失うであろう。これが「徳が自然的には生じない」という言葉の意味である。しかし、同時に、「それは自然に反して生ずるのでもない」といわれている。これは、徳や幸福は人間の本性に合致しており、その生成は自然必然的ではないが、しかし人間の本性の実現である、ということを意味しているのである。

さて、以上の議論により、アリストテレスは万人に幸福(善、徳)への可能性を拓いたといえる。「幸福はもっとも普遍的な(万人に開かれている)ものであろう。なぜなら、それは、〔神々の賜物によるのでもなく、偶然によるのでもなく、素質によるのでもなく〕、むしろ或る種の学習と修練(διά τινος μαθήσεως καὶ ἐπιμελείας)によるのであるから、徳に対して不具ではないあらゆる人々に帰属しうるからである。(61)」徳を学習により獲得しうると主張したのはソフィストであり、ただ修練のみによって獲得しうるとしたのはアンティステネスであったが、この両者は対立しながら共に「幸福の源がわれわれ自身の中にある」という人間的な立場に立ったのであり、その点で伝来の貴族主義的プラトン的な立場に対立していたといえる。アリストテレスは人間性に定位する倫理学を建設するに際し、この二つの立場を自己の倫理学体系の中に吸収綜合した、といってよい。同時に、「徳に対して不具でない人々」という発言によって、「人間の中には徳に対する本性的な素質が可能的に内在している」という思想が示されている。つまり、幸福や徳のプランはあらかじめ人間性の中に目的論的に書き込まれているということである。つまり、「本性的なものは(τὰ κατὰ φύσιν)本来もっとも良くあるように出来ている(62)」のである。これは、「幸福や徳が素質によっては生じない」という先の論定と矛盾するものではない。なぜなら、第一に、アリストテレスがここでいう本性とはあらゆる人間に普く内在している人間性のことであり、第二に、この人間性の実現は自然必然的に起るのではなく、人間が自己の本性を自覚的に取りもどすことによって成就されるからである。(63)

さて、幸福の領域画定の問題において、残るところは死の問題である。アリストテレスは若い頃は師プラトンが教えたように魂の不滅を信じ、対話篇『エウデモス』においては『パイドン』篇におけるような霊魂論をさえ展開していた。(64)しかし、『ニコマコス倫理学』におけるアリストテレスが、能動理性の問題を別にすれば、魂の不滅をもはや信じていないことは明瞭である。たとえばかれはこういっている。「死んだ時に人は幸福なのであろうか。だが、この考えは全く不条理ではなかろうか。とくに、われわれは幸福を或る種の活動だというのであるから。(65)」すなわち、かりに死後になんらかの存在の持続がありえたにしても、それは活動なき状態であり、従って幸福とはなんのかかわりもない、というわけである。このアリストテレスのいい方は、直ちにわれわれにホメロスの霊魂を想起させる。すなわち、プシューケーは冥界においてもなお存続しはするが、それは行為能力はおろか識別能力をさえ失った漂う力なき影にすぎないのであり、「冥界で王となるよりは地上で奴隷である方がましだ」とアキレウスに嘆かせる程度の存在にすぎなかった。[66] こういうわけで、アリストテレスは死後の問題についてはホメロスの伝統に立っているといえる。しかし、伝統的な通念をもとにしたこのようないい方の背後には、アリストテレス自身のさらに厳密な理論が控えている。すなわち、『霊魂論』によれば、霊魂は肉体の完全現実態(ἐντελέχεια)であり、肉体と霊魂は蜜蠟と印型のように不可分の一体を成している。[67] それ故、あらゆる霊魂の働き——怒り、興奮、欲求、感覚など——は肉体なしには成立しないのであり、思惟でさえ想像力を必要とする以上肉体を不可欠の条件として成立している。[68] 従って、肉体の壊滅と同時に霊魂は消滅するであろう。つまり、アリストテレスにとって死後の世界の問題は、少なくとも個人の魂に関するかぎり、もともと存在しないのである。[69]

以上により、アリストテレスによる「人間の善の成立する領域」の画定は、粗描をおえた。すなわち、それは、超越的世界、運命的世界、死後の世界を排除し、素質主義という決定論的立場を拒否するものであった。それは、アリストテレス自身の思惟の要請として、人間が自己自身の力によって実現しうる世界でなければならないのである。

五　人間性の活動

「もし人間の働き(ἔργον)が把握されれば、幸福が何であるかは恐らく明らかになるだろう。なぜなら、笛吹きや

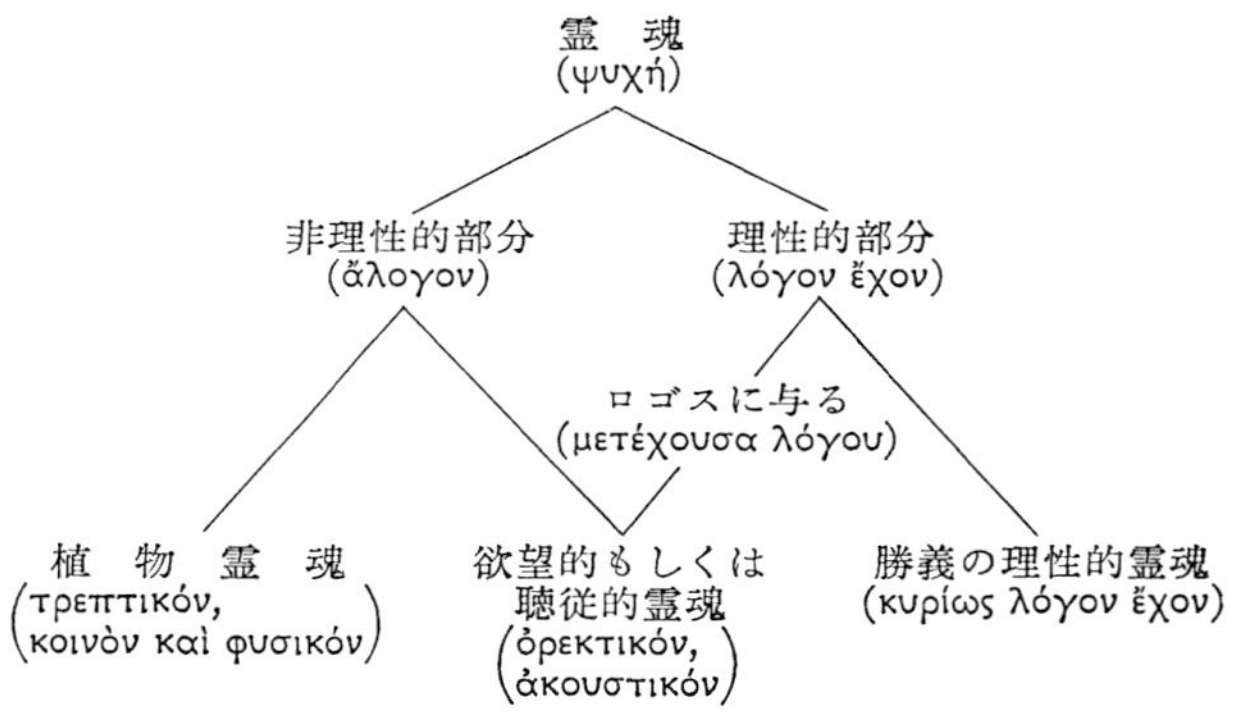

(『ニコマコス倫理学』第1巻　第7章，第13章による図)

彫像製作師やすべての技術者にとって、また一般になにか働きや行為をもつ者にとって、その善と良さが働きの中にあると思われるように、人間にとってもまた、いやしくも人間になにか働きがある以上は、事情は同様であると思われるからである。[70]」われわれはすでに第三節において善と存在との構造上の同一性、従って善が存在の中に基礎をもつことを見、この存在論的思考がアリストテレスの倫理学に基本的構図を与えていることを明らかにした。この思想が右の引用文に現われてきているのである。すなわち、アリストテレスにおいては、或る事物の存在(あること)は、そのものの働きとして現われてくる。『霊魂論』の「生物にとって存在するとは生きることである」という一文は、この点をもっとも明らかに示す一つの箇所である。[71] 従って、当然、存在の現われである善は、働きの中に現われて来なければならない。すなわち、笛吹きの善は笛を吹くことであり、彫刻師の善は像を彫ることであり、眼の善は見ることであり、足の善は歩くことなのである。

しからば、人間の働きとは何であろうか。それを知るためには、人間の霊魂の構造を明らかにしなければならない。[72] 蓋し、霊魂は肉体の現実態であるから、霊魂の働きを明らかにすることは、人間全体の働きを明らかにすることでもあるからである。さて、右図から明らかなように、霊魂は非理性的部分と理性的部分の二つに分たれる。それらのそれぞれはさらに二つの部分に分たれるが、非理性的部分の上位部分と理性的部分の下位部分は合一するので、最終的には全体は三つの部分に分たれることになる。(73) これらの中、もっとも下位の植物霊魂は個体の存在維持を図る栄養成長を司る部分で、あらゆる生物に共通の(κοινόν)もっとも自然的な部分である。従って、これは人間に固有の部分ではないから、その働きは人間に本来的な働きであるとはいえない。(74) 存在を維持するだけの植物人間が人間を失格したと考えられるのはこのためである。この点をもう少し敷衍すると、次のアリストテレスの言葉になる。「この部分とその能力は睡眠においてもっとももよく活動するように思われる。だが、善き者と悪しき者とは睡眠において明らかになることがもっとも少ない。ここから、幸福な者と悲惨な者とは人生の半分において異なるところがない、といわれるが、それは蓋し当然である。なぜなら、魂(人間)が善もしくは悪といわれるかぎりにおいては、睡眠とは魂(人間)の機能停止(ἀργία τῆς ψυχῆς)であるからである。(75)」この部分が睡眠においてもっともよく活動するということは、それが人間の自覚的意志活動とは無関係に自動的に機能しているということである。そして、無自覚的であるかぎり、その活動は人間の倫理性とはかかわりがないのである。

では、第二の欲望的もしくは聴従的部分はどうであろうか。これはいわゆるもろもろの動物的諸能力の機能する部分で、感覚、欲望、情動などの座である。その限り、これは特に勝れて人間的な部分とは見えないが、しかし、人間における動物的諸能力は、決して単なる動物におけるが如く純粋に本能的に機能するのではなく、常に理性の統制とのかかわり合いにおいて機能している。すなわち、ここにおいて非理性的な部分と理性的な部分とが遭遇し、前者が後者に反抗したり聴従したりしているのである。(76) そのかぎり、つまり、人間が理性と非理性の両世界にまたがる存在者であるかぎり、これは極めて人間的な部分であるといわれうるのであり、ここそが倫理徳の成立する場所なのである。換言すれば、人間の善である幸福とは、この部分の十全な活動、すなわち理性の統御下におけるパトス的衝動の発動充足という事態に他ならないのである。

最後に第三の部分であるが、これはこの世界においては人間にのみ固有の純粋理性であり、その活動は観想(θεωρία)であり、その徳は知徳と呼ばれる。この部分が人間にのみ固有であるところから、それの活動こそが人間にもっとも本来的な活動であり、従って究極の幸福であるという理解も成り立つであろう。[77] 事実、この点については、すでにアリストテレス自身の中に動揺がある。この問題の全広袤《こうぼう》に関する筆者の見方は第十章において展開するが、ここではただ次の二点を指摘しておきたい。すなわち、第一には、本来の人間は決して単なる純粋理性ではなくむしろ非理性的理性者であるということ、第二には、アリストテレス自身が観想的生活を「超人間的生活」と呼んでいるということである。[78]

かくて霊魂の構造の粗描による人間性の解明は、人間の善としての幸福を「魂の欲望的もしくは聴従的部分」の十全な活動の中に定位した。この説明は主として個人の魂という観点からの発言であるが、いうまでもなく欲望は大部分他者とのかかわりにおいて発現するのであるから、これは同時に他者との共同存在のあり方の問題でもある。以下の諸章において展開される倫理的諸徳の究明は、それ故、すべて魂のこの部分の活動をめぐって行なわれるものに他ならないのである。

さて、善を人間性の活動の中に定位するこの思想の含む二、三の射程に言及して、本章を閉じることにしよう。プラトンはその理想国家論において人間を素質によって分類し、かく分類選別された各人をそれぞれの能力に相応しい階級に配置することにより、一種の固定的な階級国家の建設を説いた。すなわち、プラトンの国家ではあらゆる人がただ一つの仕事のみをもつことが許され、靴屋は永久に靴屋、指物師は永久に指物師、政治にたずさわる極く少数の支配者は永久に支配者なのであった。アリストテレスは、「人間としての人間の働き」という概念により、この固定的な人間把握を破砕し、すべての人にひとしく普遍的な人間性を措定するための道を拓いたといえる。[79] なるほど、各人には種々能力の差別があり、その相違に従ってそれぞれに異なった職業につかざるをえないことは万人のみとめるところである。しかし、倫理や政治においては、職業的な能力が問題なのではなくて、ただ各人が理性をもっているかどうかだけが問題である、とアリストテレスは考えている。そして、人間を「理性をもつ動物」と定義することにより、かれは万人に倫理的自立と政治参与への権利があることを理論化したのであり、この故にまた人間を「ポリス的動物」と定義することもできたのである。

この点はアリストテレスの国制論(πολιτεία)の中によく示されている。アリストテレスによれば、「ポリスとは自由人(ἐλεύθερος)の共同体」[80]であり、それは共同体の成員が平等かつ等質(ἰσότης καὶ ὁμοιότης)である時に成立する。[81] なるほど現実の政治諸形態はいずれもこの理想的体制からの逸脱ではあるが、ポリスの基本原理はこの体制である。この体制においては、構成員は国家を共同の善を目指して支配し、[82] すべての市民が支配者である。もっとも、すべての者が同時に支配することは不可能であるから、支配の平等性は役職のローテーションという様式で行なわれる。[83] つまり、ポリスにおいては、構成員が平等である以上は、何人も支配されるよりもより多く支配してはならないということである。なぜなら、本性上平等な人々は本性的に同一の権利と価値(τὸ αὐτὸ δίκαιον καὶ τὴν αὐτὴν ἀξίαν)をもっているからなのである。[84] だが、一体、近代市民社会の予兆を想わせるアリストテレスのこの共和国的展望はどこから可能になったのであろうか。それは、理論的には、善を「人間としての人間の働き」のうちに求め、これを理性的活動と見定め、そうして人間を「理性的動物」と定義することによってであった。同時に、ヘーゲル流にいえば、アリストテレスはアテナイ民主制の中に客観的に実現された市民的自由をその倫理・政治思想の中へ吸収し概念化したのだともいえる。そして、このことは、第二節で論じた如く、大多数の人々のドクサの中に倫理の原理を探ろうとするアリストテレスの方法論に全く整合的な歩みでもあったわけである。

ところで、すでに前節で論じたように、アリストテレスは原理的には幸福の領域から偶然を排除した。幸福を人間性の活動としたことが、すでにそのことを含意している。しかし、それにもかかわらず、人間はその生から偶然を全く排除することはできない。人間は、その存在において、またその活動において、様々の所与によって限定される有限的な存在者であるからである。しからば、人間の幸福において、偶然的な要素と人間性の活動とはどのような関係をもつのであろうか。

アリストテレスはこういう。「それにもかかわらず、すでに述べたように、幸福は外的な善(τὰ ἐκτὸς ἀγαθά)をも明らかに併せ必要とする。なぜなら、外的な善の準備なしに美しい行為を為すことは不可能であるか容易ならぬことであるからである。すなわち、一方において、友人や富や権力を、いわば道具のように用いて為される多くのことがあり、他方において、それが奪われれば浄福が汚されるいくつかのものがあるからである。たとえば、生まれの良さ、子宝の恵み、容姿端麗などがそれである。というのは、容姿において全く醜かったり、賤しい生まれであったり、孤独であったり、子供がなかったりする人はあまり幸福ではないであろうし、さらに、もしも子供や友人がひどい不良であったり、或いは善良であっても死んでいたりしたならば、おそらくはなお一層のこと不幸であろうからである。従って、いま語った通り、幸福はこのような外面的な繁栄をも併せ必要とするように思われるのである。[85]」アリストテレスにとり幸福の本質的な部分は「徳に則した魂の活動」である。しかし、それは幸福の必要条件ではあるが十分条件ではない。幸福は、有徳な活動の他に、なお、身体の善と外的な善を必要とするのである。先ず、身体の善である健康が幸福にとって欠くべからざるものと考えられていた点については贅言を要しまい。それはなんらの論証をも必要としないギリシア民衆の深い良識であって、「健康こそ人々にとって最善の財[86]」とか「健康なくして幸福なる者なし[87]」などとかれらは日頃歌っていたのである。いずれにしても有徳な生が成り立つためには、それを支える健康な身体が必要なことは、いうをまたないであろう。それでは外的な善の方はどうであろうか。これらのうちで、友人、富、社会的な力などは、幸福の条件として要求される一つのグループを成している。なぜなら、これらの外的善はまさに有徳な行為の実現にとって素材としてもしくは手段として必要であるからである。アリストテレスは身体を魂の道具《オルガノン》といっているが[88]、この道具という概念をここで外的善にまで拡張し、魂が自己自身の活動を遂行するために、これらのものが必要とされる、といっているわけである。同時に、外的善を道具と見なす了解のうちに、それらの所有を限定する規範が見出される。すなわち、これらの所有は、ある限度を超えると、もはや有徳な活動の助けにはならず、むしろ枷となる。これらは道具としての機能を失うからである[89]。

以上のグループに対して、生まれの良さ、豊かな子宝、端麗な容姿などは外的善の第二のグループを成す、と見てよい。このグループは第一のグループより扱い難い。なぜなら、アリストテレスはこれらの外的善を幸福のうちに綜合することに必ずしも成功してはいないからである。つまり、これらの外的善は有徳な活動によって要求されることがないのに、幸福の条件とされているのである。だが、どうして、これらに言及せずに、幸福論を済ませうるであろうか。なぜなら、これらはギリシア人の古典的な幸福観の構成要素でありつづけて来たものであるからである。[90]
こうしてわれわれは再び偶然の問題に直面する。人は生きているかぎり絶えず偶然の変転にさらされており、従って、生きている以上人を幸福と呼ぶべきでないという観念は、ギリシア悲劇の伝統的な主題の一つであった。「市民の誰がオイディプスの好運を羨望の念をもって眺めなかったであろうか。しかるに、見よ、今や、かれは恐ろしい非運の何という大波に呑み込まれたことか。だから、死すべき人の子がかの最後の日の訪れを待ちうけている間には、悩みをうけずにこの世の涯を越える以前には、かれを幸いな者と呼んではならぬ。[91]」人の生は運命の波に翻弄される。そのことをアリストテレスは無理に否定しようとはしない。これを無理に否定しようとしたのはストア学徒であった。かれらによれば、われわれには「われわれ自身に依存するもの」と「依存しないもの」とがある。あらゆる運命的なもの、外的な善、われわれ自身の肉体でさえ後者に属し、これらはわれわれ自身の自由にはならないのだからわれわれ自身ではない。従って、われわれ自身としては内面的な意志だけが残り、ここにのみ幸福としての徳が存する。つまり、ストア学徒は内的な態度一つによってギリシア人が不幸と見なすすべてのものから解放されようとしたのである。病気、貧困、悲嘆、奴隷状態、暴力などの外的な災いは内的な徳をいささかも動揺せしめないというのである。だが、ストア主義のこのような痩我慢の調子はアリストテレスには異質である。アリストテレスにおいては人間の徳は媒体を前提とする。媒体とはわれわれの自由にならない他者であり、環境であり、世界である。徳はその成立において世界に依存しているのである。だから、アリストテレスにおいては人間性の活動と運命への依存は相補的であると見てよいであろう。一方は幸福の本質を形成し、他方はその存在条件を与える。こうして倫理的な生には悲劇的なものがつきまとう。それは幸福と徳の結合が分析的ではなく綜合的であるということである。なぜなら、この結合は偶然に依存するからである。

このようにアリストテレスは人間の幸福において偶然(運命)の占める大きな役割を認めていた。しかし、それにもかかわらず、同時にかれは徳によって偶然を超克しようとする姿勢をも示していたのである。「偶然は同じ人のまわりをしばしばめぐる。おもうに、もしもわれわれが偶然の後を追っていれば、同じ人を、しばしば、幸福であり、また不幸である、ということになるであろう。こうして、幸福な者は一種のカメレオン、腐った椅子に坐る者となるのである。だが、偶然につき従うのは正しくない。なぜなら、偶然の中に善さや悪さがあるのではなく、徳に従った活動が幸福を決定するのであり、ただ人間の生がこれらの偶然的な要素を付加的に必要とするからなのである。[92]」このアリストテレスの主張は単なる願望ではない。というのは、あらゆる人間的な活動の中で、有徳な活動ほど安定した持続的な活動はないからである。[93]その理由は、先ず第一に、それが一回や二回の単発的で気まぐれな行動ではなく、同一の行為の長年月にわたる反復によって形成されたヘクシス(後天的に獲得された行為能力)に発する活動である、という点に存する。このような行為能力は人間が自ら獲得したものでありながら人間の素質の中に食い込み、遂には本性へと化するのである。理由の第二は、知識や技術も同じくヘクシスではありながら反対へかかわる能力であるのに――医術は人を健康にすることも病気にすることもできる、技術自体は方向性をもたない――有徳な行為を生み出すヘクシスは常に善へ向かうという確定的な方向性をもつ、という点に存する。[94]そして、理由の第三は、学問や技術には忘却が起りうるが、有徳な行為に忘却は起りえない、という点に存する。[95]アリストテレスがそう考えた根拠はおそらく以下のような点にあるであろう。なるほど、学問や技術もまたヘクシスであるから、これについても容易に忘却は起らない。しかし、せっかく習得した技芸も長年用いることがなければ鈍磨して果ては失われてしまうように、また積年の精進による学識もこれを活動させる機会をあまりに長く失えば忘却の淵に沈み始めるように、学問や技術を日々使用すべくわれわれに強制するものは何もない。これに対して、人間は生きている以上倫理的な場面に遭遇しない日は一日もないのであり、この故にヘクシスとなった倫理徳の忘却は起りえないわけである。

こうして、幸福の安定性恒常性は倫理徳の安定性によって保証される。われわれは、人である以上、長い人生の間には、大小様々な不運に襲われるであろう。それが小なる不運であれば、人生を動かされるほどのこともない。だが、老プリアモスが受けたような巨大な不運に見舞われれば、それから立ち直りうるとしても、多くの年月と大きな力が必要となる。しかし、「それにもかかわらず」、とアリストテレスはいう、「多くの巨大な不運を、無感覚の故にではなく、高貴な心と高邁な精神の持ち主であるが故に、平然と堪え忍ぶ時には、このような不運の中にあっても、美しさが輝き出るのである[96]」、と。

（1） EN, I, 1, 1094 a 1–2.

（2） Met, I, 1, 980 a 1.

（3） ここにあげられた四つの人間的営為は二つずつにまとめられて二組になる、とゴーティエはいっている。すなわち、技術と学問的探究(τέχνη καὶ μέθοδος)が一組、行為と選択(πρᾶξις καὶ προαίρεσις)がもう一組である。この二分類の意味は、前者が学問技術の世界を表わし後者が倫理的行為の世界を表わし、あわせて全人間的営為を包括する、という点にある。このような二分類を与えている箇所としては、なお 1095 a 14–15(γνῶσις καὶ προαίρεσις), 1097 a 16(πρᾶξις καὶ τέχνη)などが挙げられよう。Cf. Gauthier, Aristote, L'éthique à Nicomaque, tome II, 1ère partie, pp. 3–4.

（4） EN, I, 1, 1094 a 2–3. この思想は特にアリストテレスにだけ固有のものではなく、ギリシア思想における普遍的遺産であった、といってもよい。たとえば、エウドクソスは快楽が最高善であることを論じながら、次のような議論を展開した、とアリストテレスは伝えている。「エウドクソスは快楽が最高善であると考えたが、その理由は、理性をもつものも理性をもたぬものも、すべてのものが快を希求するという事実が認められるからであり、かつすべてのものが選択するものはよいものであるからである」(EN, X, 2, 1172 b 9–10)。プラトンにおいても、「行為の目的は善である」という思想は反復して現われてくる。もっとも、ここでは目的は快ではなくて、イデアであるが。「すべての行為の目的が善であり、そのためにその他のすべてのことを為さねばならぬ」(Gorgias, 499 e 8–9)。Cf. Symposium, 205 a 6 ff.

(5) Politica, I, 1, 1252 a 3; EN, III, 4, 1113 a 15 ff.

(6) 後に論ずるように、この「見えている善」(かりそめの目的)を「真実の善」(真実の目的)に一致させようとする試みのうちに、倫理的努力の目標が存する。

(7) EN, I, 1, 1094 a 3–5; cf. Met, IX, 6, 1048 b 18–36.

(8) 活動(ἐνέργεια)と運動(κίνησις)の区別については、アリストテレスの主張するところにいくつかの問題点があるが、これについては第九章「快楽」において詳しく取り扱う。

(9) EN, I, 7, 1097 a 30–b 6.

(10) EN, I, 1, 1094 a 10–14.

(11) EN, I, 2, 1094 a 18–20.

(12) EN, I, 2, 1094 a 21.

(13) この「それ自身のためにのみ求められる究極目的」の自体的性格が、技術的製作から区別されてとり出された倫理的行為の自己完結的自体的性格とおのずから合流することは、誰の目にも明らかである。

目的の系列における無限背進の不可能性は、アカデメイアに育った哲学者たちにとっては自明の前提であった。Cf. Gorgias, 467 c–468 c, 499 e; Lysis, 218 c–219 d. とにかく、アリストテレス哲学では重要な箇所でしばしば「無限背進」を拒否する「止まらなければならない」(ἀνάγκη στῆναι)が出てくる。ディルマイアーはこれをアリストテレスの無限恐怖 horror infiniti に由来するものとし、そこに哲学的基礎づけを見ていない(Fr. Dirlmeier, Nikomachische Ethik, Aristoteles Werke Bd. 6, S. 267–268)。しかし、アリストテレスが少なくとも原因結果の系列で無限背進を否定する場合、それは時間的系列において無限の遡行が不可能だといっているのではなくて、原因結果の段階的秩序において無限遡行が不可能だといっているのである。つまり、末端の事象は中間の原因に依存し、中間の原因は第一原因に依存し、そしてこれらの全体は同時に生起するのである。この場合、第一原因がなければ末端の結果が生起し得ないことは明らかであろう。これに対して、時間的な意味での regressus ad infinitum ならば、アリストテレスは当然これを認めていたといってよいであろう。なぜなら、かれの世界は時間的には未来の方向においても過去の方向においても限りなく存在し続けるのであるから。つまり、ディルマイアーのいうような無限恐怖はアリストテレスには当らないのである。なお、アリストテレスの世界の永遠性については、第十章「観想」の第四節を参照。Cf. Physica, VIII, 5, 256 a 29; Met, XII, 3, 1070 a 4; Met, II, 2, 994 a 1 ff.

(14) EN, I, 2, 1094 a 24–25.

(15) EN, I, 2, 1094 a 27.

(16) EN, I, 2, 1094 b 7–8, passim in Politica.

(17) Cf. H. Kuhn, „Aristoteles und die Methode der politischen Wissenschaft" (Rehabilitierung der praktischen Philosophie Bd. II) S. 262 f.

(18) EN, I, 3, 1094 b 11–22.

(19) EN, V, 10, 1137 b 8–29.

(20) EN, II, 2, 1104 a 7–9.

(21) この点については加藤信朗訳『ニコマコス倫理学』(アリストテレス全集第十三巻、岩波書店)四四八—四四九頁に適切な解説がある。

(22) EN, VI, 5, 1140 b 3.

(23) EN, III, 3, 1112 b 27.

(24) EN, VI, 4, 1140 a 1–2.

(25) EN, III, 3, 1112 b 28, 31.

(26) EN, III, 3, 1112 a 21–26.

(27) Physica, II, 8, 198 b 35–36; II, 5, 196 b 10–12.

(28) EN, I, 4, 1095 a 30–32.

(29) EN, I, 4, 1095 b 6–7; cf. I, 7, 1098 b 1–3.

(30) アリストテレスは、ここで、プラトン倫理学との最後のつながりを破壊した、といえる。アリストテレスは倫理学において数学的(厳密学的)方法を棄てただけではなくて、「倫理の根拠」(何故)という思想も破棄したのである。

(31) G. Bien, „Die menschlichen Meinungen und das Gute. Die Lösung des Normproblems in der aristotelischen Ethik“ (Rehabilitierung der praktischen Philosophie, Bd. I, S. 346–347).

(32) EN, I, 8, 1098 b 9–11.

(33) Rhetorica, I, 7, 1363 b 12–15.

(34) Rhetorica, I, 6, 1363 a 17–18.

(35) Topica, I, 1, 100 b 21–23.

(36) Topica, I, 11, 104 b 32–34.

(37) Rhetorica, I, 10, 1369 a 3–4.

(38) Politica, I, 1, 1252 a 3–4.

(39) EN, VI, 12, 1144 a 34.

(40) De Generatione et Corruptione, I, 8, 325 a 21–23.

(41) EN, III, 4, 1113 a 29–33.

(42) 本文で展開しない諸論点のうち主要なものを簡単にまとめれば以下のようになる。

(i) 1096 a 17–23.「イデア論を導入した人々は、そこにおいて先後の語られるものごとにイデアを立てなかった。それ故数についてのイデアも立てなかった。しかし、善は、実体においても、性質においても、関係においても語られ、しかも実体は関係よりも本性上先である。……従って〔イデア論者の論法に従えば〕、これらの上になにか共通なイデアは存在しないはずである。」

先ず、何故プラトニストは「先後の語られるものごと」にイデアを立てなかったのであろうか。「2倍、3倍、4倍……」という先後の語られるシリーズを考えてみる。第一項2倍は他の諸項より先である。ところで、もし倍数という述語をこれらの各項に共通のイデアとして立てたとする。すると、このイデアはすべての項に先立つことになり——なぜならこのイデアは各項がなくても存在しうるのに対し、各項はこれがなければ存在しえないから――従って2倍にも先立つことになり、かくて第一項に先行する項が存在するという不条理が結果する。それ故、先後の語られるシリーズ、例えば数、にはイデアは存在しない、ということになる。

だが、実体は性質や関係に先立つ。つまりカテゴリーは先後の語られるシリーズなのである。だから、プラトニストの思想では、これら各項(実体、性質、関係等)に共通のイデアとしての善は存在しえないはずであるが、しかし事実としてこれらの各項に善は語られるのである。だから、善は普遍概念としてのイデアではありえない。Cf. EE, I, 8, 1218 a 2-9.

(ii) 1096 a 29-33.「一つのイデアに属する諸事物については知識(ἐπιστήμη)もまた一つなのだから、すべての善についてもなにか一つの知識が存在したはずであろう。」ところが、事実は、善の一つのカテゴリーに属する事物についても多数の知識がある。たとえば、時間における善である「好機」(καιρός)については、戦争においては統帥術が、病気においては医術がこれを扱う。それ故すべての善を総括する唯一の知識は存在しない。Cf. EE, I, 8, 1217 b 35-1218 a 1.

以上の二論点及び本文で展開した主論点の三者は、善が「多数の個別者を包括する抽象的な普遍概念」つまりイデアではない、という点に向けられていた。以下の第三第四第五論点では、批判はイデアの無内容に向けられる。

(iii) 1096 a 34-b 3. プラトニストはイデアを「ものそのもの」(αὐτοέκαστον)というが、これによって一体何をいいたいのであろうか。なぜなら、人間そのものにおいても、人間においても、人間の定義は同一である。つまり、イデアにおいても個別者においてもその内容には何の相違もない。善においても事情は同様である。Cf. Met, I, 9, 990 b 1-8.

(iv) 1096 b 3-5.「またイデアは永遠であることによってより善であるわけでもない。なぜなら、長い間白いものは一日だけ白いものよりもより白いわけではないのだから。」しかし、永遠の善は一日の善よりもより善である、といえないであろうか。然り、もし具体的な善が問題ならば、そういえるはずである。しかし、イデアの永遠性とは普遍概念の無時間性なのである。一日生きる人においても、永遠に生きる人においても、人間の定義は同一である、ということである。Cf. EE, I, 8, 1218 a 9-16.

(v) 1096 b 16-26.「そのもの自体(καθ' αὑτό)として人はいかなるものを挙げうるか。」そのもの自体とは、他のもののためではなくてそれ自身のために追求されるもののことであろうか。それならば、考えること(φρονεῖν)や見ること(ὁρᾶν)なども自体的善であろう。これに対して、もしイデアだけが自体的善であるというのならば、イデアは一切の具体的内容を失って空しいものとなるであろう。これは論点(iii)を別の角度からいい直したものである。

(vi) 1096 b 31–35.「かりに唯一の共通に述語される善、それ自身によって独立に存在するものそのものとしての善があるとしても、それは人間によって実践されもしなければ獲得されもしない。」なぜなら抽象的普遍者は無内容だから実践しようがないからである。われわれが実践しうるのは、善ではなくて、この善なる行為である。Cf. EE, I, 8, 1218 a 34–b 7.

(vii) 1096 b 35–1097 a 14.「われわれにとっての具体的な諸善を獲得し実践するために、善のイデアを知ることはより良いことだと思われるかもしれない。善のイデアを範型(παράδειγμα)としてもつことにより、われわれにとっての善もまたより一層知られうるであろうから、と。」しかし、この主張は諸学の現実に矛盾する。すべての学問や技術はそれぞれに善を求めながら、善のイデアの認識をかえりみないからである。一体、織工や大工は、自己の技術に加えて善のイデアを知ったところで、何の益されるところがあろうか。Cf. Met, XIII, 5, 1079 b 24–26.

最後に一言付言しておきたいことは、アリストテレスがイデア論批判で否定したものは必ずしも超越的な善ではない——もし超越的という語を「この世界を超えた」という意味で用いるとすれば——ということである。アリストテレス自身超越的な善(神)の存在を否定しておらず、『ニコマコス倫理学』の第十巻では、それは観想の本来の対象にさえなっている。アリストテレスが否定したものはプラトンの善のイデア、すなわち実体化された抽象的普遍概念としての善なのである。それは、内実のない空語(κενολογία)であった。

(43)『ニコマコス倫理学』では、アリストテレスが神(ὁ θεός)もしくは「神的なもの」(τὸ θεῖον)という時には、多くの場合、理性(ὁ νοῦς)を指している。

(44) EN, I, 6, 1096 a 23–29.

(45) というよりは、むしろ本来は、カテゴリーが存在の意味(構造)の分類なのである。

(46) Met, IV, 1, 1003 a 33–b 1.

(47) πρὸς ἕν は ἀφ᾽ ἑνός ともいい換えられる。EN, I, 6, 1096 b 27–28.

(48) この思想は後世しばしば「存在の類比」の思想と混淆されているが、アリストテレス自身においては「プロス・ヘン」の思想と「アナロギア」の思想とは別物である。この問題については下記を参照。Pierre Aubenque, Les origines de la doctrine de l'analogie de l'être (Les études philosophiques, n° 1/1978, Centre Léon-Robin à la Sorbonne).

(49) EN, I, 4, 1095 a 16–20.
(50) EN, I, 7, 1097 a 33–34.
(51) Meno, 99 e 5–100 a 1.
(52) Dirlmeier, NE, 286.
(53) EE, I, 1, 1214 a 22–25.
(54) EE, I, 3, 1215 a 14–16.
(55) EN, I, 9, 1099 b 14–16.
(56) ギリシアにおける擬人的神観の純化は、クセノファネスやプラトンによる「神々の不道徳性」の攻撃によって、大きく前進した。しかしこれを更に押し進めて、神観念を決定的に擬人的表象から引き離したのはアリストテレスである。すなわち、かれは、『ニコマコス倫理学』第十巻の観想論において、神に相応しい活動は何であるかと問い、それはただ理性の活動だけである、と答えている。なぜなら、正義、勇敢、節制などの倫理的活動は、その根底に物欲、恐怖、欲望などの質料的要素を前提しているが、神にこれらの要素を帰することは神を可能的(有限的)存在者と化することになるからである。その結果、神は一切のパトス的要素をもたない純粋理性となり、その活動は『形而上学』第十二巻の「思惟の思惟」となる。そして、人間の理性も、この根源の理性と同質のものであるかぎり、神と呼ばれうるわけである。Cf. EN, X, 8, 1178 b 7–22. 本書第十章第四節を参照。
(57) EN, I, 9, 1099 b 24–25.
(58) Physica, II, 5, 197 a 30–32.
(59) Physica, II, 5, 197 a 14. 拙稿『アリストテレスの目的論』(東北大学文学部研究年報第二十六号、一九七六年度、六〜七頁参照)。
(60) EN, II, 1, 1103 a 18–24.
(61) EN, I, 9, 1099 b 18–20.
(62) Ibid., 1099 b 21–22.
(63) このような思想の中に、アリストテレスのヒューマニズムとキリスト教の恩寵思想との対立をはっきり見ることができよう。アリストテレスは超越的なものへの依拠を放棄して人間性を全面的に信頼するが、キリスト教はそれほど人間性を信頼していない。

(64) Fragmenta Aristotelis (Ross), Eudemos fr. 7, etc.

(65) EN, I, 10, 1100 a 12–14.

(66) Odyssea, XI, 203–224, 487 ff.

(67) De Anima, II, 1, 412 b 4–9.

(68) De Anima, I, 1, 403 a 5–10.

(69) 以上の断定については、なお次の二点へ言及しておく必要がある。一つは能動理性(νοῦς ποιητικός)の問題である。これは確かに肉体から離存し、個人の死滅を超えて存続すると考えられており、『ニコマコス倫理学』においても第十巻の観想論において特別の倫理的意味を帯びて登場してくる。しかし、能動理性は個人的なものではなく、超個人的な意識一般の如きものであり、個人の魂は死と共に消失する受動理性までであるという点を忘れてはならない。この問題は第十章「観想」の第五節において主題的に論究する。第二の点は、『霊魂論』と『ニコマコス倫理学』の年代的位置づけから生ずるゴーティエの議論についてである。ゴーティエは『霊魂論』が『ニコマコス倫理学』より後のものであることから、前者の霊魂観を後者に適用できない、と推論している(Gauthier, EN Commentaire, tome I, 1ère partie p. 60)。しかし、これは行き過ぎた断定である。たしかに『霊魂論』は『ニコマコス倫理学』より後のものであろうが、しかし、後者の成立時に前者において展開される思想が芽生えていなかったと断定することはできない。この点は、アリストテレスの思想の発展に関するゴーティエの三段階説(これは、イェーガーの発展説を改良したニュイエンスの説を受け継いだものであるが)が説得力を欠く点から裏書きされる。すなわちゴーティエは、アリストテレスの思想の発展は初期の対話篇に対応するイデアリストの時代、それに続く機械論的道具主義(instrumentisme méchaniste)の時代、そして最後に『霊魂論』の人間観に対応する質料形相主義の時代という経過をたどり、『ニコマコス倫理学』はこの第二段階に入る、というが、筆者のみるところでは『ニコマコス倫理学』の中に機械論的道具主義という類の思想は存在しないのであり、そもそも、アリストテレスの思想の発展の中にそういう段階を想定することが誤謬なのである。(Cf. Gauthier, op. cit., pp. 11–61)

(70) EN, I, 7, 1097 b 24–28

(71) De Anima, II, 4, 415 b 13; cf. De Caelo, II, 3, 286 a 8–9.

(72) この問題は第五章「人間性」の第三節において詳しく論ずる。今ここでは原理論と関連するかぎりにおいてその基本的構図を示すに止める。

(73) ディルマイアーは『ニコマコス倫理学』第一巻第十三章の注で、アリストテレスの霊魂を四つの部分に分けているが、これはテキストの誤読である。Cf. Dirlmeier, NE, S. 292.

(74) EN, I, 13, 1102 a 32–b 3; I, 7, 1097 b 33–34.

(75) EN, I, 13, 1102 b 4–8.

(76) EN, I, 13, 1102 b 16–25, 30–31.

(77) たとえばゴーティエ。Cf. R. A. Gauthier, La morale d'Aristote (PUF), 1958, p. 97 ff. 観想の問題は第十章において詳細に取り扱う。

(78) EN, X, 7, 1177 b 26–27. 『ニコマコス倫理学』の大部分(第一巻〜第十巻第五章まで)は倫理徳の研究にあてられており、観想はわずかに第十巻第六〜八章で論ぜられるにすぎない。

(79) Cf. G. Bien, Die Grundlegung der politischen Philosophie bei Aristoteles, Verlag Karl Alber Freiburg/München, 1978, S. 55–57.

(80) Politica, III, 6, 1279 a 21.

(81) Ibid., 1279 a 8–10.

(82) Politica, III, 7, 1279 a 37 ff.

(83) Politica, II, 2, 1261 a 30 ff.

(84) Politica, III, 16, 1287 a 10 ff.

(85) EN, I, 8, 1099 a 31–b 7.

(86) C. M. Bowra, Greek Experience, Mentor Book, 1964, p. 103. (水野一、土屋賢二共訳『ギリシア人の経験』みすず書房、一九七八年、一四二頁)

(87) Ibid., pp. 104–105. (邦訳一四四頁)

(88) EE, VII, 8, 1241 b 18–22; EN, VIII, 11, 1161 a 34–35; De Partibus Animalium, I, 1, 642 a 11.
(89) EN, VII, 13, 1153 b 17–25; X, 8, 1178 b 4–5; 1179 a 1–13.
(90) Rhetorica, I, 5, 1360 b 19 ff.
(91) Sophocles, Rex Oedipus, 1526–1530. Cf. Euripides, Andromacha, 100–102.
(92) EN, I, 10, 1100 b 3–10.
(93) Ibid., 1100 b 12–13.
(94) Ibid., 1100 b 35.
(95) Ibid., 1100 b 17.
(96) Ibid., 1100 b 30–33.

第二章　フロネーシス

一　善のイデアの消去

すでに前章第三節で見たように、アリストテレスは倫理の原理としてプラトンの善のイデアを否定した。すなわち、なにか抽象的普遍的な原理から価値を基礎づけることを放棄したのである。なぜなら、第一に、人生の千変万化する個別的状況に応じて善は無限の多様性をもって現われるが、善のイデアはこの多様性に対応できない内容空疎な抽象的一般者にすぎないからであり、第二に、このような一般者を認識したところで、現実の実践には役立たないからである。しからば、イデアに代えてアリストテレスはいかなる原理を立てたのであろうか。アリストテレスはフロニモス(φρόνιμος)と呼ばれる一個の具体的な人間を倫理の原理として立てたのである。だが、人間を原理として立てたというとき、われわれはプラトンの『政治家』篇における「フロネーシスをもった王」を想起せざるをえないであろう。そこにおいては、国家の支配原理は、先ずもって法という一般的規則であった。しかし、法には当然限界がある。なぜなら、法は、限りなく多様な人間、また一瞬も静止することのない人間的世界に対して、常に同一の単調な命令をくり返す「強情で愚鈍な人間」の如きものであり(1)、その価値はせいぜい長い旅に出る医者が直接に患者を看取ることができないために、万やむなく次善の策として残していった処方箋に類するものにすぎないからである(2)。それ故、真に国家の支配者たるべき者は法を超えた者でなければならない。かれは、航海技術書によって船の運行を指揮するのではなく、自分の知によって同船者全員の生命を守りうる船長の如き者である。(3) このようなプラトンの思想をみるとき、アリストテレスのフロニモスが或る点でたしかにプラトンの哲人王の後継者であったことを否定することはできないであろう。すなわち、プラトンにおいては哲人王にのみ許されていた倫理的自律性を、アリストテレスはフロニモスという資格で少なくとも可能的には万人に開放した、といえるのである。だが、それにしても哲人王とフロニモスとの間には大きな相違がある。その相違とは、哲人王はたしかに法を超えてはいたが、その所以は善のイデアに関する知の所有にあったのに対し、フロニモスにはそのような知は要請されていない、という点にあるのである。アリストテレスは一般的な原理からは決して個別的、具体的、特殊的な善を規定できない、と考えている。「なぜなら、一般的原理の欠陥は法の中にあるのでもなく、立法者の中にあるのでもなくて、事柄そのものの本性《フュシス》の中にあるのであり、実践的な事柄の素材とは一般的規定の枠をはみ出すという性質のものなのであるからである。(4)」すなわち、アリストテレスは、倫理的世界におけるイデア的規定の無効性において、人間の存在論的な構造に由来する不可避の事態を見ているのである。それ故、無限に多様な倫理的事態に即応する倫理の規範はそれ自体が柔軟で無規定な原理でなければならないであろう。すなわちアリストテレスはこういっている。「無規定なものについては、その尺度(κανών)もまた無規定でなければならない(5)」と。

だが、このようにいうとき、人は次のような疑問を抱くかもしれない。それではアリストテレスの倫理とは収拾のつかない相対主義に陥る危険があり、プロタゴラスの人間尺度説となんら異なるところがないのではなかろうか、と。たしかに、アリストテレスは「すべての人は善であると思われることがらのために(τοῦ δοκοῦντος ἀγαθοῦ χάριν)すべてのことを為す(6)」といっている。つまり、すべての人は己れのドクサ(臆見)として善についての認識をもっているということである。その限り、ソフィスト的な立場は一応是認されている、といってよい。しかし、人々の抱く臆見が先ずもって「善と思われることがら」であり「仮象の善」(φαινόμενον ἀγαθόν)であるということは、それらが必ずしも「端的な善」(ἀγαθὸν ἁπλῶς)ではないことを含意している。いいかえれば、善は人々のドクサの中に現われるが、あらゆるドクサが直ちに真理なのではない、ということである(7)。その間の事情は、ちょうど肉体において良い状態にある者にとっては本当に甘いものが甘く感ぜられるのに対し、病的な状態にある者にとっては真実にはそうでないものが甘く感ぜられるのと同様である、ともアリストテレスはいっている(8)。この説明は、倫理においてもまた、倫理的に健全な状態と病的な状態とが存在し、その健全性の原理が、一般的なイデアとしてではなく、具体的な生身の人間の判断力として、人間性の中に深く根付いている、ということを意味するであろう。そして、このような尺度となる健全な人間をアリストテレスは「善い者」(ὁ ἀγαθός)、「勝れた者」(ὁ σπουδαῖος)、「フロネーシスをもつ者」(ὁ φρόνιμος)などと呼んだのである。「善は善い者の眼差しにしか見えない(9)。」「勝れた者《スプーダイオス》が尺度である(10)。」「或る人々は狂気の故に善と仮象の善がなんら異ならないと考えている(11)。」これらの言葉は、アリストテレスが倫理の原理を主体化し内在化することによってプロタゴラスの人間尺度説に大きく接近しながら、それとは本質的に異なる或る強固な歯止めをもっていたことを示している。それでは、イデアに代って登場した新しい規範フロニモスの判断力であるフロネーシスとはいかなる能力であったのであろうか。

二　エピステーメー、テクネー、フロネーシス

アリストテレスによれば魂の理性的な部分は大きく二つに分たれる。その中の一つは理論的認識を営む部分(τὸ ἐπιστημονικόν)であり、他は分別をめぐらす部分(τὸ λογιστικόν)である。(12) このうち、前者についてアリストテレスは次のようにいう。「万人のみとめるところによれば、われわれが理論的に認識する対象は、他のようにはありえない。なぜなら、他のようにありうるものは、考察(θεωρεῖν)の外部におかれてしまえば、その在るかないかが明らかでないからである。しからば、理論的に認識されるものは必然的に(ἐξ ἀνάγκης)存在する。しからば、それは永遠である。(13)」理論的認識の対象とは、数学、自然学、形而上学などの対象である。これらの諸対象は、われわれの認識とはかかわりなしに、あるがままに存在する。たとえば、三角形の内角の和が二直角であるということは、誰が見ていてもいなくても常に真実である。或いは、自然的存在者の構成原理もしくは自然法則は、個々の自然現象が絶えず生成流転しているにもかかわらず、常に不変のものとして存在し、自然学はそのような原理にかかわるのである。従って、理論的認識の対象は不変であり(或いは、逆にいえば、その対象が不変であるから理論的認識が成立し)、その故に、それらは必然的であり永遠である、といえるのである。(14) そうであれば、われわれの実践がこのような対象にかかわりえないことは明白であろう。なぜなら、実践とはなんらかの意味での創造であって、未だないものを作り出し、かつてあったものを変革することであるが、われわれは如何にしてもピタゴラスの定理や自然法則を変更することはできないからである。不変の対象については、われわれはただそれらを認識し受容しうるだけである。

しからば、実践が「他のようにありうるもの」にかかわることはいうをまたない。ところで、他のようにありうるものもまた二つの領域に分たれる。すなわち、その中の一つは技術的産物(ποιητόν)であり、他は行為されることがら(πρακτόν)である。(15) このうち前者はどのような特徴をもつのであろうか。先ず、技術とは「存在することも存在しないことも可能な何かが生ずるように製作すること、そしてその生成の端緒が作られるものの中にではなく作るものの中にある」(16)ような働きである。ここで「存在することも存在しないことも可能」とは何の謂であろうか。端的にいえば、それは原理的に存在可能であるが、その現実化は必然的ではない、ということである。だから、アリストテレスは「必然的に存在しまた生成するもの、また自然的なものについては技術はありえない」(17)という。*

* このアリストテレスの発言には勿論古代技術の限界がみられる。ここで必然的に存在しまた生成するといわれているものには、数学的な世界のみならず宇宙の秩序や天体の運行も含まれている(cf. EN, III, 3, 1112 a 21–26)。この場合、将来の技術をもってすれば、天体の運行を変えることぐらいはできるかもしれないが、古代人にとってはそれは必然の運動であったわけである。要は、これらのものがそれ自身の中に存在と運動の原理をもっており(EN, VI, 4, 1140 a 15–16)、それが人為の左右しえないものである、という点にある。

つまり、この現実的な自然的世界の底にはある可能性の拡がりがあり、この可能性に技術はかかわってゆくということである。この世界は一から十まで決定論的に規定されているわけではない。世界の中には或る変更の余地、豊かな無規定性があり、この無規定性の開発もしくは現実化に技術はかかわるのである。だから、アリストテレスは「技術は自然が仕上げることのできないものを完成させる」(18)ともいっている。そして、この未だ現実化されていない可能性の開発の起動力がかかって人間にあるということが、「技術的生成の原理が製作者の中にある」という言葉の意味に他ならない。こうして技術とは、人間が或る意味で自然的世界を超え出た者であり、新しい世界の創造の可能性を保有する者であることを表わす能力であるといえるであろう。

それでは技術と行為の相違はどこにあるであろうか。技術においては、製作活動それ自体が目的ではなく、活動の結果生じてくる産物がそれである。つまり、技術活動それ自体は常に相対的であり手段的なわけである。これに対して、行為においては、前章第一節で論じたように、行為それ自体が究極目的なのである。[19] すなわち、アリストテレスはこういっている。「製作活動とその目的とは異なるが、行為とその目的とは異ならないであろう。なぜなら、よい行為(幸福 εὐπραξία)それ自身が目的なのであるから。[20]」そして、目的手段連関の中で働くあらゆる人間的な活動において、技術的活動は最終的には必ず行為的活動に下属しているのである。[21]

ところで、ここで注意しておくべきことは、このようにいったからといって、技術と行為とを全く異なる別種のものとして分離することはできないという点である。なるほど、行為とは先ずもって如何なる結果を生み出すかということよりも、行為者の内面性にその自体的意義をもつことは、アリストテレスもくり返し強調するところである。[22] だが、それにもかかわらず、行為はこの世界の中で、他者とのかかわりにおいて、なんらかの結果を惹起しつつ行なわれるのであり、従って、当然これらの外的なもしくは運命的な状況の諸条件に支配されているわけである。だからアリストテレスはこうもいう。「よい行為が成立するためには二つのことが必要である。一つは目的が正しく立てられること、他はその目的に至る手段を発見することである[23]」と。つまり、倫理的行為の技術的条件を無視することは、実は目的の実現に関心をもたないことであり、それは結局倫理的無為と同じことになるのである。こういうわけで、技術は行為に従属するものでありながら、同時に行為は技術に依存するものなのである。すなわち、行為と製作を厳密に区別することはできないということである。あらゆる行為には技術的な性格が伴い、あらゆる製作には倫理的な意味が含まれている。倫理性と技術性とは、目的と手段が不可分な如くに、相互に滲透し合っている。そして、そうである以上、いやむしろ行為が究極の意味づけである以上は、行為もまた先に技術について述べられたのと同様に、この世界の中にかくされている可能性を現実化し、与えられた自然を人間の創造によって豊饒化する究極の活動であるであろう。

さて、それでは、このような行為の原理となるフロネーシスとはどのような能力であろうか。アリストテレスがフロネーシスを定義するとき、その基礎になるのはフロニモスと呼ばれる具体的な人間像である。しかし、そのモデルは哲学者ではない。アナクサゴラスとかタレスとかその他の哲学者たちはソフォス(知者)とは呼ばれるがフロニモスとは呼ばれない。なぜなら、かれらは奇異なこと、驚くべきこと、難しいこと、神的なことは知っているが、「自分自身にとって為になること」を知らないからである。かれらの知は、人間的な善という観点からみれば、役に立たない(ἄχρηστα)のである。[24] これに対し、ペリクレスのような人、つまり勝れた政治家や共同体の統率者をわれわれはフロニモスと呼ぶ。なぜなら「かれらは自分自身にとっての善(τὰ αὑτοῖς ἀγαθά)、総じて人間にとっての善を考察することができるからである[25]」。それ故、フロネーシスとは先ずもって自分自身にとって善いこと、有益なことを、部分的にではなく――つまり、何が健康にとって良いかというようにではなく――、全体的に――つまり、よく生きることにとって何がよいかというふうに――思案できる能力である、といえる。このアリストテレスの説明の中には、フロネーシスの本質的な点として「自分自身にとっての善」と「思案」という二つの要素があげられている。この場合、アリストテレスが「自分自身にとっての善」というとき、それは必ずしも自分一個人だけのための善を意味しているわけではない。それは、自分をも含めた共同体全体としてのポリスの善を考察するのもフロネーシスであり、従ってフロネーシスとポリティケー(政治学)は同じである、といわれている点からも、明らかである。[26] むしろ、この「自分自身にとって」という契機は、この知が客観的対象的な知ではなく、自己関係的な知であることを示しているのである。すなわち、この知は、エピステーメーのように自己自身の在り方とは無関係に抽象的に(δι᾽ ἀφαιρέσεως)成立するのではなく、[27] 自己自身の在り方を規定しつつ同時に自己自身の在り方によって規定されるという「自己自身の存在を捲き込む知」なのである。それ故、或る人がどのような生き方をしているかによって、この知は滅されてしまう。知がエピステーメーならば、すなわち「三角形の内角の和が二直角である」とか重力の法則とかに関する知であるならば、主体がどのような生き方をしていても、それは滅されることはない。しかし、知がフロネーシスならば、主体の乱れた生活によって、それは滅されうる。それ故に、「節制(σωφροσύνη)という語は、フロネーシスを守る(σῴζειν φρόνησιν)という意味をもつ」[28] とアリストテレスはいうのである。

では、もう一つの契機である思案(βουλεύεσθαι)はいかなる事態を指示するであろうか。[29] 先ずアリストテレスはこういう。「いかなる人も他のようにありえないものについて、また自己自身によって行為されえないものについて思案することはない。」[30] 他のようにありえないものとは、すでに触れたように、宇宙の秩序、数学的真理、天体の運行などであり、自己自身によって行為されえないものとは、上述の必然的事象の他に、旱魃や多雨の如き不定の事象、宝の発見のような偶然的事象、またスパルタ人にとってのスキュタイ人の政体のような人間的ではあるが自分の力の及ばない事象である。[31] つまり、思案の対象とは端的にいって人間的な世界のことであり、その中でも自己自身の力の及ぶ範囲内の事柄なのである。[32] このように、人間的な世界がもっぱら思案の対象になるということは、この世界には本質的に不定の要素、無規定の要素があるということを意味している[33]。すなわち、この世界において働く規定原理、換言すれば倫理的原理は、つねに蓋然的な意味しかもちえないのであり、原理の規定しえない不定の余白を埋め確定的な行為を稔らせる力はかかって各人の思案の能力であるフロネーシスに依存する、ということなのである。ここから思案はもっぱら手段にかかわるという性格が出てくる。事実、アリストテレスは「われわれは目的についてではなく、目的に達するための手段について思案をめぐらす[34]」といっている。それ故、フロネーシスが思案の能力であるということは、それが「手段を発見する能力である」ということであり、実際アリストテレスはそのことを反復して強調してもいるのである[35]。ここから、或る研究者たち、たとえば最近ではガスリー[36]は、フロネーシスをもっぱら手段にかかわる技術的能力として解釈することになった。だが、ここには次のような問題がある。一体、ある目的が立てられた時、この目的に導く手段を発見しうる能力は有能さ(δεινότης)である。しかし、この能力は倫理的には無記である。もし、立てられた目的が悪ければ、それは狡猾(πανουργία)になるであろう。それ故、フロネーシスはこのデイノテースなしにはありえないが、それと同一ではない[37]。なぜなら、フロネーシスは常に善を実現する能力であるからである。それ故、フロネーシスは確かに究極の個別的具体的領域において行為の端初となる直接的手段を発見する能力であるが、同時に自己自身の中に確固とした善への指針を有している、と考えなければならないであろう。こうしてわれわれはフロネーシスの重層的構造に直面する。

三　フロネーシスの重層的構造

フロネーシスは勝れて手段の発見にかかわる能力である。なぜなら善は一般者として認識されえたとしてもほとんど意味をなさないからである。いいかえれば、一般者としての善は、つねにこの個別的状況におけるこの行為として具体化されなければ意味をもたないのであり、このような具体化を決定するのは目的を現実化するこの直接的手段の把握に他ならないからである。しからばフロネーシスは手段の発見のみにかかわる能力なのであろうか。そうではない。結論を先にいえば、フロネーシスは手段と目的を同時に把握する能力なのである。以下このことを先ずアリストテレスのテキストから根拠づけ、次いでその哲学的な含蓄に触れることにしよう。

（一）　先ず、理性となんらかの関連をもたずに倫理徳が成立しうるとはアリストテレスは考えていない、という点は重要である。たとえば、「人間の徳とはロゴスをもつ部分のなにか実践的な生である」(38)とか「フロネーシスなしで勝義の良い者でありえないことは明白である」(39)という言葉は、人間の徳の成立に必ずロゴスの働きが介入していることを示している。

（二）　ところで前節で触れたように人間の理性能力には二つの部分があったが、この両部分の働きはともに真理を目指すといわれた。(40)では、両部分の働きの相違はどこにあるかというに、「理論的な思惟の良し悪しは真と偽であるのに対し……実践的な思惟の良さは正しい欲求に調和した真理である」(41)といわれている。すなわち、実践的な思惟（フロネーシス）の真理は正しい欲求に調和している点にあるとされているのだが、欲求はアリストテレスにおいて目的にかかわる能力であるから、[42]正しい欲求とはいうまでもなく目的として善を定立することであり、従って、当然フロネーシスの真理の中には善の定立が含まれていることになる。このことはまた、次の一文によってより一層明瞭である。

(三)「もしも選択がよいものであるならば、ロゴスが真であり、欲求が正しくなければならない。そして、ロゴスが肯定するその同じものを欲求が追求せねばならない。[43]」欲求が追求するものは目的であり、ロゴスが語るものはそれへ至る手段であるという解釈が成り立たないことは、この一文から明らかである。欲求の追求するものが善い目的であるならば、それはまさにロゴスが語ったものだからなのである。ロゴスが肯定したその同じものを欲求が追求するといわれるときの同じものとは、目的と手段の全体であり、両者が常に分ち難く現われてくるという点に、アリストテレスの主張の焦点がある。

(四)　さらにフロネーシスの定義からみても同じことがいえる。「フロネーシスとは、人間にとっての善悪に関する、ロゴスを伴った、実践的なかつ真なるヘクシス(後天的に獲得された行為能力)である。[44]」この定義において「真なる」という形容詞がヘクシスにかかっていることに注目せねばならない。このことの意味はこれを技術の定義[45]——技術とは真なるロゴスを伴った製作的なヘクシスである——と対比してみると一層よく解る。すなわち、技術の定義においては、「真なる」という形容詞はロゴスにかかっている。つまり、目的手段の論理的連関が正しく把握されていることが技術にとっては本質的なのである。これに対して、フロネーシスにおいては「真なる」がヘクシスにかかっている。ということは、単に目的手段の連関の正しさがここで問題なのではなくて、フロネーシスという能力自体が真なるものでなければならないということである。換言すれば、さきに述べたように、それは善なる目的へと方向づけられていなければならない、ということである。[46] このことはまた、「技術にはアレテーがあるが、フロネーシスにはそれがない[47]」という言葉によっても表わされていよう。なぜなら、技術についてはその善悪を語りうるが、フロネーシスはそれ自身がアレテーであるから、そのようなことを語ることが無意味であるからである。

（五） そして最後に、「フロネーシスは目的についての真なる了解把握である」という一文が存在する。[48]

さて、以上でフロネーシスが手段と目的（個別と普遍）とを一挙に把握するのであることはテキストの上から立証されたと思うが、それではその把握の具体的な構造はどのようなものであろうか。アリストテレスはこういっている。「フロニモスは個別的なもの即ち究極的なものを知らねばならぬ。……ところで、理性《ヌース》は両方向において究極的なものにかかわる。すなわち、最初の項と最後の項にかかわるものは直観的理性であって推論的知性ではない。そして、理論的な論証において働く理性は不動の第一項（論証の原理となる公理）にかかわり、実践的な推論において働く理性は究極のもの即ち可変的な個別者即ち小前提にかかわるのである。なぜなら、これらの小前提（個別者に関する認識）は目的の出発点《アルケー》（原理）だからである。というのは個別者（τὰ καθ᾽ ἕκαστα）から普遍者（τὰ καθόλου）は生ずるのであるから[49]。」ここでフロネーシスはその直覚知という働きの場面においてヌースといいかえられている。そのヌースは理論的な認識の場面においては論証の出発点としての公理を把握するが、実践的な認識の場面においては究極の個別者を把握する、といわれている。この究極の個別者とは何であろうか。それは、ゴーティエのいうように、個別的具体的な倫理的価値という事実である[50]。フロネーシスがかかわるのは倫理的には無記のただの具体的事実ではない。それは、行為の個別的状況において、価値を理念としてではなく、個別的具体的な事実として把握するのである。アリストテレスは倫理学における規範の基底をフロニモスのドクサもしくは大部分の人々のドクサ（ἔνδοξα）においているが[51]、これは、フロネーシスが究極の個別的状況において価値を具体的な事実として直覚するからであり、また、大多数の人々の倫理的判断のうちには倒錯されていない人間の倫理的判断力が活動しているからなのである。[52] つまり、個々の人間は誤り易い欠点多き人物だとしても、大勢の声となれば、相互に欠陥を補い合って、完全無欠なフロニモスに近い良識を現わしうるということである。[53] そして、このような個別的具体的な事実としての価値の把握があらゆる価値論の基底なのであって、このような事実から、先の引用文に述べられた通り、普遍者としての理念も導出されてくるのである。

さて、以上でフロネーシスのもっとも基本的な性格は明らかになったが、以下においてはそれのもつ哲学的含蓄をオルトス・ロゴス(ὀρθὸς λόγος)と自然徳(φυσικὴ ἀρετή)という二点からいま少し展開してみよう。アリストテレスにおいてオルトス・ロゴスとは徳を規定する場面において頻出する言葉である。すなわち、「徳とはオルトス・ロゴスに従って(κατὰ τὸν ὀρθὸν λόγον)成立する」[54] もしくは逆に「人はオルトス・ロゴスを逸脱して悪徳に落ちる」[55] などといわれる。このオルトス・ロゴスが何を意味するかについては古来諸研究者の間に様々の解釈があるのだが、[56] 筆者の理解では、それは定式化された道徳法則というよりは「健全なる理性」という色彩を強くもっている。このロゴスは動的な働きを遂行する能力で、「オルトス・ロゴスの語るように」[57] とか「オルトス・ロゴスの命ずるように」[58] などといわれている。つまり、オルトス・ロゴスとは千変万化する倫理的状況の無規定性に即応しうる無規定で柔軟な尺度なのである。[59] そして、肝要なことは、徳がオルトス・ロゴスに従って徳として成立する、と考えられている点である。[60] つまり、多様に顕現する個別的な諸徳の根源には、扇の要のようにオルトス・ロゴスがあって、これが個別的状況に即応して諸徳を現実化している、と考えられるのである。ところで、アリストテレスははっきりと「オルトス・ロゴスに従ってとは、フロネーシスに従って」ということであり、さらに一歩進めて「オルトス・ロゴスとはフロネーシスに他ならない」といっている。[61] それ故、フロネーシスは明らかに徳を徳として成立せしめている根源的な規範の保持者、もしくは、規範を規範として成立せしめるものという意味では、それの創出者であるであろう。「フロネーシス一つあれば万徳が備わる」とアリストテレスが語るのはこの意味であり[62]、またオルトス・ロゴスについていわれたのと同様に「フロネーシスも命令するもの（ἐπιτακτική）である」といわれていることは、それが単なる手段の発見者にとどまらず、規範の保持者でもあることを示している、といえるであろう[63]。

同じ哲学的含蓄は、さらに角度を変えて自然的な徳（φυσικὴ ἀρετή）とフロネーシスとのかかわりからも取り出される。アリストテレスによれば、徳は自然的に（φύσει）生ずるのでもなく、また反自然的に（παρὰ φύσιν）生ずるのでもない。「自然的にではない」とは、無生物の運動の場合のように、自動的にもしくは決定論的にではないという意味である。では、どのようにかといえば、われわれの自然は本来徳を受け容れるように出来ていて、訓練によってこの素質を完成する、ということである[64]。それ故、すべての人が認めるように、倫理的な諸徳の萌芽はなんらかの形でわれわれに内在しているのである[65]。つまり、ここにおいてもアリストテレス哲学に一貫して流れている目的論的な構造がその土台を形成しているのであり、それだからこそ、行為の原理は本性を倒錯させた者の目には見えなくなる、ともいわれうるわけである[66]。

だが、この自然的な徳とは一体何であろうか。アリストテレスはこういっている。「われわれは生まれながらに直接的に正義、節制、勇敢などの諸徳をもっている[67]」と。しかし、それはなにか非理性的、パトス的なものである。なぜなら、「この本性的な徳は動物の中にも子供の中にも内在している[68]」ともアリストテレスは語っているからである。しかし、それにもかかわらず、それは倫理の原理に関して基本的な方向性を与えるものなのである。『ニコマコス倫理学』第七巻の第八章においては、それは数学における公理にも比せられ、自然徳が倫理の原理に関して正しい臆見(ὀρθοδοξεῖν)を与えるものだ、といわれている点からも、このことは明らかである。[69] そして、『大道徳論』はこの方向において自然徳の意味をより一層明確化したが、それは確かにアリストテレスのラビュリントスのような思索の含蓄の一つを射当てていたといえる。[70]

　このように、自然徳は倫理の土台ではあるが、しかし同時に、それは理性《ヌース》を欠けば危険なものである、といわれる。ちょうど、強壮な肉体が眼を欠いて運動するときひどくつまずいて倒れることがあるように、自然的な徳も理性を欠くとひどい崩壊を起し易い。[71] アリストテレスは、ここで、理性が無自覚的な自然徳を自覚化することによってこれを強化するばかりではなく、すでに論じたように、これに原理的な直覚をも与える、と考えていたと思われる。[72] そして、われわれはこの理性をこの場合フロネーシスと置きかえることができるであろう。なぜなら、自然徳が理性を得ることによって勝れた意味で徳となるという右の議論の終結部において「勝れた意味での徳はフロネーシスなしには生じない」ともいわれているからである。[73] かくて、フロネーシスは自然徳よりは一段高い次元において原理に関する直覚をもっていた、と考えられる。この原理をいくつかの普遍概念によって、掟の如くに律法化しようとする試みは、アリストテレスのそもそもの洞察に矛盾する。そのような行き方を拒否し、原理を主体化したところに、フロネーシスの問題が浮び上ってきたからなのである。[74]

　ところで、ディルマイアーは『ニコマコス倫理学注釈』の中で反復して、アリストテレス倫理学の基盤がギリシア人の(バルバロイに対して自己を自覚した)伝統的価値意識にあったことを力説している。[75] それは確かにそうであろう。

いかなる哲学者も真空の中で思考するわけではない。アリストテレスがその中で生きた歴史的状況、時代精神、共同体の人倫はかれの倫理的思考にとって不可避の枠組みであった。しかしアリストテレスはそれらを盲目的に受容したわけではない。むしろかれはこれらの所与を通して普遍的な人間性を探していたといえる。そして、この伝統の受容とそれの批判的根拠づけという作業は、これまで論じてきた自然徳とフロネーシスとの関係を共同体的な規模に拡大して眺めるとき浮び上ってくる視点なのである。

この点を、アリストテレス倫理学においてしばしば問題とされるフロネーシスとアレテーとの基礎づけ合いの循環に触れながら、一言して本節をしめくくることにしよう。ここで循環とは、一方ではフロネーシスが単なる理性ではなく徳によって方向づけられた善い理性であり、他方では徳はフロネーシスなしには勝れた意味での徳(κυρία ἀρετή)にならない、という構造のことである。[76] この循環はこれまでのところもっぱら教育の問題として理解されてきた。すなわち、本性的徳に発する個々の善行は行為者のフロネーシスを育成し、フロネーシスによる正しい眼差しは徳を促進する、そして、この相互発展の根は教育にあり、そこでは年長者のフロネーシスが若者のアレテーの基礎である、[77] と。この場合、所与としての自然徳を大規模に考えて、共同体の価値観、さらには人々によって語られ受け継がれてきた時代精神として了解することもできるであろう。われわれはそのようなものからわれわれの価値観の自然的な土台を与えられている。しかし同時に、そのように所与として与えられた価値観に対して、そこから育てられながらわれわれ自身のフロネーシスは批判的に活動して基礎づけを与え返すことができる。それは客観化された精神的遺産(エンドクサ)と活きている主体との相互規定という葛藤を通して真の人間性の発掘を目指すたゆみなき歩みである。一個人においても、時代精神においても、このような循環構造の中にあくまでも入り込んでゆくことが倫理の基礎づけという作業である、といえるであろう。

四　ソフィアーに対するフロネーシスの位置

人間は理性と非理性の交錯する存在者であり、共同体において他者と共存する存在者である。その限り、パトス的動揺を統括し、人倫の道を指示するフロネーシスこそもっとも人間的な理性である、といえる。しかし、もしも絶対的な意味でフロネーシスの価値が問われたならばどうであろうか。アリストテレスはこういっている。「もし人が政治学(倫理学)もしくはフロネーシスをもっとも勝れたものであると考えるならば、それはおかしなことであろう。人間が宇宙に存在するものの中でもっとも勝れた者でない以上は。(78)」ここで、或る存在者が勝れたものであるかどうかは、存在論的な構造から考えられている。すなわち、恒常的、不変的、必然的、永遠的に存在する者は勝れた存在者であり、断続的、可変的、偶然的、一時的に存在する者は劣った存在者である。そして、前者の存在性格が純粋形相のそれであり、後者の存在性格は形相と質料の合成体のそれであることはいうをまたない。すなわち、純粋形相においてはその活動力はなにものに妨害されることもなく恒常的に働きつづけるが、形相と質料の合成体においては、形相の活動力は質料の無規定性によって絶えず妨害され、弱化され、遂には壊廃へとおびやかされている。この点よりみれば、倫理的行為とは質料の無規定性に対する形相の支配力の確立を目指す営みであり、つまりは存在論的には劣った存在者が勝れた存在者の存在の恒常性を近似的に実現しようとする営みに他ならないのである。しからば、質料をもたない勝れた存在者には倫理性が無関係なことは明白である。ギリシアにおける神観念の発展は、ホメロスやヘシオドスの擬人的な神々をクセノファネスが批判することによって、大きな前進をとげたが、それは主にこれらの神々の背徳性を攻撃することによってであった。たとえばかれはこういっている。「ホメロスとヘシオドスは人々の間で非難され恥辱とされているすべての行為を神々に帰している。すなわち、盗み、姦通、騙し合いなどを。[79]」そして、その擬人性については「死すべき者どもは、神々がかれらのように生まれ、衣服を用い、声や身体を所有している、と思い込んでいる[80]」、と。だが、アリストテレスはこの非擬人化をさらに徹底し、存在論的な理由からそもそも倫理性ということ自体があまりに人間的であるとして、それを神々から排除したのである。「われわれは神々をもっとも浄福であると考えているが、その際神々にいかなる行為を配すべきなのか[81]」、とアリストテレスは問う。正義であろうか。しかし、神々が契約を結んだり供託金を返済したりするのは滑稽ではなかろうか。勇気であろうか。しかし、神々が勇敢であったとすれば、それは、神々が恐怖を感じそれに堪えることを意味するであろう。節制であろうか。だが、神々が悪しき欲望を克服していると賞讃するのは俗悪にすぎるであろう。こうして、あらゆる倫理的行為は神々にとってあまりに卑俗であり無価値なのである。なぜなら、倫理的行為とは質料の存在を前提とするが故に、質料の無規定性によってその存在を脅かされている不安定な存在者の特徴を示すからである。[82] しからば、神の活動として純粋形相(純粋理性)の活動である観想(θεωρία)以外のなにが残るであろうか。実際、純粋理性の活動は、質料による妨害をもたないから、もっとも持続的であり、その純粋性によって驚くべき快をもち、理性の活動以外のなにものをも必要としないが故にもっとも自足的であり、観想以外のなにものをも目的としないが故にもっとも自己目的的であるのである。[83] こうして、神は『形而上学』第十二巻の思惟の思惟となる。アリストテレスにおいて、神は一切の擬人的表象を脱ぎ棄て、純粋理性へと変身したのであった。

ところで、このような観想の生は人間の水準以上の生である。なぜなら、人間は、人間である限りにおいてそのように生きうるのではなく、人間の中になにか神的なものが宿る限りにおいてそれを為しうるからである。そして、この神的なもの即ち理性が、形相と質料の合成体を凌駕しているだけ、それだけこの理性の活動は、倫理徳による活動を凌駕しているのである。こうして、アリストテレスが、形相と質料の合成体としての人間であることよりも純粋形相としての理性そのものであることをより価値高く評価していたことは明白である。だが、人間にとっても、瞬間的であれ、断続的であれ、純粋理性へと高まる可能性は開かれている。この部分は、『霊魂論』での理論に従えば、おそらく肉体の壊滅とともに亡び去る受動理性以下の個体的な精神能力ではなく、超個体的な不滅の能動理性であろう。この宇宙的な理性には、上述の思想的背景からみれば、たしかに「われわれに宿る」という表現が相応しいし、その活動に与ることを「不死を営む」(ἀθανατίζειν)と表現することも妥当である。[84] とにかく、われわれは死と共に滅し去る合成的な個体であるだけではなく、永遠不滅の宇宙的な理性にも与っているのであり、その活動に人間として可能な限り参与することによって、瞬間的にせよ人間に許された存在次元を超脱しうる可能性をもつのである。

ここまでくれば、もはやソフィアーとフロネーシスの階層的位置づけは明白である。観想的活動はそれ自体がすぐれた存在者の活動であるばかりではなく、それのかかわる対象もまた勝れた存在者なのである。すなわち、観想(θεωρία, σοφία)は、常にあらゆる者にとって同一の永遠不変の真理にかかわっているのである。これに対して、フロネーシスのかかわる善は相対的であり偶然的であることを免れない。なぜなら、善は各個人の個別的状況に応じて多様であり、また人間にとっての善と魚にとっての善とは異なるであろうからである。つまり、ソフィアーは常に同一であるが、フロネーシスは存在者があるだけそれだけ多元的に成立しているといえるのである。それ故、アリストテレスははっきりとフロネーシスの意義をソフィアーへの奉仕のうちに見定めた。医術は健康を支配したり使用したりするのではなく、健康が生ずるように配慮する。それと同様に、フロネーシスはソフィアーを支配したり使用したりするのではなく、ソフィアーの成立を準備するのである。すなわち、パトスに惑乱されて動揺する人間の生活に秩序と平静を与えることにより、わずかの間でも純粋理性が十全に活動しうるように準備することがフロネーシスの使命なのであった。[85] そして、このことは、結局アリストテレスにとって生の究極の意味が観想的生活のうちにあったことを、物語っているのである。[86]

（1） Plato, Politicus, 294 a 8, 294 b–c.
（2） Ibid., 295 c–d.
（3） Ibid., 296 e–297 a.
（4） EN, V, 10, 1137 b 17–19.
（5） Ibid., 1137 b 29–30.
（6） Politica, I, 1, 1252 a 3; cf. Rhetorica, I, 10, 1369 a 3–4; De Motu Animalium, 6, 700 b 28–29.
（7） Topica, I, 1, 100 b 23–26; EN, I, 8, 1098 b 9–11.
（8） EN, III, 4, 1113 a 26–29.
（9） EN, VI, 12, 1144 a 34.
（10） EN, III, 4, 1113 a 29–33.
（11） De Generatione et Corruptione, I, 8, 325 a 21–22.
（12） EN, VI, 1, 1139 a 12.
（13） EN, VI, 3, 1139 b 19–23.
（14） Analytica Post., I, 4, 73 a 21–23.
（15） EN, VI, 4, 1140 a 1–2.

(16) Ibid., 1140 a 11–14.
(17) Ibid., 1140 a 14–15.
(18) Physica, II, 8, 199 a 15–17.
(19) EN, VI, 5, 1140 a 3–4; VI, 2, 1139 b 1–3; I, 1, 1094 a 4–6.
(20) EN, VI, 5, 1140 b 6–7.
(21) EN, VI, 2, 1139 b 1–3.
(22) EN, II, 4, 1105 a 30–33.
(23) Politica, VII, 13, 1331 b 26–29.
(24) EN, VI, 7, 1141 b 3–8.
(25) EN, VI, 5, 1140 b 8–10.
(26) EN, VI, 8, 1141 b 23–26.
(27) Ibid., 1142 a 16–20.
(28) EN, VI, 5, 1140 b 11–12.
(29) アリストテレスはフロネーシスと思案(βούλευσις)は同じ事柄にかかわるといっている。EN, VI, 5, 1140 a 30–31; EN, VI, 9, 1142 b 31–33.
(30) EN, VI, 5, 1140 a 31–33; cf. III, 3, 1112 a 30–31; 1112 b 32.
(31) EN, III, 3, 1112 a 21–30.
(32) Ibid., 1112 a 34.
(33) Ibid., 1112 b 8–9.
(34) Ibid., 1112 b 11–12.
(35) EN, VI, 12, 1144 a 8–9, 21–22.
(36) W. K. C. Guthrie, A History of Greek Philosophy, vol. 6, Cambridge U. P., 1981, pp. 346–348.
(37) EN, VI, 12, 1144 a 23–29.

(38) EN, I, 7, 1098 a 3–4.

(39) EN, VI, 13, 1144 b 30–31.

(40) EN, VI, 2, 1139 b 12.

(41) Ibid., 1139 a 27–31.

(42) EN, III, 2, 1111 b 26; I, 2, 1094 a 18–19.

(43) EN, VI, 2, 1139 a 25–26.

(44) EN, VI, 5, 1140 b 4–6. ヘクシスの訳語は、Grundhaltung(Dirlmeier), Habitus(Bien), habitude(Gauthier), 状態(高田三郎)、性能(加藤信朗)。

(45) EN, VI, 4, 1140 a 10.

(46) 本論点に関しては加藤信朗氏の解釈に負うところが大きい。同氏訳『ニコマコス倫理学』(アリストテレス全集第十三巻、岩波書店)四一六〜四一七頁参照。

(47) EN, VI, 5, 1140 b 21–22.

(48) EN, VI, 9, 1142 b 33. 原文は ἡ εὐβουλία εἴη ἂν ὀρθότης ἡ κατὰ τὸ συμφέρον πρὸς τὸ τέλος, οὗ ἡ φρόνησις ἀληθὴς ὑπόληψίς ἐστιν. ガスリーは οὗ の先行詞として τὸ τέλος ではなく τὸ συμφέρον をとり(op. cit., p. 347, note 3)「フロネーシスは目的に寄与するもの(手段)についての真なる把握である」と読む。文法的にはガスリーの読み方も本書の読み方も共に可能であるが、アリストテレスの思想全体からみてガスリーの読み方はとらない。以上に引証したテキストの解釈については W. F. R. Hardie(Aristotle's Ethical Theory, Oxford U. P., 1968, p. 224)に示唆されたところが多い。なお、ゴーティエは、フロネーシスが目的と手段の両者に一挙にかかわるという解釈において、われわれと全く一致している(cf. Gauthier, L'éthique à Nicomaque, tome II, 2ème partie, p. 448, passim)。

(49) EN, VI, 11, 1143 a 33–b 5.

(50) ces réalités concrètes très particulières que sont les valeurs morales singulières. (Gauthier, op. cit., tome II, 2ème partie, p. 537)

(51) この問題に関しては下記を参照。G. Bien, „Die menschlichen Meinungen und das Gute, Die Lösung des Normproblems

in der aristotelischen Ethik." (Rehabilitierung der praktischen Philosophie, Bd. I, S. 345–371)

（52） EN, I, 8, 1098 b 27–29.

（53） Politica, III, 11, 1281 a 40–b 10.

（54） EN, VI, 1, 1138 b 20, 25–29; III, 5, 1114 b 29.

（55） EN, VII, 8, 1151 a 20–22; V, 11, 1138 a 9–10.

（56） Joachim: proportion, right rule (Aristotle, The Nicomachean Ethics, Oxford U. P., 1951, pp. 163–167).
Gauthier: la droite règle (op. cit., tome II, $2^{\text{ème}}$ partie, p. 483).
Düring: der richtige Verstand (Aristoteles, Heidelberg, 1966, S. 468).
Dirlmeier: der richtige Logos (op. cit., S. 440).
Bien: die rechte Vernunft (Aristoteles, Nikomachische Ethik, Philosophische Bibliothek, S. 130).
ただしきことわり（高田三郎『ニコマコス倫理学』岩波文庫、上巻二一一頁、二四七頁等）。
まっとうな分別（加藤信朗『ニコマコス倫理学』アリストテレス全集第十三巻、岩波書店、一七九頁、二〇七頁等）。
以上の諸訳からみても、最近のより精密な解釈が、ロゴスを「生きている理性」として了解し始めたことがわかるであろう。なお、この問題についての在来の解釈の簡単な総観には、下記を参照。Gauthier, op. cit., tome II, $2^{\text{ème}}$ partie, pp. 568–572; Dirlmeier, op. cit., S. 298–303, 440–441.

（57） EN, VI, 1, 1138 b 20.

（58） EN, III, 5, 1114 b 29–30.

（59） EN, V, 10, 1137 b 29–30.
ἀόριστος κανών は ἐπιείκεια について語られているのだが、このことはまた φρόνησις と ἐπιείκεια が親近なものであることを示唆するであろう。

（60） EN, VI, 13, 1144 b 21–23.

（61） Ibid., 1144 b 27–28.『大道徳論』では、オルトス・ロゴスとフロネーシスとの同一視は、テキストの字句の上ではより一段と進行している。それはアリストテレスの意図をより一層明確化したものである、といってよいであろう。Cf. Magna Mo-

ralia, II, 3, 1200 a 6–11.
(62) EN, VI, 13, 1145 a 1–2.
(63) EN, VI, 11, 1143 a 8; VI, 13, 1145 a 9.
(64) EN, II, 1, 1103 a 24–26.
(65) EN, VI, 13, 1144 b 3–5.
(66) Ibid., 12, 1144 a 34–36.
(67) EN, VI, 13, 1144 b 5–6.
(68) Ibid., 1144 b 8–9.
(69) EN, VII, 8, 1151 a 15–19.
(70) MM, II, 7, 1206 b 18–19; II, 3, 1199 b 38.
(71) EN, VI, 13, 1144 b 9–14.
(72) そのような解釈としては下記を参照。H. Seidl, „Zum Verhältnis von Wissenschaft und Praxis in aristotelischen NE", Zeitschrift für philosophische Forschung, XIX/4, S. 553–562.
(73) EN, VI, 13, 1144 b 16–17.
(74) 倫理学の体系は「おおよその論理」である。すなわち、この領域においては普遍概念による一般的規定は、個別的なものに対してはどうしても「おおよそ」であらざるをえないのである。これに対してフロネーシスは究極の個別的状況において確定的に善を把握する。従ってフロネーシスはどうしても体系の一般性を超え出てゆかねばならない。この超え出た部分にフロネーシスの本来の働きがあるのであって、またこの部分は一般的概念によっては描写できないのである。つまり、フロネーシスは倫理学の体系をはみ出してゆく能力である、といえる。
(75) Dirlmeier, NE, S. 256–266, passim.
(76) EN, VI, 13, 1144 b 30–32.
(77) これはトレンデレンブルクの解釈である。Cf. E. Zeller, Die Philosophie der Griechen, II, 2, S. 656–658.
(78) EN, VI, 7, 1141 a 20–22.

(79) Xenophanes, fr. 11.
(80) Xenophanes, fr. 14.
(81) EN, X, 8, 1178 b 8–10.
(82) Ibid., 1178 b 10–14.
(83) EN, X, 7, 1177 a 19–b 6.
(84) Ibid., 1177 b 33.
(85) EN, VI, 13, 1145 a 6–11.
(86) この問題の広袤と含蓄の委細については、第十章「観想」が主題的に論ずる。

第三章　無　抑　制

一　問題の出発点――ソクラテスのパラドクス

無抑制(ἀκρασία)に関するアリストテレスの思索は、基本的にソクラテスの思想との対決から発している。従って、問題の出発点として、この点に関するソクラテスの考えを顧みておく必要がある。世上に行なわれる常識として、ソクラテスは無抑制の存在を否定した、ということがよくいわれる。(1) しかし、ソクラテスが無抑制の存在を否定したことは決してない。むしろ、かれは無抑制を人間のもちうる最大の悪と考え、自己自身、克己抑制(ἐγκράτεια)に努めたばかりではなく、たえず人々をこの徳へ向けて励ましてもいたのである。このことは、クセノフォンの『ソクラテスの想い出』をみれば明らかである。たとえば、第二巻の第一章では、支配者の地位に就くべき有為の青年の教育が論ぜられるが、かれに求められることは、食物、酒、情欲、眠りなどのあらゆる自然的な欲望に対する抑制力である。なぜなら、人は欲望を抑制できてこそ、為すべき緊急な義務を最優先に果しうるのであり、また、敗北の危険や堕落への誘惑に引きずり込まれないからである。従って、もっとも頼ることのできない人間、信用のおけない人間とは、欲望を抑え得ない人すなわち無抑制者である。(2) そして、この無抑制者とはその自堕落によって他人を苦しめるばかりではなく、むしろとりわけ自分自身を滅してしまうのである。「無抑制者(ἀκρατής)は他人にも害を与えるが自分自身にははるかにひどい害を加える。なぜなら……自分自身の身体と魂を滅すことが最悪のことだからである。……しからば、すべての人は、抑制が徳の土台であると考えて、先ずこの抑制を魂のうちに建設しなければならない。というのも、抑制がなければ、だれもなにか善いことをいうに値するほど学ぶこともなければ実行することもないであろうから。[3]」このように、ソクラテスもまた、世の良識と同じように、無抑制が自己自身の身心の滅亡の原因であり、従って、抑制があらゆる徳の基礎である、と考えていたのである。

だが、問題はこの先にある。プラトンとクセノフォンの一致した証言によれば、ソクラテスはこの「抑制」を「知識」と密接に関連づけていた。先ず、クセノフォンでは次のようにいわれている。無抑制は人々から最大の善である知恵(σοφία)を剝ぎとり、善悪の判別能力を喪失させる。[4]従って、無抑制者はもっとも知恵のない野獣と異なるところがない。しかし、このクセノフォンの報告では、ソクラテスの思想のパラドクスたる性格は未だそれほど明確には見えてこない。しかし、無抑制が善悪の識別能力としての知恵の喪失を惹起するという主張のうちには、無抑制が知のあり方と深く関連していることが、すでに仄見えている。そして、ここでクセノフォンが充分に捉えきれなかったソクラテスの主張の真意は、プラトンの『プロタゴラス』篇をみると明らかになるのである。ソクラテスはこう語る。「多くの人々は知識を強くもなく指導力もなく支配力もないものと思っている。……そして、しばしば人は知識をもっているのに、その知識が人を支配せずになにか別のもの、ときには憤怒、ときには快楽などがかれを支配し……知識は奴隷のようにこれらのものによって引きずりまわされる、と考えている。……だが、知識は善いもので人を支配できるのではないか。そして、もしも人が善と悪を知るならば、知識が命ずること以外の他のなにごとかを為すように、知識とは別のなにかによって支配されるようなことは決してないのではないか。[5]」ここで多くの人々の見解といわれているものは、いわば常識の立場である。すなわち、常識では、人を支配する力は知識の中にはなくて怒りや快苦などの情念の中にある。そして、往々、人はこれらの情念に引きずりまわされて、ある行為を悪と知りながらこれを為し、善と知りながらこれを為さない。このような状態がいわゆる無抑制といわれているものに他ならないのであった。ところが、ソクラテスは、このような状態は善悪についての知識(ἐπιστήμη)が情念(πάθος)に負けるという事態ではなく、知識がもともと欠如しているという事態なのだ、といったのである。すなわち、善悪についての知識はきわめて強力なものであるから、一旦、人がこれを所有すれば、この知に反した行為を人は為しうるはずがない。それ故、いわゆる無抑制といわれていることは無知(ἄγνοια)の結果生ずる事態なのであり、もし無抑制が「知りながら情念に流されて知に反した行為を犯す」ということであれば、そのような事態は存在しない、という主張がソクラテスのパラドクスなのであった。(6)

だが、ソクラテスはなぜそのような逆説を語りえたのであろうか。この主張には、「快楽に負ける」と人々がいう事態についての精緻な分析が根拠となっているのである。すなわち、無抑制が「飲食や肉欲にふけるのが楽しくて、その力に屈服し、悪いと知りつつ、なおそれらを行なう」(7)ということであれば、この場合なぜそれらの行為が「悪い」といわれるのか。それは、これらの行為がその行為の瞬間において快楽を提供するからではなくて、後になって病気、貧困、その他これに類することがらを惹起するからなのである。そして、病気も貧困も要するに苦痛であるからには、これらの行為が悪である所以は、これらが快楽を求めながら結果として苦痛に終る(8)という点にあることは明らかである。反対に、抑制は苦しいものだが、それが善といわれる理由はどこにあるであろうか。もちろん、体育訓練も従軍も医療手術もそれらが行なわれる瞬間には大変な苦痛を与えはするが、しかし、後になって強健な身体、国家の安全、健康などの善いものを結果するからである。つまり、こういうことである。根本において、快楽は善であり、苦痛は悪である。[9] しかるに、或る快楽が悪と呼ばれるのは、それによって後にさらに大きな快楽が奪われるか、大きな苦痛がもたらされるが故であり、或る苦痛が善と呼ばれるのは、それによって後にさらに大きな苦痛が取り除かれるか、大きな快楽がもたらされるが故である。[10]

さて、以上の分析をもとにして考えると、人々が「快楽に負ける」という事態は、「より小さな善の代りにより大きな悪をとる」[11]ということに他ならない。ちょうど、同じものが近くでは大きく見え、遠くからでは小さく見えるように、近い快楽は大きく見え、遠い快楽は小さく見える。また、近い苦痛は大きく遠い苦痛は小さく映る。この場合、もしわれわれが目に映る現象にのみ頼れば、事物の認識においてもその大小を取り違えるように、行為の選択においても同じ誤りを犯し、人生における大失敗の原因となるだろう。それ故、ここで問題になることは、快楽と苦痛を比べるにせよ、快楽と快楽を比べるにせよ、苦痛と苦痛を比べるにせよ、それらの量の大小を、近さや遠さなどの条件を入れて正確に判断する測定術(μετρητική)なのである。そして、測定術とはいうまでもなく一種の知識なのであるから、[12] 快苦の選択において誤りを犯す人すなわち無抑制者とは、この測定の知識を欠いている人ということになるであろう。[13] こうして、ソクラテスは、無抑制とは無知(ἀμαθία)であり、抑制とは知に他ならない[14]、という主張に到達したのであった。

以上のソクラテスの思想を、アリストテレスはごく簡単に次のようにまとめている。もし、人が善悪について正確な知識をもっていれば、かれは必ずこの知識に従って行為する。だから、人が悪を為す場合には、かれは無知の状態にあるはずである。従って、もしも無抑制なるものが「知りながら、この知に反して悪を為す」という事態を意味するならば、無抑制は存在しない。(15) このようにまとめた後に、アリストテレスは、「しかし、この思想は世の通念(τὰ φαινόμενα)に明白に矛盾する」(16) といって、これに疑問符をつきつけている。そして、その疑問の理由を、きわめて簡潔にただ一言、次のようにいっている。「なぜなら、無抑制者といえども、無抑制の状態に陥る以前には、無抑制の行為を善いとは少なくとも思ってはいないことは、明白だからである。(17)」つまり、人間の行為の中には、たしかに、「知りながら、この知に反して行為する」という自己矛盾的な事態が存在するのであり(18)、この点についてソクラテスはあまりにも単純にもしくは楽観的にことを見すぎている、と抗議しているわけである。しかし、他方、ソクラテスの洞察の中には否定しえない真実も含まれている。すなわち、無抑制という事態においては、たしかに、なんらかの意味での知の無力化(無知)が生起していると思われる。それ故に、アリストテレスは、「もし無抑制が無知の故に起るとすれば、どういう種類の無知がそこに生起しているのかを探究しなければならない(19)」、というのである。この無知は、単に、遠い快楽と近い快楽の大小を比較できないとか、遠い苦痛と近い快楽の損得を勘定できないというような、いわば数量的な測定における誤認なのであろうか。それとも、こういうこととは質の異なる無知なのであろうか。

こうして、アリストテレスがこの問題にのぞむ位置は、一方では、もしソクラテスが無抑制における知の活動を全面的に否定するならば、エンドクサにもとづいて無抑制においてもなんらかの知が機能していることを擁護する立場であり、他方では、しかし、ソクラテスの主張にも或る種の真理性を容認し(20)、それでは無抑制において一体どのような無知が生起しているかを究明する立場なのである。約言すれば、無抑制とはどのような知と無知の結合により生起するのか、という問題設定である。この問題を解決するためには、無抑制の構造の精密な分析が必要であろう。そして、そのためには先ず無抑制の位置を確かめておかなければならない。

二　無抑制の位置――考察の諸前提

1

「人柄にかかわることでわれわれの避けるべきことには三種のものがある。悪徳(κακία)、無抑制(ἀκρασία)、獣性(θηριότης)がこれである。これらに反するものは、その中の二つに対しては明らかである。すなわち、その一方をわれわれは徳(ἀρετή)と呼び、他方を抑制(ἐγκράτεια)と呼ぶ。だが、獣性に対しては、われわれ人間の水準を超越する徳、なにか英雄的で神的な徳を語るのがもっとも適切であろう。[21]」ここでアリストテレスが指摘している第一点は、徳と悪徳、また抑制と無抑制は、神においても獣においても成立しないということである。なぜなら、これらのあり方は、理性(λόγος)と非合理なもの(ἄλογον)の交錯する複合的もしくは中間的な存在領域において成立する事柄だが、神も獣もこの領域外の存在者だからである。すなわち、神は永遠に活動しつづける純粋思惟としての純粋理性であるから、質料をもたず、従って情念(πάθος)をもたず、それ故に倫理徳とはかかわりがない。[22]倫理徳とは基本的にロゴスによるパトスの規定という構造をもつものであるからである。他方、獣は理性をもたない[23]から、当然選択意志も規定原理ももたないわけで、倫理的善悪にかかわりのないことはいうまでもない。獣の為す災いは、人間の為す災いよりもより怖ろしい場合もあるが、それは悪とは異なった類のものなのである。[24]

しからば、抑制と徳、もしくは無抑制と悪徳とは、どのように異なるのであろうか。これらを同じヘクシスと考えてもならないし、またしかし、異なった類のものと考えてもならないのである。[25] そこで先ず抑制と徳であるが、両者の相違についてアリストテレスはこういっている。「もしも抑制者が強力なかつ悪しき欲望をもつことにおいて成り立つとすれば、抑制者は節度ある人(σώφρων)ではないであろう。[26]」なぜなら、もしも抑制者の抑えつけている欲望が善いものならば、善い欲望を抑えつけているこのヘクシスは悪いものとなるだろう。そのような人は、いわば無感覚な非情な人、感性を欠く人である。それ故、抑制者の抑えつけている欲望は悪い欲望でなければならない。しかし、さらに、かりにこの欲望が悪い欲望であったとしても、それが弱いものであるならば、これに抵抗しこれを克服することはなんら偉大なことではないだろう。微弱な悪い欲望を克服したからといって、抑制者の名に値するわけではない。従って、抑制者とは強力なかつ悪しき欲望をうちに抱えながら、健全な理性《オルトス・ロゴス》に従ってこれを克服している人である。かれの行動は外見的には節度ある人のそれと同じであるが、[27] かれは未だ内部に軋轢を蔵しているのである。これに対して、節度ある人(有徳な人)はもはや内に悪しき欲望をもたない人といわれる。[28] かれは、抑制者がロゴスを逸脱した欲望に快を感じながらこれに引きずられないのに対し、もはやそのようなものに快を感じないのである。つまり、節度ある人においては、情念はすでにロゴスの与える秩序によって完全に形成されていて、この秩序から逸脱する盲動を起さない。かれは、ロゴスとパトスの調和している人である。

では、無抑制と悪徳との相違はどうであろうか。先ず、悪徳の人(現下の問題においては、放埒者 ἀκόλαστος)とは「確信にもとづいて(διὰ τὸ πεπεῖσθαι)、オルトス・ロゴスから逸脱した度外れの肉体的快楽を追い求める人[29]」といわれる。すなわち、放埒者とは、それが健全な理性の規定するところから逸脱していようといまいと、そういうことには一顧も与えずに、常にこの瞬間の肉体的快楽の極大値を追求すべし、という原則を立て、その原則に従って生きている人である。それ故、放埒者においてもまたロゴスとパトスの軋轢がない。かれにおいては、その悪徳が行為の本来の原理（ἀρχή）を破壊してしまっていて[30]、倒錯したロゴスが悪を原理として立てているのであり[31]、このロゴスに埒を失して盲動する情念が適合しているのである。しかし、かれは、ともかく確信の人であり、原則の人であり、自己の選択意志に踏みとどまって行為する人であり[32]、従って後悔しない人なのである[33]。

　これに対して、無抑制者とは後悔する人である[34]。なぜなら、かれは外見上は放埒者と全く同様に、オルトス・ロゴスを逸脱して度外れな肉体的快楽を追求してはいるが、そのようにすべきではない[35]、と思っているからである。かれは、いわば心ならずも悪事を犯している人、自己の選択意志に反して行為している人である[36]。だから、「無抑制者は不正な行為はしているが、不正な人ではない[37]」といわれる。なぜなら、かれの選択意志は「オルトス・ロゴスに従って行為すべし」と告げているからである。しかるに、かれの情念はいわば麻痺した肉体のように理性のいうことを聞かずに出鱈目な運動を起す。かれは、自己抑制という点で自由の利かなくなった人間であり、この意味で人間失格に脅かされている人だ、といえるであろう。だが、無抑制者において特筆すべき点は、かれにおいては未だ行為のアルケーは滅びてはいない、ということである[38]。その故にこそ、かれはまさに軋轢を起して無抑制者となるのだが、とにかく、かれの理性の健全さは実効力はもたないが、未だ死んではいないのである[39]。

　以上で、有徳の人と悪徳の人との中間に抑制者と無抑制者が位置し、この二種類の人間は前者とはロゴスの正しさを共有するが後者とはパトスの盲動を共有するということ、そしてさらに、抑制者においては正しいロゴスが盲動するパトスを抑制しているが、無抑制者においてはロゴスとパトスが軋轢を起して分裂状態にあるということが明らかになった[40]。そこで、次に、抑制と無抑制のかかわる対象領域をより厳密に画定し、以後の考察の地盤を正確にしておかなければならない。

2

アリストテレスは快楽を大きく二つに分類している。すなわち、本性的に快いもの(ἡδέα φύσει)と、本性的には快くないが獣性もしくは病気によって快いものの二つである。[41] これらのうち、後者はさらに細分化され、いろいろな場合の実例が挙げられているが、ここでその詳細に立ち入る必要はないであろう。要するに、獣的な快も病的な快も本来の無抑制がかかわる快の範囲外にある、ということを押えておけば充分である。なぜなら、無抑制は倫理的責任を問われうる状態であるが、[42] 先に論じたように獣性は倫理性の埒外にあり、また病気による異常も同様であるからである。[43] かりに獣的な人間がいたとすれば、かれらに先ず為すべきことは倫理的断罪ではなくて、かれらの人間性回復への教育的援助であろうし、[44] 病気もしくは狂気の人間に対しては、もしそれが可能ならば、病気の治癒への努力であるであろう。

こうして、無抑制がかかわるのは人間の本性に即した快(ἡ κατὰ τὴν ἀνθρωπίνην φύσιν)であるとしなければならない。ところで、この本性的な快もさらに二つに細分化される。その中の一つは、無抑制を扱うこの第七巻では、「そのもの自体としては望ましいが過剰になりうるもの」[45]、「類として美しく勝れたもの」[46] などといわれるが、その具体的内容は、勝利、名誉、富などのもたらす快である。[47] これらのものは、たしかに、そのもの自体としては望ましいものであり、美しいものであり、勝れたものであろう。だから、これらのものを欲求したからといって、だれも非難されることはない。ただ、これらを過度に欲求した場合に非難されるのである。[48] だが、その場合でも、これらのものを過度に欲求した者が、悪徳の人として非難されることはない、とアリストテレスはいう。[49] なぜであろうか。

この点に関するアリストテレスの論拠は多少曖昧であり未整理のきらいがあるが、つきつめれば、それは次のようなことであろうと考えられる。富、名誉、勝利などは第一巻では「外的な善」(ἐκτὸς ἀγαθά)と呼ばれていたものである。すなわち、これらの善は人間の幸福の本質的な構成要素ではないが――なぜなら、これらのものの獲得は人間自身の力には完全には依存せず、むしろ外的な運命に左右される点が多いから――しかし、幸福が完全であるためには、あった方が望ましいものであった。だから、これらのものは必要不可欠なものではない、ともいわれている。[50] しかし、このことを裏返せば、これらのものの欠落や過剰は一種の不完全さではあるが、本来の意味での悪徳ではない、ということである。それ故、富や名誉や勝利を過度に欲求する者は、類比的な意味で[51]もしくは類似的に[52]無抑制者といわれうるが、無条件的な意味では無抑制者ではないのである。

こうして、本来の無抑制のかかわる対象は、人間の本性に即した快の中で残る一つのもの、すなわち必要不可欠な快(τὰ ἀναγκαῖα ἡδέα)であることが明らかになる。必要不可欠な快とは肉体的な快(τὰ σωματικά)のことであり[53]、より具体的には触覚と味覚がかかわる快、つまり、飢え、渇き、愛欲、寒さ、暑さなどにかかわる快のことである。[54] これらのものに関して、オルトス・ロゴスに反して過剰な快楽を追求しあらゆる苦痛を避けようとする人が端的な意味での無抑制者なのである。

だが、本来の無抑制のかかわる対象領域をなぜこのように限定するのであろうか。この限定の根底には、もちろん、さしあたっては、アリストテレス倫理学方法論の一つの柱であった「エンドクサ」への定位がある。すなわち、大多数の人々は無抑制という言葉をそのように用いてきたのであり、この語の他の領域への適用は、それの比喩的な転用

(λεγόμενον κατὰ μεταφοράν)なのだ、ということである。[55] しかし、このエンドクサの哲学的根底を、われわれとしては考えておかなければならない。それを解く鍵は、これらのものが必要不可欠な快といわれている点にある、と思われる。すなわち、飲食、愛欲、その他の触覚的活動は、われわれが生きてゆくための不可欠な活動である。この活動がなければ、われわれは自己の存在を維持し保全することができない。従って、存在することがあらゆる善の基本的な意味にかかわる以上は、この活動はあらゆる善が成立するための最低不可欠条件を形成しているといえる。だがしかし、この活動において、もしわれわれが過大もしくは過小という無秩序状態に落ち込めば、それは直ちにわれわれ自身の存在を脅かし、最後には破滅を惹起しうる事態の到来を意味するのである。それだから、アリストテレスは「必然的な快も或る範囲内で成立し、それの超過も過小も必然的ではない[56]」といっている。つまり、飲食や愛欲の活動が必然の活動として成立することも、自動的な事柄ではなくて、われわれ自身の徳に依存するということである。[57] いや、むしろ、これらのパトスをよく統制することがわれわれ自身の生を成立せしめる要諦であるならば、そのような徳はもっとも基本的な徳であるとさえいうことができるであろう。事実、アリストテレスは反復して「無抑制のかかわる快は、まさに放埒(ἀκολασία)と節制(σωφροσύνη)のかかわる快と同一である」といっているが[58]、これらの悪徳や徳が上述の意味での基本的な悪徳や徳であることはいうをまたない。こうして、本来の無抑制のかかわる対象が、われわれにとって本性的なかつ必要不可欠な肉体的快楽であることが明らかになった[59]。

三　無抑制の構造の解明への四つのアプローチ

前節までの考究により、無抑制はさしあたり次のように規定された。人間にとって本性的なかつ必然的な肉体的快楽に関して、そうすべきではないと知りながら、その知に反して、過度の快楽を追求すること。この規定は、すでに論じたように、明らかに、ソクラテスのパラドクスに対して多くの人々の良識(エンドクサ)を擁護し、これに基礎をおいている。[60] しかし、この良識は、「知りながら、この知に反して行為する」という不可解な構造を無抑制の本質として語っているのである。アリストテレスはこの構造の解明のために四つの試論を提出しているので、われわれは直ちにこれらの検討に入ることにしよう。

1

「われわれは知っている(ἐπίστασθαι)ということを二様の意味で語る(なぜなら、知識をもってはいるが使用していない者も、使用している者も、ともに知っているといわれるのだから)。従って、為すべきではないことについて知識をもってはいるが現にそれに目を注がないでそれをするのと、現にそれに目を注いでそれを為すのとでは、異なるであろう。後者のようなことが起るとすれば、それは〔ソクラテスのいうように〕怖るべきことであろうが、現にそれに目を注いでいないのならばそれは怖るべきことではないであろう。[61]」これが、アリストテレスの提出する無抑制の自己矛盾的構造の解明のための第一試論である。すなわち、「知っている」ということは二様の意味で語られる。一つは、知識を所有してはいるが現に使用していない状態、もう一つは、知識を所有していて現に使用している状態である。たとえば、A氏はギリシア語の知識を所有しているが、水泳をしたり眠ったりしているときにはそれを使用していない。しかし、ホメロスを読んでいるときにはそれを使用している。この区別はアリストテレス哲学の基本原理の一つである可能態(δύναμις)現実態(ἐνέργεια)の構図を知識のあり方に適用したものであるが、無抑制者における知の状態はまさにこの可能態としての知である、というのが第一試論の趣旨に他ならない。換言すれば、無抑制者においては、「何を為すべきか」についての知識が本来存在するのだが、その知識は活動すべきときに眠り込んでいるというのである。もし、知識を現に活動させながら(「何を為すべきか」をまざまざと自覚しながら)、その知識に反した行為をするというのであれば、これは少なくとも知の次元では自家撞着を犯すことであり、ソクラテスのいうように「怖るべき事態」であろう。だが、無抑制者の状態はそういう激烈な自己矛盾ではなく、かれの知識は単なる可能態の中にいわば眠り込むことによって無力化しているのであり、従って、知に反した行為を犯すことも可能になる、というのが第一試論の解明であった。

さて、以上の分析は無抑制をよく説明しえているであろうか。ロビンソンによれば、アリストテレスはそう思っていた、ということになっている。なぜなら、この試論は無抑制の説明のために必要なすべての要件、すなわち「無抑制者は自己の行為の悪であることを知っていると同時に知らない」という事態をよく説明しているからである、と[62]。実際、コゴンソンのみならず他の研究者たちもまた、アリストテレスはこの試論で無抑制という事態の一面の機微の解明にたしかに貢献した、といっている[63]。それは、無抑制におけるなんらかの意味での知の弱化ということである。換言すれば、アリストテレスは「知っている」という事態と「その知に反して」という事態の局面をずらせ、両者の正面衝突を回避せしめたのである。怒りの激情にかられて殺人を犯す人も、平常は殺人が悪であるということを明白に知っているであろう。しかし、人殺しのその瞬間においては、かれは憎悪の激情によって「殺人が悪である」という知を忘失してしまっているのであろう。「殺人が悪である」という知を現に活動させながら(その知をまざまざと眺めながら θεωροῦντα)、殺人を犯す、ということはありえない、というのがソクラテスのいいたいことであったが、このソクラテスの主張を容認しながら、「知に反して」という構造の存立をアリストテレスは可能態として解明したのだ、といえる。

だが、以上の第一試論に対しては次のような二つの疑問を提出することができる。

第一の疑問は、知が完全に可能態の中にあるならば、無抑制者は己れの行為が悪であることを自覚できないであろう、という点である[64]。つまり、無抑制の行為がそれとして自覚されうるためには、その行為はどこかで現実的に働いている知と衝突しなければならないのである。その接点はどこか。もし、その接点がつねに行為の後であるならば、無抑制者は己れの健忘症ないしは心神喪失を嘆き呪うことはできようが、自己の無抑制について責任をとることができなくなるであろう。しかるに、無抑制は責任を問わるべき事態であったのである[65]。それ故、その接点は行為の前、というよりはまさに無抑制の始まる時点にある、と考えなければならない。その時、無抑制者のうちには知が現実的に働いており、同時にこの知に反する行為が犯されつつあるのである。換言すれば、かれは倫理的葛藤のうちにあるのである。その後、かれの知が完全な可能態の中に沈没し、無抑制の行為のみが跳梁しようとも、実はそこには問題はないのであって——なぜなら、激情に呑み込まれた後には、かれには既に無抑制の自覚はないのだから——問題は悪しき行為にのめり込む端初にある。以上の点より考えれば、無抑制の解明には、どうしても現実的に働いている知との衝突という要素を脱落させえないことは明らかである。

第二の疑問は第一の疑問の延長上にあるものだが、ロスが明確にこれを述べている。すなわち「悪しき行為が知の欠如によって行なわれうるという説明は、どうしてこの知が欠如するに至ったかということを説明しえない[66]」。無抑制が知の休止状態において起っているという説明は事態の半分の説明にはなるであろうが、なぜこの休止状態が起ったかということを説明しなければ、無抑制の解明にはならないであろう。こうして、第一試論は解明の端緒を与えてはいるが未だ不充分であることが明らかになる。

2

「さらに、〔実践的三段論法の〕前提命題には二種のものがあるのだから、両前提命題を所有していても、普遍的な前提(ἡ καθόλου πρότασις)を使用しながら特殊的な前提(ἡ κατὰ μέρος)を使用しないならば、知に反した行為が起ることを妨げるものは何もない。なぜなら、実践されるのは個別的な事柄なのであるから[67]。」人がなんらかの行為をするときに、かれは必ずしもその行為の理由づけを実践的三段論法(συλλογισμός τῶν πρακτῶν)として意識しているわけではない。しかし、かれの行為の根拠づけをあえて形式化すれば次のような構造になる、とアリストテレスは考えている。先ず、行為の原理を語る普遍的な命題があり、これが三段論法の大前提になる。「人を殺してはいけない」、「嘘を吐いてはいけない」、「タバコは肺ガンのもとだから吸ってはいけない」、「糖尿病の人は甘いものを食べてはいけない」のような命題がこれにあたる。だが、普遍的原理の認識だけでは、われわれの行為は確定しない。これに加えて、われわれが直面している具体的個別的な状況をも認識せねばならない。この認識が三段論法の小前提となる特殊的な命題である。この小前提によって大前提が特殊化されたとき、われわれの為すべき行為が確定するのである。

ところで、この第二試論におけるアリストテレスの解明は、無抑制者とは普遍的な原理についての認識(大前提)は働かせているが個別的な状況についての認識(小前提)は働かせていない、という指摘にあった。つまり、無抑制者とは行為の理念だけを知っていて現実を知らない人間だというのである。ところが、行為はつねに具体的個別的なものであるから、現実を知らない無抑制者は絶えず自己の理念と食違う行為を犯す可能性にさらされているわけである。たとえば、「消化のよい食物を摂取すべし」という原理を立てた胃弱の人がいたとして、しかし、かれは具体的にどのような食物が消化によいかを全く知らないとしたら、かれは絶えず消化の悪いものを食べる可能性をもつだろう。これが無抑制の構造だ、というのである。(68)

さて、この第二試論においては、第一試論の場合のように、知は全面的に可能態の中にあるのではない。ここでは、行為の善悪についての普遍的な原理の知は現実的に活動している。しかし、この原理を具体的な行為へと転化する個別的な事実についての知が活動していないのである。もしも、大前提と小前提の両方を知っていて知に反した行為をするのであれば、それは途方もないことであろうが、小前提が欠落しているのであれば、それは充分に了解可能な事態であろう。(69)

ところで、この第二試論には、第一試論に比べれば、勝れた点がある。というのは、ここでは、無抑制の行為の瞬間そのものの中に「知」の活動がみとめられているからである。しかも、その知は大前提(理念)に関する知なのであるから、無抑制者が自己の行為を悪であると自覚しうる可能性を、この試論は充分に説明している。同時に、小前提の欠落という形で、なぜ大前提の知が実効力を失ったかということの原因をも、指摘しているといえるであろう。

だが、ここに一つ問題がある。それは、不随意性(τὸ ἀκούσιον)の問題である。第三巻の第一章によれば、不随意的な行為とは、外部からの強制による行為と無知の故に惹起された行為の二種類に分たれるが、後者はさらに次のように分析されている。先ず、誰かが無知の故に何かをしたとしても、その行為になんらの嫌悪や苦痛をも覚えないとすれば、かれはそれを不随意的にしたとはいえない。それ故、無知の故に行為する人の中で不随意的な人とは、後悔する人でなければならない(70)。これが第一点である。次に、行為の一般的原理に関する無知も不随意性の原因ではない。なぜなら、すべての悪人は何を為すべきかを知らないのであり、この故に、かれらは断罪されるからである(71)。つまり、行為の原理に関する無知は、不随意性のではなくて邪悪さ(μοχθηρία)の原因なのである。こうして、行為のかかわる個別的状況に関する無知のみが不随意性の原因として残される(72)。もちろん、行為の個別的状況といっても多様であり――アリストテレスはこれをさらに六つの要素に分析しているが、その細部に立ち入る必要はないだろう――これらのすべてについて人が無知であるということはありえない。むしろいずれか一つの要素についての無知でさえ、致命的な結果を惹起しうるのである。その時、人は憐みと同情を与えられるが、倫理的に断罪されることはないのである。

さて、不随意性に関するこの理論は、一見、目下問題にしている第二試論における無抑制者を不随意的な行為者と化してしまうように思われる。しかし、実はそうではない。なぜなら、アリストテレスはこういっているからである。「さらに、無知の故に行為することとは、無知の状態で(ἀγνοοῦντα)行為することとは異なるように思われる。なぜなら、酒に酔った者や怒りにかられた者は、無知の故にではなくて……無知の状態で行為するように思われるからである(73)。」たしかに、現象的にみれば、酒に酔った者や怒りにかられた者もまた、意図なくして行為の個別的状況について無知なるが故に過失を犯した不随意的な行為者と同様に、個別的な状況を忘失しているであろう。しかし、両者の間には根本的な差異がある、とアリストテレスはいう。その差異とは、無抑制者においては、自己の無知に責任がある、という点である。「無知の故に」と「無知の状態で」という精細な区別は、この点を指摘するためである。「実際、立法家は、もし当人がその無知に責任があると思われる場合には、無知そのものを処罰するのである。たとえば、酒に酔った者に対しては刑罰が倍化されるように。なぜなら、過失の行為の始源は当人の中にあったのだから。すなわち、かれは酔わないことが出来たのであり、この酔ったことが無知の原因であったからである。[74]」こうして、第二試論は無抑制の行為の原因を小前提(行為の個別的状況の認識)の欠落においたが、このことは必ずしも無抑制者を不随意的な行為者とするものではなく、むしろ、かえってかれの倫理的責任を重くするものであることが明らかになった。この第二試論は第一試論を精密化したものであると同時に第四試論の粗描でもあって、無抑制に関するアリストテレスの最終的解決のトルソーといってよいだろう。[75]

3

「さらに、人間は上述のものとは異なる仕方で知識をもつことがある。なぜなら、もってはいるが使用してはいないというあり方の中には、上述のものとは異なったあり方、すなわち、ある意味ではもっているともまたもっていないともいえるあり方、が認められるからである。眠っている者、狂気におちた者、酒に酔った者の知識のもち方がそうである。ところで、パトスにとらえられた者はこのような状態にある。なぜなら、怒りや愛欲は……明らかに肉体の状態をも変化させ、ある者を狂気のうちにさえつき落すからである。[76]」

さて、この第三試論は第一試論をより精密化したものとみることができるであろう。従って、ここには本質的に新しい論点はないし、また第一試論に対してなされた批判も同様に妥当するであろう。ただ、ここで注目しておくべき点が二つある。一つは、無抑制者の知が可能態の中にある、ということの意味である。すなわち、それは、数学の知をもっている者がただその知を活動させていないというような状態ではないのである。それは、むしろ眠っている者、狂気におちた者、酒に酔った者の知の状態に比せられている。眠っている者は先ず目覚めねばならない。狂気におちた者は先ず正常な心へと癒されねばならない。酒に酔った者は先ず正気へともどらねばならない。しかる後に、かれらの中に潜在していた知が、必要な場合に、現実的な活動へと移りうるのである。つまり、無抑制者の知の無効力性は、その知の現実的な実効性からいわば二段階へだてられて弱化せしめられているが故に、生起しているのである。このことは、第七巻第十章でも再び指摘されているから、かなり本気な論点である、と見なしてもよいであろう(77)。

第二の点は、ここで、無抑制における知の無力化の原因が、はっきり欲望(怒りや愛欲)として指摘されている点である。つまり、知の弱化はいわれなくして起るのでもなければ、純粋な認識上の失敗として起るのでもない。原因は欲望である。

4

第四試論は「φυσικῶς」な考察として導入される。従って、先ず、このフュシコースという言葉の理解が第四試論の評価に方向を与えるであろう。この語について、ロビンソンは大略次のように論じている(78)。アリストテレスの哲学において、フュシコースな考察の対概念はロギコース(λογικῶς)な考察であるが、どちらの考察がより勝れているかは、いうまでもなく扱う主題に依存している。すなわち、自然学的な主題ならば前者が、論理学的な主題ならば後者がより適切であることはいうをまたない。ところで、われわれが目下問題にしている第七巻における無抑制の分析において、先行の三つの試論が、(アリストテレスはそう明言してはいないが)、ロギコースな考察であることは明らかである。すなわち、それらは人間のフュシスについて情報を与えているのではなく、所有することと使用すること、大前提と小前提、そして所有の二つのレヴェルの間の論理的な区別を与えているのである。そして、このことが必要なことのすべてである。なぜなら、「悪であると自ら知っていることを、人はいかにして為しうるか」という問題は論理上の疑問であって、これを説明するためには、われわれは人間性についての事実を知る必要はなく、ただ「知る」という言葉の意味の論理的な弁別を必要とするだけだからである。では、アリストテレスが何故フュシコースな説明を最後に付け加えたのか、といえば、それは哲学を心理学から区別できない人のためなのである、と。

以上のロビンソンの解釈は、哲学的問題の多くを言語分析の問題に還元しようとする分析哲学の流儀に流されていて、アリストテレスの理解としては肯綮に当っていないと思われるが、[79] この点については以下の諸点を指摘すれば充分であろう。

第一は、先行の三つの試論が、すでに論じたように、すべて不充分であり、問題の解決に到っていないこと、そして、これら三者は、実は、最後の第四試論の中に素材として吸収されていて、改めてより精緻な考察をうけている、という点である。つまり、前三者と第四試論との間には内容的に深い連関があって、しかも後者が全体を有機的に統合しているのである。

第二は、無抑制の問題が何故「知る」という言葉の意味の分析によって解決される問題なのか少しも解らないし、事実アリストテレスはそういう考察をしていない(たとえば、第二試論)、という点である。むしろ、ハーディやジョアキムもいうように、[80] 無抑制という現象は、精神身体的な事象なのだから、当然自然学的(もしくは心理学的)な考察の主題に相応しい事柄であるだろう。

第三に、ゴーティエの指摘している点がある。[81] すなわち、フュシコースな考察とは、事柄のフュシス(実在、本性)を観察して、その事柄に固有の原理からそれを説明することである。従って、第四の試論をフュシコースと性格づけることは、先行の三試論の解明が未だ大まかであり主題に充分適中していなかったことを含意しており、ここで始めて無抑制のメカニズムが解明されることを示唆しているのである、と。バーネットもほぼ同様の理解を示しており、[82] これが妥当な解釈であると思われる。

そこで、われわれはこの第四試論の中に、この問題に関するアリストテレスの最終的結論への手がかりを見つけようと思う。「さらにまた、次のように考察するならば、われわれは無抑制の原因を事柄に本来の原理から見ることができるであろう。すなわち、〔推論における〕一方の判断は普遍的であり、他方の判断は個別的なものごとにかかわる。個別的なものごとの認識を支配しているのはもちろん感覚である。ところで、これら二つの判断から一つの結論が生ずるとき、この結論されたことを理論的認識においては魂は肯定し、実践的判断においては直ちに実践する、ということは必然である。たとえば、人はすべての甘いものを味わうべきである〔大前提〕、個別的な事物の一つとしてのこのものは甘い〔小前提〕、こういう両前提が成立するならば、そう為しうる人が妨げられないかぎり同時にまたこのことを実践することは、必然である。[83]」この引用文は第四試論の前半部分であるが、ここでアリストテレスは、先ず、行為の根拠づけの一般的な構造を実践的三段論法として示している。すなわち、三段論法は理論的認識においても実践的認識においても論証として働くが、大前提と小前提から導出された帰結は、前者においては「肯定される」だけだが、後者においては「直ちに実践に移される」、というのである。この「直ちに実践に移される」という言葉はかなり奇異な感じを与える。なぜなら、人間というものはどれほど立派な行為の論拠をもとうとも、それを為さないことがありうる(たとえば、怠惰のために、或いは欲望のために)、というのが、われわれの人間に関する普通の了解であるからである。それ故、この奇異な主張のうちに、アリストテレスによる無抑制の解明の一つの鍵が潜んでいる、とみてよいであろう。ところで、このような主張は『ニコマコス倫理学』のこの箇所にのみ現われるのではなく、他の著作の中にもしばしば現われる思想なのである。たとえば、『動物運動論』においては、動物(人間)を運動にかりたてる力として、欲望、感覚、想像などの他に、思惟(ἡ νόησις)があげられている。すなわち、われわれは実際に楽しいものや恐ろしいものに直面したときにのみ、喜んだり震えたりするわけではなく、そういうものを考えただけで歓喜や恐怖の反応を起すのである。(84) それだから、この思惟の力によって、われわれ人間は、強迫神経症や不安神経症に陥り、その結果実際に身体の衰弱を惹起し病気にさえなりうるわけである。そこで、アリストテレスは思惟の力とそれに即応する身体の運動とを能動と受動の関係に比し、次のようにいっている。「受動的なものと能動的なものとはわれわれがいろいろな所で述べたような本性をもっているのであるから(85)……一方が働きかければ、他方は直ちに反応する。この故に、いわば同時に、歩くべきであると考えると歩くのである。(86)」すなわち、能動者である思惟は、想像力や欲望などを瞬間的に媒介として、受動者である四肢を同時に動かすのである。このように、思惟がわれわれの行動の一つの起動力であることは、アリストテレスのいう通り、疑うべくもなく真実であるが、思惟のこの起動力性の構造をアリストテレスは実践的三段論法として分節化した、といってよい。「実践の領域においては、二つの前提から生ずる帰結は行為である。たとえば、だれかが、すべての人は歩くべきである〔大前提〕、自分は人間である〔小前提〕、と考えるならば、かれは直ちに歩くのであり、これに対して、何人もいま歩くべきではない、自分は人間である、と考えるならば、かれは直ちに停止するのである。[87]」

さて、実践的三段論法に関してアリストテレスの挙げている実例からみると、思惟の力がなぜ行為の起動力でありうるかについて、二つの理由を挙げることができるであろう。[88] 一つは、推論の大前提が当為命題である、ということである。すなわち、大前提のうちには、すべし、すべからず、せよ、という命令が含まれていて、この命令が結論のうちに伝達されて命令力を発揮している、ということである。もう一つの理由は、本来のではなく一種の心理的な理由にすぎないが、三段論法が妥当な推論として成立している場合、この推論過程の示す必然性が当事者に一種の強制力を及ぼすであろう、という点である。いうまでもなく、論理的推論のもつ必然性は万人に普遍的な強制力を及ぼすものである。しかし、それは認識における強制力であって、行為への強制力ではない。この点で、ロスもいうように、[89]論理学の創始者としてのアリストテレスは、三段論法の形式的必然性の示す圧倒的な力を、実践の起動力として立てる――「帰結を直ちに実践することは必然である」[90]――という誘惑に抗しきれなかった、といってよいであろう。そこで、この二つの理由を煎じ詰めると、大前提のうちに含まれていた命令が推論過程の必然性によって結論のうちへと伝達され、この命令が行為を惹起する、ということである。だが、このような思想をそのまま手放しで全面的に認めることができるであろうか。先に見たように、思惟はたしかに行為を惹起する力をもっている。しかし、常に百パーセントにそうなのではない。思惟が命令を下しても、体がいうことをきかないという事態が存在するのであり、そこに無抑制という問題の生じてくる所以もあるのである。それ故、アリストテレスはここでソクラテスの「知は力なり」という思想を基本的に受け容れている、といってよい。[91] アリストテレスは、この基本的前提にもとづいて――ただし、ソクラテスがただ漠然と「知」(ἐπιστήμη)と語った事態を分節化し、その内的構造を解明することによって——無抑制を説明しようとしているのである。

そこで、当然、無抑制者においては、この知がその内的構造のどこかで欠損状態を惹起している、という説明が予期されるであろう。すなわち、無抑制者とは実践的推論においてなんらかの理由により誤謬を犯した者、ということである。そこで、三段論法における誤謬の原因について、当面のわれわれの問題と関連するかぎりにおいて、アリストテレスの理論を瞥見しておくのがよいと思われる。[92]『分析論前書』第二巻第二十一章によれば、三段論法における誤謬の原因には次のような場合がある。[93]すなわち、ひとが大前提と小前提とをそれぞれ独立に知っていたとしても、両者を結合して見ていないかぎり(μὴ συνθεωρῶν)、そこから結論を導出できないことがある。たとえば、或る人がすべての騾馬は不妊であるという普遍的知識を所有し、また、これは騾馬であるという個別的知識を所有していながら、これは妊んでいる、と考える場合の如くである。すなわち、かつてこの人はある個物について「それが騾馬である」との感覚的直接的な認識を所有し、その時にはこの個別的認識は騾馬についての普遍的認識と結合して、このものの不妊性という結論をこの人に与えていたであろう。しかし、この感覚的認識が終止し、それが漠然とした記憶のうちに消失したとき、かれはもはや普遍的知識の適用の場面をもたないのである。このことをさらに一般化していえば、人が大前提のみを知っていて小前提を知らないならば錯誤におちいることは明らかであるが、小前提とはもともと感覚的個別的な認識であるから、たとえかつてそのような感覚的認識を所有したことがあったとしても、いま現にそれが感覚されていないならば(ἔξω τῆς αἰσθήσεως)、小前提の脱落もしくは誤認が起りうる、ということなのである。およそ、ある個物について十全な認識が成り立つためには、直接的な知覚と一般的な知識との結合がなければならない。

逆にいえば、一般的な知識は、直接的な知覚によって補完されて、はじめてこのものについての十全な知識として具体化される。それ故、直接的知覚がなんらかの原因によって消失してしまえば、一般的な知識は具体的な認識としての機能を果さなくなる、ということなのである。

この誤謬論を行為の起動力として確かめられた実践的三段論法の内的構造に適用すると、行為の原理を語る大前提は、私がいま現にここで何を認識するかという行為の個別的状況を語る小前提と結合したとき、はじめて実践的認識として結実するが、なんらかの理由によって小前提が欠落すれば、認識としての機能を停止し、従って、行為の起動力としての力を失う、ということになるのである。

そこで、以上の理論を脳裡において、第四試論の後半部の分析に入ろう。「さて、いま一方には、甘いものを味わうことを妨げる普遍的な判断がわれわれのうちにあり、他方では、「すべての甘いものは快い」という普遍的な判断と、「このものは甘い」という個別的な判断があるとする(そして、この個別的な判断が現に働いているとする)、さらにわれわれの中には欲望(ἐπιθυμία)があるとする、このような時に、最初の大前提はこの甘いものを避けよと命ずるが、欲望が無抑制者を引きずるのである。……従って、ある意味ではロゴスもしくはドクサ(判断)によって無抑制に陥るという事態が起ってくる。そして、この判断は正しい大前提にそれ自体としては相反するものではなく、ただ付帯的にそうなっているにすぎない。なぜなら、健全な理性《オルトス・ロゴス》に反しているのは判断ではなくて欲望であるからである。[94]」このアリストテレスの論述は内容が錯綜していて、一読ではその意味を捉えにくい。従って、以下の分析に先立って、先ず議論の整理の意味で論述の大体の構造を注(95)において図式化してみよう。読者においてはこれを参看してから先に進んでいただければ幸いである。[95]

さて、この論議で先ず問題となる点は、無抑制者における小前提の存在とその活動(「これは甘い」)という記述である。[96] なぜなら、これまでのところアリストテレスの議論は一貫して無抑制者における小前提の欠落を主張しつづけてきたのであり(特に第二試論)、この主張は第七巻第三章の結論部においても再び強力にくり返されるからである。[97] 従って、ここで述べられている小前提は本来のあるべき小前提ではなく、自己正当化のための似非実践的三段論法において、似非大前提とのみ結びつく小前提である、と考えなければならない。実際、もし正しい実践的推論が成立していたのならば無抑制は起りえなかったのであるから、正しい大前提と結びつくべき正しい小前提はどうしても欠落していた、と考えねばならないのである。[98] だが、とここで読者においては反問があるかもしれない。一体、小前提とは事実認識であるのに、これに「正しい」とか「似非」とかいう価値的な区別があるのだろうか、と。あるのである。同一の事態、同一の事物が見方によって様々の相貌を呈するのである。たとえば、灘の生一本は健康な人にとっては百薬の長であるが、アルコール中毒者にとっては気狂い水である。同一の清酒が状況によって異なった性質を現わすのである。このとき、アルコール中毒者がそれを百薬の長と認識したとすれば、かれは甚しい誤謬に陥ることになるであろう。同様に、ダイヤモンドの首飾りは、自分が長年憧れていたものであり、かつ他人様のものである。「他人様のもの」という局面が朦朧となるとき、盗みが発動する。従って、同一の状況、同一の事物に関する事実認識にも様々のものがあり、その中から正しい小前提を把握してくることにも選択が働いている、と見なければならない。

そこで、第四試論後半部のアリストテレスの議論を再構成すると次のようなことになる。無抑制者の心の中には二つの普遍命題(大前提)がある。一つは健全な理性に従った大前提——「健康を害するものは、これを味わってはいけない」——であり、もう一つはアリストテレスの挙げている例ではただの事実命題——「すべての甘いものは快い」

――である。いうまでもなく、なんびとも相矛盾する行為の原理を同時に心中に抱くことはできないのだから[99]、そしてまた無抑制者は微弱な姿においてであれなお健全な理性を保持している人なのであるから、この第二の大前提が正しい大前提と矛盾しない形をとっていることは当然である。いま、この無抑制者が糖尿病患者であったとし、目前に砂糖菓子があったとする。このとき、かれにとってのあるべき小前提は「これは健康に有害である」でなければならない。しかるに、かれは「このものは甘い」という小前提にとびつくのである。そして、この小前提がさきの似非大前提「すべての甘いものは快い」と結びつき、似非実践的三段論法を形成して「このものは快い」という結論を導出する。この場合、注目すべきことは「すべての甘いものは快い」という大前提は単なる事実命題である、ということである。だから、この大前提自体は本来なんの命法も含まず、それだからまた、正しい大前提とも両立併存しえていた。従って、この大前提と小前提の結合から生じた帰結「このものは快い」もまた単なる事実命題にすぎなかった。しかるに、この事実命題の背後には欲望――「快いものは欲しい」――がかくれていて、この欲望が事実命題を一種の論拠の如くに利用して、無抑制者を無抑制の行為へと引きずり込んでゆくのである。逆にいえば、無抑制者における行動の真の起動因は欲望(ἐπιθυμία)なのであるが、欲望はむき出しの姿でかれを誘《いざな》うのではなく、似非実践的三段論法という一種の自己正当化のための論拠口実を作り出しておのれをカモフラージュし、人を無抑制へと落し込むのであった。この状況が、「ある意味ではロゴスもしくはドクサによって無抑制に陥る」[100]というアリストテレスの言葉の意味である。

以上でアリストテレスの無抑制論の基本的な構造の解明は終った。そこで、最後に、総まとめに入る前に、アリストテレスの分析に従って、無抑制の具体的な例を二、三描いてみよう。

(i) ニコチン中毒者の場合

A(正しい大前提)――タバコは肺ガンの原因になるから止めるべきである。

B(自己正当化のための大前提)――タバコを喫むと気持にゆとりができる。原稿の執筆や他人と話をする際にも、間合いがとれて調子がよい。

C_1(欠落した小前提)――ここに発ガン物質であるタバコがある。

C_2(働いている小前提)――ここにひとときの陶酔を与えてくれるタバコがある。

D(欲望)――ニコチンに陶酔したい。

Aは結合すべき小前提C_1を失って宙に浮き無力化する。そして、C_2はBと結合して、「このマイルド・セブンの喫煙によって執筆の調子を出そう」という結論を出し、これが欲望発動のかくれ蓑として働いて、今日もタバコを止められない。

(ii) アルコール中毒者の場合

A――深酒は体調をくずし、克己心を弱め、健康も人間関係も悪化させるから、慎しむべきである。

B――酒は百薬の長である。適量の酒はこの世の楽園をもたらす。それは精神的緊張を和らげ、身体的疲労も鎮静し、人間関係も円滑にして、明日への活力のもととなる。

C_1――欠落

C_2――ここに美味極上のスコッチがある。

D――酔いたい。

C_2はBと結合し、「このスコッチを軽く二、三杯やって、心身の疲労をとろう」という結論を出し、この結論をかくれ蓑にして、欲望Dが発動し、無抑制者を再び酒びたりの状態に落し込む。

さて、右に例示した無抑制の構造において、いかなる事態が明らかになるであろうか。先ず、無抑制者の心の中には、行為の正しい原理(大前提)が確かに現前している、ということである。ニコチン中毒者もタバコが健康に有害なことは充分に知っているのであり、アルコール中毒者も酒害の恐ろしさについては充分に承知しているのである。しかるに、かれらの中に欲望が生ずると、かれらは適当な口実――それ自体としては正当な、しかしかれらにとっては誤った口実――を見つけ出し、正しい大前提から生じうる結論をいわば眠らせてしまうのである。この際、このことの出来《しゅったい》する究極の原因は、かれらが欲望の圧力に目が眩んで自己の置かれている具体的個別的な状況を忘失するという点に、存するのである。たとえば、ニコチン中毒者は、自分の肺や気管支が長年の喫煙のためにひどい損傷をうけていて、少しの加害によっても致命的な病状に転化しうるということ、自分が死ねば係累が路頭に迷うということを忘失する。そして、この現状認識の錯誤により、自分には最早妥当しない――しかし健康人にとっては正当な――大前提(タバコは憩いの一休み)を自分に適用しようとする。アルコール中毒者の場合も同様である。適量の酒が身心の緊張を解きほぐし、疲労を癒すことは(健康人にとっては)真実である。しかし、かれは中毒者なのである。かれは、一旦飲み出せば泥酔するまで止められないこと、自分の肝臓はすでに相当に傷んでいて泥酔状態に陥れば必ず体調を悪化させること、などを忘失し、この自己認識の錯誤によって、目前のスコッチに手を出すのである。

第七巻第三章の終結部は以上に検討した四つの試論の総まとめの部分にあたると思われるが、そこでアリストテレスは次のようにいっている。「実践的推論における最終の前提は感覚される事柄に関する判断であり、かつこの前提は行為を決定するものなのであるから、パトスに襲われた状態にある者はこの前提をもたないか、或いは、酒に酔った者がエムペドクレスの詩句を訳も解らずに誦するように、もっていることが知ることではなくてただ誦することであるような仕方で、もっているのである。(101)」ここでアリストテレスのいいたいことは次のようなことである。行為の正しい大前提(倫理上の原理的な理念)は、おそらくほとんどすべての人がこれをもっているであろう。「嘘を吐いてはならない」、「人殺しをしてはならない」、「人を愛さねばならない」、「アル中になってはならない」、これらの原理を肯定しない人は多分存在しないであろう。(102) 従って、無抑制者も当然この正しい原理をもっているのである。かれは、「隣人を愛すべし」という理念をもちながら他人を押し退けて利益を得ようとする人であり、「酒乱は避けるべし」との認識をもちながら暴飲する人なのである。つまり、無抑制の行為のただ中において、正しい行為の原理はかれの心に現前しているのである。なぜ、それが可能なのか。それは、行為の大前提が、一つの抽象的な理念であって、それだけでは行為を発動する力をもたないからである。普遍的な原理は、具体的個別的な状況に関する認識と結びついた時に、始めて現実的な力となり、行為を惹起しうるが、それ自体としてはいわば休止した思想(ἡ ἠρεμοῦσα ὑπόληψις)である、といってもよい。(103) それ故、大前提をもっているということは、実は大したことではないともいえるのであって、問題なのは、この大前提を現実に適用させる具体的状況に関する認識の所有なのである。無抑制者とはこの認識において欠損している者である。そして、個別的具体的状況に関するこの認識はただの事実認識ではなくて、倫理的な責任と決断を伴う認識であろう。なぜなら、それはまさに大前提の発動を可能ならしめるという意味で価値中立的ではありえないからである。大前提を活かすのも眠らせるのも個別的な状況をどう認識するかにかかるのであり、無抑制者とはここで欲望に負けて自己の置かれた状況を半ば意図的に自己の欲望の貫徹に好都合なふうにのみ眺める者なのである。第三章の末尾に現われるあの難解な一文は、上述の事態を意味していたのである。「すなわち、勝れて知であると思われているものがパトスによって打ち倒されるのではなく、またそれがパトスに引きずり回されるのでもない。パトスによって打ち倒されるのは感覚的な知なのである。[104]」

(1)　アリストテレスもそういうことをいっている。Cf. EN, VII, 2, 1145 b 25–26. しかし、かれの批判はソクラテスのパラドクスから生ずる形式的帰結を指摘しているだけであって、実質的にソクラテスが無抑制の存在を否定した、とアリストテレスが考えているわけではない。
(2)　Xenophon, Memorabilia, I, 5.
(3)　Ibid., I, 5, 3–4.
(4)　Ibid., IV, 5, 6; cf. IV, 5, 11, III, 9, 4–5.
(5)　Plato, Protagoras, 352 b–c.
(6)　EN, VII, 2, 1145 b 25–27.
(7)　Plato, Protagoras, 353 c 6–8.
(8)　Ibid., 353 e 3.
(9)　Ibid., 355 b.
(10)　Ibid., 354 c 5–d 7.
(11)　Ibid., 355 e 3,
(12)　Ibid., 357 a 1.
(13)　Ibid., 357 d 3–7.
(14)　Ibid., 358 c 2–3.

(15) EN, VII, 2, 1145 b 25–26.

(16) EN, VII, 2, 1145 b 27–28. τὰ φαινόμενα を「世の通念」と訳す根拠は、アリストテレスの倫理学方法論にある。すでに、第一章「アリストテレス倫理学の基本原理」第二節で論じたように、アリストテレス倫理学の方法は、一方において「多くの人々もしくは勝れて理性的な人々の考え方」としての τὰ ἔνδοξα を思索の基盤とする点にある。このエンドクサの中に歴史的社会的に客観化された人間性の声が表白されている、とかれは考えるからである。だから「現われ出た事実」(タ・パイノメナ)とは少なくとも倫理学の場面ではエンドクサに他ならない。この点に関しては、オーエンが極めて精緻な論考を著している(G. E. L. Owen, 'Τιθέναι τὰ φαινόμενα', Aristote et le problème de méthode, pp. 83–103, 1961, Louvain)。オーエンの解釈では、τὰ φαινόμενα には 'observed fact' と 'common conceptions on the subject' の両義があり、倫理学ではもちろん後者の意味で用いられるのだが、それにとどまらず自然学においてさえ、大半は後者の意味で用いられているという。しかし、自然学に関するかれの解釈には問題がある、と思う。

(17) EN, VII, 2, 1145 b 30.

(18) ドストエフスキーは『地下室の手記』の中で明らかに叙上のソクラテスの説を暗示しながら、主人公に次のように叫ばせている。「ああ、教えてくれ、だれが最初にあんなことを言いだしたのだ? 人間が汚らわしい行為をするのは、ただただ自分の真の利益を知らないからだなどと、だれが最初にふれまわりだしたのだ? もし人間を啓蒙して、正しい真の利益に目を開いてやれば……必然的に善を行うようになるだと?」(Iの7、江川卓訳)。この地下生活者にとっては、人間とは、わざと意識して、自分のために有害なこと、愚にもつかぬことを、それがまさに愚にもつかぬことであるが故に、これを行なおうとする呆れかえったしろものである。この男は、近代人の不条理感覚もしくは悪魔性を色濃く漂わせすぎてはいるが、しかし、人間における無抑制の問題点をたしかについている、といえるであろう。

(19) EN, VII, 2, 1145 b 28–29.

(20) EN, VII, 3, 1147 b 14–15.

(21) EN, VII, 1, 1145 a 16–20.

(22) この主張の存在論的な基礎づけについては、第二章「フロネーシス」の第四節を参照。

(23) EN, VII, 6, 1150 a 3.

(24) EN, VII, 1, 1145 a 27. Cf. EN, VII, 6, 1150 a 1.
(25) EN, VII, 1, 1145 b 1–2.
(26) EN, VII, 2, 1146 a 9–11.
(27) EN, VII, 9, 1151 b 33–34.
(28) Ibid., 1152 a 1–3.
(29) EN, VII, 8, 1151 a 13–14.
(30) Ibid., 1151 a 15.
(31) EN, VII, 10, 1152 a 24.
(32) EN, VII, 2, 1146 a 31–32.
(33) EN, VII, 8, 1150 b 29–30.
(34) Ibid., 1150 b 31.
(35) Ibid., 1151 a 11–12.
(36) Ibid., 1151 a 6–7.
(37) Ibid., 1151 a 10.
(38) Ibid., 1151 a 25–26.
(39) EN, VII, 2, 1146 a 31–b 2 には次のようなアポリアが提出されている。放埒者は確信によって、選択意志の発動の下に快を追求する者である。だから、かれは、自己の確信に反したことを行なっている無抑制者より、より勝れた人間ではなかろうか。なぜなら、放埒者においては確信と行為との間に分裂がないから、かれは確信を変えれば直ちに悪しき行為を止めるであろう。これに対して、無抑制者は、確信とは食い違ったことをする人であるから、手の施しようがない、というわけである。このアポリアは、一見したところ、相当なもっともらしさをもっているように見える。実際、有徳の人と悪徳の人は、だらしのない無抑制者に比べて、主体的な選択意志もしくはロゴスの強さという点で、或る種の共通性をもっているかに見えなくもない。だが、このアポリアは第八章に至ってごく簡明に次のように解決されている(EN, VII, 8, 1150 b 29–1151 a 5)。すなわち、放埒者は後悔しない人、その悪が自覚されていない人、その悪が持続的状態になっている人であるのに対し、

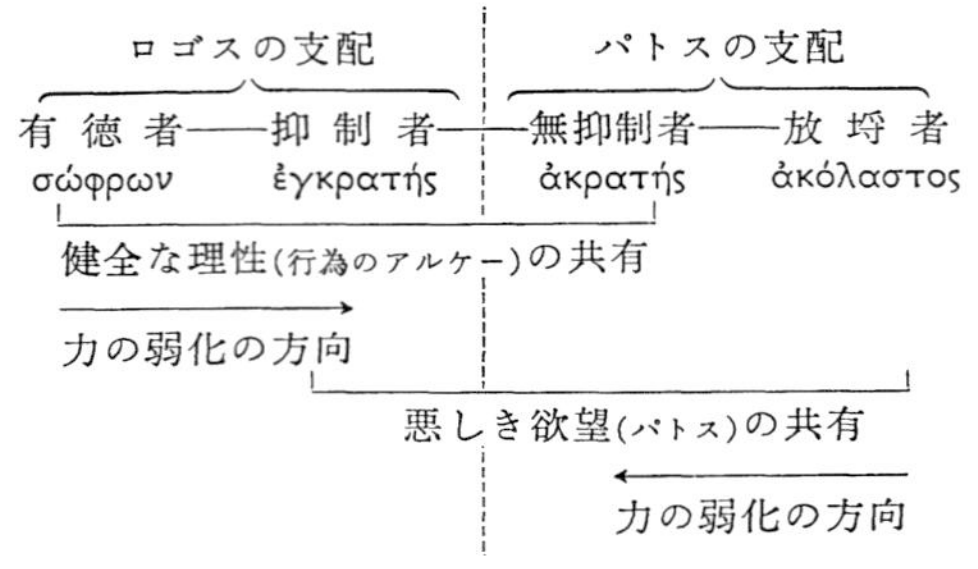

無抑制者は後悔する人、その悪を自覚している人、その悪が未だ持続的状態とまでにはなっていない人である。それ故、放埒者は癒し難い人であるが、無抑制者は治癒の可能性をもつ人なのである、と。この解決は、どのように了解すればよいのだろうか。

そもそも放埒者が確信の人であるかの如くに見えているのは、実は外見上の擬態にすぎない。かれは実は無原則の人で、ただ欲望の動くがままに生きているから、内的な軋轢を起さないだけである。つまり、かれにおいてロゴスとパトスの衝突が起らないのは、ロゴスがパトスの完全な奴隷になってしまったからなのである。かれが「行為のアルケーを滅してしまった人」といわれるのは(1151 a 15)、この意味においてである。かれが後悔しない人、自己の悪を自覚しない人でありうるのは、かれの中に行為のアルケーが欠如しているからなのである。従って、放埒者が癒されうる者となるためには、かれの中に先ず行為のアルケーが回復されなければならないであろう。その時、はじめて、かれの中にロゴスとパトスの軋轢が起り、かれは無抑制者の段階に到達するであろう。つまり、放埒者は必ず無抑制者という段階を通過して有徳な人に近づきうるのであって、この中間領域を省略することはできないということである。

(40) これを図示すれば上図のようになる。
(41) EN, VII, 5, 1148 b 15–18.
(42) EN, VII, 4, 1148 b 5–6.
(43) EN, VII, 5, 1148 a 34–1149 a 1, 1149 a 16–20.
(44) アリストテレスは、バルバロイの中には実際に獣的な生活を送っている人間が存在する、といっている(EN, VII, 1, 1145 a 30–31, 5, 1148 b 21–22, 1149 a 10–11)。この発言の背後には、すぐれてギリシア人が本来の人間性に到達したという確信が潜んでいるであろうし、従ってかれの倫理学が、ディルマイアーのいうように、事実上ギリシア人の伝統的倫理の表白であるということをも意味するであろう。しかし、それだからといって、アリストテレスが人間性にもとづく普遍的な倫理学を構想していない、ということにはならない。われわれの倫理的思索は、われわれの生の地盤である伝統的通念(エンドクサ)を媒介としなければ、内容を失って批判的に活動することもできなくなってしまうであろう。

(45) EN, VII, 4, 1147 b 24–25.

(46) Ibid., 1148 a 23, VII, 5, 1148 b 15–16.

(47) Ibid., 1147 b 30–31, 1148 a 25–26.

(48) Ibid., 1148 a 28.

(49) Ibid., 1148 a 4; cf. 1148 b 2–4.

(50) Ibid., 1147 b 29.

(51) Ibid., 1148 b 10.

(52) Ibid., 1147 b 34–35.

(53) Ibid., 1147 b 25–26.

(54) Ibid., 1147 b 26–27, 1148 a 6–11.

(55) EN, VII, 5, 1149 a 21–24.

(56) EN, VII, 7, 1150 a 16–18.

(57) アリストテレスは別の箇所で必然の快を「中間的な快」(τὰ μεταξύ)といっている(EN, VII, 4, 1148 a 25)。この言葉は、第七巻において、必然の快に関しては何の説明もなしに唯一回用いられているだけであるが、筆者はそれを「必然の快も中庸によって成立する」という意味に解しうると思う。それは体系的な観点からである。

(58) EN, VII, 4, 1147 b 27–28, 1148 a 13–14, 1148 b 11–12.

(59) 無抑制の種類に関してあと二つばかり付言しておくことがある。一つは怒り(θυμός)に関する無抑制の問題である。無抑制を扱う第七巻で考察の素材となる実例は、主として肉体的快楽に関する無抑制とこの怒りに関する無抑制の二つであり、従ってこの両者が代表的な無抑制と考えられていたことは明らかである。しかし、この両者を比べた場合には、欲望に関する無抑制の方がより醜悪であるとアリストテレスはいっている(EN, VII, 6, 1149 a 24–25)。なぜなら、怒りに関する無抑制は、なんらかの意味でロゴスの命令に従っているからなのだ、といわれる(ibid., 1149 b 1)。すなわち、憤激者は、馬鹿にされたとか侮辱されたとか無視されたとか思うと「このような行為には復讐しなければならない、と恰も推論したかの如くに」直ちに怒りへと突進する(ibid., 1149 a 33–34)。つまり、ここには尺度を踏み外したロゴスではあるが、なにがしかの自己正当化の論拠が働いているというわけである。換言すれば、憤激者は或る意味でロゴスに負けたのである(ibid., 1149 b 3)。これに対して、欲望に関する無抑制者は、感覚が快いものを示せば、それの享楽へ突進するだけであって、そこには何のロゴスも働いていない。かれは単なる欲望への敗北者である。それ故、怒りの無抑制の方が欲望の無抑制よりはいくらかましなのだ、とアリストテレスはいっている。以上のアリストテレスの主張には、「ロゴスは勝れたものである」という思想の、本来の意味を外れた一種の拡大的適用があるであろう。しかし問題は、無抑制の本来の領域を本文で理由づけたような意味で、肉体的快楽の領域に限定する点にあったのである。

もう一つの点は、頑固者(ἰσχυρογνώμων)と抑制者との相違である。この両者は、無謀な人と平静な人、もしくは放漫な人と吝嗇でない人とが似ているように、外見的にはなにか似たところがあるように見える。両者はともに自分の判断を守り通す人だからである。しかし、頑固者が自分の判断を守り通すのは、情念と欲望に動かされてである。なぜなら、かれらは何としてでも自説を守り通そうとし、論争に勝ったといっては喜び負けたといっては苦痛を感ずるような人だからである。つまり、かれらを動かしているのはロゴスではなくて快苦の感情であり、その意味でかれらは実は無抑制者に近い者なのである(EN, VII, 9, 1151 b 12–17)。これに対して、抑制者とは強力にロゴスを守る人であるが、それはロゴスだからであって、自分のロゴスだからではない。従って、場合によっては、かれはロゴスによって容易に説得されうる人なのである(ibid., 1151 b 10)。こうして、頑固者も一種の無抑制者の類に入れられるが、ここにはアリストテレスの鋭い人間洞察が働いている、といえよう。

(60) しかし、アリストテレスは、同時にソクラテスの主張の中にも或る種の真理の存することを認めている。Cf. EN, VII, 3, 1147 b 14–15. この点についてはすでに第一節で言及したが、本節で以下に展開されるアリストテレスのこの問題に関する最終的解決の中にその具体的内容が示されている。

(61) EN, VII, 3, 1146 b 31–35.

(62) R. Robinson, Essays in Greek Philosophy, Oxford, 1969, chap. 7, Aristotle on Acrasia, p. 141. ロビンソンのこの解釈は、いわゆる純粋な無抑制(pure acrasie)というものはありえない、という理解にもとづいている。かれによれば、実践的三段論法が完全な型で心に現前していたならば、それに反する行為は起りえない。そういうことが起りうると考えるのは空想的なことである(p. 149)。従って、すべての無抑制は知の弱化もしくは欠落にもとづいて生起するのであり、この点ではソクラテスの主張がアリストテレスによっても是認されていた、ということになる。

(63) Ross, Aristotle, Methuen, 1953, p. 222. 'It is a genuine contribution.'; W. F. R. Hardie, Aristotle's Ethical Theory, Oxford, 1968, p. 274. 'even if it contributes something.'

(64) ハーディも同様の疑問を投げている。Cf. Hardie, op. cit., p. 275.

(65) EN, VII, 1, 1145 b 9–10, VII, 4, 1148 b 5–6.

(66) Ross, op. cit., p. 224.

(67) EN, VII, 3, 1147 a 1–4.

(68) 普遍概念の特殊化には二つの側面がある、とアリストテレスはいっている(ibid., 1147 a 4–7)。すなわち、普遍概念の一つは自己にかかわり(ἐφ' ἑαυτοῦ)他は事物にかかわる(ἐπὶ τοῦ πράγματος)。たとえば「乾燥した食物はすべて人間にとって有益である」という普遍命題のうちには、乾燥した食物という事物についての普遍概念と、人間という行為者についての普遍概念が含まれている。従って、実践に移行するためには、これらのそれぞれに対応する二つの特殊命題が必要なわけであるが、この場合自分が人間であることは自明のことであるから、個別化はもっぱら客体としての事物にかかわる――「これこれのものが乾燥した食物である」――かのように見えるわけである。

(69) EN, VII, 3, 1147 a 9–10.

(70) EN, III, 1, 1110 b 17–23.

(71) Ibid., 1110 b 28.

(72) Ibid., 1111 a 1.

(73) EN, III, 1, 1110 b 24–27.

(74) EN, III, 5, 1113 b 30–33.

(75) ロビンソンは、この第二試論の分析を不随意性の場合には当らないとして、大略次のように論じている(op. cit., pp. 151–152)。オイディプスは不随意的殺人者の典型であるが、かれの無知は瞬間的な無知ではなかった。かれは、父を殺すや否や正気にかえり、「私は父を殺した」と自覚したわけではない。かれが、自分の殺した男が父であるのを知ったのは、その事件の何年も後になってからであった。この意味で、オイディプスの父殺しは純粋に不随意的であると考えられる。これに対して、無抑制者は無抑制の行為に陥る前には個別的な事実を充分に認識している。そして、その行為が為し了えられ欲望が鎮まれば直ちにその知を回復するであろう。ただ、行為の間中その知を用いていないのである。だから、かれはほとんど常にその知を所有しているのであり、従って、不随意的とはいわれえない、と。

このロビンソンの解釈は、主として無知の時間的長短によって、不随意的な行為者と無抑制者とを弁別している。しかし、そこには実は真の問題はないのであって――なぜなら、小前提についての知の現前が、行為の前後において何年隔っていようが何秒隔っていようが、そういうこととは無関係にただ行為の瞬間においてその知が働いていたかどうかだけが問題であるから――現象的には同じく無知の状態にありながら、その無知の原因が自己自身の中にある場合には、その者を不随意的な行為者とはしない、という点にアリストテレスの真意があるのである。

他方、ハーディは(Hardie, op. cit., pp. 277–279)、この第二試論に関して、アリストテレスはなぜ小前提についての無知のみをとりあげて大前提についての無知に言及しないのであろうか、と問うている。そして、シジウィクを引用して「怒りの場合には、事実と同様に道徳法則がしばらくの間すっかり忘れ去られる、ということも起りうる」といっている。だが、道徳法則の忘却は、アリストテレスにおいては、個別的状況の忘失のような一時的現象としてではなく、おそらくは悪しき性格の形成というような持続的事態として生起する、と考えられている。この故に、道徳法則を忘却した者は無抑制者ではなく悪人である、と断罪されるのである。ハーディの疑問はアリストテレスの思想を充分に把握していないところから生ずる、といわざるをえない。この問題については、次章(とくに一二五頁、一三五～一三九頁)を参照。

(76) EN, VII, 3, 1147 a 10–17.

(77) EN, VII, 10, 1152 a 9–15.「無抑制者が実践の力をもたないのは、知っている者がそうであるという意味においてではなく、眠っている者や酒に酔った者がそうであるという意味においてである。」

(78) Robinson, op. cit., pp. 150–151.

(79) Cf. J. J. Walsh, Aristotle's Conception of Moral Weakness, Columbia U. P., 1963, pp. 99–100, note 22.

(80) Hardie, op. cit., p. 280; H. H. Joachim, The Nicomachean Ethics, Oxford, 1951, p. 226.

(81) R. A. Gauthier, Commentaire, tome II, 2ème partie, pp. 609–610.

(82) J. Burnet, The Ethics of Aristotle, Arno Press, 1973, pp. 301–302.

(83) EN, VII, 3, 1147 a 24–31.

(84) De Motu Animalium, 7, 701 b 16–22.

(85) Aristotle refers in particular to the lengthy treatment of ποιεῖν and πάσχειν in De Generatione et Corruptione, I, 7–9, but there are other contexts where similar remarks are made. Things disposed to be active and passive are contraries in the same genus, and when they are juxtaposed, assuming all the conditions for fulfilling their potential have been met, straightway the change goes on (cf. Phy., 251 b 3, 255 a 34 etc.). M. C. Nussbaum, Aristotle's De Motu Animalium, 1978, Princeton U. P., p. 357.

(86) De Motu Animalium, 8, 702 a 11–17.

(87) Ibid., 7, 701 a 11–15.

(88) アンスコムも同様の理解をしている。Cf. G. E. M. Anscombe, Thought and Action in Aristotle (Articles on Aristotle, vol. 2), p. 69.

(89) Ross, Aristotle, p. 224. 'we must suppose that interest in his favourite distinctions of major and minor premise, has betrayed him into a formal theory which is inadequate to his own real view of the problem.'

(90) EN, VII, 3, 1147 a 27–28.

(91) これは大体諸研究者の一致した了解である。たとえば, cf. Robinson, op. cit., p. 144. 'Aristotle brings out the aspect of necessity in this syllogism. Once the premisses have become one, he says, it is necessary, anankē, to act, to realize the conclusion at once. What a paradoxal thesis! And what a very Socratic thesis! I think it the most Socratic sentence in this fundamentally Socratic chapter.'

(92) アリストテレスの無抑制論(第四試論)の背景に,『分析論前書』第二巻第二十一章の誤謬論があることを指摘したのは, ジョアキムである。以下の分析は, このジョアキムの示唆の線に沿ったものである。Cf. H. H. Joachim, Aristotle, The Nicomachean Ethics, 1951, Oxford, pp. 226–229.

(93) Analytica Priora, II, 21, 67 a 33–b 5.

(94) EN, VII, 3, 1147 a 31–b 3.

(95) 無抑制者の精神における実践的三段論法の働き方

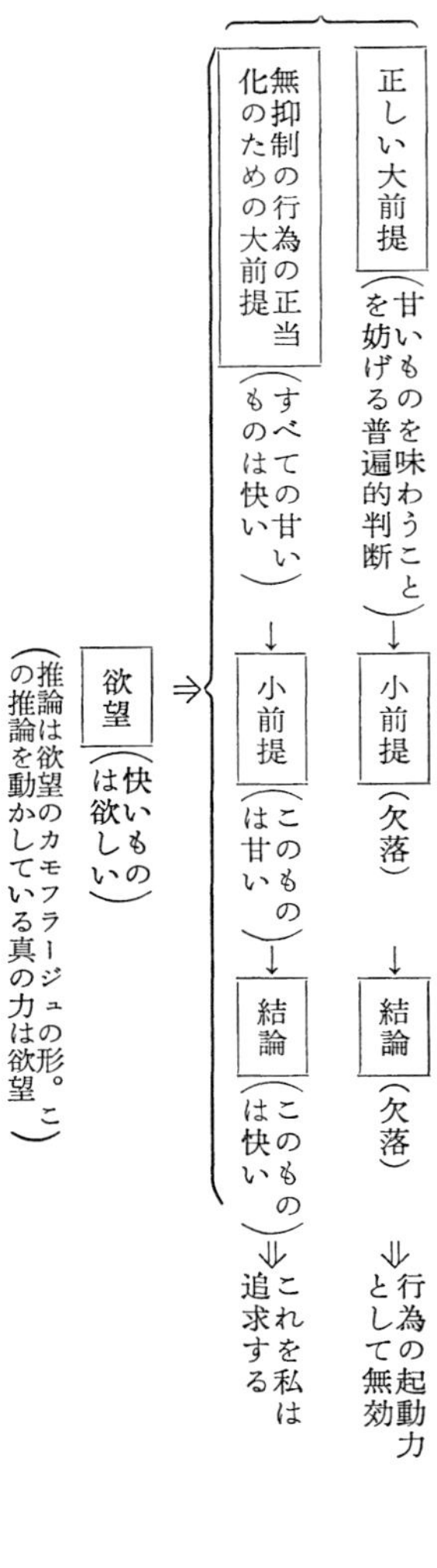

(96) EN, VII, 3, 1147 a 33.

(97) Ibid., 1147 b 9–12.

(98) 無抑制者においては、正しい大前提は個別的認識と結合しておらず、従って正しい実践的推論が成立していない、という理解は大体の研究者の支持を得ている。Cf. Gauthier, op. cit., tome II, 2ème partie, pp. 611–612. 'chez l'incontinent, le second universel seul est référé à l'objet particulier.' 加藤信朗氏もゴーティエと同じ解釈である。『ニコマコス倫理学』(アリストテレス全集第十三巻、岩波書店)四二六頁。ただし、筆者は、ゴーティエや加藤氏のように、同一の小前提が正しい大前提や似非大前提に結びついたり結びつかなかったりすると理解するのではなく、正しい大前提に結合すべき小前提が欠落もしくは無効力化している、と理解する。これがアリストテレスの全体的論述にもっとも整合的な理解であり、ロスの解釈がこの立場をとっている。Cf. Ross, Aristotle, p. 223. 'You may have a major which says "nothing that is X should be tasted," but the minor "this is X" you may not know at all or know only in the remote sense in which, as we have seen, a drunken man may be said to know "the verse of Empedocles".' なお、無抑制者の中には二つの小前提がある、という解釈は、田中享英氏も主張している(「ソクラテスと意志の弱さ」㈠、北海道大学文学部紀要三十ノ二)。この田中氏の解釈の含む哲学的射程を加藤信朗氏はきわめて深くかつ明晰に展開している(「行為の根拠について」Ⅰのⅰ、都立大学人文学報一六一号)。ただし、加藤氏は田中氏の解釈の意図は容認するが、テキストの読みとしての解釈そのものは受け容れていない。筆者の解釈は、無抑制者の中には二つの小前提が併存しているというのではなく、正しい小前提が欠落しているというものである。

(99) Cf. Burnet, op. cit., p. 303.

(100) EN, VII, 3, 1147 b 1.

(101) EN, VII, 3, 1147 b 9–12.

(102) もし、存在するとすれば、そういう人は悪を行為の原理とする放埒者、つまり根からの悪党ということになる。

(103) De Anima, III, 11, 434 a 16–21.

(104) EN, VII, 3, 1147 b 15–17. この箇所は研究者の間で激しい論争の主題になっているところで、解釈も種々に分かれている。いまその細部に立ち入ることはあまりに仔細にわたるので、ここでは筆者のとった読み方とその理由のみを述べることにする。先ず、κυρίως ἐπιστήμη が行為の原理となる普遍的な知、αἰσθητικὴ ἐπιστήμη がこの原理を現実の場面へ適用可能にする個別的状況に関する知、を意味していることには疑問はないであろう。大部分の研究者はそのように解釈している。たとえば Hardie, op. cit., p. 289. 'I think that the prevalent, and certainly natural, view is that knowledge proper (kuriōs) is knowledge of a universal rule or major premiss and perceptual knowledge (aisthētikē) is knowledge of a proposition with a singular term as its subject.' そうすると、バイウォーターのテキストでは、原文は、「すぐれて知識であると思われるものがそこにあるのに無抑制(ト・パトス)が生ずることはなく、この知が情念(ト・パトス)によって引きずりまわされることもない。そうではなくて、感覚的な知識が存在するのに無抑制が生ずるのである」という意味になる。一見して明らかなようにこの文章は先行の論議と真正面から矛盾する。なぜなら、第一に、アリストテレスが先行の諸分析で一貫して主張してきたことは、無抑制者のうちには普遍的な原理に関する知が存在するということ、それにもかかわらずかれが無抑制に陥るということであったが、この文章のいうことは無抑制者のうちには普遍的な知が存在しないということになるからであり、第二に、「無抑制者のうちには感覚的な知が存在する」という記述はすぐ五行上にある「行為を決定する最終の判断(個別的状況に関する認識すなわち小前提)を無抑制者はもたない」(1147 a 10)という文章に矛盾するからである。無抑制者が小前提をもたない、という主張は、アリストテレスの分析において一貫した定項である。その上、この読み方では τὸ πάθος という同一の語を二つの異なった意味に訳し分けねばならない。こういう難点のためにウィルソンはこの第七巻第三章の分析をアリストテレスのものではないと判断したし(C. Wilson, Aristotelian Studies I, On the Structure of the Seventh Book of the Nicomachean Ethics, chapt. I–X, Oxford, 1912, pp. 61–63)、ロスも類似の解釈の線上で本来のアリストテレスの無抑制に関する思想は第三章の分析とは違うところにある、といった(Ross, Aristotle, p. 224)。

しかし、筆者には、ステュアートの校訂を採用すれば(J. A. Stewart, Notes on the Nicomachean Ethics of Aristotle, pp. 162–164)全体を整合的に解釈できるというゴーティエの理解が妥当ではないか、と思われる。すなわち、δοκούσης παρούσης γίνεται τὸ τάθος を δοκούσης περιγίνεται τὸ πάθος とするのである(Gauthier, op. cit., tome II, 2ème partie, p. 617)。そうすると、この文章の意味は「すぐれた意味で知であるものを情念(パトス)が支配することはなく、またそれを情念が引きずりまわすこともない。そうではなくて、情念が支配するのは感覚的な知識である」となる。Ce n'est pas, en effet, sur ce que tout le monde s'accorde à considérer comme la science au sens propre que l'emporte la passion, — pas plus que ce n'est cette science-là qui est tirée deçà-delà par la passion, — mais sur la science sensible. (Gauthier, traduction, p. 194) ステュアートの校訂はハーディによっても受容されており(op. cit., p. 290)、ウィギンズによっても擁護されている。D. Wiggins, Weakness of Will (A. C. Rorty, Essays on Aristotle's Ethics, 1980, University of California, p. 249). 'For passion does not worst [reading perigignetai with Stewart] anything with the status of demonstrable knowledge.... What passion overwhelms is a man's perception or appreciation of a particular situation.' なお、加藤信朗氏(前掲論文一四六頁)は、κυρίως ἐπιστήμη を「大前提と小前提が結合した状態にある知」、すなわち行為の起動力として実効力を発揮しうる状態の知、と解している。もちろん、そのような状態の知が存在すれば、無抑制は生ずるはずがないので、テキストの前半部は整合的に理解できる。しかし、後半部は「感覚的な知が存在するのに無抑制が生ずる」と解釈しなければならなくなり、上述のように、無抑制者における小前提の欠落というアリストテレスの一貫した主張と合わなくなるのではなかろうか。それ故、加藤氏のように解釈した場合でもステュアートの校訂は必要であると思われる(それがウィギンズの理解であるようにみえる)。

第四章 自由意志

一 随意性

無抑制は、行為者における実践的三段論法の失敗、すなわち知性的起動力の挫折として解明されたが、この現象はその背後に、欲望と知性との鬩《せめ》ぎ合い、その結果としての知性の敗北という事態を蔵しているのであった。そこで、改めて、人間における行為の起動力はどのようなものであり、いかなる根源に発するのかを、問うべきときであろう。けだし、この究明により、無抑制はいうまでもなく、あらゆる倫理的是認と否認の究極の背景がより鮮明にうかび上るであろうからである。

さて、アリストテレスが随意性(ἑκούσιον)を不随意性(ἀκούσιον)の解明から規定したことについては前章で触れたが、その時には「個別的状況に関する無知」という論点にのみ論述を絞っていたので、ここで改めて随意性の議論全体の要点をたしかめておこう。一般に、ある行為が不随意的であるといわれるのには二つの場合(原因)がある。一つは、その行為が強制(βία)によって起ってくる場合、すなわち、行為の原因が外部のもののうちにあって、行為者がこの原因に関してなんの寄与もなしえないような場合である。(1) たとえば、大風によって吹きとばされたとか、権力者によって拉致されたというような場合がこれにあたる。もっとも、現実の事態は複雑で、嵐に遭遇した船乗りが積荷を海中に投棄する場合のように——すなわち、平常の状態であれば誰も積荷を投棄することはないが、暴風雨の中では乗組員の生命を救うために進んでそのような行為をすることがある——多くの行為は不随意性と随意性の混合形態を示すであろう。このように不随意性の程度には種々の差異がありうるにしても、その原因の一つが外力による強制にあるという点については、異論の余地はないであろう。

そうすると、この観点から見た場合、随意的な行為とは、その行為の始源(ἀρχή)が自己自身の中にある行為ということになる。[2] ところで、人間における自発性の根源ということになれば、すでに前章で主題化した知性的な起動力のみならず、欲望や憤怒、総じて非理性的なパトスもまたそういうものであろう。事実、アリストテレスは次のようにいっている。「おそらく、怒りによって為されたこと或いは欲望によって為されたことを不随意的であるというのは正しくはないだろう。なぜなら、もしそうであるとすれば、他のいかなる動物たちも、また子供たちも随意的に行為しないことになろうからである。[3]」つまり、随意的な起動力とは人間的な起動力(τὰ ἀνθρωπικά)のすべてを指すのであり、その中には知性のみならず非理性的な衝動(ἄλογα πάθη)も含まれている、[4] ということである。換言すれば、人間もまた動物の一種であるからには、理性を欠く動物の起動力をも共有しているはずであり、また、場合によれば、理性の未熟な幼児的行動原理をも保有しているであろう。そして、幼児も動物も或る意味では自発的な行為者である以上、そのような行動原理にもとづく人間の行為もまた随意的である、と認めないわけにはゆかない。こうして、随意性とは理性的な起動力よりも広範囲にわたるものである、[5] といえる。

だが、ここで不随意性の第二の観点が導入されると、どういうことになるであろうか。第二の観点とは、「無知(ἄγνοια)の故に行なわれた行為は不随意的である[6]」という場合のことである。もっとも、行為に関する無知といっても大きくいって二つの場合があって、行為の普遍的な原理に関する無知は不随意性の原因とは見なされていない。なぜなら、行為の原理がどのようなものとしてある人に見えてくるかということは、後に論ずるように、当人の性格《ヘクシス》によってほとんど決定されていて、この限り、悪しき性格の所有者が行為の普遍的な原理について無知であるのは不可避かつ不随意的であるかのように見えるのであるが、しかし、性格の形成は多くの場合自己自身に依存していたのであるから、よほど劣悪な環境の故に先天的に悪しき性格を背負ったのでない限りは、行為の普遍的な原理に関する無知も自己自身に依存していた、すなわち随意的であった、と考えなければならないからである。この故に、行為の普遍的な原理を知らない人は不随意的な行為者ではなく、邪悪な人として非難されるのである。(7) 従って、不随意性の原因となる無知は、前章で論じたように、行為の主体、対象、状況、手段、様態などのすべてを含めて、個別的状況に関する無知に限られるのである。(8)

ところで、この第二の観点は第一の観点とどのような関係にあるであろうか。いうまでもなく、両者は決して矛盾する関係にはない。両者の併存成立は可能である。しかし、第一の観点すなわち人間における内発的起動力は、第二の観点すなわち個別的状況の認識を必ずしも含まない、という点に問題があるのである。つまり、欲望や怒りに発する行為は、内発的という意味では随意的でありながら、個別的状況に対して盲目でありうるのであり、その意味では十全な随意性に達していないということがあるのである。この点、随意性の一つの尺度を個別的状況の認識におきながら、欲望や怒りに発する行為をも随意的な行為の中に含めたアリストテレスの主張のうちには多少の不整合もしくは分析の不足がみられる、といってよいだろう。だが、実は、アリストテレスは、知性的な起動力とパトス的な起動力とをともに随意性の根源といいながら、同じ水準においてそうであるとは考えていなかったのである。たとえば、かれはこういっている。「われわれは動物たちを、比喩的な意味においてでなければ、節度があるとも放埒であるともいわない。……なぜなら、それらは理性的な選択意志(προαίρεσις)も分別ももたないからである。[9]」つまり、或る動物たとえば羊がいかに柔和にみえようとも、また、別の動物たとえば灰色熊がいかに狂暴にみえようとも、われわれはこれらの動物を倫理的な意味で柔和であるとか狂暴であるとかと評定することはない。なぜなら、それらには理性がないからである。そして、倫理的な評価の対象となりうる行動こそ最高度の随意性の実現である以上は、理性を欠くパトス的な起動力は明らかに次元の低い随意性と考えられているわけである。このことはまた次の一文の中にもよく表わされている。「当然のことながら、われわれは牛や馬やその他の動物を幸福とはいわない。なぜなら、それらの中のいかなるものも有徳な活動にはあずからないからである。同じ理由によって、子供もまた幸福ではないのである。[10]」動物や子供が、パトス的な起動力を内部に蔵するかぎり、随意的な行動者と見なされうることについては、すでに触れた。だが、かれらは幸福には達しないといわれる。つまり、幸福がアリストテレスにおいては倫理的行為の終極目的である以上は、かれらは最高度の随意性には達しないということである。なぜか。その理由はかれらが有徳な活動にはあずからないからである。そして、有徳な活動が理性的な選択意志を欠いては成立しえない以上、この能力の中にアリストテレスが勝れた意味での随意性の存立をみとめていたことは明白である。

さて、以上によって到達された地点から無抑制者を省みてみると、かれは低次の随意性に押し流されて高次の随意性を十全には発動しえないでいる人、その意味で自由意志の力の弱い人、ということができる。しかし、かれにおいて、勝れた意味での随意性は全く死滅しているのではなく、従って、倫理的責任を問いえないような事態が生起しているのでもない。なぜなら、先ず、かれは行為の普遍的な原理(大前提)をとにかくなお保持しているのであり、さらに、この大前提を現実化するために必須のものとして要求される個別的状況の認識(小前提)におけるかれの挫折は、単なる事実認識の錯誤として生起したのではなく、欲望と理性的決断との抗争における理性の敗北の結果として生起したのであるからである。この間の経緯は前章で実践的三段論法の挫折として詳論した通りであるが、以上を極めて単純にまとめれば次のアリストテレスの言葉になる。「さらに、理性《ヌース》がなにごとかを避けなにごとかを追求すべしと命令し、思惟がこれを指令しているのに、われわれはなにもせずに、欲望に従って行動することがある。これが無抑制者の場合である。(11)」

こうして、われわれはより高次の随意性、より勝れた意味での自由意志として理性的選択意志を考えなければならなくなる。

二　理性的選択意志

理性的選択意志とはプロアイレシス(προαίρεσις)の訳語である。しかし、この訳語を定めること自体が、アリストテレスのプロアイレシス論の検討の帰結であり、一つの解釈である。この原語は、「先に取る」、「あるものを他のものよりも優先して選択する」ということを意味するが、これを精錬し、これに明確な哲学的意味を規定したところに、アリストテレスのプロアイレシス概念が生成した。従って、この哲学的意味を探り出す本節においては、訳語設定以前の原語をそのまま音写して用いることにする。

「さて、ある人々はプロアイレシスを欲望ないしは激情、もしくは願望、もしくは或る種の判断であると語っているが、それは正しいとは思われない。[12]」先ず、それが欲望(ἐπιθυμία)ないしは激情(θυμός)とは異なることについて、アリストテレスは三つの理由をあげている。その第一は、欲望や激情は非理性的な動物もこれを所有しているが、プロアイレシスはこれを所有していない、という点である。[13] この論点によって、プロアイレシスが人間にのみ固有のものであることが示されている。次に、欲望や激情のようなパトス的起動力とプロアイレシスの両者を所有する者、すなわち人間は、しばしばパトス的衝動なしに行為を選択する、という点があげられる。[14] 換言すれば、欲望とプロアイレシスとの間には裂け目があって、両者が協調することもあるが、一方が他方とは独立に活動することもあり、さらには対立し抗争することもある、ということである。それだから、無抑制者という分裂的人間が出現するのであるが、この無抑制者の存在こそ人間における起動力が一元的ではないこと、つまり、プロアイレシスが欲望ではないことを明示しているのである。[15] そして、第三に、欲望が快苦を対象とするのに対し、プロアイレシスが必ずしも快苦を対象とはしない点があげられる。[16] この論点は、両者の対象の相違によって能力自体の相違を示すものであるが、同時に、プロアイレシスの発動原理が快苦ではないということ、すなわち理性的なものであるということをも示唆している。

それでは、プロアイレシスと願望(βούλησις)との異同はどうであろうか。この問題についてもアリストテレスは三つの論点をあげて、両者が異なるものであることを主張している。第一の論点はこうである。プロアイレシスは不可能なもの(τὰ ἀδύνατα)についてはありえない。もし、だれかが不可能なものを選択するといえば、かれは痴呆と思われるだろう。だが、願望ならば、不可能なものについてもありうるのである、と。[17] この場合、いかなるものを不可能なものと考えるかは、歴史的社会的条件によって相違するであろう。技術の未熟な時代に不可能と考えられていたものが後の時代に可能となった例はいくらでもある。従って、人間の技術的可能性が開かれたものである限りは、歴史的時間的経過の流れの中でみられれば、プロアイレシスと願望との相違は相対的であることを認めざるをえない。しかし、ある歴史的時点、ある技術的条件のもとでならば、実現可能なものはかなり明確に規定されうるから、プロアイレシスとはそのようなものにのみかかわる極めて現実的な能力である、といえる。さらに、技術の進歩が改変しえない人間に本質的な条件が存在するとすれば、プロアイレシスとは、そのような条件を忘却して夢想するような能力ではない、ということである。

だが、一般に人間によって実現可能なものがすべてプロアイレシスの対象であるわけでもない、というのが第二の論点である。すなわち、プロアイレシスはそれの実現が自分自身の力に依存しているもの（τὰ ἐφ᾽ αὐτῷ）についてのみ成り立つのである[18]。これに対して、願望は自分自身によっては実現されえないようなことについても抱かれる。たとえば、贔屓の力士が優勝するようにとか、自分の息子が人生で成功するようになどと。だが、だれもこういうことを選択することはできない[19]。この第二論点によって明らかになることは、プロアイレシスが「実現可能」なものにかかわるという場合、「実現可能」の意味が極めて厳密に限定されている、ということである。つまり、実現可能とは「自分の力によってできる」ということなのである。「他人の力によってできる」ことはすべて願望の範囲に属するのである。

さらに、第三の論点はこうである。「願望はより一層目的にかかわるが、プロアイレシスは目的に達する手段にかかわる。たとえば、われわれは健康になることを願望するが、それによって健康になるための手段を選択するのである。……なぜなら、プロアイレシスは一般にわれわれ自身の力の範囲内にあるものごとにかかわるように思われるからである。[20]」この論点はアリストテレスのプロアイレシス論における最大の難関として、古来多くの研究者を悩ませてきた。というのは、この論点では、一見、目的にかかわるのは願望だけであり、プロアイレシスは目的にかかわることがなくて、ただひたすら手段のみにかかわる、という主張がなされているかの如くに、解されうるからである。そこで、この問題の検討に入らねばならないが、先ず、願望についてみれば、それが目的にのみかかわることは明白である。もしある願望が手段にもかかわったとすれば、それはもはや単なる願望であることを止めて、直接的具体的な実践へと移行したわけである。願望が願望であるかぎり、それは目的に関する抽象的非現実的な思念にとどまっている、ということができよう。これに対してプロアイレシスの方はどうであろうか。先ず、文献的な典拠からいえば、「プロアイレシスが手段にかかわる」という主張は第三巻のプロアイレシス論の周辺に限られていて、『ニコマコス倫理学』全体では「それが目的にかかわる」という主張の方が一般的であることを、指摘せねばならない。[21]いま、そのような主張のうちの代表的なものを二つばかりとりあげてみると次のようになる。

(一)「ある人々が正しいことを行なっていても、われわれはかれらを未だ正しい人とはいわない。……それと同じように、善い人であるためには、事を為す際の心のあり方(πῶς ἔχοντα)が問題である。私のいう意味は、プロアイレシスによって、いいかえれば、為されたことそのもののために、ということである。[22]」この一文は、人が善いことや正しいことを行なうのにフロネーシスは必要か、という設問に対する答えの一部として提出される。すなわち、かりに誰かがフロネーシスをもたなくとも、全く他律的に、つまり、他人に命令されて外面的形式的に正しいことを行なっていれば、それで充分ではないか。しからず。なぜなら、そのような行為は心のあり方(意図)を欠くが故に正しいとはいえないから。そして、善や正がそのものとして成り立つためには、プロアイレシスが必要だ、といわれるわけである。このプロアイレシスが、単なる外面的行為の遂行に対して、行為をそれ自体のために、すなわち究極目的として、選択する意図であることは明白である。それは自律性の根源であり、フロネーシスの心臓部に宿ってこれを主体的な能力たらしめている力である。そして、かのフロネーシスの性格、「同時に手段と目的にかかわる」という性格が、プロアイレシスに由来することも、すでに仄見えてきている。

(二)「プロアイレシスにおける無知は不随意性の原因ではなくて邪悪さの原因である。すなわち、行為の普遍的な原理に関する無知は不随意性の原因ではないのである(なぜなら、このような無知によって人々は非難されるのだから)[23]。」不随意性の原因となる無知は、前節で論じたように、個別的な状況、手段に関する無知である。原理、目的に関する無知は赦されざる無知、邪悪さのしるしである。それ故、ここで、プロアイレシスにおける無知が赦されざる無知と語られていることは、それが目的にかかわることを示すものに他ならない。同様の典拠をさらに積み重ねること[24]は行文を煩わしくするので控えるが、以上によって、プロアイレシスが手段にかかわると同時に目的にかかわる能力であることは文献上充分に立証された、といってよいであろう。

では、このようなことがいかにして成り立つのであろうか。この点の解明に糸口を与える文章が『エウデモス倫理学』の中にある。「だれも健康になることを選びはしない。そうではなくて、健康になるために、散歩したり坐ったりすることを選ぶのである。また、幸福になることを選ぶのではなくて、幸福になるために、商売をしたり危険を冒すことを選ぶのである。総じて、選択する者がつねに何かを何かのために選択する(τί τε καὶ τίνος ἕνεκα προαιρεῖται)ということは明らかである[25]。」たしかに、われわれは「健康になる」とか「幸福になる」というような目的を無媒介的に選択することはできない。われわれが選択しうるものは、つねに、いま、現に、ここで、自分に出来ることだけであり、この意味で直接的手段に限定されているのである。無媒介的に目的にかかわりうるのは願望だけであり、この意味で願望とプロアイレシスとの間には大きな差異があるのである。[26]だが、このことは、実は、目的の実現に関して、願望はそれだけでは実効力のない宙に浮いた能力であるのに対し、地を這うように遅いプロアイレシスこそ真に有効な力であることを示しているのである。なぜなら、選択はたしかに直接的手段の選択ではあるが、つねになんらかの目的のための手段の選択であるからである。目的のない手段というものはありえない。つまり、プロアイレシスは「なにかのために」(τίνος ἕνεκα)「なにかを」(τί)を選ぶという二肢的構造をその本質としているのであり、従って、手段の選択は同時に必然的に目的の選択を前提しているのである。逆にいえば、目的の真実の選択とは、つねに片々たる些少なる直接的手段の選択のはるかなる積み重ねとしてしか存在しえないということであり、それを遂行するのがプロアイレシスだということなのである。

それでは、最後にプロアイレシスと判断(δόξα)との相違はどうであろうか。先ず、それが判断一般とは異なることは、明らかである。なぜなら、判断一般はあらゆることに、すなわち、われわれ自身によって実現可能なことがらのみならず、永遠的なことがら、不可能なことがらにもかかわるからである。[27]たとえば、実践的真理のみならず、数学的真理や物理的真理も、さらには必然的な虚偽も判断の対象であるが、だれもピタゴラスの定理や天体の運行を選択する者はいない。判断の範囲はプロアイレシスの範囲よりもはるかに広いのであって、プロアイレシスはこの中で「われわれ自身の力によって左右できるもの」にのみかかわるのである。

しかし、それならば、判断の範囲を厳密に限定して、「われわれ自身の力によって実現できるもの」についての判断がプロアイレシスかといえば、そうでもない。なぜなら、われわれは「何を為すべきか、何を為してはならないか」

について考えているという限りでは、自分自身によって実践可能なものについて判断をもっている、といえようが、しかし、それらを少しも実行しない、ということがありうるからである。[28] たとえば、われわれは「健康になるべきだ」、「幸福になるべきだ」と判断しながら、この判断を現実の行為へと少しも具体化しないということがありうるのであり、[29] この意味で判断と願望とは共通の性質をもっているといえる。[30] つまり、実践的真理について最善の判断をもっている人と最善の選択をする人とは同じではないのである。むしろ、「ある人々はよりよい判断をもちながら、悪徳の故に為すべきことを選択しない[31]」ということがあるのである。そして、ここに悪徳が出て来たことは偶然ではない。なぜなら、願望や判断とプロアイレシスとの間には裂け目があって、この裂け目を形成するものがプロアイレシスの背後にひそむヘクシスである、とアリストテレスはみていたからである。

三　ヘクシス

前節において、プロアイレシスは手段にかかわると同時に目的にもかかわる能力であることが見定められた。『ニコマコス倫理学』第三巻第二章では、このうちとくに手段にかかわる面が強調されているが、それがプロアイレシスの全貌ではないわけである。むしろ、この面はプロアイレシスの技術的な側面なのである。従って、この意味でのプロアイレシスならば、人柄[32]の如何にかかわらず、すべての人がこれを備え、これを実現することが可能である、といえる。たとえば、「無抑制者や悪者であっても自分の目標とするものを推論の働きによって（ἐκ τοῦ λογισμοῦ）獲得するであろう。従って、この意味では、かれらもまた正しく思案をめぐらす者なのである[33]」。そして、思案されたもの《ブーレウトン》と選択されたもの《プロアイレトン》とは同一であり、より詳しくいえば、思案の末に決定されたものが選択されたものなのであるから[34]、この意味では無抑制者もまたプロアイレシスを活動させている者ということができよう。だが、無抑制者は「プロアイレシスを活動させていない者」(οὐ προαιρούμενος)あるいは「プロアイレシスに従って行為しない者」(οὐ κατὰ τὴν προαίρεσιν)といわれているのではないか。然り。『ニコマコス倫理学』における無抑制者のもっとも主要な性格づけの一つは、かれにおけるプロアイレシスの無活動という点にあった。そこで、ここに一種の不整合を見る向きもあるが[35]、それは当らないのである。なぜなら、アリストテレスが無抑制者におけるプロアイレシスの無活動を語るとき、それは徹頭徹尾目的にかかわる選択を意味しているからである[36]。つまり、プロアイレシスには目的・手段連関の推論という技術的側面と目的に関する決断という側面とがあり、この後者にプロアイレシスの主要な意味がかかっているということである。

だが、それならば、プロアイレシスに目的を指定するものは何であろうか。それが技術的合理化的推論ではありえないことは明らかである。技術的合理化的推論はつねに与えられた目的に達するための手段を思案するもので、目的そのものを根拠づけることはできないのである[37]。技術的思考そのものは本来無目的的なものであり、それが何に向うべきかは別の次元から決定されなければならない。この点について、アリストテレスは次のようにいっている。「行為の根源(ἀρχή)はプロアイレシスであるが……プロアイレシスの根源はある目的のためにそれを実現する手段を発見しようとするロゴスと目的の欲求である。それ故、プロアイレシスを成立せしめている条件は理性《ヌース》もしくは推論的《ディア》思考力《ノイア》と倫理的な人柄(ἠθικὴ ἕξις)の二つなのである[38]」、と。すなわち、プロアイレシスの構成要素には二つのものがあるということである[39]。そのうちの一つは理性的な要素であるが、これはもっぱら目的・手段連関の発見にかかわる価値中立的な、手段的な役割を担うものである。これに対して、他方の要素は目的定立の役割を担うものであるが、これが欲求（ὄρεξις）といわれ、驚くべきことに、この欲求を方向づけるものとして、すなわち、目的定立の究極の根底として、人柄が指示されているのである。

そこで、人間の行為と倫理的な人柄との関係についてアリストテレスがどのように考えていたかを顧みなければならない。先ず、一般的にいって、人柄はその人柄と同質の行為を生み出す[40]、つまり、人間の行為はその人柄によって大筋においてはほとんど決定されている、ということができる。すなわち、「不正な人は、欲しさえすれば、不正であることを止めて正しい人になれるというわけではない。その間の事情は、病気の人が、欲しさえすれば、健康になれるというわけではないのと同様である。……なるほど、かつてはこの病人も病気にならないことが可能であった。しかし、病勢が進んだ今となっては、もはや健康になることはできない。それは、ちょうど石を抛り投げた者がそれを再び摑まえることができないのと同様である。だが、しかし、石を投げることはかれ自身に依存していた。なぜなら、その行為の始源はかれの中にあったのだから。このようにして、不正な人も放埒な人も最初はそのような者にならないことが可能であった。……しかし、一旦そのような者になってしまった暁には、そのような者でないことは不可能なのである」[41]。このアリストテレスの描写は人間の自由についてかなり悲観的な印象を与えるが、しかし、それが一面の真実であることを誰も否定できないであろう。慢性病に陥った者、肺病、喘息、心臓病、胃潰瘍、ノイローゼなどの患者は、どれほど強く健康でありたいという願望を抱こうとも、願望と同時に即刻健康になることはできない。かれは日々絶え間なく病気を背負い病気を生きてゆかなければならない。その病気がもはや取り返しのつかない地点にまで進んでしまったのでなければ、かれは健康を回復しうるかもしれないが、それには、かれが病気に陥るのに費した何十年の不節制な生活に匹敵する長年月の克己養生が必要であるだろう。ところで、不正な者や放埒な者は——逆にいえば正しい者や節度ある者も——この慢性病患者と同じ状態にある、とアリストテレスはいうのである。たとえば、放埒な者すなわち放埒な性格をすでに形成してしまった者は、どれほど強く節度ある生活を送ろうと願望しようとも——かりにこの者がそのような願望を抱きうると仮定しても——その一挙手一投足において日々放埒であることを止めるわけにはゆかない。かれの行為は、かれの願望とは裏腹に、いわば慣性の法則に支配されているかの如くに、放埒のしるしを表わすのである。この意味で、人間の行為は性格によってほとんど決定されているといえる。それ故にまた、人間の行為は、もし当事者の性格を知ることができれば、大筋においてはこれを予測することができるであろう。たとえば、ここに一人の狡猾な男がいたとする。かれが道を歩いている時、だれにも見られずに百万円入りのカバンを拾ったとする。この時、かれがどのような行動をするかはほとんど自明のことがらである、といえるであろう。このように、すでに性格が形成されてしまった段階においては、人間の行為は或る種の必然性を現わす、というのがアリストテレスの考えであった。もちろん、この必然性は手の上げ下ろしのような個々の気まぐれな行為までをも規定するものではない。しかし、そのような個々の行為の総体を眺めれば、その総体を貫流して個々の行為を意味づけ方向づけているその人の人生における根本姿勢が現われてくるのであり、この根本姿勢が性格であり、目的設定の原動力であるということに他ならない。

だが、そうであれば、人間には自由がないという悲観的な見方をとることになるであろうか。もし、性格が百パーセント先天的に与えられたものであり、われわれはこれを全く左右できないとすれば、そういうことになる。そして、アリストテレスのうちには、たしかに多少このような見方を是認する傾きもみられるのである。たとえば、「目的の希求は自分自身の選択にもとづくことではない。むしろ、人は生まれながらに或る種の視覚の如きものをもっていて、この視覚によって立派に判断し真実の善を選択するのでなければならない。そして、この能力を生まれつき立派に備えている人が生まれの良い人である。なぜなら、この能力こそは人の所有物のうちで最大かつ最美のものであり、他人から受け取ることも学ぶこともできず、生まれつきのままいつまでも人がもちつづけるものであるからである。そして、完全な真実の意味での生まれの良さとは、この能力を生まれつき良く立派に備えていることなのである」[42]。この文章を見るかぎりは、アリストテレスは、人間の性格には生まれつきの良さと悪さがある、と見ていたといわざるをえない。そして、人間のプロアイレシスが性格に支配される以上は、プロアイレシスには先天的な制約があり重荷が課せられているという悲劇的な見方を逃れる術はない。われわれの、願望ではなくて、選択は、生まれつきによって大きく縛られているのである。*

* 但し、問題の奥行きを理解するために、このような主張の背景に一瞥を投じておく必要がある。この文章は、各人にとって善はそれぞれの人柄に応じて現われてくるのであるから、何を善と思うかについて各人には責任がないのではないか[43]、という設問に対する回答の一つとして、提出されている。この設問の背景には、善の主観性と客観性という当時の哲学界を激動させていた大きな問題が潜んでいる。この問題に対するアリストテレスの立場は大体次のようなものであった[44]。各人はそれぞれの人柄に従って(καθ' ἑκάστην ἕξιν)おのれに善と見えるもの(τὸ φαινόμενον ἀγαθόν)を願望し、それを行為の目的とする。従って、この次元ではしばしば相反するものが善として定立されることもある。それならば、善は全く相対的であろうか。そうではない。なぜなら、各人の判断や選択はすべて同じ価値をもつのではなく、そこには基準となり尺度(κανὼν καὶ μέτρον)となる人間が存在するからである。そのような人間、すなわち勝れた人(ὁ σπουδαῖος)に現われるものが真実の善だからである[45]、と。つまり、アリストテレスにとって、各人に善と見えるものがそれぞれの人の性格と連動しこれに規定されているということ、従って、その限り善

が相対的であるということは、抗い得ない事実であった。しかし、この表面的な相対性は、真実の善を見定めうる勝れた人間の存在によって超克される。この「勝れた人間」が一体誰なのかという問題については、第一章「アリストテレス倫理学の基本原理」第二節および第五節で論じたが、ここではそれを一定の歴史的社会的条件の下でアポステリオリな仕方で認知された人間性の具現者といっておこう。つまり、アリストテレスは、その方法論的根拠づけはどうであれ、とにかく善に関する絶対的尺度をこういう経験的な形で立てていたのである。ところで、この同じことを存在論的に基礎づけようとするとき、上掲引用文のような主張が出てくるものとみてよい。すなわち、すべての人は生まれながらにして真実の善に対する視覚のようなものを備えている、ということである。だから、この意味では、真実の善は素質としての人間性のうちに根付いているわけである。アリストテレスはしばしば本性的徳ということを語るが、これも同じ事態を意味しているのである。(46)だが、この視覚を充分に強く備えて生まれてきたのか、それとも脆弱に備えて生まれてきたのか、はたまたほとんど泥土の中に埋没せしめたまま生まれてきたのかについては大きな差異があるのであり、そこに生まれの良さ悪さをどうしても語らざるをえない所以がある。こういうわけで、この主張は運命論者のいうような意味での素質決定論ではなくて、むしろ、素質としての人間性は万人に遍く分ち与えられているというアリストテレス思想の定項の一形態だといえる。(47)しかし、この素質には先天的に強弱があるという事実に眼をつぶることはできないであろう。

こうして、性格の大きな部分は先天的な要素に左右されるが、その形成にわれわれが全く関与しえないというわけではない。そして、この性格の形成、もしくは可能ならば改変の段階において、アリストテレスは人間の自由の勝れた意味での活動を見ていたのである。すなわち、いまここに不埒な所行を為してその原因を自分自身にではなく自分の劣悪な性格に帰した人がいるとする。それは免罪の理由になるであろうか。「だが、このような性格の人になったことについては、ふしだらな生活を送ってきた自分自身に責任がある。また、ある人が不正な人である場合には、他人に害を加えながら生きてきたその人自身に責任があるのであり、放埒な人である場合には、飲酒やその他類似のことの中で遊び暮してきた自分自身に責任があるのである。なぜなら、すべての事柄について、それぞれの事柄にかかわる活動はその事柄と同質の人柄を作り出すからである。このことは、なんであれ或る競技や動作のために練習している人を見れば、明らかである。なぜなら、かれらは日々同一の活動を反復しつづけるからである。それ故、あらゆる領域において、個別的な活動の反復からヘクシスが生ずる。(48)」すでに見たように、一旦性格が形成されてしまえば、人間の行為には或る種の必然性がつきまとう。しかし、ある一定の性格が形成されるには、その性格と同質の行為がくり返し遂行されねばならなかったのであり、そもそもそのような個々の行為を為すか為さぬかはわれわれの力に依存していた(ἐφ᾽ ἡμῖν)のである。従って、どのような性格の人間になったかについて、人は倫理的責任を問われうる、とアリストテレスはいっているのである。そこで、性格形成のメカニズムをもう少し探って、どこに倫理的責任の究極の所在があるのかをもう少しつめてみよう。

そもそも倫理的(ἠθική)という言葉は性格(ἦθος)という語の形容詞なのであるが、この性格という語は習慣(ἔθος)という語に由来する、とアリストテレスはいっている。(49)この語源考は言語学的には問題であるが、それはここではどうでもよい。アリストテレスの思想が問題だからである。すなわち、アリストテレスは、性格は習慣により形成される、と主張しているのである。ところで、自然的な存在者(τὰ φύσει ὄντα)はいかなるものも習慣を形成しえない。(50)たとえば、石は本性的に下方へ落下する存在者だが、これを一万回上方へ投げ上げても、上方へ運動するように習慣づけることはできない。あるいは、火は逆に上方へ運動する存在者であるが、これを下方へ運動するように習慣づけることもできない。同様に、人間においても生理的反応の大部分はこのようなカテゴリーに属するであろう。すなわち、飢え、渇き、痛みなどはわれわれの意図とは無関係にいわば自動的に生起してくるのであり[51]、従って、これらの働きを逆の方向へコントロールし習慣づけようというような試みはほとんど無意味であるだろう。それ故、ある存在者が習慣を形成しうるということは、その存在者のあり方が自然必然的には決定されていないということを含意しているのであり、つまりは自然を超え出た面をもっているということを意味しているのである。おそらく、アリストテレスの倫理思想のうちで自由の超自然性という概念にもっとも接近してくる点は、習慣論のこの思想である。このことをかれは「自然の本性により一定のあり方に生まれついているものをそれと異なるように習慣づけることはできない[52]」と表現している。それ故、習慣を形成しうる人間はある意味で自然を超え出た存在者であり、この自己存在の創造力のうちに、自由の、従って倫理的責任の究極の根源が根差すのである。しかし、アリストテレスのいう創造力は、もちろん、サルトルの語る自由のような野放図なものではない。習慣として形成された性格としての徳は、上述のように、自然的に(φύσει)われわれの中に生まれついてくるものではないが、しかし、自然に反して(παρὰ φύσιν)生ずるものでもないのである[53]。すなわち、われわれは素質的に徳を受容するように出来ていて(πεφυκόσι)、この素質を習慣によって完成させたり壊滅させたりする、というのがアリストテレスの思想である。ここには、自由と素質との交錯の微妙な綾があるが、この点については、すでに「生まれの良さ」について論じた部分で多少触れたし、次章「人間性」の第一節で全面的にその内容を展開するので、ここではこれ以上深入りはしない。

　そこで、習慣形成のメカニズムをもう少し見てみると、アリストテレスは次のようにいっている。「われわれは徳〔習慣として形成された良い行為能力〕を、先ずこれを活動させた後に、獲得する。このことは、他のもろもろの技術の場合と同様である。なぜなら、われわれは学んだ後に為す《ポイエイン》べきことを、為しながら学ぶのであるから。たとえば、人は大工仕事をすることによって大工となり、キタラを弾くことによってキタラ弾きとなる。このように、われわれは正しいことを行なうことによって正しい人になり、節度あることを行なうことによって節度ある人になり、勇敢なことを行なうことによって勇敢な人になる。[54]」この文章から明らかになることは、先ず、習慣（徳、悪徳としての行為能力、技術的諸能力）の形成には、活動（ἐνέργεια）が先行するということである。この活動には、その当事者において、さらに先行する習慣がないのであるから、ここに根源的な自発性と倫理的責任の究極の根拠を見定めてよいであろう。だが、ここに考えなければならぬことがある。それは、アリストテレスが「学んだ後に為すべきことを、為しながら学ぶ」といっている点である。「学んだ後に為す」とは、ヘクシスを形成した後にその力にもとづいて為す、ということであり、これはこれまでに論じて来た「行為は習慣に規定される」という主張に他ならない。だが、「為しながら学ぶ」とは何か。それは、習慣形成の原動力である根源的活動も学習であるということである。このことは、人がいかにして大工やキタラ弾きになるかを考えてみれば明らかであろう。誰も教える人のいないところで、ただでたらめにキタラを弾じても、決して良いキタラ弾きにはなれない。最初の根源的活動には手本を示す師匠が必要である。それ故、同じ活動の反復によりすべての徳や技術は生じたり滅びたりするといい、さらに、良い活動によって技術が生じ、悪い活動によってそれが減されるというとき、アリストテレスは、良い活動には師匠の存在を前提し[55]、悪い活動にはおそらくそれの欠如を見ているのである。

だが、このことは一体何を意味するのか。それは、ヘクシスを形成する最初の根源的活動にも、それが良い活動であるならば、先行のヘクシスが存在する、という事態を意味するものに他ならない。すなわち、師のヘクシスが弟子の根源的活動を規定し、やがて弟子のヘクシスを形成するということである。このことは、優れた芸術や技術が多く幾世代にも亘って伝授され磨き上げられてきたものである点からも明らかであろう。こうして、ここには、ヘクシスが活動を生み、その活動がヘクシスを形成するという循環的構造が世代間においても一個人の内部においても見られ、この循環的構造の内部で先行のヘクシスに規定され導かれながらこれに多少の創造的改変を加えるところに人間の自由が存立することも見てとれる。

ところで、以上は主に技術を例にしてヘクシス形成の構造を考えてきたのだが、倫理的なヘクシスの場合はどうであろうか。上掲引用文からも明らかなように、アリストテレスは両者の形成の構造をほぼ同じものと考えている。(56)すなわち、同種の行為の反復により倫理的なヘクシスも形成されるのである。だが、それならば、技術の場合の師匠にあたるものは何であろうか。つまり、正しい行為によって正しい人になるといわれるとき、最初の根源的な行為に正しさという性質を付与する原理は何であろうか。それはオルトス・ロゴスといわれる理性的な原理である。この原理は、第二章「フロネーシス」で論じたように、律法のように条文化された掟ではなく、各々の人の中に内在している主体的で動的な能力である。それは、上で引用し分析したところの「人が生まれながらに所有している善への視覚」であり、場合によっては端的に理性(νοῦς)といわれている能力だといってよい。(57)それ故、自由意志発動の根源には、その発動を起因する原理として、なにか先天的なないしは本性的な、しかも理性的な能力がある、とアリストテレスが考えていたことは確かである。それと同時に、この先天的な能力は、嬰児と同様に、独力では充分に育ち活動することができない。この能力は、自己の周囲に、自己を守り育てる力として、客観化された理性の導きを必要とするのである。アリストテレスが倫理学の基礎に据えたエンドクサがこれであり、それは大きくいえば或る共同体の——従って究極的には人類全体の——歴史的展開の中に次第に稔ってくる人倫の伝統であり、身近なものとしていえば、親、兄弟、友人、教師らのヘクシスに他ならないのである。これは、なるほど後天的な要素ではあるが前述の先天的な要素と乖離したものではなく、両者はあざなえる縄のごとく相互にからみ合い循環的に基礎づけ合って、オルトス・ロゴスの両面を形成しているのである。そして、この両要素とも、主観的(個人的)客観的(社会的)の区別を別にすれば、ともに理性的なものであるから、倫理的なヘクシスの形成の基礎にある根源的な倫理的行為は理性的な原理に発する、といわなければならない。

ところで、われわれは先にプロアイレシスが理性と性格の二要素より成り、前者は目的・手段連関の発見を司る技術的能力であり、後者が目的定立の能力であると論じたが、今明らかになった事態から見れば、性格もまたその形成の根底において理性に規定されていたのであるから、プロアイレシスとは徹頭徹尾理性的なものであったわけである。そして、この観点からみれば、性格形成の端初にある根源の行為のみを自由であると考えるいわれはなくなる。なぜなら、自由な行為とは理性的規定性に発する行為であったからである。従って、すでに形成された性格から半ば必然的に流れ出る行為であっても、その性格が理性的規定性によって形成されたものであるならば、自由な行為であり、いや、ロゴスの規定がより強固であるが故により自由な行為なのである。フロニモスとかスプーダイオスとか呼ばれる人々は最早決して無抑制に陥ることのできない人々である(58)。なぜなら、かれらの理性は、情念という人間における質料的部分から遊離して抽象的に活動しているのではなく、情念に食い込んでこれに滲透しこれをヘクシスへと形成しているからである(59)。そして、フロニモスがもっとも自由な人であることを否認する者はどこにもいないであろう。フロニモスはもっともプロアイレシスに従って行為する人であったからである(60)。

だが、このように考えてくると、悪を為すとき人間に自由はないのか、という疑問が浮んでくる。たしかに、悪を為すときでも、その悪なる行為の起動力が人間自身の中にあるという意味では、人間は自由である。このことは、「不正な人や放埒な人になったことについては、他人に害悪を加えたり飲酒その他の遊蕩な生活に耽った当人自身に責任がある」[61]というアリストテレスの言葉から明らかである。しかし、この時人間を駆り立てている起動力は内発的であるという意味では随意的であるけれども、パトス的な起動力なのである。アリストテレスは、不正者や放埒者の行為を説明する場合、「健全な理性を逸脱して」(παρὰ τὸν ὀρθὸν λόγον)というが、ほとんど同時に「パトスの故に」(διὰ τὸ πάθος)と付け加えている。たとえば、「パトスの故に健全な理性から逸脱する人がいる。そのような人はパトスに支配されているために健全な理性に従って行為できないのである」[62]。すなわち、理性的起動力の無力化はパトス的起動力の専横と踵を接して現われてくるのであり、この意味で両者はほとんど同一の事態であるといってもよいであろう。この時アリストテレスが、パトスに起因する行為を人間の自由に値しない低度の自発性と見なしていたことは確実である。このことは、パトス的起動力が人間にのみ固有の起動力ではないという点からのみいわれるわけではなく、むしろ、パトスに支配されている不正者や放埒者が行為のアルケーを滅してしまった者といわれている点から、より一層明らかであろう[63]。従って、不正者や放埒者のヘクシスは、無規定に流動するパトスを理性的原理が統制し形成した行為の型ではなくて、様々の欲望が何の制約も受けずに肥大した無定形の惰性なのである。かれにおいて責任を問わるべきは「健全な理性」を活動させなかった点であり、そこに勝義の自由の欠如の語られる所以もある。

アリストテレスは人間を理性的動物と規定した。この規定のうちには、人間が本質的に二元的なもしくは分裂的な存在者であることが語られている。すなわち、人間における動物性、つまり欲望、衝動、情念などはそれ自身に固有の起動力と存在性格をもち、われわれの自然的素質の一部を形成している。同時に、他方、理性もまたそれ自身に固有の起動力をもつわれわれの自然的素質なのである。もし、理性と動物性とが通約され、同質化され、一元化されうるものであったならば、人間に無抑制という問題は決して生じなかったはずである。すなわち、もし理性の方向に一元化されえたならば、人間は悪魔か天使であったであろうし、動物性の方向に一元化されえたならば、後悔を知らない存在者であったであろう。それ故、人間が人間であるということは、人間が本質的に無抑制者である、ということを意味する。無抑制という事態は、人間におけるなんらかの欠陥もしくは異常を意味するのではなく、むしろ、すべての人が分有する原初の事態、人間が生まれ出たときに与えられている出発点を意味するのである。

それ故、考うべきことは、なぜ人は無抑制に陥るかではなくて、いかにして人はフロニモスになりうるか、である。[64] すなわち、人は原初において(幼児的段階において)、パトスの流れに動揺する無秩序な存在者、つまり無抑制者であった。この無秩序な状態を理性の力によって、一定の行為能力を発揮しうる強固なヘクシスへと形成すること、これが人間が勝れた意味で人間になること、すなわち、充分に理性化された存在者になることなのである。この場合、理性の力とは、根本において同一のものでありながら、いくつかの異なる様相の下に現われてきた。すなわち、先ず第一に、それは素質としての善への眼差しとして人間にいわばアプリオリに与えられている能力であった。この意味で、アリストテレスが、理性は本来善いものであり善への直覚をもつ、と考えていたことは、間違いない。しかし、第二に、この素質としての理性の力はそれ自身のみでは育たない。それは客観化された理性としてのエンドクサによる育成を必要とする。このエンドクサは、共同体の倫理的規範として、或いは成熟した理性的存在者としての教師や親の与える規範として現われてくる。しかし、何よりも、第三に、成長する個人自身が、自分自身の自覚化された理性的判断によって、これらすべての要素を総合し体系化して、人生の究極目的とそれから発する個々の行為について、統一的な理性的見解をもたねばならない。このことは、アリストテレスにおいては、『ニコマコス倫理学』の全体系を自覚的に了解するということであろう。このような統一的体系的了解によって自己の在り方を十全に統御しえたとき、人は真の意味で自由になりフロニモスとなるのである。だが、それでは、なぜ十全な理性的統御の実現を自由の実現というのか。それは、理性が人間の本質であり、従って、理性的起動力がもっとも勝れた意味での人間的起動力であるからである。ここには本質としての理性の事実以外には、何の理由もない。(65)

(1) EN, III, 1, 1109b 35, 1110b 2–3.
(2) Ibid., 1111 a 23.
(3) Ibid., 1111 a 24–25.
(4) Ibid., 1111 b 1–2.
(5) EN, III, 2, 1111 b 6–9.
(6) EN, III, 1, 1110 a 1, 1111 a 22.
(7) EN, III, 5, 1114 b 1–4, 22–24; EN, III, 1, 1110 b 31–33.
(8) Ibid., 1110 b 33–1111 a 1, 1111 a 15–17.
(9) EN, VII, 6, 1149 b 31–35.
(10) EN, I, 9, 1099 b 32–1100 a 2.
(11) De Anima, III, 9, 433 a 1–3. Cf. EN, I, 13, 1102 b 14–21. パトス的な起動力はどちらかといえば一種の自然必然性のようなもので、内発的な起動力とはいっても、それ自体が勝れてわれわれの自由になる力 (ἐφ᾽ἡμῖν) とはいえない。ここに、人間的な自由の根源としてプロアイレシスを語らなければならない所以がある。

(12) EN, III, 2, 1111 b 10–12.
(13) Ibid., 1111 b 12–13; EE, II, 10, 1225 b 26–27.
(14) EE, II, 10, 1225 b 28–29.
(15) EN, III, 2, 1111 b 14–16.
(16) Ibid., 1111 b 16–18.
(17) Ibid., 1111 b 19–23.
(18) EE, II, 10, 1225 b 35–37.
(19) EN, III, 2, 1111 b 25.
(20) Ibid., 1111 b 26–30.
(21) ロスはこのことを明確に主張している。'In fact outside the two passages in which προαίρεσις is formally discussed it hardly ever refers to the means. Both in the remainder of the Ethics and in Aristotle's other works it generally means "purpose" and refers not to means but to an end.' (Ross, op. cit., p. 200) なお、この主張の根拠については、同頁に厖大な典拠指示の脚注がある。また、加藤信朗訳『ニコマコス倫理学』(アリストテレス全集第十三巻、岩波書店)の三八五―三八六頁の注(6)、三八七頁の注(1)においても、プロアイレシスに関して同じ主張がなされている。
(22) EN, VI, 12, 1144 a 13–20.
(23) EN, III, 1, 1110 b 31–33.
(24) Cf. EN, III, 8, 1117 a 5; VII, 8, 1151 a 6–7; VII, 10, 1152 a 17, etc.
(25) EE, II, 10, 1226 a 8–12. Cf. EE, II, 11, 1227 b 35–1228 a 4.
(26) こういったからとて、願望が無意味であるというわけではない。願望は、やはり、われわれをみちびくものとして働いている。それは、プロアイレシスとして現実化する以前に、行為の方向を設定する役割はもつ。しかし、願望である限りは、未だ実効力のない抽象的段階にとどまっているということである。
(27) EN, III, 2, 1111 b 31–33.
(28) EE, II, 10, 1226 a 5–7. このアリストテレスの主張のうちには、前章で論じた実践的三段論法における実践的真理認識の強制力という主張と多少不整合になる点がある。アリストテレス自身は、例を用いることによって、ドクサの対象となる実践的真理は目的に関する無媒介的判断であることを示して、この難を避けようとしているが、具体的手段の是非についても判断がありうるのであるから、このような考え方全体の中にはどうしても無理があることを認めざるをえないであろう。つまり、アリストテレスはここでソクラテス的な知の根源力とそれを撥ね返す自由意志の根源力との裂け目に直面し、それを論理的には充分に処理しきれていないのである。

(29) EE, II, 10, 1226 a 15.

(30) Ibid., 1226 a 7.

(31) EN, III, 2, 1112 a 9–11, 1–3.

(32) ヘクシス(ἕξις)については、これまで「後天的に獲得された行為能力」という説明を与えてきた。これは、アリストテレス倫理思想におけるヘクシス概念の特色をとくに際立たせた説明である。一般的には、この語は、(一) 所有、(二) 存在の仕方、状態、(三) (二)から派生したものとして肉体や心の習慣としての気質、性格、(四) 技術的熟練などを意味している。もちろん、これらの意味は前述の意味と相通じているのであり、従ってアリストテレスはこういう諸意味の全体を念頭においてヘクシスを語っているのである。なお、高田三郎氏はヘクシスを状態、素養と訳し(岩波文庫『ニコマコス倫理学』下、索引一七頁参照)、加藤信朗氏は性向、性能(アリストテレス全集第十三巻、索引一二―一三頁参照)と訳している。以下、筆者は文脈に応じて適宜に表現を工夫するが、その根本の意味は上の説明の通りである。なお、加藤氏の訳注(上掲書四一三頁注(9))に、ヘクシスについての簡にして要を得た説明がある。

(33) EN, VI, 9, 1142 b 18–20.

(34) EN, III, 3, 1113 a 2–5.

(35) Cf. G. E. M. Anscombe, 'Thought and Action in Aristotle' (Articles in Aristotle, vol. 2, Ethics and Politics), p. 61.

(36) 無抑制者が「プロアイレシスに従わない」(μὴ τῷ προαιρεῖσθαι, παρὰ τὴν προαίρεσιν, οὐ προαιροῦνται, οὐ προαιρούμενος)という陳述の主要な箇所を、意味を補って訳すと以下の通りである。

(i) EN, VII, 4, 1148 a 6–10. 「快楽の過剰を、〔このことを行為の原理として〕選択せずに(μὴ τῷ προαιρεῖσθαι)追求し、……〔正しい行為の原理の〕選択から逸脱して(παρὰ τὴν προαίρεσιν)そのように振舞う者が無抑制者といわれる。」

(ii) Ibid., 1148 a 16–17.「放埒者と無抑制者は同じことがらにかかわるが、同じようにかかわるのではない。すなわち、放埒者は〔過剰な快の追求を行為の原理として〕選択しているが(προαιροῦνται)、無抑制者は選択していないのである。」

(iii) EN, VII, 8, 1151 a 5–7.「無抑制が悪徳でないことは明瞭である。なぜなら、無抑制は〔正しい原理の〕選択から逸脱しているのに(παρὰ προαίρεσιν)、悪徳は〔悪しき原理の〕選択にもとづいているからである(κατὰ τὴν προαίρεσιν)。」

(iv) EN, III, 2, 1111 b 13–14.「無抑制者は欲望のままに行為し、〔自己が正しい原理として立てた〕選択にもとづいては(προαιρούμενος)行為しない。」この箇所における προαιρούμενος οὐ πράττειν は二通りに解釈できる。一つの解釈は「無抑制者は快楽の追求を行為の原理とはしていない」である。もう一つは「なるほど無抑制者は正しい行為の原理を抱いているけれども、それは抽象的な理念にとどまっていて具体的な手段と結びついていないため、十全な意味でのプロアイレシスになっていない」である。後者の方が、ギリシア語の表現からみて妥当な解釈であると思われるが、どちらの解釈をとるにしても、プロアイレシスが原理の選択にかかわるという点では同一である。

(37) EN, III, 3, 1112 b 11–16; VI, 2, 1139 b 1–3. Cf. Plato, Charmides, 170 e–171 b.

(38) EN, VI, 2, 1139 a 31–34. この文脈における理性とディアノイアは同じ意味であり、手段を発見するための能力である。加藤信朗氏も同様に解釈している。同氏訳『ニコマコス倫理学』四一二頁注(8)を参照。

(39) プロアイレシスは欲求的理性(ὀρεκτικὸς νοῦς)もしくは思考的欲求(ὄρεξις διανοητική)などとも説明されるが(EN, VI, 2, 1139 b 4–5)、このような説明もプロアイレシスの叙上の二つの構成要素を指示しているのである。なお、プロアイレシスは、フロニモスも放埒者もともにこれを共有するというテキスト上の典拠からみれば、価値中立的な能力であり、ただ行為の形式的構造を語るものにすぎない、と解釈することもできるように見える。換言すれば、ある行為を為すか為さぬかがわれわれ自身の力に依存している(ἐφ᾽ ἡμῖν)場合のその力をいうものであって、それ以上でも以下でもない、と。こう見た場合、「思考的欲求」という規定は全くの形式的規定であって、この欲求に具体的な内容(目的)を与えるものが、各人の性格すなわち悪徳や徳ということになる。しかし、後にみるように、プロアイレシスにおける理性的要素は単に手段にかかわるばかりではなく、むしろ勝れて目的にかかわる面をもっており、そうなると本来の理性の是認する目的が善であるから、プロアイレシスは価値中立的とはいえなくなる。この事態は、自由意志を価値中立的なものとみるか、善への志向性をもつものとみるかという問題へつらなるが、アリストテレスのうちにはこの両方向への射程があるように見えながら、実は、後者がかれ本来の思想であったのである。

(40) EN, III, 5, 1114 b 27–28.

(41) Ibid., 1114 a 13–21.

(42) EN, III, 5, 1114 b 6–12.

(43) Ibid., 1114 a 31–b 3.

(44) EN, III, 4.

(45) Ibid., 1113 a 23–25.

(46) EN, VI, 13, 1144 b 3–6; EN, VII, 8, 1151 a 17–19.

(47) 第1章第五節を参照。

(48) EN, III, 5, 1114 a 4–10.

(49) EN, II, 1, 1103 a 17–18.

(50) Ibid., 1103 a 20–23.

(51) EN, III, 5, 1113 b 26–29.

(52) EN, II, 1, 1103 a 23.

(53) Ibid., 1103 a 24–25.

(54) Ibid., 1103 a 31–b 2.

(55) Ibid., 1103 b 6–13.

(56) Cf. EN, II, 4, 1105 a 17–19; 1105 b 4–5; 1, 1103 b 7–8, 21–22.

(57) EN, VI, 13, 1144 b 9–14.

(58) EN, VII, 10, 1152 a 6–9.

(59) EN, V, 1, 1129 a 13–17; VI, 12, 1144 a 26–30.

(60) EN, VII, 10, 1152 a 13–14. プロアイレシスがその構成要素として理性と性格を含むということは、自由意志が単なる理性ではなく、ヘクシスとして理性的に形成された情念をも含む、ということなのである。

(61) EN, III, 5, 1114 a 4–6.

(62) EN, VII, 8, 1151 a 20–22; cf. V, 11, 1138 a 9–10; VII, 4, 1147 b 31–34.

(63) EN, VII, 8, 1151 a 15–17.

(64) Cf. M. F. Burnyeat, 'Aristotle on Learning to be Good'(Essays on Aristotle's Ethics, edited by A. O. Rorty, 1980, University of California Press), p. 85. バーニェットのこの論文は、自由意志に関する筆者の解釈を異なった局面から照射してくれる有力な論文である、と思う。

(65) ここで放埒者(ἀκόλαστος)は理性によって自己の行為を統御している者ではないか、という疑問が提出されるかもしれない。しかし、真実の意味ではそうではない。なぜなら、理性による統御とは、究極の善(人生の究極目的)に関する充分な認識にもとづく行為の体系化とその実現を意味するが、放埒者はこの認識をもたないからである。このことは、「放埒者とは行為の原理を滅した者」(EN, VII, 8, 1151 a 15–20)といわれている点から明らかである。放埒者における行為の原理は、その内実においては欲望であり、欲望がいわば居直って擬装的な口実を身にまとい理性的根拠づけの外観を呈しているのである。従って、放埒者において自己分裂がないのは、理性が滅びてしまったからだ、といえる。

これに対して、無抑制者が分裂的人間であるということは、かれにおいては理性が未だ生きているということを意味する。そして、理性が生きているということは徳の芽が保存されているということであり、このことはかれのヘクシスが充分に良くはないが全く悪くもない、という事態を意味するのである。アリストテレスにおける実践理性はパトスの状態から乖離して存在するものではなく、両者は相互に支え合い反映し合って存在するからである(EN, VII, 8, 1151 a 24–26)。つまり、理性が滅びれば徳も滅びるのであり、逆に、徳が滅びれば理性も滅びるのである。

こうして、すべての人は無抑制者という状態から出発し、この分裂的状況を理性的統御の全パトスへの滲透という方向に克服してゆけばフロニモスに近づき、逆に理性的統御の崩壊消滅という方向に進めば放埒者に近づく、といえる。

最後に、このようなアリストテレスの自由意志論は知性主義であり、本来の意味での自由の深淵が認められていない、という批判に一言しなければならないだろう。たしかに、アリストテレスは徳を論ずる場合に技術をモデルにして論を進めている。両者はともにヘクシスであり、類似の合理化的推論過程をもち、一定の行為能力として形成されるのである。この段階においてもアリストテレスは両者の相違を際立たせようとしているが、それは必ずしも成功しているとはいえない(cf.

EN, II, 4, 1105 a 26–b 5)。だが、問題は目的設定の場面にある。すなわち、技術においては、目的は外側から与えられ技術的活動はあくまでも手段的位置に留るのに対し、徳においては目的は内から汲み上げられ有徳な活動自体が究極の自己目的である、という点である。この時、ヘクシスとして徳の中に宿る理性が善を目差すのである。ここでは自由の深淵とは理性の深淵を意味する。それ故、アリストテレスにおいては悪への自由というものは存在しない、といえる。悪とは、理性の欠落、倒錯、崩壊、つまり自由の崩壊に他ならないからである。このような思想が自由の本質を見抜いていたのか否かは、安易な速断を許さない巨大な問題である。

第五章　人間性

一　自然

『ニコマコス倫理学』は、行為の究極目的が善である、という思想から出発する。[1] 同じ主張はアリストテレスの他の諸著作の随所に見出されうるが、[2] これらのいずれにおいてもアリストテレスはこの規定がいかなる意味で善の規定でありうるかについて一言の説明も与えていない。従って、われわれはアリストテレスにとって自明的であったこの主張の意味するものを、先ずその背後から明らかにすることを余儀なくされる。[3]

さて、紀元前五世紀のギリシアは、少なくとも知識階級においては、道徳的混乱の時代であったように思われる。旧時代の慣習、道徳、信仰などは、ソフィストたちの間ではもはや値打ちのないものとなっていた。たとえば、その一人であるカリクレスは次のようにいい放った。「だが私が思うに、道徳的法則を立てる者は弱き衆愚である。かれらはかれら自身の利益のために道徳的法則を立て、毀誉褒貶を互いに分ち合う。かれらはより強い人々、より多く取りうる人々を恐れ、身の保全のために、より多く取ることを醜悪であり不正であるという。だが自然(φύσις)そのものの示すところによれば、より勝れた者がより劣った者から、より力ある者がより無能な者から奪い取ることが正当(δίκαιον)なのである」[4] と。同様の思想は『国家』篇においては逆転された形でトラシュマコスの口からも語られるが、[5]

かれらの主張の根底は、道徳的法則、宗教、神々などが単に人々の取り決め(νομοθεσία)によるものにすぎず、従ってなんらの客観的実在性をもたないという点にあった。そして、実在的なものは、かれらによればむしろ自然そのものの在り方であり、それは弱肉強食である。都合が悪ければ、法則を勝手に改廃してもよい、力ある者は法則を踏みにじってもよい、つまり何をしてもよいのである。

だが、この主張はいかにして反駁されうるであろうか。プラトン哲学は結局この問題のために費されたといってよいが、かれの最後の結論は、人々が悪しき生活に耽溺するのは単に放縦な快楽や欲望に負けるからではなく、むしろ知恵の外見を備えた途方もない無知に由来する、ということであった[6]。ソフィストたちの旗印は、自然に従って(κατὰ φύσιν)生きることである。だが、かれらの自然とは盲目的な力(τύχη)である。地水火風の四元素、日月星辰の煌く全天、岩石樹木に覆われた大地、そして這い回る動物と人間、これらすべては非合理的な自然から生まれ出たものである。それ故、自然に従って生きる人間は、非合理的な力のままに生きる人間である。その余のもの、すなわち神々も道徳法則も慣習もこの自然に由らぬ以上は、なにか影の如きもの(εἴδωλα ἄττα)であり、真理に関係のない滅びゆく冗談にすぎない[7]。

しかしながらプラトンによれば、この考え方がまさに途方もない無知であった。自然とは、かれらの考えとは正反対なものである。魂は運動の原理として物質を支配し(ἄρχουσα)、この意味でそれに先立ちより根源的である。だが、世界の究極にはさらに動く魂を規制しこれに秩序を与える合理的な力(νοῦς)がある。そして、神々はこのヌースと共にある魂として、道徳法則はこのような魂そのもののもつ性質として、もっとも根源的である[8]。従って、真にその名に値する自然とはむしろ魂であり、自然に従った生活とは合理的な生活でなければならない[9]。

さて、ソフィストたちとプラトンのこの一見全く正反対な主張も結局は同一の基盤に立つ思索であったことは明瞭である。つまり、かれらにとっては自然が善なのであり、ただ自然の解釈が異なるにすぎない。『ティマイオス』篇の宇宙論も『法律』篇の神の存在証明も、自然の構成を明らかにすることにより、或いは人間の存在様式を説明し、或いは人倫政治を基礎づけようとする意図より生まれた体系であった。ソフィストたちもプラトンも宇宙論から倫理学へという同じ土俵の上で格闘しているのである。

しからば、この自然が善であるというギリシア人にとっての自明な思想をわれわれはいかに解すべきであろうか。われわれはさらに遡ってこのような信念の源泉を訊ねなければならない。一体、ギリシアの哲学者たちはタレスからアリストテレスに至るまですべて自然をその思索の主題にした。ところがこの自然とは、イェーガーが極めて巧妙な構成の下に呈示したように(10)、その本質において世界の支配原理たる神に他ならなかった。たとえば、ミレトスの哲学者たちは一般に質料因を問い始めた者として哲学の創始者と見なされているが、かれらの主張を性格づけるものはむしろ「水」や「アペイロン」や「空気」が神的(θεῖον)なものであり、世界を包括し(περιέχον)支配する(κυβερνᾶν)それ自身生命的な原理(ἔμψυχος ἀρχή)である、という点にある(11)。このことは最古の哲学断片の一つであるアナクシマンドロスの言葉の中に明瞭に示されている。すなわち、アペイロンとは個別的諸存在者の原理であり、これら個別的諸存在者はアペイロンの必然的支配に従って生滅するというのである(12)。しかしながら、この断片を真に特徴づけるものは次に続く一節、「何となれば個別的諸存在者は(犯した)不正(ἀδικία)の故に時の定めに従って相互に罰と償いとを払わねばならぬのだから」、にある。ここで語られる不正、罰、償いとは何のことであろうか。一体アナクシマンドロスにとって、世界には根源的な一つの秩序があった。それは四元素がそれぞれおのれに固有な領域に留りその境界を守ることであった。しかるに、個別的存在者はこの領域の侵害によって生起する。これはアペイロンの秩序を踏み越えることであり、その意味で不正と見なされる。この故に、神的支配者としてのアペイロンはおのれの秩序に抵抗した個別的存在者を亡ぼし、これらを原初の四元素的秩序へと還元する。この亡びが罰であり償いである。約言すれば、アナクシマンドロスの世界像においては、もろもろの存在者(τὰ ὄντα)にはその存在様式を規制する一つの運命的な力(τὸ χρεών)が臨んでおり、これら両者の関係が断片において直截に語られているように倫理の原則に他ならなかった。すなわち、アペイロンたる自然の必然的支配に従うことが正であり、逸脱することが不正であった。

さて、右のような思想はたまたまアナクシマンドロスにのみ見出される見解ではなく、実はギリシア人の心中に深く根をおろした伝統的倫理感であった。さらに遡ってホメロスに至ればこのことは一層明瞭になる。モイラは神々をも超える絶対的支配者である。ゼウスといえどもモイラによってパトロクロスの手の下に死すべしと定められたサルペドンを救いえない(13)。善人にせよ悪人にせよ未だかつてモイラの手を逃れた者はいない(14)。だが、モイラのこの絶対的支配力はそのまま倫理的原理の拘束力である。「酷薄非情なモイラとケールは、人々にせよ神々にせよその過失を追跡し、過ちを犯した者が何者であろうとも、悪意に充ちた復讐を遂げるまでは、その怖ろしい怒りを収めない(15)。」『オデュセイア』の冒頭には、運命の定めを超える(ὑπὲρ μόρον)ことにより悪と禍を己に負い込む人間どもへの神々の嘆きが語られるが(16)、これは明らかに悪を運命の支配への反抗のうちに見て、その責めを宇宙的秩序からの人間の逸脱に帰しているものといいうる。プラトンは『クラチュロス』篇の中で正義(δίκαιον)の字義を問い、ヘラクレイトス学徒の所説に言及しながら、「それによって万物が生ずる根源〔自然〕は、貫通し(διαϊόν)ながら万物を支配するが故に正義(δίκαιον)と呼ばれる」[17]と述べているが、エチュモロギーはともかくとして、プラトンの語りたかった思想は以上に示したギリシア人の倫理感に他ならなかったであろう。モイラを感ずるということは、各自がそれぞれおのれに本来的な分け前(μοῖρα)を自覚することであるが、このことはそれぞれにかく固有の存在様式を置いたなにか大いなる力の承認へと導く。正義といい価値といっても、ギリシア人にとってそれらはわれわれの自由な発明による行為技術の公理ではなく、もっと根深いもの、すなわち、われわれの本来的存在様式を規定し支持する自然の支配への随順に他ならなかった。

　このような事情であればプラトンが倫理的価値について語る多くの箇所において、支配し支配されるという言葉が頻出することもまた当然となる。たとえば、「魂は支配し主人たる(δεσπόζειν)ことを、肉体は服従し(δουλεύειν)支配されることを自然は命ずる。同様に神的なものは本来支配し指導する(ἡγεμονεύειν)のに対し、死すべき者は支配され服従する」[18]、「多くの人々は、知が強くもなく指導力ももたず支配的でもないと考えている。そして支配するのは知ではなく、むしろ憤怒、快楽、苦痛、欲情、恐怖であり、知はこれらすべてによって奴隷の如くに引ずり回される、と考えている。だが支配するのは知ではないのか」[19]。その他類例は無数であるが[20]、これらを通じてプラトンは本当に力(ἰσχύς)をもつ者、すなわち真の支配者を追求する。『ピレボス』篇は善を主題にするが、その内容は快楽(ἡδονή)と理性(νοῦς)のいずれが真の支配者であるかという存在性の優位に関する論争であった。そして、結局快楽は無規定的なもの(ἄπειρον)、理性は規定するもの(πέρας)と結論されるが、これは天地の王である理性[21]によって根拠づけられる。宇宙を支配するものは、非理性的で恣意的で偶然的な力ではなく、むしろ世界に美と秩序を与えるヌースである。同じように人間においてもこの大いなるヌースの一片が支配しなければならない[22]。それ故、少なくともギリシア人の倫理感においては、善は存在性の諸段階における上位と下位との落差から始めて正当に問題にされえたといってよい。それは宇宙における人間の位置によって決まる。それがモイラや神のような外的規制者としてであれ、良心や実践理性のような内的規制者としてであれ、ともかく人間の在り方を不変の軌道へと決定する或る絶対的命令者が問題なのである。それはすでに原初よりわれわれの選択を超えているわれわれの生存の条件、それに逆らえばわれわれ自身が滅びねばならぬという意味でわれわれの存在根拠、とすらいわれうる。正義(δίκη)とはこの者の示す道のことであり、それは河が逆流するようなことがなければ曲げられない。[23] プラトンの強調する支配服従とはこの道との関係であり、このような支配(ἄρχειν)の源(ἀρχή)こそが他ならぬ自然であった。[24]

しかしながら以上のギリシア的宿命論は、必ずしも人間を打ちひしがれた駑馬と見なすペシミズムではない。プラトンは『政治家』篇の中で、楽園に在る人間をクロノスの支配という神話によって語った。その時には神自らが世界の運行を慮り支配した。世界の中のすべてのものは神々の支配によって秩序づけられ、動物は牧場の群羊のように守られ安らっていた。そこには狂乱も、殺害も、戦争も、確執もなく、このような秩序(κατακόσμησις)から生まれる無数の善いことは筆舌に尽くし難いほどであった、と。[25] だが、なにが故にこのような理想境が現出したのか。われわれはすでにアナクシマンドロスにおいて、時の定め(χρόνου τάξις)が運命と、従ってまた正義と同義である点に触れたが、ギリシア人にとって時とはすべての審判者であり、それ故に、時の轍は正義の轍であったことを憶い起せばよい。クロノスの支配が完全であった黄金の時代とは、人々が惑わず正義に随った時代に他ならなかった。それ故、正義の支配に服するという事は、人間が家畜化され奴隷的悲惨と朦朧のうちに金縛りになることを意味しない。真実はむしろ逆である。ヘシオドスは「正義に聴くべきこと」を諭しながらペルセースに語っている。右の定めはクロノスの子が特に人間にだけ配した特典である。なぜなら、魚や獣や鳥はディケーを与えられないため互いに貪り合っているが、全知のゼウスは心からディケーに就く人には浄福を贈り、その族《やから》を輝かしめるからである。これに反して好んで虚言を吐き、ディケーをそこない、罪を犯す族はやがて暗黒の中へ没し去る、と。[26] つまり、ディケーへの従順は人々に栄えと平和をもたらし、この故にディケーは人間にのみ分与せられた最善の特典と見なされているのである。ここには宿命という言葉にまつわる厭世的な調子よりも、慈しみ深い父親に護られた小児の喜びが瞥見される。正義と事実上同義の法(νόμος)は、元来モイラと同義のネメイン(νέμειν 分ける)に由来する。先に触れた『政治家』篇のくだりでは、神々は羊飼い(νομεύς)として、その支配はネメインとして描かれている。この際ネメインとはそれぞれのものにそれ相応の所を得させることであるが、[27] これが結局モイラやディケーの真義であったといってよい。傲慢を打ち砕き越権に報復するモイラとは、裏返せばそれぞれのものに相応しい目的を定めその実現の中に栄えを約束するノメウスであり、陰鬱な宿命論は実は明るい目的論の背面に過ぎなかったのである。

さて、しからばアリストテレスが行為の究極目的を善という時、それがなにを意味したかはすでに明白である。すなわち究極目的とは、単にわれわれの主体的定立にのみ由来する行為の標的や理念の類を意味しない。もちろん現実的な行為の場面においては、目的はわれわれの主体的選択によって決まり、究極目的とは目的連関の終極点であることに変りはない。[28] しかし、それが善である所以は、それがわれわれの定立によるからではなく、むしろ、それがわれわれのフュシスであり、モイラであり、ディケーであり、ノモスであったからに他ならない。われわれの定立にのみよる目的はアリストテレスによれば未だ仮象の善(φαινόμενον ἀγαθόν)であり、これが真の善となるのは、われわれの選択がわれわれの本性(φύσις)と合致することによってであった。「人間はポリスに住む動物である」と論ぜられる『政治学』の著名な一句の意味は、人間が本来(φύσει)共同体的生活をすべき存在構造をもち、この実現が人間の本性(φύσις)にして目的である、従ってここに人間の最高善を求むべきである、という事であった。それ故、ホメロスが劣悪な人間を「同胞《はらから》をもたず、法《のり》をもたず、竈《かまど》をもたざる者」と非難したように、非共同体的人間(ὁ ἄπολις)は人間に非ずという意味で悪しき者なのである。[29] こうして、アリストテレスにおいて目的とは、単に行為の標的という表層的な意味を深化して、一種のアプリオリな原理、存在者の存在構造の完成態を意味してくる。[30] われわれのフュシスすなわち存在構造はわれわれ自身の選択を超えた運命であり、従ってこれへの反逆は自殺的企てとして滅びへの道に他ならない。アリストテレスが究極目的としてのフュシスを善と見なすのは、このような意味において「存在すること自体」を善しと見たからであり、これは自己の運命(μοῖρα)を自己の目的(τέλος)へと転換すること、すなわち与えられた自己のフュシスを完成することにおいてのみ可能となるのであった。「自然に背く(παρὰ φύσιν)何事も美しからず」[31]と論ずるアリストテレスの思想的根底は存在者の存在肯定であり、これはわれわれがホメロスにまで遡って跡づけてきたように、それぞれの存在者がおのれに本来的な運命(自然)に随順することによって実現すべきものであった。

さてそれでは、アリストテレスはなにをフュシスとして捉えたか。われわれは善のイデアの論駁を手懸りとして考察を始めよう。

一般にイデアがプラトン自身にとって何であったかを明言することは難しい。しかし、もろもろの対話篇に述べられる額面通りのイデアは少なくとも述語的普遍者として求められていた。アリストテレスは、プラトン哲学形成の要因として、プラトンは学的認識成立の条件として述語的普遍者に対応する実在を要請しこれをイデアと呼んだ、と述べているが、[32] イデアそのものの内実はともかくとしてイデアを立てる最後の拠り所は思惟(διάνοια)の可能根拠として普遍者を実在化することであるとプラトン自身も語っており、[33] 論証化された学説のみを問題とするアリストテレスにとってイデアとは右に説明されたもの以上でも以下でもなかった。従って、善のイデアもアリストテレスの眼には最高の普遍者に過ぎない。

さて、善のイデアの批判は結論的には、三つの主張から成り立っている。先ず善のイデアは存在しない。なぜなら、プラトン学徒の証明法はもろもろの個別的善にはなにか共通な一者としての善があるからというが、個別的諸善はそれぞれの範疇において異質的であり、従ってこれらを無差別に同一視して共通な一者を抽出することが不可能だから。[34] しからば、このように実在しない善のイデアの正体はなにか。それは現象界にある個別的諸善の彼岸への投影にすぎない。それは後者に「そのもの」(αὐτό)という言葉を付加しただけの幻である。[35] だが、一歩退いてたとえ善のイデアがあったにしても、それは無用である。なぜなら、それは実在の彼方にある超越者だが、超越者はわれわれの実践の目標でありえず、また事実していないから。[36]

以上の三論点の結論は、善とは普遍的同質的な一者ではなく、多様な個別者であり、これは現象界を超越していない、という一点に収斂する。もちろん、イデアの象徴であった「そのもの」(καθ' αὑτό)という形容句をアリストテレス自身も用いる。だが、「善そのもの」(ἀγαθὸν καθ' αὑτό)という言葉によってアリストテレスの意味するものは、プラトンのそれから逆転されたもの、すなわち多様な個別的善であった。[37] だがすでに明らかなように、このような両者の見解のへだたりは、かれらのフュシス観の相違に由来する。真に在るものとしてのフュシスが善であるという思想は、ギリシア人として両者の相分つ同一の前提であった。だが、プラトンにとってそれは超越するイデアであったのに対し、アリストテレスにとっては個別的な「このもの」(τόδε τι)に他ならなかった。それ故、行為の究極目的としての善は現象界の個別的存在者の存在構造そのものの中に求められねばならない。アリストテレスにおいては超越的規制者が消失し、支配する自然、分け前を定めるモイラ、道を指示するディケーは人間の存在構造における本来的存在形態(φύσις)として全く内在化されたのである。

さて、以上の善の原理(目的)の内在化は倫理学史上アリストテレスがはじめて踏み出した巨歩であったが、それはかれの行為概念に結晶したといってよい。[38] アリストテレス以前においては、プラトンにおいてもなお未だ、行為(πρᾶξις)と製作(ποίησις)は同一視せられていた。[39] すなわち、行為とは善い事柄の製作に他ならず、従って、行為の価値も製作の結果もたらされる産物によって測られていた。しかしながら、すべて製作とは外在的目的の達成を目指す過程(κίνησις)であるため、働き(ἐνέργεια)と働きの目的とが必然的に分裂し、その結果働きそのものは自体的な意味をもたなくなる。[40] だが、倫理的行為とはこのようなものではありえない。なぜなら、善い行為や悪い行為は結果のいかんにかかわらず働きそのものとして完結していなければならないが、[41] これは働きが直ちに究極目的と見なされることによって可能だからである。[42] それ故、行為とはアリストテレスにとって、製作のように手段的地位に堕した働きではなく、働きそのものを目的にする働きに他ならなかった。[43] だが、右のような行為概念は倫理の責任を人間の内部に投げ込む思想であり、これは善の(従って悪の)原理の内在化を前提とする。プラトンのように超越者を善の原理とすれば、それに達するか否かが価値の基準となり、厳密には人間の働きは依然としてそれ自体では完結しない手段になる。逆に、結果のみを唯一の目的とする功利的思想も、人間の働きを技術的製作と見なす結末に至る。

こうして、善の原理の内在化は行為を自己完結的エネルゲイアへと純化したが、それでは人間のフュシスに由来する善い行為とはいかにして明らかになるか。それはつとにプラトンによって暗示され(44)、後にアリストテレス倫理学の根底として、アリストテレスにより体系的基礎づけを与えられた「本来的働き」の概念によってである。すでにアリストテレスは初期の著作『哲学への勧め』において次のように語っていた。「さて或る存在者が、偶然的にではなく自体的に本来その者の働き(ἔργον)であると見なされる働きを見事に為し遂げるならば、その時こそこの者は善(ἀγα-θόν)であるといわれねばならない(45)」、と。この思想はいわゆるイェーガーの発展史的図式にあて嵌らないアリストテレス思想の定項であるが、その核心は存在者の本性、従ってその存在者の目的をそのものの本来的な働きのうちに見てとり、ここに価値を定位しようとする点にあった(46)。アリストテレス自身の挙げる卑近な例によれば、およそいかなる存在者にも、すなわち衣服、眼、手足、さらには笛吹き、彫刻師、馬、牛、男、女などにも、それが一個の存在者である限り必ずそれに本来的な「働き方」がある(47)。この働きは、それがその存在者にとって本性《フュセイ》的である限りその者の自然《フュシス》を現わす作用であり、従って、その充実はこれまでわれわれが述べてきたような背景的意味のもとに善と考えられねばならない。それはその存在者を規定するものとして、その存在者の運命であり目的であり存在根拠であり従って善である(48)。

こうしてわれわれが本章冒頭に掲げた論議の主題はその意味を明らかにした。すなわち、アリストテレスのいう目的(τέλος)とはそれぞれの存在者の完成態(被目的化的状態 τελείωσις)であり、これはそのものの本性《フュシス》の展開として、それの存在と同時に常にそれを支え規定するそれの存在根拠(本質 τὸ τί ἦν εἶναι)の活動に他ならなかった(49)。従って、究極目的への行為とは、すでに与えられているおのれの本質を取り返すこと、すなわち本質に従って活動することであり(50)、「善い人とは人間らしく振舞う人」という常識倫理の哲学的ないわれは右の論議に基礎づけられていたといってよい。しからば、われわれは人間らしさ、すなわち人間の本質を知らねばならない。

二　本質

本質という概念は中世以降否定されるにせよ肯定されるにせよ非常に固い概念となった。しかし、もとをただせばこの言葉が使われ始めたギリシア哲学では、これは「何であるか」(τί ἐστιν)、という問いに対する答えであり、従って、「まさにこれである」(ὅπερ ἐστιν)、「これこれのものでずっとあり続けたし今もそうである」(τὸ τί ἦν εἶναι)、「真にこれこれである」(οὐσία)など要するに真の存在(実体)の追求への答えであった。この問いに一定の答え方があったわけではなく、また本質というものが予めどこかにあってこれを取り出すことではなおさらなかった。それ故、人間の本質への問いとは、いかなる答え方をするにもせよ、「人間が何であるか」と問いつめてゆくことである。

さて、一般にものの実体を訊ねる時、それは先ず感覚的全体者(σύνολον)として現われる。[51] 感覚的に現象している諸面はもっとも明らかにものの何であるかを示していると考えられるからである。たとえば、ソクラテスとは何であるかと問えば、色黒で獅子鼻で勇敢で皮肉屋であるなどと答える。もちろん、ここに挙げられた数箇の規定のみをもってしては、単にソクラテスの「どのようなものであるか」(ποιόν τι)が示されたにすぎず、「まさにこれである」は示されていない。[52] しからば、ソクラテスにおいて感覚的に現象している「すべて」(ὅλον)を網羅し(σύν)、属性偶性の総体(σύνολον)を語れば、ソクラテスの何であるかは示されるのではないか。このようにして実体はシュノロンと見なされる。だがさらに、実体はすぐれて独立離存するものと考えられている。[53] すなわち実体は端的にある。しかし、色黒そのもの、皮肉そのもの、六尺そのものは端的にはなく、ただソクラテスを土台にして、蘖《ひこばえ》のようにあるにすぎない。[54]性質、量、関係などは自立的には存在しない。しからば、端的にあるものとは何か。少なくとも感覚的に明らかな限りにおいては、これらの総体が現にそこにある。しからば、実体はいかにしてもシュノロンである他はないように思われる。

さてそれならば、感覚的全体者としてのソクラテスがソクラテスの実体であり、従って、事実ソクラテスの何であるかを示しているのであろうか。なぜなら、色黒のソクラテスは病気をすれば色白のソクラテスとなり、陽気なソクラテスは難儀に出会えば沈痛なソクラテスになるではないか。厳密に考えれば、感覚的全体者としてのソクラテスは時々刻々に変転している。これはなにも顔色とか気分とか特に変り易い部分のみをとり上げたからではない。六尺という身長も子供の時には四尺であったろうし、やがて戦場で片腕を失うかもしれない。それ故、感覚的全体者においてはいかに常住不壊とみられるものでも常に移り逝《ゆ》いている。とすれば、それと共にソクラテスも変転するのか。もちろん感覚的全体者が実体ならば、ソクラテスも変転せねばならぬ。昨日のソクラテスは明日のソクラテスではない。それなら、一人の人間として持続するソクラテスという実体などはどこにもなく、ただ感覚的現象の束が流転しているだけである。だが、五年前のソクラテスと今のソクラテスを別人だという者はいない。しからば、われわれは感覚的現象の総体をもはや実体とは見なしえないであろう。これらは流れ来り流れ去り暫くすれば全く異なってしまうのに、われわれは同一のソクラテスを措定しているからである。[55]ソクラテスの何であるかは感覚的現象の総体によってではなく、むしろこのような変転の底に持続する不変の基体(ὑποκείμενον)でなければならないように思われる。[56]

さてそれならば、現象的変転の下に持続する基体とはなにか。それはこれまでの思索の帰結からすれば、先ず変転する現象的諸属性を担いながら自らは何ものによっても担われぬものと考えられよう。[57] それではそれをとり出してみなければならない。先ず、感覚的個別者において、様態(πάθη)、被作用態(ποιήματα)、能力(δυνάμεις)などの第二性質的なものは、ものそのものの特性というよりもむしろわれわれの感覚知覚に依存するものであるから、この究極的基体にかかわるとは考えられず、従って排除される必要がある。次に、長さ(μῆκος)、幅(πλάτος)、深さ(βάθος)などの第一性質的なものであるが、これらも或る種の量に過ぎず、量とは何かの量であるから依然として或る基体を前提している。[58] このようにして感覚的に顕在化している諸属性偶性のすべてを取り除きつつ基体を求めてゆく時、後に残るもの(ὑπολειπόμενον)はこれらの諸規定性がそれに内属していた「あのもの」だけである。だがこの「あのもの」とは一体なにか。われわれはこれを、「これらによって規定されているなにか」としかいえない。なぜなら、それは量(ποσόν)でもなければ性質(ποιόν)でもなく関係(πρός τι)でもなければ状態(διάθεσις)でもなく、総じて何か(τί)でもないのだから全く不可規定的な(ἀόριστον)語りえぬものである他はない。[59] しからば、このものには肯定的述語はもちろんのこと否定的述語すら与ええないであろう。「でない」と語ることによってこの基体の無条件的根源性に限定を加え、一種の規定性を与えることになろうからである。

　しかしながら一体、このように語ることも指示することも出来ない無規定な基体が実体でありうるのであろうか。それは不可能である。なぜなら、実体は根源的自同的な持続者であると共に一個の存在者(τόδε τι)でなければならないからである。[60] ソクラテスはカリアスではない。ソクラテスは天地万有の間にある何者とも異なる一個の個体である。しかるに、ここに取り出された無規定的基体は、語ることも指示することも出来ない以上全く無性格なものであり、従って「このもの」とはいわれえない。このようなものは在るかないかも不明な暗黒の残滓であろう。だが、実体がこのように消失してしまったのはなぜであろうか。元来第一質料(πρώτη ὕλη)とは全く無規定なものであり流動して止まない。それは何者でもありうるとともに何者でもない。従って、流動する感覚的諸現象は、実は第一質料と同質のものであり、これに由来したのである。それ故、われわれは流動する諸現象を実体ならずとして除去し不変の基体を求めながら、依然として除去された流動的無規定者を求めていたことになる。なにも残らなかったのは当然であった。しからば、われわれはもはや基体を質料と考えることは出来ない。[61] 質料は無規定無性格なるが故に、実体の最大の特徴である個体性を欠くからである。

ところで実体とはいかなる主語の述語ともならない究極主語である、とアリストテレスは主張する。[62] すなわち、もろもろの属性偶性(συμβεβηκότα)その他の一般的述語(καθόλου λεγόμενα)はソクラテスという基体について語られうるが、ソクラテスは何ものについても語られえない究極の主語(基体)であるというのである。だが、もしも実体が感覚的現象の総体としてのシュノロンであったならば、このような主張は原理的に成り立つであろうか。もちろん不可能である。なぜならその時には、「色黒で獅子鼻で勇敢で饒舌で……はソクラテスである」といいうることになり、ソクラテスは述語の束となり果てるからである。現実的には困難であるとしても原理的には網羅的認識の究極において、ソクラテスは普遍概念の巧みな組み合わせにより説明されうることになる。だが、アリストテレスは究極主語と諸述語とは真実には決して相互に述語づけられうることはない、と論ずる。[63] しからば、この主張の意味するものは、ソクラテスが他の何者とも共通するところのない唯一性をもつ、ということに他ならない。従って、この主張からしても基体は質料ではありえないであろう。ソクラテスはソクラテスとして生き続けるのに、無規定無性格な質料は絶えず流動生滅しているからである。かくてわれわれは感覚的諸現象を担って恒存持続する基体とは質料ではなく、無性格な質料的堆積(ἀόριστος σωρός)に形を与えこれを一者へと規定する唯一者と見なさねばならなくなった。そして、この原理こそがピタゴラス学派において光(φῶς)といわれた形相(εἶδος)に他ならなかった。(64)

さて以上により、ものの「何であるか」(本質)を示す実体は、生滅する感覚的現象の総体ではなく、むしろこれらを担う持続的基体であり、この基体はそれ自身無規定な流動的質料ではなく、これに形を与え一者へと形成するそれ自身個的な形相であることが明らかになったが、ここになお一つの問題がある。それはツェラー及びゴムペルツによって論ぜられて以来常識となったアリストテレス実体論の古典的批判である。(65) かれらによれば、アリストテレスは本来感覚的個別者のみを実体と見なし、あらゆる普遍的なものすなわちロゴス的なものを単にこの唯一の実体に帰属する性質、従って非自立存在と考えた。しかるにアリストテレスは、最高にして最根源的な実在はロゴス的なものであり形相的なものであるというプラトニズムを克服しきれず、その結果、形相をも第一実体(πρώτη οὐσία)という。しかし、この二つの思想はいかにして両立しうるか。それは不可能である。これはアリストテレス体系にもっとも深く食い込む矛盾、根底的な分裂である、と。ところでこの論をなす人々は、「このもの」(τόδε τι)を終始感覚的個別者と解しつつアリストテレスが「このもの」を実体としながら形相をも実体と呼んだことに体系的矛盾の最大の理由を見出している。だがこのような解釈は正当であろうか。

さて、『形而上学』におけるトデ・ティの用法は複雑を極めているが、それはおおよそ三つの部門に大別されうる。先ず第一はツェラーたちが解するように感覚的個別者を意味する箇所であるが、それは筆者のみるところ四箇所である。(66) アリストテレスの厖大な著作中トデ・ティが感覚的個別者と等置せられうるのは『範疇論』においてのみであり、後期の円熟した体系においてはト・カタ・ヘカストン(τὸ καθ' ἕκαστον)という新たな術語の登場と共にこのような意味でのトデ・ティの用法が消失してゆくことに注目せねばならない。第二の部門として感覚的個別者とも形相とも解しうるくだりが五箇所ある。[67] だが、それが曖昧に或いは前者とも或いは後者とも解されうるのは両者の間に本質的な連続性があるからに他ならない。第三の部門は明確に形相を意味するくだりであるが、これは実に十三箇所の多きを数える。[68] すなわち『形而上学』においてはトデ・ティは圧倒的に形相を意味するものとして使用されている。それ故、ツェラーたちの主張が不充分なテキスト解釈にもとづいていることは確実であり、アリストテレスが「トデ・ティが実体である」という時、それは必ずしも「感覚的個別者が実体である」と主張しているのでないことは明らかになったが、しからば、われわれはこの問題をどのように考えるべきであろうか。

一体「このものであること」(τὸ τόδε εἶναι)とは、本来「一つであること」(τὸ ἑνὶ εἶναι)、「不可分であること」(τὸ ἀδιαιρέτῳ εἶναι)を意味する、とアリストテレスはいう。[69] ところで「一つであること」は様々の意味で語られる。たとえば教養のあるコリスコスは確かに一つのものである。コリスコスは常に教養のある人であり、教養を離れてコリスコスを考えることが出来ないようにみえるから。[70] また、一本の材木、一塊の土も確かに一つのものである。ともかくこれらは一つの連続体一つの堆積であるから。[71] さらに酒とオリーヴもまた確かに一つのものである。これらはいずれも一つの水から造られるのだから。[72] だが、このように様々に語られる「一つのもの」がいずれもトデ・ティであろうか。

先ず教養のあるコリスコスであるが、教養はこの際単なる属性(συμβεβηκός)にすぎない。もともと生まれながらのコリスコスとしてかれは教養をもっていたわけではないし、やがて身を持ち崩して教養を失うことも考えられる。

つまり教養はコリスコスにたまたま付加された(συμβαίνω)要素であり、教養のあるコリスコスは偶然的な(κατὰ συμβεβηκός)統一体にすぎないのである。しからば、このような一性が真の意味での一性ではありえないことは明白である。それでは木材や土塊はどうか。成程これらはつけたり的に一つであるとはいわれえない。しかし、これらはなお分割可能(διαιρετόν)であり、分割したところで木材や土塊でなくなるわけではない。従って、「一つであること」が「不可分であること」を意味する以上、分割してなおそれでありうるこれらは一ではなくむしろ多であろう。では最後に酒とオリーヴはどうか。これらが水において一であるというのは、いうまでもなく質料的基体において一であることを意味する。だが、このような一性は酒とオリーヴを無差別に同一視する一性であり、この方向を進めれば、すでに考察したように最後には全く無規定な第一質料において万物の混沌状態に落ち込むのである。それはすべてが「このもの性」を失って他と同化するもっとも非一的状態であろう。しからば、真の意味での一性とは一体なにか。

アリストテレスが一について語るところを綜合して考えるとそれは実体の一性である。すなわち最勝義の一は実体の一たることの原因(αἴτιον)であり[73]、従って本質の一性である[74]。だがこれはいかにして可能か。それは形相《エイドス》をもつことによってである、とアリストテレスはいう[75]。付帯的に一であるものは勿論のこと、自体的に一であるものでも、形相をもたざる限り未だ真の意味で一つのものとはいわれえない。連続体や塊や質料はなんらの個的な形ももたないから一でありえないのである。しからば、われわれはトデ・ティに関して次のような解釈を下しうるであろう。すなわち、トデ・ティとは「一つのもの」、「不可分のもの」を意味するが、真の意味で「一つのもの」であるためには個的な形をもたねばならず、これは形相に由来する、と。従って、形相が根源的にトデ・ティであるからこそシュノロンもまたトデ・ティといわれうるのであり、トデ・ティの二義性は結局形相のトデ・ティ性において一義的解決を得る

のである。(76)

このようにして、われわれが思索してきたような体系的観点に立つならば、『形而上学』においてトデ・ティが形相の代名詞として頻出するのも驚くにはあたらない。感覚的個別者は形相を離れれば「一つのもの」でも「このもの」でもなく、雑多で無規定な流動的質料へと解体し果てるばかりだからである。

しからば、ツェラーの指摘するアリストテレス体系の大矛盾もすでに問題とするに足りない。なぜなら、トデ・ティはツェラーの誤解したように感覚的個別者のみを意味したのではないからである。否むしろ、ツェラーの理解とは逆に、実体のトデ・ティ性は形相の実体性と矛盾するどころではない。それ自身では無規定無性格な暗黒の(ἄφαντος)質料に規定(πέρας)を与え「形」をもたらすことにより、流動的非有を一者へと形成するそれ自身持続的一者たる形相が実体であるという思想は、トデ・ティという表現においてその根本的な特徴をもっとも明白に示しえた、と考えられるのである。(77)

さて、以上により事物の「何であるか」を示す本質(実体)は事物を「このもの」たらしめる形相でなければならないことが明らかにされたが、しからば、この形相はいかにして把捉されうるのであろうか。

一体、形相実体論は歴史的にはアリストテレスにおいて突然生まれた思想ではない。タレスに始まるミレトス学派の実体探究は、アナクシマンドロスの「無規定なるもの」にその典型を見うるように、アルケーとして根源質料を定立することであったが、(78)事物の説明原理としてこれが不充分であることを自覚したピタゴラス学派の出現によって、実体探究は全く新たな方向に進展した。われわれはすでにピタゴラス学派において万物の原理が「規定するもの」

(πέρας)と「規定されるもの」(πεπερασμένον)という二つの原理として把握されていたのを見ることができる。[79] そこではミレトス学派の実体は被規定者たる質料として受容されつつ、新たに規定原理が実体として登場する。ピタゴラス学派においては、この規定原理は数学的法則性そのものであったが、[80] 一般的にいえば、それは理性的なものでありロゴス的なものであった。宇宙を混沌(χάος)としてではなく、秩序(κόσμος)として捉えていたギリシア精神の根底には、常に型、調和、法則、すなわち一切の理性的なもの、そして結局は理性そのものを究極的実在と見なすロゴス主義が潜んでいたのである。ところで、この究極的実在はそれぞれの哲学者において様々の形で述べられたが、これを把握する方法は一貫していたといってよい。すなわち、究極的実在がロゴス的なものである以上、これにいたる道もまたロゴスを措いてはありえない、と。「思惟《ディアノイア》のみによってそれぞれの事物に赴き、思考《ロギゼイン》をあらゆる感覚から浄化した者のみが真実在(ὄν)に触れうる」というプラトンの言葉[81]は実体探究におけるギリシア人の精神態度を端的に示すものである。

さて、このロゴスによる実体の開示は、ソクラテスに至って定義論(ὁρισμός)としてその学的形態の萌芽をもち、プラトンの分割法(διαίρεσις)において実体探究の方法論として完成されるが、[82] アリストテレスの本質論もこれを探究方法として継承するものに他ならなかった。一般に、アリストテレスにおける学的認識《アポデイクシス》は三段論法であるが、これは主語と述語とが自体的な関係で結ばれる時に成り立ち、この際連結の核を成すものが媒概念《メソン》である。従って、事物の解明は適正な媒概念の発見によるが、[83] 定義(何であるかと問うこと)におけるメソンとは定義される当の主体とこれを説明する様々の普遍的な諸概念を最後的に結びつける一つの決定的な概念である。換言すれば、これらの諸概念の統一体の根拠であり、その主体がまさにそのものである理由(αἰτία τοῦ εἶναι)に他ならない。[84] では定義はいかにして行なわれるか。

アリストテレス本来の方法は、事物に内属している根本的諸特徴(ὑπάρχοντα)を可能な限り積み重ねてゆくことであった。すなわち、これらの諸特徴のそれぞれはそれらのみではより大きな外延をもつが、一括されれば事物の実体《ウーシアー》を示す、というのである。[85] だが、それぞれのヒュパルコンタがただ恣意的に集められただけでは、どこに集合の限界があり、いつ究極の統一体が得られるかは明らかにならない。ここにプラトンの分割法が意味をもつ所以が生ずる。一体定義《ホリスモス》とはロゴスによって事物を限界づけ《ホリゼイン》てゆくことであり、これは事物の中にある形(εἶδος)をその分れ目に沿って取り出すことであった。[86] そして、その分れ目とはすなわち類(γένος)、種(εἶδος)、種差(διαφορά)に他ならない。アリストテレスの考えによれば、正しい順序に従って類種分割を行なってゆけば、不可分(ἄτομον)の分れ目に至った時に統一さるべきヒュパルコンタの完結が明白となり、その間必須の特徴を脱落せしめる恐れもないのである。[87] しからば、われわれはいよいよ類種分割によって形相の剔抉に向かわねばならない。

さて、これまでの思索によれば実体は一つのものでなければならなかった。ところが定義の中には幾つかの名辞が語られている。そして、これらの諸名辞はいずれも定義される主体にとって自体的(καθ' αὑτό)である、と考えられる。[88] たとえば、人間の定義を「二足の動物」とすれば、カリアスは自体的に二足でもあれば、自体的に動物でもある。しからば、カリアスはなぜ二つのもの、すなわち二足と動物ではなく、一つのものなのか。[89]

先ず、これらは主体と属性との関係における統一体ではない。[90] それが付帯的属性(τὰ κατὰ συμβεβηκότα)であれ、結合性(τὰ σύνθετα)であれ、固有的属性(τὰ οἰκεῖα πάθη)であれ、これらはすべて質料的要素に由来し、[91] 従って、変転するものとして「何であるか」にかかわらないことはすでに論ぜられた。一者としての形相がこのような偶有的付着物を全く排除した後に求められねばならない以上、定義の一性は純粋に形相内部の問題である。

ところで定義とは、前述の方法、分割法に従えば、最高類と様々の種差とより成る概念規定である。たとえば、人間の定義に際して、最高類を物質性とすれば、それに生物、動物、有足、二足等々の種差が次々に加えられて、最後に完全に規定せられた人間の定義が出来上る。従って、一つの定義は最高類と最低種差の他に、両者の中間に連続的に存在する多数の類種とからなるロゴスである。だが、実は、定義は多くの類種によって語られようと、少数の類種によって語られようと、二つの類種によって語られようと、一向に変らない[92]。なぜなら、類そのものは本来独立には(種を離れては)存在せず、種の中に含み込まれることによってのみその意味をもつからである[93]。それ故、種を語れば、その種より上位の類は自ずと語られており、様々の段階にある類種はより分割の進んだ段階における種によりすべて代表されている。しからば、定義において多くの類種を語ることは同じ事柄をくり返し述べることであり、従って、定義は一つの種を語ることで充分である[94]。そして、この種とはいうまでもなく分割の究極に現われる不可分者(ἄτομον)、不可別者(ἀδιάφορα)、すなわち最低種(ἄτομον εἶδος)に他ならない[95]。

こうして、定義が幾つかの要素より成るロゴスでありながら、一つの実体を示す一つのロゴスである所以は明らかになった[96]。すなわち、それらの諸要素はそれぞれ独立にあるものではなく、より上位の要素はより下位の要素に包含され、従って、すべてが最低種の中に集約されることにより存在しているが故である。われわれの尋ねあてた実体(本質)とはまさにこの最低種であった[97]。

さてそれならば、われわれは類(γένος)、種(εἶδος)、種差(διαφορά)という術語の操作のもとに実体の問題においていかなる内容を論究したのであろうか。先ず明らかにしておくべきことは、同語反復のようにみえるが、本質が全く質料を含まない、ということである。これはこれまでの思索の帰結からも文献的にも確定している。ところが類とは一体何であろうか。すでに論じた例をとれば酒とオリーヴにおける質料としての水は類である[98]。また、人間における最高類を物質性とすれば、これはソクラテスの中にも三毛猫の中にも松の木の中にも石ころの中にも共通に(κοινόν)見出される質料である。このように、類とは結局なんらかの形での質料を意味すると解すべきことは必然であり、またその根拠もほとんど無数である[99]。だが、定義によって求められた実体としての本質(形相)は無数の類を内含しているのではなかったか。しからば、本質は質料を排除しつつ、再びそれを内含するのであろうか。

そうではない。本質(形相)から完全に放逐された質料とは実は全く無規定無性格な第一質料である。形相とは元来それ自体としては捉えられ得ないものである。従って、われわれは形相(εἶδος)が質料と関係を結んだときに現われる感覚的形態(μορφή)から、形相の存在を認識する。この様々の形態が様々の類である。従って、類は本来形相に淵源するが、第一質料に反映せられて始めて生ずる或る程度の形を備えた質料、中間的な質料であると考えるべきであろう。形相は本来なんらの質料も含まぬが、われわれの認識に対して質料との関係から語られることを免れえない。

だが、いずれにしても類は質料的である。本来の質料は第一質料のみであり、類は形相的限定を受けた質料であるとはいえ、類は第一質料のもつ諸特徴をすべて具有する。物質性はソクラテスの中にも三毛猫の中にもある以上、両者に共通なものであり、従って「このもの」ではなく「どのもの」でもありうる可交換的、非自体的な流動的無性格者である[100]。それ故、類は本質の中に含み込まれるにもかかわらず、勝義の実体的性格をもたない。

それでは、このように共通なるが故に無性格な類はいかにして一個の馬やソクラテスになるか。両者は共に(κοινόν)動物でありながらいかにして相互に異質のもの(ἕτερον)となるか。それはそれぞれが自体的にこの馬この人間となることによってである。そして「この」という異質性(ἑτερότης)をもたらすものが種差である。[101] しからば、本質を一者へと統一する究極種差(τελευταία διαφορά)こそ、それぞれの存在者に最後の異質性を与えるもっとも実体的な要素であることは明白である。

では最後に、実体(本質)といわれる最低種とはなにか。先ず、これは、説明上類と種差とによって構築され、類が質料的な要素を、種差が形相的な要素を指示するが故に[102]、感覚的個別者の一般的構図(σύνολον ὡς καθόλου)を意味すると解され易い。だが、かく解すれば形相の中に再び形相と質料とが内在するという矛盾に陥るか、全体形相(forma totius)、部分形相(forma partis)、一般的感覚質料(materia sensibilis in communi)などの煩瑣なスコラ的概念を操作せねばならなくなる。[103] 一体、人間を「肉体と霊魂より成る者」と説明したところで、これはなんらの実質的な内容をももたない抽象的説明手段にすぎないことから明らかなように、感覚的個別者の一般的構図とはいわゆる「声の風」である。このようなものがフュシスそのものである実体でありうるはずがない。[104]

さて、最低種すなわち不可分形相(ἄτομον εἶδος)とは、すでに縷説したように質料を含まない一者である。従って、類なるもの種差なるものがそれぞれ独立にあり、これらが結合して形相となるのではなく、ただ一つの非質料的形相があるのみである。プラトンのイデアと異なりアリストテレスの形相が質料に内在する形相(ἔνυλον εἶδος)であるが故に、これらの説明手段が必須となる。しかし、不可分形相が本来一者であるとはいえ、形相は勝義に種差的なものである。[105] なぜなら、一般に形相とは事物の型であるとしても、その事物のみがもつ型の方が、よりその事物の型であろうからである。たとえば、人間の型を、四肢をもち、栄養生殖器官をもち、精神能力をもつことだとすれば、どのような手足や肉体的能力をもつかは概して人間の品定めの勝れた徴表にはならない。なぜなら、これらは獅子や豚もまた分けもつ型であるから、そのような徴表で人間を見分ければ、人間を獅子や豚並に取り扱うことになるからである。ソクラテスとプロタゴラスの違いは体の大きさや力の強さにおいてよりも、むしろ前者が質問魔なのに対して後者が演説魔である点に見られるであろう。いずれにしても究極種差が形相をもっとも形相らしくしているといってよい。実体の最大の徴表である「このもの性」が種差的なものによって示されるのである。だがそれならば、形相が個別化の原理であるというのであろうか。われわれは最後の難問に直面したようである。

周知のようにアリストテレスは普遍的なもの(τὸ καθόλου)、非個別的なものを終始非実体として攻撃する。そして、これが直ちに感覚的個別者実体論という常識的解釈に援用される。しかし、アリストテレスが「普遍的なもの」によって意味したのは何であったのか。感覚的個別者を個的たらしめているのは何であったのか。

「さて普遍的に語られるいかなるものも実体ではありえないと思われる。なぜなら、先ずもってそれぞれのものの実体はそれぞれのものに固有(ἡ ἴδιος ἑκάστῳ)であり、他のものに帰属しないものであるが、普遍者とは共通なものであるから。[106]」問題は「固有」の解釈である。固有とは確かに感覚的個別者の特性であり、それ故、質料的要素に由来する付帯性、結合性、固有性などの属性総体を意味する、と考えられ易い。なぜなら、これらは感覚的個別者をもっとも感覚的個別者らしく現象せしめている特質であろうから。しかし、既述のわれわれの思索によれば、このような擬似固有性は真の意味で感覚的個別者を固有(このもの的)たらしめている特質ではなく、移り変り消えゆくものとして、かえってそれとは無関係な「つけたり性」であることが明らかにされた。そして、真に感覚的個別者に固有な自体的存在は、本質としての不可分形相であると結論された。従って、「それぞれのものに固有なもの」とは本質としての形相であり、「他のものに帰属しない」という論述もソクラテスの形相はカリアスの形相とはならないという意味に解しうる。それ故、「共通なる普遍」とはこの不可分形相を包括するより上位の類概念と考えられねばならず、これは結局質料的無規定性の放棄を意味しよう。実際、「多くのものに本性上帰属するものが普遍と呼ばれる。だが、もしこのようなものが実体だとしたら、一体何の実体なのか」(107)。もしも普遍者が実体だとしたら、それはそれが包括しそれに下属しているすべてのものの実体でなければならない。なぜなら、普遍者がそれに下属している特に或る一つのものの実体である理由は全くないから。たとえば、ソクラテスとゴルギアスと一頭の鯨に共通な類的普遍者として物質性が考えられる。もしもこの普遍者すなわち物質が実体ならば、それは特に鯨だけの実体でソクラテスやゴルギアスの実体ではないと考えるべき理由はない。それはソクラテスの実体でもあればゴルギアスの実体でもあり、また鯨の実体でもあると考えられねばならない。しかるに、実体とはすでに論じてきたように「それぞれのものに固有なもの」であるから、この主張は成り立たない。これに対して、実体の固有性を無視して無理に普遍者を実体と見なせば、ソクラテスとゴルギアスと鯨とは全く見分けがつかなくなり、万物が無差別に同一のものと化する不合理が結果する。「というのは実体すなわち本質が同一のものは、それら自身一つのものであるから」(108)である。

　さて以上により、普遍的なるが故に実体ならざるものとして論難されるものが、類概念、従ってあらゆる意味での質料的なものであることが明らかにされた。一体、質料(ὕλη)とはギリシア語で元来木材を意味する。木材は船にも家にも彫像にもなりうる。それは可能的に何ものでもあると共に、実は何ものでもない。船を見てもそれを木材だといい、ヘルメス像を見てもそれを木片だといい、家を見てもそれを木材だなどといえば、このような人は船の「何であるか」、家の「何であるか」、ヘルメス像の「何であるか」を全く知らないのであろう。[109] このように質料的なものは普遍的であるが故に決してものの実体（本質）を示しえない。しからば、本質としての形相はもはや単に普遍的なものとは考えられえない。普遍的であるということは直ちに質料的であることを意味するからである。

しかしながら、こう論ずることによってわれわれは哲学史の常識とはやや異なった道に足を踏み入れたように思われる。なぜなら、通常の哲学史はアリストテレス実体論における個別化の原理を質料であると論じているからである。従って、次にわれわれはこの問題を解明しなければならない。

さて、個別化の原理の問題は元来アリストテレス自身のうちにおいて充分な結論を与えられていなかった。従って、後世の哲学者たちはこの問題を各人の体系的思索の方向に沿って解明したが、その中でもっとも影響力をもった哲学者の一人であるトマスの解釈がいわゆる特定質料（materia signata）の説に他ならなかった。

さて、トマスによれば、事物の個別化の源は特定感覚質料（materia sensibilis signata）にある。すなわち、トマスの解釈による事物の本質は、全体形相として、その中に部分（実体）形相と一般的感覚質料（materia sensibilis in communi）とを含むものであった。換言すれば、本質とは感覚的個別者の抽象的構図であり、これが一定の次元の下にある感覚質料（materia sub certis dimensionis）と合体した時に始めて個々の人間、たとえばソクラテスやゴルギアスが生ずる、というのである。[110]

ところで、かくして生じた個々の個別的な人間とは一体どのようなものか。トマスにとって、本質は万人にとって同一であるから、[111] ソクラテスとゴルギアスの相違はただ感覚質料による相違のみである。すなわち、ソクラテスの中にあるこの肉とこの骨がゴルギアスの中にあるあの肉とあの骨から異なるというだけのために、ソクラテスとゴルギアスの個別性が生ずる。しかし、質料とは元来類的なものであることからも明らかなように、全く同質的共通的であり、特にソクラテスの感覚質料とゴルギアスのそれが質的に異なるわけではない。従って、ソクラテスとゴルギアスの相違はちょうど二つの泥の塊の違いにすぎない。これら二つの泥塊はなにもそれぞれに特質があって異なるのではなく、ただ空間的位置と数的多性(loco et numero)とによって異なるにすぎない。だが、ここまで思索が進めば、もはやソクラテスとゴルギアスとはなんら異なるものではないことが明白となる。なぜなら、質料とは無規定無性格なものであり、従って、可交換的であったからである。二つの泥塊から半分ずつ泥を取り換えても、やはり元の二つの泥塊と全く同じ状態が現出するであろう。ソクラテスの中の特定質料とは実は外界からソクラテスに流入し再び外界へ流出するなんらソクラテスにとって特定のものではない。それは質料であればどんな質料でもよいという意味で、非特定質料と呼ぶ方が適切である。質料は非個別化の原理なのである。(112)

さて、このようなアポリアの故にわれわれはいかにしても個別化の原理に関してトマスの解釈には従いえない。そこで、われわれは最後にアリストテレスの原典からいくつかの典拠を示すことにより、アリストテレスにおいては個別化の原理が形相の方向に考えられていたことを根拠づけ、その哲学的な意味を探ってみることにしよう。

(一)　形相が普遍的なものであることはいうまでもないが、それが同時に個別的なものでもあることを、次のような一文は暗示しているであろう。「円は同名異義的に語られる。すなわち、或る場合には端的に語られる〔普遍的な〕円であり、他の場合には個別的な円である。それは、個別的な円に対する固有の名称が存在しないからなのである。(113)」ここで個別的な円といわれているものは個別的存在者としての具体的な円である。しかし、この具体的個別者が普遍的な形相の名によって呼ばれるということは、形相が個別者にその実体性を付与するからであり、従って、具体的な形として形相が同時に個別的でもあることを意味するほかはないのである。

(二)　そうなると、普遍的な形相が同時に個別的なものとして考えられることにより、個別化の原理として機能していると理解しなければならないが、そのような解釈を支える典拠は実はいくつも存在する。

(i)「というのは、形相、もしくは形相をもつかぎりにおいての事物が、個別的なこれこれのもの(ἕκαστον)と呼ばれうるが、質料的なものは決してそれ自体としてはこれこれのものと呼ばれえないからである。[114]」すなわち、この机、このアポロン像は、机の形、アポロンの形をもつことにより、まさにこの机、このアポロン像として成立している、ということである。質料的なものは、形がなくてもなんらかの存在者として(低次の形相化をうけた類として)、たとえば、単なる木材や単なる銅塊として、存在するであろうが、この存在者としては成立しえないのである。

(ii)「実体の或るものは質料という意味での実体であるが、それはそれ自体としてはこのもの(τόδε τι)ではない。他は形相という意味での実体であるが、それによって事物はまさにこのものと呼ばれる。[115]」形相が個別化の原理であることの明白な主張である。このテキストとともに注(68)で挙げた『形而上学』における多くの「エイドス＝トデ・ティ」論が傍証となるであろう。

(三)　こうして、形相によって質料は個別化されて「これこれ」と名づけられうる一個の存在者になることが、テキスト上から根拠づけられたと思われるが、そうなると、さらに一歩を進めて、個的な形相という思想がアリストテレスのうちに芽生えていたか、と問われるであろう。この問いに対しては、然り、と答えうる典拠がいくつか存在するのである。

(i)「霊魂が第一実体であり肉体が質料であることは明白である。……そして、ソクラテスとコリスコスは、もしも霊魂もまたソクラテスであるならば、二重の意味で語られる。すなわち、或る意味では霊魂としてのソクラテスとコリスコスであり、他の意味では感覚的全体者としての両者である。そして、普遍的な人間が霊魂と肉体の結合体であるように、個別的な人間(ソクラテスやコリスコス)はこの霊魂(ἡ ψυχὴ ἥδε)とこの肉体の結合体なのである。(116)」ソクラテスやコリスコスの魂が魂一般ではなくて個的な魂であることが、はっきり語られている。そして、この個的な魂がソクラテスをソクラテスであらしめている(個別化の原理として機能している)ことも指示されている。

(ii)「個別的な事物の原理《アルケー》は個別的なものである。……すなわち、ペレウスがアキレスの原理であり、この父親が君の原理である。……個別的な事物の原理は異なっている。すなわち、君の質料、君の形相、君の起動因は僕の質料、僕の形相、僕の起動因とは異なっている。(117)」

こうして、形相が、それぞれの事物に「まさにこれこれのものである」という実体的性格を付与する原理であり、従って、個別化の原理であることがテキストから示されたと思われるが、それでは、この思想はどのような事態を指示しているのであろうか。形相が個別化の原理であるということは、形相がソクラテスをソクラテスという一個の存在者として存立せしめている原理である、ということを意味する。いま、かりに、この形相を理性とする。そうすると、ソクラテスがソクラテスである所以は、先ず、属性や固有性の方向からみれば、色黒であるからでもなく、皮肉屋であるからでもなく、身体が丈夫であるからでもなく、頭がよいからでもなく、そして、おそらくは正義の人であるからでもないのである。これらのいわゆるソクラテス的特徴をすべて失ったとしても、換言すれば、ソクラテスが頭が悪くなり、柔弱になり、皮肉の棘を失ったとしても、ソクラテスはソクラテスとして存在することを止めないであろう。逆に、類的(質料的)な方向からみれば、ソクラテスがソクラテスである所以は、動物であるからでもなく、生物であるからでもなく、物質であるからでもない。なるほど、ソクラテスはたしかに動物であり、生物であり、物質である。しかし、このような類的次元ではソクラテスが個体化されえず、他の諸存在者と見分けがつかなくなることは、すでに論じた通りである。このことは、類自体というものは無媒介的には存在しない、という点からも理解できる。動物自体というものは存在せず、ただ、この犬、この猿、この人間が存在する。類は必ず種によって個体化されることによって質料的存在原理としての機能を発揮できるのである。

こうして、まさに形相、すなわち理性をもつという唯一の次元において、ソクラテスはソクラテスという一個の個別者として存立しうるのである。換言すれば、ソクラテスは理性をもつことによってソクラテスなのであり、それ以上でも以下でもない。すなわち、まさに形相的規定という段階において、存在者の個体化が生起してくるということであり、これが「形相が実体である」という思想の意味にほかならないのである。

だが、カリアスをカリアスたらしめているものも理性であり、ソクラテスをソクラテスたらしめているものも理性であり、従って、両者の実体はこの意味で共通であるならば、類実体論に対するアリストテレスの批判の刃(118)は自己自身に突き刺さることにならないであろうか。換言すれば、カリアスはソクラテスであるという不条理に落ち込まないであろうか。落ち込まないのである。なぜなら、なるほど理性は普遍的なものではあるが、まさにこの普遍的なものが究極種差であり、従って、それの所有という次元において個別化が生起するからである。この意味においては、ソクラテスの理性とカリアスの理性とは異なっているのである。このことは、次のような単純な事例を考えてみても、了解できることであろう。いま、この原稿を書いている書斎の机も、教室にある講義用の机も、ともに机という普遍的な構造の所有によって、一個の個別的存在者として成立している。しかし、この普遍的な構造は、それぞれの机においてまさにこの構造として個別的なのであり、この構造が質料を個体に仕上げているのである、と。もちろん、机は単なる人工品であり、従って、机の構造とは人間の頭脳の産物としての観念であって、実在的な形相ではない。それにもかかわらず、人工品の世界においてさえ、形相が個別化の原理であるという思想は充分に類比的な了解を可能にするのである。

　サルトルは「人間には本質がない」といい、このことを「人間は対自である」とか、「超越である」とか、「無化作用である」というような規定によって説明した。だが、まさに「無化作用である」というこの構造が、人間を人間であらしめている普遍的な原理なのであり、従って、人間の本質なのである。サルトルは本当は、「否定作用が人間の本質である」というべきであったのである。同じ事態は、人間に関するハイデガーの規定のうちにさらに明瞭に現われている。すなわち、かれは端的に「人間の本質はその実存である」といっている。[119] 換言すれば、脱自的な存在構造が人間の本質であるとハイデガーはいっているわけであるが、この「脱自性」をサルトルは本質の否定という大袈裟な表現へと翻案したにすぎない。右のような哲学の常識へ一言言及したわけは、本質が普遍的でありながら個別的であり、個別化の原理として機能しているという事態を、これらの人間観は非常に解り易く例示している、と思われるからである。そして、アリストテレスがソクラテスやカリアスの実体をそれぞれの者の魂《プシューケー》であるというとき、この発言は右に述べたような事態を指示するものと理解することができるであろう。

三　霊　魂

前節によって人間の本質とは、無性格な質料ではなく人間としての人間に固有な形相であることが明らかにされた。しからば、次にこのような本質が具体的に何であるかを訊ねなければならない。

ところで、事物とその実体との分離を止揚し(120)、イデアを質料に内在する形相へと変貌せしめたアリストテレスにとって(121)、形相抽出は困難を極める。なぜなら、この主張をなす以上、アリストテレスはプラトン学徒のように現象を無視して彼岸に恣意的な実体を措定できないからである。形相発見のアポリアには二つの理由がある。一つは、自然的存在者とりわけ人間において形相と質料とが不可分離的に結合していることである。従って、或る特徴が質料的なものか形相的なものかは甚だ判別し難い(122)。第二は前論点よりも一層徹底している。われわれの認識はすべて感覚知に由来するが(123)、感覚知のかかわる対象はもちろんすべて感覚的現象である。従って、すべての認識は原初的には質料的形態の把握であり、質料を媒介せずに直接形相自体を捉える道は存在しない。

さて、このアポリアの故に、せっかく形相的原理を実体として定立しながら、ピタゴラス－プラトン学徒は迷路に陥った。すなわち、かれらは現象を全く無視して(124)、実体を限りなく抽象化し一元化したのである(125)。これらの人々の誤りはどこに淵源したか。一体、自然的存在者は多くの場合この質料に内在するこの形相であり、一方を離れて他方は意味をなさない(126)。人間は或る感覚的なものであるから、感覚的部分を除去すれば正当に取り扱われえない(127)。しかるに、かれらは質料を無視し、ただアプリオリに抽象的実体を立てれば形相発見の難路を逃れうると考えた。アリストテレスの眼には、ここにかれらの非現実的実体観の禍根が潜んでいる。

ところで、形相質料関係が極めて具体的に扱われる『霊魂論』には次のような一文がある。「属性を知ることは本質を知るために非常に有用である。というのは、すべての属性か大部分の属性をその顕現形態において説明できれば、その時こそわれわれは実体についてもまた見事に語りえようから(128)」と。具体的な人間の形相は、この肉この骨の中にあり、実際には肉体との関連において様々の状態で現われる。この際、われわれが唐突に形相を求めるとピタゴラス学徒の空語に転落する(129)。従って、われわれは質料に内在しながらもそれとは異なる形相を、除去さるべき質料を手懸りとして探究すべきではないか。実際、霊魂(ψυχή)は様々の状態で現われるが、その多くにおいて、たとえば憤怒(ὀργίζεσθαι)、欲望(ἐπιθυμεῖν)、快活(θαρρεῖν)などに見られるように肉体なしには作用したりされたりすることはないと思われる。思惟(νοεῖν)も、構想力(φαντασία)なしには働きえないから、肉体につながれていよう(130)。それ故、肉体という質料を離れて霊魂の何であるかを語ることは不可能であり、むしろ属性的に肉体に顕現化された霊魂の働きを方法的手段として活用しつつ、その内実の解明に赴くべきであろう(131)。

この観点は生物学的著作群においては、より一層明確である。動物の探究に際してわれわれはそれのもつ属性に注目しなければならないが、属性にも種々ある。すなわち、或る属性はその種全体に共通な一定のものであるが、他は年齢や環境により種の中でも変転する(132)。これらのうち、後者はその種全体にかかわる目的因或いは形相因によらず、むしろ質料因或いは必然(ἀνάγκη)に由来する。これに対し、前者は目的因としての本質が実現せられた具体的形態として注目されねばならず、こういう属性の生成はその動物本来の存在を志向している(133)。

一体、昔の自然学者たちが動物の探究に際して犯した誤謬は、プラトン学徒とは正反対にすべての属性を質料因によって説明し、形相因或いは目的因に全く想到しなかった点にある。[134] だが、この考え方は、動物の構造を説明して、なぜその構造が存在するかを忘れるものである。彫像の原因を説明するのに、鑿が落ちたら自然に凹凸が生じアポロンと成ったといえば笑うべきことだが、空気と土が原因だという人々はこれより無茶なことを語っている。[135] しからば、動物の構造に実現せられ、これを生かしている原理をそれの本質として把握せねばならないが、上述のようにその種全体にかかわる属性、換言すれば、個体の生成消滅を超え、種の特性として持続する属性こそ質料因による無目的的流動的属性ではなく、形相因が質料因を通して具体的に顕現した形態として探究の方途となるものである。

このようにしてわれわれは、前節において質料的要素の排除により取り出された形相を、[136] 自然実在的には逆に質料の中に形態化せられたものとして捉えうる。われわれは動物の器官や本質的属性に注目し、その機能《エネルゲイア》を熟考することにより、その働きの原理としての形相を目的因として把握しうる。これが質料に内在しながらそれを超える形相に到る唯一の道、すなわち「モルフェーからエイドスへ」であった。[137]

さて、人間をもっとも原初的に特色づける機能は「生」であろう。「ともかく生きている」ことが人間の生の最後の土台である。

ところで、生きる(ζῆν)ことは先ず栄養(τροφή)、成長(αὔξησις)、生殖(γέννησις)であるが、これらの諸機能はいうまでもなくいずれも質料的要素に依存している。[138] しからば、生命とは「人間が食べるところのもの」、すなわち質料そのものではないだろうか。すでにヘラクレイトスは元素の一つである火を生命の原因であると語り、[139] 後期ピタゴラス学徒は霊魂を元素の混合(κρᾶσις)にすぎないと主張した。[140] だが、質料はたとえ自ら結合し増大し形態化しえたとしても、無規定なもの(ἄπειρον)への生成である。しかるに、すべての生物には、大きさや成長の一定の限界(πέρας)と比率(λόγος)があり、これは質料からは生じえない。従って、質料は生命の副原因(συναιτία)ではあっても、端的な原因(αἰτία ἁπλῶς)ではない。それはむしろ形態化に比率を与えるロゴス的なものであり[141]、これが霊魂である[142]。

では、生きることは生物にとっていかなる意味をもつか。もちろん、それは自己の存在を可能な限り恒常化する点に意味をもつ。善さは、すでに本章第一節で論じたように本質(自然)の完成であり存在の充溢であったが[143]、在ることは今や「永遠なものすなわち神的なもの」(τὸ ἀεὶ καὶ τὸ θεῖον)とまでいわれる[144]。個々の可滅的な生物は自らの有限な生を栄養成長によって可能な限り充実しようとする。しかし、それは滅びる。だが、猿が猿を生み、松が松を生やすことにより、これらはおのれに許されぬ恒常的存在を種的一者として実現する。すなわち、生殖能力とは、可滅的なものが神的なものつまり存在にあずかるもっとも根本の能力であった[145]。

だが、生命は人間の自然《フュシス》であり、従って、生きることは人間の善であろうか。もちろん、人間もまた生物である以上、これは肯定せねばならない。しかし、この能力は特に人間的な能力ではない。生命力はすべての生あるもの、動物、植物、胚種の中にさえある極めて普遍的かつ原初的な(κοινοτάτη καὶ φυσικωτάτη)能力である[146]。従って、これは人間性の不可欠条件ではあっても、人間のフュシスを尽くすものではありえない。本質とはすでに論じたようにそれぞれのものに固有であり、勝義に種差的な徴表をもって示されたからである。しからば、単なる生命的存在にとどまることは人間的活動というよりはむしろ人間的無活動(ἀργία)であり、人間的善というよりはむしろ人間的善以前である[147]。それは動物のフュシスすら尽くしえない本来植物的な能力なのである[148]。人間にはなにかこのような働きを超える別の固有な働きがあるであろう。そして、それこそがわれわれの求める人間の優秀性《アントローピネー・アレテー》であるであろう[149]。

生きることは善いことだが、単に生きるのみでは眠れる生活、植物的生活である。[150] 実際、人間は感覚し（αἰσθάνεσθαι）つつ生きることにより、より豊かな生を営んでいる。

ところで、感覚（πάθος）とは言葉から明らかなように一種の受動作用（πάσχειν）である。外物の触発なしに感覚はありえない。[151] この故に、エムペドクレス[152]やデモクリトス[153]は感覚を元素片の接触による全く受動的な作用として説明した。しかし、見うる者のみが見、聞きうる者のみが聞くことは、ここになにか自発的な能力が先在することを示している。[154] しからば、それはなにか。一体、感覚において変容を蒙る部分は感覚器官である。だが、これがいついかなる様式でもただ外物に触れれば感覚作用が生ずるのではない。このことは、感覚主体が器官よりも内的（ἐντός）なものであり、器官は感覚する主体への媒介者（τὸ μεταξύ）にすぎないことを示している。[155] では、この内的感覚者とはなにか。先ず、外物の触発により器官を介してこれはなんらかの印象を受容する。[156] だが、単なる受容のみでは感覚は生じない。むしろ感覚者はそれ自身が一種の感覚的中（αἰσθητικὴ μεσότης）であり、この尺度をもって外来の印象を測ることにより、感覚が可能となるのである。[157] それは自らの型式に感覚質料を嵌め込む高度に能動的な能力と見なされよう。この能動的測定作用は共通感覚（κοινὴ αἴσθησις）において一層顕著である。これはいわゆる第一性質的知覚、同時知覚、反省的自己知覚などを意味するが、[158] これらは五つの特殊感覚を超える或る高次の綜合的知覚作用を志向する。感覚の根にあるこの能動性がすなわち魂のエネルゲイアである。

さて、それでは感覚作用はおよそこの能力をもつ者にとっていかなる意味をもつか。もちろん、それは生命力増大のため様々の実用的効用に供せられはする。だが、『形而上学』冒頭の著名な一句から明らかなように、感覚は感覚それ自体のために愛好される点に本来の意義をもつ。[159] 感覚能力をもつ者が感覚的活動を営むのは、かれのフュシスの豊かさであり充溢である。何かのためではなく感覚するために感覚することが、フュシスの働きとして自体的に善いのである。そして、快楽とは一般に活動の充実に付随する現象である以上、[160] アリスティポスのいうように快楽への希求が人間に本性的《フュセイ》であり、従って自体的に善であることは当然である。[161] 快楽の愛好に理由がないのは、それが究極の理由だからであり、これはまたフュシスが究極の理由であるからに他ならない。[162]

しかしながら、快楽主義者エウドクソスが、理ある者も理なき者もすべてが快を希求することをもって、その論拠としたことから明らかなように、[163] 感性的生活を善と見なす思想は人間を動物の水準において眺めるかぎりにおいて成り立っている。すなわち、感覚は本来動物を特徴化するフュシスであり、人間のそれではない。[164] 従って、「われはこの世のあらゆる快を汲み干せり」と豪語するシリア王サルダナパルロスの生涯は、人間のではなく牛の生涯でしかない。[165] 遠くのバルバロイが送っているような全く非理性的な単なる感覚のみによる生活が獣的な生活であり無思慮な生活であると批判されるのは、[166] 人間のフュシスが感覚に尽くされないが故である。人間の本質のうちに類的普遍者として動物的自然が備わる以上、感覚的生活は人間に本性的である。だが、勝義の人間的善はより固有(人間的)な特徴のうちに求められねばならない。[167]

さて、人間とは単に生きることを超えて感覚する者であるが、さらに感覚をも超えて動く者であるといえる。人間の在り方は、恐怖、歓喜における心の躍動から身体四肢の動きをも含めて一般に運動(κίνησις)として捉えられうる。周知のようにプラトンはあらゆる意味での欲求(ἔρως)的性格をもって魂を特徴化し、晩年にはこれを運動の源として体系化したが、運動(欲求)が魂の自発性によることはアリストテレスにとって自明的であった。[168]

では、人間における運動とはなにか。それはより厳密にはなにに由来するか。先ず、それはすでに論じたより下位の能力のみには由来しない。運動とは常に或る目的への希求であるが、これらの下位能力はいずれも自覚的要素を欠くが故である。[169] だが、それは単なる理性(νοῦς)からだけでもない。なぜなら、たとえ理性が忌避し追求すべきことに関して何事かを語ったにしても無抑制者の場合のように、それが行動の動因になるとは限らないからである。しかし、それは単なる欲求でもない。思慮ある者は欲求(ὄρεξις)を覚えながらこれを抑制して理性に随うのだから。[170] だが、このことは直ちに魂(人間)の動きの中間的性格を示す。すなわち、人間においては動因が常に二元的な緊張関係のもとに働く。もちろん、動きの第一次的原因は欲求である。[171] そして、一般に動物の動きは非合理的衝動性のみに由来するが故に単純である。[172] だが、人間では、ここに異質の存在層が交錯して来る。すなわち、欲求を拘束する理性が介入する。魂における合理と非合理のこの接触が、人間の動きに特徴的な動揺性の源であり、神も動物も迷わぬのに人間のみが本質的に迷う理由に他ならない。[173]

だが、多くの詩人たちが歌ったように、しかく迷いの中に留ることが真に人間的なのか。そうではない。なぜなら、魂の中で相搏《あいう》つこの二力のうち、非ロゴス的な力は動物的本質の延長であり、これに身を委ねた無抑制者は麻痺した肉体のように盲動して人間を失格するからである。[174] しかし、なぜ人間を失格したといえるのか。それは人間の本質が人間のみに固有なロゴスによって決まるからである。[175] 真に人間的な動きはロゴスの介入によって成立する。欲求は人間的でもあれば、人間的でもない。[176] 人間的であるとはそれが理性に聴従した時であり、人間的でないとはこれを無視した時である。[177] そして、この二つの動因が常に一致する時、本来の人間性が実現されるのである。[178]

だが、このロゴスとはより内容的には一体なにか。単なる叫喚《フォーネー》は快苦のしるしとして動物もこれを共有している。しかし、ロゴスは意思の疎通としてすでにそれ自体他人を、従って共同体を前提する。自己を語り、他人の話を聞き、共に生きることが人間の本質なのである。そして、このように人間が共同体的存在であることが直ちに、人間における正邪利害の本来的存在を含意する。[179] 後者がなければ前者はなく、前者がなければ後者はない。人間個人のロゴスの中にかれの生くべき共同体の原理が集約的に内在しているのである。そして、合理(λόγος)と非合理(ἄλογον)の相会するこの場面こそ質料と形相の合成者である人間にもっとも本来的な倫理的実践の領域に他ならなかった。[180]

「汝人なれば人のことを、死すべき者なれば死すべきことを慮るべし、と慫慂する人に従って生きるべきではなく、むしろ出来るだけ不死の生を営み(ἀθανατίζειν)、われわれの中の最善の部分に従って生きるべく全力を尽くさねばならない。なぜなら、人間は肉体的には微小であるが、その能力と高貴さにおいては万物を遥かに凌駕するからであり、理性がわれわれの中の支配者(κύριον)であり優秀者(ἄμεινον)である以上、われわれは理性そのものであるとさえ思われるからである。[181]」

さて、右のアリストテレスの言葉のうちには、人間本質の二重性に関する極めて重大な問題が暗示されている。すなわち、われわれは前節において確立された類種関係的存在構造をたどってこれまで人間本質を解明してきたが、人間の究極の特質として取り出された理性はその質料内在性を反映する類から離れうることが、右の一文に明瞭に読み取れるからである。形相と質料の複合体としての人間は物質性、植物性、動物性を内含する理性的一者である。だが、この人間は質料を内含するため、絶えず無規定的壊廃へとおびやかされる。この活動は、形相の根源的活動を阻害する質料的沈滞の内含により、常に疲れ、弱り、衰え、遂には無活動に転落する否定的側面を背負う。その働きは現実態(ἐνέργεια)であるよりはむしろ怠惰な質料を形成する過程(κίνησις)であり、恒常性をもたぬが故に不完全であり、やがて形相と質料の分解を予想するが故に可死的である。この故に多くの詩人たちは、「その性死すべきものなれば死すべきことを慮るべし[182]」と詠んだのだが、このように人間を可滅体とのみ見ることはアリストテレスにとっては人間本質の真の特質を認識するものではなかった。だが、それは理性のいかなる面によって示されるのであろうか。

すでに注(137)において触れたように、霊魂はその多様な働きにもかかわらず一者であり、層的説明は実体論においても避けえなかった類種関係の反映にすぎなかった。従って、これらの働きは相互に滲透し貫通し合う。肉体に内在する理性は表象《パンタスマ》なしには働かない[183]。しかし思惟(νόησις)は表象を利用しはするが、それに制約されない。思惟は表象の提供する質料的形態からその形相のみを抽出する。だが、形相を抽出するとはなんのことか。

一体、認識において真偽の別が生ずるのは、ノエーマが結合されている場合である。真なる認識とは本来結合しているノエーマの肯定であり、偽なる認識とはその反対である[184]。しかし、本来結合しているノエーマとは、基本的に真なる不可分者(ἀδιαίρετος)と異なるものではない[185]。従って、それは前節の考察から明らかなように、一つの存在者の実体の透視を意味する。表象はしばしば本来結合していない非実在像を提供することにより偽なる認識へと誘うが[186]、本質直観としての思惟は常に真である[187]。思惟は表象を利用しながら、形相にのみ注目することによりかえってこれを判別する立場に立つ。

さて、このように思惟は諸形相の受容者であるが、そうであるためには、それ自身が不可変容的(ἀπαθές)であり、純粋(ἀμιγῆ)であり、しかも可能的に万物(δυνάμει πάν)でなければならない。なぜなら、アナクサゴラスのいうように知るためには支配せねばならないが、支配するためには他者の影響を蒙ってはならないからである。この意味は、理性がAを知る際、Aに影響されAと成りおのれの純粋性を失えば、もはやA以外のものを受容できない、という点にある。それは純粋であるという点でいわゆるタブラ・ラーサであり、万物であるという点で諸形相の座《トポス・エイドーン》であるといわれる。[188]

この故に、理性は元来肉体とは無関係である。[189] なぜなら、もし肉体と関係をもてば、それは寒にせよ暖にせよともかく一定の感覚的変容を蒙り、その純粋性、不可変容性、可万物性を喪失するからである。従って、それは時至れば独立離存(χωριστός)する能力を秘めている。[190]

さて、前節においてわれわれは本質が勝れて種差的なものであると論じたが、これは理性の離存においてはじめてその十全的意義を発揮する。種差とは元来類を離れえないにもかかわらず、人間においてはそれが異質の存在層に由来することにより、理性は本質の統一者でありながら独立的一者でもあるという構造をもっている。それ故、理性の能力は無限となる。すでに触れたように活動の根源はあらゆる存在者において形相であったが、[191] 独存する理性にはこれを阻害する質料がないからである。これまで論じてきた形相と質料の複合体としての人間の諸能力は、肉体に繋縛されたため断続的であり、可変的であり、狭隘な限界に閉塞されていた。たとえば、感覚知は強度の対象には堪ええず、低度の対象には反応できず、一定の時空においてのみ働きうるにすぎなかったが、[192] これは感覚知が肉体を引きずっていたことに由る。これに対し、理性は質料をもたぬ故、対象の強弱に左右されず、[193] 休止を必要とせず、衰弱し滅びることがない。肉体から離存した理性は活動そのものとして、[194] 時に考え時に考えぬのではなく、無限に考え、恒常的に考え、休み疲れることなく考える永遠の思惟となる。[195] この無限の能力こそ人間本質に冠たる理性の働きであった。

こうして、われわれは観想的生活の門口に立つ。

　われわれはすでに本章第一節で本質の自体的活動を善と論定した。従って、生命力をも含めすでに論じたあらゆる霊魂の諸活動はその秩序において善である。だが、これらの諸活動はその自体性において純粋思惟に遠く及ばない。なぜなら、自体的活動とは働きが直ちに目的として完結する働きを意味したが[196]、これは純粋現実態においてのみ厳密な意味で成立するからである[197]。それ故、観想的生活には、完全な自体性の結果として超人間的特質が付随する。先ず、それはあらゆる人間的活動のうちでもっとも恒常的である。肉的生活は疲れるが、理性的生活は疲れを知らない[198]。それ故、それは驚異的な快楽を伴う[199]。快楽とはすでに触れたように活動の充溢に付随する現象であったから。さらに、それは能う限り自足的である[200]。形相と質料の複合体としての人間のあらゆる活動は、アレテーの規模が大であるほど外的要素に依存する。良い政治は大衆の協力を、寛宏な人柄は相当な財貨を、勇気は力を必要とする。しかるに、思惟は何ものをも要しない。それ故、それは目的そのものである。テオリアからはテオリア以外のものは生じない[201]。倫理的行為も高度に自体的なものではあるが、稔らない善行というものが存在することからも解るように、これの自体性が本質的にテオリアのそれに及ばないことは明白である。そして、最後に目的そのものであることにより観想は安らぎのうちに働く。一体、忙しげに働きまわることはやがて目的のうちに静まるためであるが、目的そのものであるテオリアは静止のうちに充溢する活動であった[202]。

　だが、一体このような生活が人間としての人間の生活であろうか。否。それは人間的水準を遥かに凌駕した生活、なにか神的なもの(θεῖόν τι)としての生活である[203]。それには、浄福(μακάριος)と呼ばれる神々の生活を考えてみればよい。あらゆる人間的な徳は潜在する悪徳的傾向の克服を前提する。正義は契約における貪婪を、勇気は危険に際しての恐怖を、節制は悪しき情欲への感受性を。だが、神々にこれらの状況を想定すること自体が、あまりに卑俗あまりに矮小である。[204] だが、神々は生きている。もっとも充実した生を送っている。しからば、神々の生活としてテオリア以外のなにがありうるか。[205] 存在論的に世界の根底を支える純粋現実態として論証されるヌースの働きは、かくして倫理的根拠から要請される神の生活と一致する。しからば、これにあやかる人間の生活もまた神に近づく。[206] 観想的生活に従う人間は神の似姿(ὁμοίωμα)として自己を超えてゆく。[207]

さて、以上により人間本質の基本的構造の総観は終ったが、最後に本質の二重性に由来する二つの人間観が問題として残る。すなわち、理性的動物としての人間と理性そのものとしての人間である。周知のように、この分裂は古くからアリストテレス解釈の一つの難問であったが、その解釈はほぼ一定していた。すなわち、後者はプラトニズムの残滓であると。これは、そのような思想をプラトンから受容したという意味でならば、肯定されうる。しかし、この肯定は内容的に前者と後者の矛盾という体系的欠陥の承認を意味しない。なぜなら、二つの人間は同じ次元で対立するのではないからである。すなわち、理性的動物としての人間は、理性そのものとしての人間の活動を成立させるために、その支えとして存在しているからである。たしかに、もし観想的生活というものが成立するとすれば、それは離存理性に近い生活であろう。[208] そして、哲学がもっぱら観想をこととする以上、哲学者が元来離存理性に近いことも必然である。「哲学は死の演習である」という有名な一句からもうかがわれるように、観想は厳密にいえば肉体(個体的存在としての自己)からの脱存において成立する。プラトンが『パイドン』篇の当該のくだりで意味したものは、「哲学する《フィロソフェイン》」すなわち「真理を観る《テオーレイン》」ためには精神そのものに成りきらねばならず、これは肉体からの脱出すなわち死を前提する、ということであった。[209] 従って、観想的生活は地上に生き飲食する形相と質料の複合体としての人間の本来の生活ではない。アリストテレスがくり返しこれを超人間的生活と呼ぶのは、われわれが人生の営みの大部分において理性そのものではないからである。アリストテレスはその倫理学の終結部において生滅する個体としての人間を超えた普遍精神としての不滅の人間に視野を設定したと考うべきである。

しからば、本来的人間の生活が理性的動物の生活、パトスに巻き込まれて動揺する形質複合体の在り方であることは明白である。[210] 人間が元来動物的なものであるという点では、ギリシア人の人間観は完全に一致していた。[211] だが、もっとも貧弱な動物的能力の故に、山野で自然の脅威にさらされ、獣のように相争い、不順な季節に飢えれば、つとに亡び去ったはずの人間を繁栄せしめえたものはなにか。それは獣と異なる人間の本質である。ギリシア人はこれを神話として語っている。プロメテウスは火を、トリプトレモスは農業を人間にもたらすべく神々に命ぜられた。すなわち、前者は技術を、後者は共同体とその法を人間に与えたのである。[212] そして、このことをアリストテレスはロゴスとして集中的に表現する。人間本質のうちには様々の下位存在層が含まれており、これらの全体的協働のうちに人間の生は成り立つ。すなわち、第一節で論じたところから明らかなように、より上位の存在層が支配し、より下位の存在層が服従するという秩序的エネルゲイアのうちにフュシスの働きが全うされ、善が実現される。そして、それは、この神話の語るように、人間が亡びないため、人間が栄えるための神々の定めであった。

（1）　EN, I, 1, 1094 a 1–3; I, 2, 1094 a 18–23.

（2）　EN, I, 7, 1097 a 18–23; EN, VI, 12, 1144 a 31–33; EE, I, 8, 1218 b 10–14; EE, II, 1, 1219 a 8–13; Politica, I, 2, 1252 b 34–1253 a 1; Rhetorica, I, 7, 1364 a 1–3, etc.

（3）『ニコマコス倫理学』におけるアリストテレス自身の議論の運びでは、幸福に関する諸説の分析を通して、この規定の意味は具体的に展開される。

（4）Plato, Gorgias, 483 b 4–d 2.

（5）Plato, Respublica, I, 338 e 1–339 a 4.

（6）Plato, Leges, X, 886 a 9–b 8.

（7）Plato, Leges, X, 889 b 1–890 a 9.

（8）Plato, Leges, X, 896 b 10–899 b 9.

（9）Plato, Leges, X, 892 a 2–c 7.

（10）W. Jaeger, The Theology of the Early Greek Philosophers, Oxford, 1947.

（11）Thales; De Anima, I, 5, 411 a 7–8. Anaximandros; Fr. 3, Physica, III, 4, 203 b 6–26. Anaximenes; Fr. 2.

（12）Anaximandros; Fr. 1. Cf. M. Heidegger, Holzwege, Vittorio Klostermann, 1957; der Spruch des Anaximander.

（13）Ilias, 16, 433–438.

（14）Ilias, 6, 488–489.

（15）Theogonia, 217–222.

（16）Odyssea, I, 32–39.

（17）Plato, Cratylus, 412 d 4–e 2.

（18）Plato, Phaedo, 79 e 8–80 a 5.

（19）Plato, Protagoras, 352 b 1–d 3.

（20）Plato, Philebus, 30 c 1–d 9; Euthudemus, 292 a 4–12; Timaeus, 47 e 3–48 a 7; Leges, IX, 875 c 3–d 5.

（21）Plato, Philebus, 28 c 7–8.

（22）Plato, Philebus, 28 c 9–30 e 3.

（23）Euripides, Medea, 410–411. なお、δίκη(正義)は、ラテン語の digitus(指)、dico(命令する)、dicio(権力)と同根である。

（24）Met, V, 1, 1013 a 20; Fr. Protrepticus 6 (Ross, Aristotelis Fragmenta Selecta, pp. 34–35).

(25) Plato, Politicus, 271 d 3–e 5.
(26) Erga, 273–285.
(27) Plato, Politicus, 271 e 5–6; Critias, 109 b 5–c 4; Phaedo, 62 b 6–8.
(28) EN, I, 2, 1094 a 18–23.
(29) Politica, I, 2, 1252 b 27–1253 a 7.
(30) De Partibus Animalium, I, 5, 645 a 23–26.
(31) Politica, VII, 3, 1325 b 9–10.
(32) Met, I, 9, 990 b 8–14; Met, I, 6, 987 a 29–b 10.
(33) Plato, Parmenides, 135 b 5–c 3.
(34) (i) EN, I, 6, 1096 a 17–23; EE, I, 8, 1218 a 1–10(善の階層的相違)。(ii) EN, I, 6, 1096 a 23–29; EE, I, 8, 1217 b 26–34(善の多義性)。(iii) EN, I, 6, 1096 a 29–34; EE, I, 8, 1217 b 34–1218 a 1(善に関する学知の多性)。(iv) EE, I, 8, 1218 a 17–32(数論的証明法の欠陥)。
(35) (i) EN, I, 6, 1096 a 34–b 3(善のイデアの無内容)。(ii) EN, I, 6, 1096 b 3–5; EE, I, 8, 1218 a 10–16(永遠不変性による根拠づけの無意味)。
(36) (i) EN, I, 6, 1096 b 32–35; EE, I, 8, 1218 a 34–37(離存者はわれわれに無関係)。(ii) EN, I, 6, 1096 b 35–1097 a 14; EE, I, 8, 1218 a 36–b 7(善のイデアの不必要)。
(37) EN, I, 6, 1096 b 16–26.
(38) EN, VI, 4, 1140 a 1–6.
(39) Plato, Charmides, 163 b 1–e 2.
(40) Met, IX, 6, 1048 b 18–36; cf. EE, II, 1, 1219 a 13–17.
(41) EN, II, 4, 1105 a 26–33.
(42) EN, I, 8, 1098 b 18–20.
(43) EN, VI, 5, 1140 b 6–7.

(44) Plato, Respublica, I, 352 d 7–353 d 2.

(45) Fr. Protrepticus 6 (Ross, op. cit., p. 35, 12–16).

(46) EE, II, 1, 1218 b 37–1219 a 13.

(47) EN, I, 7, 1097 b 24–33.

(48) Politica, I, 2, 1253 a 23; De Caelo, II, 3, 286 a 8–9; De Generatione Animal., I, 2, 716 a 23.

(49) Met, V, 16, 1021 b 21–25; V, 17, 1022 a 6–9.

(50) EN, I, 7, 1098 a 16–17.

(51) Met, VII, 2, 1028 b 8–13; Met, VIII, 1, 1042 a 7–11.

(52) Categoriae, 5, 3 b 10–16.

(53) Met, VII, 16, 1040 b 27–29.

(54) EN, I, 6, 1096 a 19–22.

(55) Categoriae, 5, 4 a 10–22.

(56) Physica, I, 3, 186 a 24–32; I, 7, 190 a 13–16.

(57) Categoriae, 5, 2 a 34–b 6.

(58) Met, VII, 3, 1029 a 10–16.

(59) Met, VII, 3, 1029 a 20–26; Met, IX, 7, 1049 a 24–28.

(60) Met, VII, 3, 1029 a 28.

(61) アリストテレスの基体を質料とのみ考える解釈は誤りである。体系的には形相が根源的な基体である。Met, VII, 3, 1029 a 2–3; Met, VIII, 1, 1042 a 26–29; Met, V, 18, 1022 a 29–32; Categoriae, 5, 3 a 7–32.

(62) Categoriae, 5, 2 a 11–13; Met, VII, 3, 1029 a 8–9; Analytica Post., I, 22, 83 a 24–35.

(63) Analytica Post., I, 22, 83 a 37–38.

(64) Parmenides, Fr. 9 (Diels).

(65) E. Zeller, Die Philosophie der Griechen, 2 Teil 2 Abt. S. 303–313; T. Gomperz, Griechische Denker, 3 Band, S. 62 sqq.

(66)　(i) Met, VII, 8, 1033 b 19–22. (ii) VII, 14, 1039 a 30–33. (iii) VIII, 1, 1042 b 1–3. (iv) XII, 2, 1069 b 10–11.

(67)　(i) Met, VII, 1, 1028 a 11–12. この一文のみからでは形相と解しうるが、後続の文脈から断定しきれない。(ii) VII, 4, 1030 b 11–12. 第七巻第四章の問題からみて形相と解した方が妥当であろう。(iii) VIII, 1, 1042 a 27–28. ここは感覚的個別者と解した方が解り易いが、形相と解することも不可能ではない。(iv) XI, 2, 1060 a 37–b 2. 批判されているヘカテロンとはオンやヘン等の超類的普遍者である。イデア論批判の核心は、イデアと感覚的個別者との争いではなく、イデアと形相との争いであった点よりみれば、この τόδε τι が必ずしも感覚的個別者である必要はない。(v) XIII, 10, 1087 a 18. ここでは活動している個別的な知を τόδε τι といっている。この場合、ἐνέργεια が形相に由来する点よりみれば、この τόδε τι を形相と解することもできる。

(68)　(i) Met, V, 8, 1017 b 17–18. (ii) V, 8, 1017 b 24–26. (iii) VII, 3, 1029 a 27–28. (iv) VII, 4, 1030 a 3–6. (v) VII, 4, 1030 a 18–19. (vi) VII, 5, 1030 b 16–18. (vii) VII, 11, 1036 b 23–24. (viii) VII, 13, 1038 b 23–24. 批判されているのは γένος としてのイデアであり、οὐσία といわれているのは εἶδος である以上、この τόδε τι は形相と解さるべきである。(ix) VII, 14, 1039 b 2–4. 論述の内容からみてこの τόδε τι は ἄτομον εἶδος である他はない。(x) VII, 17, 1041 b 6–7. (xi) VIII, 1, 1042 a 28–29. (xii) IX, 7, 1049 a 34–35. (xiii) XII, 3, 1070 a 11–15.

(69)　Met, X, 1, 1052 b 15–17.

(70)　Met, V, 6, 1015 b 18–19.

(71)　Ibid., 1016 a 9–10, 1016 b 11–12.

(72)　Ibid., 1016 a 22–24.

(73)　Met, X, 1, 1052 a 33–34.

(74)　Met, V, 6, 1016 a 32–b 3.

(75)　Ibid., 1016 b 10–11, 13–14; X, 1, 1052 a 22–23.

(76)　アリストテレスの第一実体 (πρώτη οὐσία) という術語は最勝義の実体という意味である。これを感覚的個別者とのみ解する説は誤りである。『形而上学』では、この術語は形相を意味する場合に限られており、体系的にもそのように解されねばならない。Cf. Met, VII, 7, 1032 b 1–2.

(77) アリストテレスの本質は、他には自体性(καθ' αὑτό)という徴表をもっている。これは一見して明らかなように、プラトンがイデアを特徴づけた術語であり(Plato, Symposium, 210 c 6–211 b 5; Phaedo, 64 c 4–8, 65 c 7–9, 67 c 5–d 2, etc.)、その意味はイデアの自立存在性であった。アリストテレスの本質もこの内容を継承し、これをアリストテレス流に改造したものである。すなわち、自体的なものとは、(i) 自己原因者、(ii) 持続的基体、(iii) 定義の中に語られるもの、であり、形相はこれらの意味を一身に具現しているのである(cf. Met, V, 18)。

(78) Anaximandros, Fr. 1 (Diels).

(79) Met, I, 5, 986 a 15–21.

(80) Ibid., 985 b 23–26.

(81) Plato, Phaedo, 65 d 11–66 a 8.

(82) プラトンの哲学方法論は中期から後期にかけてその内容を変えてゆく。すなわち、『国家』篇、『パイドン』篇などで強く主張せられた仮説弁証法は『パルメニデス』篇を転機として(Parmenides, 135 c 8–136 c 5)影をひそめ、代って διαίρεσις の方法が唯一の真なる認識方法として登場する(cf. Philebus, 16 c 5–18 b 4)。アリストテレスが本質論において継承しているのはこの後者である。仮説弁証法(その前段階であるソクラテスの反駁論証をも含めて)については、アリストテレスはその中に不分明に含まれている諸要素を分析し、基礎づけ直すことにより、そこから論証(ἀπόδειξις)と弁証(διαλεκτική)の論理を創り出した、といってよいであろう。

(83) Analytica Post., I, 34, 89 b 10–20.

(84) Analytica Post., II, 2.

(85) Analytica Post., II, 13, 96 a 33–35.

(86) Plato, Phaedrus, 265 e 1–3; Sophista, 267 d 4–e 2.

(87) Analytica Post., II, 13, 96 b 15–97 a 22.

(88) Analytica Post., I, 4, 73 a 34–b 3; Met, V, 18, 1022 a 27–29. 注(77)を参照。

(89) Met, VII, 12, 1037 b 11–14.

(90) Ibid., 1037 b 18.

(91)　Met, VII, 4; 5.

(92)　Met, VII, 12, 1038 a 1–3.

(93)　Ibid., 1038 a 5; X, 7, 1057 b 7; X, 8, 1058 a 22.

(94)　Met, VII, 12, 1038 a 21–34.

(95)　Met, X, 8, 1058 a 19–21; VII, 12, 1038 a 16.

(96)　Met, VII, 12, 1037 b 25–26.

(97)　Ibid., 1038 a 25–26. 字義通りには最低種差(τελευταία διαφορά)といわれる。しかし、これが最低種を意味することは、アリストテレスがこの一文で両者を同一視し、また、最低種差がより上位の類をすべて予想することから明らかである。しかし、この辺は、アリストテレス自身の思索が錯綜しており、一つの立場を採らなければ論ずることが不可能となる。スコラ哲学での forma totius, forma partis への煩瑣化は、この問題におけるアリストテレスの思索の動揺に由来する。

(98)　Met, V, 6, 1016 a 22–28.

(99)　Met, VII, 12, 1038 a 5–8; Met, X, 8, 1058 a 23–24.

(100)　Met, X, 8, 1057 b 35–1058 a 1.

(101)　Ibid., 1058 a 6–8, 16–21. 反対性(ἐναντιότης)ともいわれる。

(102)　Met, VII, 12, 1038 a 6–9.

(103)　Cf. Thomas Aquinas, De Ente et Essentia, cap. 1, 2. (forma totius, forma partis は Scotus の言葉)

(104)　Met, VII, 10, 1035 b 27–29.

(105)　注(97)を参照。

(106)　Met, VII, 13, 1038 b 8–11.

(107)　Ibid., 1038 b 11–12.

(108)　Ibid., 1038 b 14–15.

(109)　もちろん、これはアリストテレス常用の単なる例である。船や家、すなわち人工品が実体なのではない。

(110)　Thomas Aquinas, De Ente et Essentia, cap. 2, art. 6.

(111) トマスの essentia はソクラテスやカリアスのではなく、人間の定義によって与えられる。しかし、ソクラテスやカリアスを離れて、一体人間なるものがあるだろうか。essentia はアリストテレスの忌避する genus 的なものとなっている。さらにこの抽象的な essentia は materia sensibilis in communi すなわち os absolute, caro absolute なるものを含む、とされる。しかしこの肉、この骨を離れて、一般的肉、一般的骨なるものがあるとは考えられない。これらはすべて essentia が個物の説明的抽象概念にすぎないことに淵源する。しかし、アリストテレスの本質は実在的なフュシスである。

(112) Met, VII, 16, 1040 b 5–10.

(113) Met, VII, 10, 1035 b 1–3.

(114) Ibid., 1035 a 7–9.

(115) De Anima, II, 1, 412 a 7–9. このテキストについてのロスとハムリンの説明は、両者が形相を個別化の原理として理解していることを明白に示している。'Substance includes matter (which is not in itself an individual thing), form (which gives individuality).' (Ross, Aristotle, De Anima, Oxford, 1961, p. 211) ; 'Matter is merely whatever can potentially receive form and is thus indefinite and indeterminate. Form gives it determinateness.' (D. W. Hamlyn, Aristotle's De Anima Books II, III, Oxford, 1968, p. 82)

(116) Met, VII, 11, 1037 a 5–10.

(117) Met, XII, 5, 1071 a 20–29.

(118) Met, VII, 13, 1038 b 14–15.

(119) M. Heidegger, Sein und Zeit, S. 42.

(120) Met, I, 9, 991 b 1–3.

(121) これがイデア論批判の内容であり、目的である。

(122) Met, VII, 11, 1036 a 26–28.

(123) Analytica Post., II, 5.

(124) Met, VII, 11, 1036 b 8–13.

(125) De Bono, Fr. 2.

(126) De Anima, II, 1, 413 a 4-7.
(127) Met, VII, 11, 1036 b 28-30.
(128) De Anima, I, 1, 402 b 21-25.
(129) De Anima, I, 3, 407 b 20-26.
(130) De Anima, I, 1, 403 a 5-10.
(131) 「この質料に内在するこの形相」τόδε ἐν τῷδε とは，単に形相が質料に内在するという意味ではない。「この質料」とは質料のもつ一定の感覚的形態 μορφή を意味し，「この形相」とはそのように特定化された質料に適合する特定化された形相を意味している。ピタゴラスは路傍の犬に昔の友人の魂を見出したと伝えられるが(Xenophanes, Fr. 7)，上の理由によってアリストテレスはそのような事柄を否定する。
(132) De Generatione Animal., V, 1, 778 a 16-28.
(133) Ibid., 778 a 28-b 7.
(134) De Partibus Animalium, I, 1, 640 a 11-25.
(135) Ibid., 641 a 5-14.
(136) 本文一七五頁を参照。
(137) 以上により形相抽出の方法は確定されたが，ここに銘記すべきは霊魂の一性である。というのは，人間のもつ諸機能は極めて多様であるが故に一見それらが一つの霊魂より発する統一的 ἐνέργεια であるか否かに疑問が生ずる(cf. De Anima, I, 5, 411 a 26-b 3)。つまり，霊魂を可分的な層的堆積によって説明する傾向が生ずる(ibid., 411 b 5-6)。τινές によってアリストテレスが誰に言及したかは明らかでない。プラトンと解する人もいる(cf. Plato, Respublica, IV, 435 b-445 b; Phaedrus, 246 a-247 c; Timaeus, 69 a-73 b)。しかし，この思想は実体の一性から明白に拒絶される(De Anima, I, 5, 411 b 6-14)。アリストテレスにとって霊魂の諸機能は相互に浸透し合い，一は他を予想する全体的な統一作用である。これらは連続的秩序のうちに働きながら下位のものは上位のものの条件となり，上位のものは下位のものを規制して一つの ἐνέργεια を構成している。部分的な説明は，実体においても避けえなかった類種関係的説明に並行するものにすぎない。
(138) De Anima, II, 4, 416 a 19-b 30.

(139) De Anima, II, 4, 416 a 9–13.

(140) Plato, Phaedo, 85 e 3–86 d 4; 86 e 6–88 b 8.

(141) De Anima, II, 4, 416 a 13–18.

(142) 注(77)で触れたように形相は事物の存在原因であり，このような意味で霊魂が生の原理といわれる(De Anima, II, 4, 415 b 12–14)。だが，この思想は或る意味でギリシア人にとっては自明的であった。というのは，生物(ἔμψυχον)とは，「その中に魂のある者」という意味であり，従って，当然生きることの原理が魂と見なされうるからである。Cf. Plato, Phaedrus, 245 c 5–246 a 2.

(143) 'plenitudo essendi'; Thomas Aquinas, Summa Theologiae, I, 2, q. 18 a. 1. トマスの善観はアリストテレスの意図をもっとも見事に定式化している。

(144) De Anima, II, 4, 415 a 29.

(145) De Anima, II, 4, 415 a 28–b 7.

(146) EN, I, 13, 1102 a 32–b 2; De Anima, II, 4, 415 a 22–26.

(147) EN, I, 13, 1102 b 3–8.

(148) De Somno, 1, 454 b 23–455 a 3.

(149) EN, I, 7, 1097 b 33–1098 a 1; I, 13, 1102 b 3.

(150) EN, I, 5, 1095 b 32–33; I, 8, 1098 b 33–1099 a 3; I, 13, 1102 b 3–6; X, 6, 1176 a 33–b 2.

(151) De Anima, II, 5, 417 b 19–28.

(152) Empedocles, Fr. 84–89 (Diels).

(153) Democritus, Lehre, 131–135 (Diels).

(154) De Anima, II, 5, 417 a 9–b 7; 12, 424 b 3–18.

(155) De Anima, II, 11, 423 b 17–26; 12, 424 a 24–27.

(156) De Anima, II, 12, 424 a 17–21.

(157) De Anima, II, 11, 424 a 2–7; 12, 424 b 1.

(158) De Anima, III, 1, 2.
(159) Met, I, 1, 980 a 21–23.
(160) EN, X, 4.
(161) Diogenes Laertius, II, 88.
(162) EN, X, 2, 1172 b 20–23.
(163) Ibid., 1172 b 9–10.
(164) De Anima, II, 2, 413 b 2–4; cf. De Somno, 1, 454 b 24–25.
(165) Fr. Protrepticus 16 (Ross, op. cit., p. 52).
(166) EN, VII, 5, 1149 a 9–20.
(167) EN, I, 7, 1097 b 33–1098 a 4.
(168) De Anima, III, 9, 432 a 15–19.
(169) Ibid., 432 b 13–26.
(170) Ibid., 433 a 1–8.
(171) De Anima, III, 10, 433 b 10–12, 433 a 21.
(172) Ibid., 433 a 10–12.
(173) Ibid., 10, 433 b 5–10, 433 a 9–14.
(174) EN, I, 13, 1102 b 14–25; Xenophon, Memorabilia, IV, 5.
(175) Politica, I, 2, 1253 a 9–10.
(176) De Anima, III, 10, 433 a 25–29.
(177) EN, I, 7, 1098 a 4; I, 13, 1102 b 31–1103 a 1.
(178) EN, I, 13, 1102 b 27–28.
(179) Politica, I, 2, 1253 a 14–18.
(180) EN, I, 13, 1103 a 2–10; X, 8, 1178 a 9–21.

(181) EN, X, 7, 1177 b 31–1178 a 3.

(182) e.g. Sophocles, Tereus, Fr. 515(Nauck).

(183) De Anima, III, 8, 432 a 8–9.

(184) De Anima, III, 6, 430 a 27–28.

(185) Ibid., 6, 430 b 6–20.

(186) De Anima, III, 3, 428 a 5 sqq.

(187) De Anima, III, 6, 430 b 20–30.

(188) De Anima, III, 4, 429 a 10–22.

(189) Ibid., 429 a 24–25.

(190) 独立離存する理性は詳しくは能動理性(νοῦς ποιητικός)。思惟作用においてさきに理性は形相の受容者といわれたが、このことは或る意味で πάσχειν であり、従って、この視点からみられた理性は質料的受動者でもある(De Anima, III, 5, 430 a 10–14)。しかし、認識の成立には、この πάσχειν を可能にする究極の能動者がなければならない(ibid., 14–15)。それは光が万物を可視的にするように、受動理性の上に射し込んで万物を刻印する(ibid., 15–18)。それは本質的能動者として、魂のあらゆる働きの究極的根源である。しかし、この離存すると言われる能動理性が何であるかについては哲学史上に有名な無数の論争がある。なお、この問題については第十章「観想」でより精密に考察する。

(191) 注(67)の論点(v)を参照。

(192) De Anima, II, 12, 424 a 28–32; III, 4, 429 a 31–b 3.

(193) De Anima, III, 4, 429 b 3–4.

(194) De Anima, III, 5, 430 a 18.

(195) De Anima, III, 5, 430 a 22–23.

(196) 本文一六二頁を参照。

(197) Met, IX, 6, 1048 b 23–24, 33–35; EN, VII, 14, 1154 b 24–28.

(198) EN, X, 7, 1177 a 21–22.

(199) Ibid., 1177 a 23–27.
(200) EN, X, 8, 1178 a 23–b 7; X, 7, 1177 a 27–b 1.
(201) EN, X, 7, 1177 b 1–4.
(202) Ibid., 1177 b 4–25.
(203) Ibid., 1177 b 26–31.
(204) EN, X, 8, 1178 b 7–22.
(205) Met, XII, 9, 1074 b 33–35.
(206) EN, X, 8, 1178 b 23.
(207) EN, X, 7, 1177 a 12–21; X, 8, 1178 b 25–32, 1179 a 22–24.
(208) EN, X, 8, 1178 a 22.
(209) Plato, Phaedo, 80 d 5–81 a 2.
(210) EN, X, 8, 1178 a 19–21.
(211) e.g. Kritias, Fr. 25 (Diels).
(212) Xenophon, Historia Graeca, IV, 3, 6; Plato, Protagoras, 320 c 8–323 a 4.

第六章　徳

一　中　庸

アリストテレスの徳論はギリシア倫理思想の貯水池であるが、直接にはソクラテス、プラトンのそれから連続的に展開している。従って、少なくとも両者の思想の中核は瞥見しておく必要がある。

周知のようにソクラテスは「徳は知（ἐπιστήμη）なり」と主張した。この主張に関する哲学史公認の解釈は、ソクラテスでは未だ知徳と行徳とが分離せず、これは倫理的問題におけるソクラテスの洞察が未だ不充分であったことに帰因する、となる[1]。ところが『プロタゴラス』篇を読むと、この解釈こそ表面的であることに気付く。なぜなら、そこで知と行とを異なるものと考えているのは大衆であり、ソクラテスは充分にこの大衆の見方を知りながら、あえて人々の眼に奇矯な見解を説くからである。

「プロタゴラスよ、君は知識をいかに考えるのか。君も大衆と同意見なのか。かれらの思いなしでは、知識は強くもなく指導的でもなく支配的でもない。かつ、しばしば人は知識をもちながら、知識によって支配されずむしろもろもろのパトスによって支配され、知識はこれらによって奴隷のように引きずり廻される、と考えている、君もこういう意見なのか。それとも知識は善いものであり人間を支配できると思うのか。かつ、善悪を知れば知識以外の何かに支配されて知を逸脱した行為に走ることもなく、むしろ、フロネーシスは人間を護るのに充分である、と思うのか。(2)」つまり、ソクラテスが「知は徳なり」という時、この知はいわゆる行為を離れた知識のことではなく、むしろパトスを制御して人間を善行へ推進するに充分な倫理徳であった、といえる。だが、なぜこのようなことがいえるのか。それは、ソクラテスにとって理性支配は何ものよりも強力であり、(3)正しい信念をもつ者が正しく行為するのになんらの疑念もなかったからである。(4)実際、『弁明』篇のソクラテスは、「生涯にわたり正義に叛く何事もなんびとに対しても譲らなかった(5)」という超人間的な宣言を発している。

このようにソクラテスの「知即徳」は、理性支配の完全性に基礎を置く知行合一論であったが、この見解はプラトンやアリストテレスにはあまりにも楽観的に映った。「一体正しい考えを抱きながらどうして放埒な生活に堕ちるのか、人は疑問に思うであろう。実際、このようなことは不可能だという人もいる。というのは、ソクラテスの考えたように、正しい知識をもちながら何か他のものに支配され奴隷のように引きずり廻されるのはまことに奇怪だからである。だが、この主張は明白に人々の考えと矛盾する。かつ、このような問題に関してはパトスが論究せられねばならぬ。(6)」アリストテレスもソクラテスと同様、理性支配が善い生活の原動力であると考えていた。しかし、ソクラテスは澄明な良心とおそるべき意志力とを併有した超人であった。かれの理性は完全にパトスの盲動を統率していたのである。だが、これは一般人には当てはまらない。人々は意図に反し絶えず同じ過誤をくり返す。憤怒、怠惰、情欲、恐怖、いずれにせよ情念の衝動的圧力は理性の声を朦朧化し人々をして心ならずも不行跡へと逸脱せしめる。(7)ソクラテスは平均人のこの弱点をあまりにも超越していた。平均人においては理性支配は微弱であり、パトス的盲動性は狂暴である。従って、徳が理性支配なしにはありえぬという点では、ソクラテスの主張は正しかったが、それで充分だと考えた点でかれの説は一般的ではなかった。[8] われわれは反抗するパトスをも考慮に入れ、平均人にも可能な善実現の能力としてアレテーを考え直さねばならぬ。アリストテレスの徳論に直結するプラトンのハルモニア思想はこのような観点より生まれた。

周知のようにプラトンは霊魂を三つの部分に分けている。『国家』篇第四巻は哲学者、防衛者、労働者の三階級的国家構成を人間霊魂に敷衍し、これを思惟的部分(λογιστικόν)、気概的部分(θυμοειδές)、欲情的部分(ἐπιθυμητικόν)より成ると論ずる。[9] 一体、理想国家は哲学者が支配的命令を下し、防衛者がこれを補助し、労働者がそれに服従するという全体の調和的活動により成り立つ。同様に人間においても理性が命令し、気概は理性の味方としてこの命令を遂行し欲望を馴致することにより、正しい人間が生まれる。[10] なぜなら、あらゆるものはおのれに相応しい働きにおいて正しくあるが、「全霊魂を配慮する知恵者(σοφός)として思惟には支配が相応しく、気概には聴従と協闘(σύμμαχος)が相応しい」からである。[11] 従って、悪徳とはこれら三者の内乱的相克活動となる。たとえば、放縦とは汚れた豚的部分が専横にも神的部分を奴隷化していることであり、強情や気難しさとは獅子や蛇的部分が増長していることに他ならない。[12]

しからば、プラトンにとって徳とはこれら三者の秩序的協調活動であることは明白である。すなわち、抑制とは肉体が快楽に惑溺して生活全体を倒錯せしめぬよう上位二者が欲望を導くことであり、勇気とは気概が理性の命令を死守することであり、知恵とは支配者たる理性が共同体全体の利益を図ることである。「有徳者はこれら三部分の親和(φιλία)と共鳴(συμφωνία)により生まれる。[13]」これが『ピレボス』篇で詳論される徳即調和(συμμετρία)という思想の土台であり、プラトンの徳論の中核であった。[14]

さて、右の思想は根底においてはソクラテスのそれと同一である。だが、それの実現につきソクラテスが理性支配のみを強調したのに対し、プラトンが調和を語った点に重大な展開契機が潜んでいる。プラトンは正しい教育につき次のように論じている。およそ何事かにおいて達人たらんと志す人は幼時より直ちに習練(μελετᾶν)を開始せねばならぬ。たとえば、大工たらんとする者は測量を、兵士たらんとする者は乗馬を、総じて真実の真似事(τῶν ἀληθινῶν μιμήματα)を遊びながら習得せねばならぬ。要するに、教育の正しい養分は、子供の快や欲をやがて実現しようとする目的へと転じ、かれの魂を志すものの卓越《アレテー》へと牽引しておくことである、と。(15) この主張におけるプラトンの意図は、徳の獲得は理性的判断による意識的努力のみによっては難い、という点にある。質料的盲動性は当初より適切な軌道に乗せられていなければ、突然それを支配するのは不可能に近い。この故に判断力、意志力の不充分な幼時における善や正への無意識的軌道化が緊要となる。遊びすら善への習練、試行(πειρᾶσθαι)とならねばならぬ。教育は子供に徳を植える源であり、これにより未だロゴスにあずからないにもかかわらず、快苦、愛憎が正しく魂に内生し、やがてロゴスにあずかった暁にはこうして習慣化(εἰθίσθαι)されたエトスは理性と共鳴(συμφωνεῖν)するであろう。このシュンフォーニアーこそまさにすべての徳に他ならず、かかる人は憎むべきを憎み愛すべきを愛す。(16)

かくて、調和としての徳はパトスとロゴスの共鳴として、ロゴスによるパトスの習慣化的馴致として捉えられうる。「実に、習慣《ヘクシス》はかれがいかなる人物であるかを物語る魂の有様(διάθεσις ψυχῆς)である。」(17) 不健康な生活に耽れば不健康者となり、酒ばかり呑めば酒呑になる。同様にどれほど正論を吐いても不正ばかり働けば不正者となり、かく醜悪なる行為は醜悪な人を、美しい行為は美しい人を創り出す。(18) だが、このような思想はもはやアリストテレスの徳論へほとんどあと一歩である。かれはプラトンの開拓した習慣論に体系的基礎づけを与えつつおのれの思想を展開していった。

アリストテレスは先ず徳を習慣と見なす立場の人間学的根底を究明する。一体、必然的なもの、完成されたものは習慣化を許容しない。石は一万遍拋り上げられても上昇すべく習慣化されない。[19] 従って、習慣を創りうるのは可能的存在者のみであり、しかも創られる習慣《ヘクシス》は可能的という意味でその者にとり本性的(φύσει)でなければならぬ。[20] 非本性的(παρὰ φύσιν)な在り方、可能性を無視した規制は、決してその存在者の所有《ヘクシス》するところとはならない。だが、このことはなにを意味するであろうか。もちろん、徳が人間にとり本性的であることを、である。人間はだれでも生まれつき勇気、節制、正義、その他の美質への傾向性をもつ。[21] だが、これらの本性的徳は未だ可能的であることにより動揺し、逆転的現実化の危険を孕む。[22] 習慣はこれをロゴス的規定の方向に現実化し恒常化してゆく人間完成化の構造に他ならない。

それでは人間において習慣化さるべき素材《ヒュレー》とは一体なにか。いうまでもなく、それは快苦により代表されるもろもろのパトスである。[23] 人間存在の基底を形成し無意識的にその行動の源となる情意活動は、[24] そのよって来たる質料の特質をことごとく具現する。それは無規定未限定な可能態(δύναμις)として絶えず動揺し確固たる方位をもたない。本性的徳といえどもパトスである限りは不安定であり、従って真の徳とは見なされ難い。徳の形成はこの不安定なパトスを、理性的選択意志にもとづく同一行為の反復により、次第に不動の型へ凝縮せしめてゆくことにより遂行される。[25]

このようにして形成された習慣としての徳は、盲動する質料から内発しながらもはや可能態的性格をもたない。[26] パトスから安定した状態(διάθεσις)へ、状態から不動の習慣へと漸進的にロゴス化が行なわれるに従い、[27] 精神の肉化が完成されてゆく。それは時間的可変性を超えて人間の実体へと食い込み、実体そのものへと凝固する。(28) 善いヘクシスを獲得した人は、善い人、正しい人として、もはや善いこと正しいこと以外の何事も為さない。(29)

さて、それではアリストテレスはいかなる習慣を徳と見なしたか。「すべてアレテーとはその所有者を良い状態（εὖ ἔχον）へと完成しその働きを良く遂行せしめる。(30)」だが、良い状態とはなにか。一般に人間のあらゆる在り方において度外れた行動はその存在を損う。(31) たとえば、強健さや健康についてみれば、過度の（ὑπερβολή）鍛練も不足した（ἔλλειψις）鍛練もそれを減す。これに対し、適正な鍛練（τὰ σύμμετρα γυμνάσια）はそれを産み、増進し、保存する。また、勇敢についてみれば、万事に恐れを抱き何事をも堪ええない人は臆病となり、逆に全く恐れを知らずただ無闇に突進する人は無謀となる。節制その他の徳に関しても同じ事情がみられる以上、良い状態としてのアレテーは中庸（μεσότης）と規定されうる。(32) 中庸とは人間に最大の充実度をもつ存在と活動力を賦与する質料安定化の原理であった。(33)

しかしながら、ここでわれわれは多少の当惑を覚える。というのは、われわれにとって善とは当為の同義語であるが、一見中庸のうちにこのような性格を見出すことが難しい、とみえるからである。ブロシャールはこの点をつき次のような極論を述べている。(34) 一体、倫理学の中核概念は当為であるが、これは古代倫理に全く欠け、ギリシア人にあまりにも無縁なイデーであった。なるほど『ニコマコス倫理学』は道徳的心情の精緻な分析に富むが、そこにあるのは命法ではなくて希求法、すなわちパライネシス（勧め）である。だが、これは当然である。というのは、ギリシア倫理の関心は善ではなく幸福であったが、幸福は義務ではなく希望にすぎない。かれらは超越的或いは内的な絶対法則を求めず、ただおのれの人生を美しく操ることに意を用いている。従って、かれらには当為、法則、良心、義務などの言葉さえ欠けている、と。

さて、右の論がほとんど根拠のない空想的主張であることはこれまでの諸章からすでに明らかであるが、ここで指摘したいことは、一体ブロシャールは『ニコマコス倫理学』のどこを読んで当為の欠如を公言しえたのか、という点である。なぜなら、そこでは挙げきれないほどの箇所において「すべし」(δεῖ)が語られ、しかもしばしばそれは中庸と結合して現われるからである。(35)確かに中庸には老人の処世訓めいた色彩がまつわりついている。また、実際それは、ニーチェのいうように、あまりにも情熱的なギリシア人がおのれを制御するために長年にわたり培った知恵であり、アリストテレスの発明品ではなく、ギリシア人の共有財産であった。アリストテレスに当為や良心の観念がはっきりと存在することを主張するゴーティエは、中庸のこの経験的な性格を排除すべく、アリストテレスはおのれの内的倫理を説明するのに単なる比喩として民族の知恵を利用したとまでいっている。(36)だが、このような見解も、中庸がアリストテレスで質的改変を受けその体系と必然的連関をもつことを、充分に評価しているとはいえない。しからば、われわれは、盲動する質料を安定化し人間にもっとも充実した存在を与える良い状態としての中庸が、アリストテレスにおいて、実はいわゆる絶対命法に他ならなかったことを、体系的に示さなければならない。だが、そのためには先ず、アリストテレスの中庸を軽薄な知恵と呼んだカントの批判に触れる必要がある。

「徳と悪徳の区別は決して或る格率の遵奉の程度のうちには求められえず、ただ格率の特殊な性質のうちにのみ求められうる。換言すれば、アリストテレスの著名な原則、すなわち徳を二つの悪徳の中間に措定する説は誤りである。(37)」

カントによれば、徳はおのれに固有な唯一の原理をもつ。それは質的に他とははっきりと異なる法則であり、従って、一見徳と悪徳とを連続せしめるアリストテレスの思想は、量をもって質に換え両者を原理的に混淆せしめるが故に、許容されえない。たとえば、寛宏を二つの悪徳すなわち吝嗇と浪費の中間に措定すれば、徳とは前者を次第に増大し後者を次第に減少することにより獲得されることになる。[38] だが、かくては徳と悪徳の本質的差異が消失するが、実は、これら三者は相互に異質の独自な原理により対立している。すなわち、吝嗇とは節約の過度ではなく、家政の目的を単なる所有のうちに定立するという誤った原理の故に悪徳であり、浪費とは消費の過度ではなく、維持をも顧みずに使用を唯一の原理とするから悪徳なのである、と。

この故に、カントによれば徳と悪徳とにそれぞれ固有の原理を認めえない中庸説は、「何が善であるか」を示しえない。第一、悪徳すら適正以上に過大或いは過小という規定によっては明らかにされない。なぜなら、適正なる概念が曖昧だからである。従って、アリストテレスの規定は無内容な同語反復である。[39] 過大とはなにか。「善よりも多く。」過小とはなにか。「善よりも少なく。」善とはなにか。「善よりも過大或いは過小は善ではない。」このようにアリストテレスの命題は不毛である。だが、この結果はアリストテレスの善悪観が全く誤っていることに由来する。倫理的義務とは人間の能力に従うものではない。むしろ逆に絶対命令に従って人間の倫理能力が評価さるべきなのである、と。

さて、以上のカントの批判は要するに、(一) アリストテレスは徳と悪徳との質的差異を量的差異により説明し、(二) その結果両者を原理的に不明瞭ならしめた、の二点にまとめられよう。もちろん、カント自身の立場について考えるべきことは多いが、今は措いて、ただカントがアリストテレスの中庸を正しく理解したか否かの一点を論究しよう。

「さて、中庸の本性を考察しよう。すべて連続的かつ可分的なものからは、過大(πλεῖον)、過小(ἔλαττον)、中(μέσον)を取りうる。かつ、これは事物自体に即して(κατ᾽ αὐτὸ τὸ πρᾶγμα)か、われわれに関して(πρὸς ἡμᾶς)かである。事物自体に即する中とは両端から等距離にへだたる点であり、これは万人に同一である。これに対し、われわれに関する中とはわれわれにとり過大或いは過小ならざる点であり、これは万人に同一ではない。たとえば、十ムナと二ムナの算術的(事物的)中は六ムナであるが、われわれに関する中は六ムナとは限らない。なぜなら、レスラーのミローンには六ムナの食物は過小であろうが、初心者には過大である。このように、すべての知者は過大と過小を避け中を選ぶが、中とは〔量的平均値たる〕即物的中ではなく、〔質的な〕対我的中である。[40]」

一体、徳も悪徳も人間の或る生活形態である。だが、この生活形態の実現される基盤は、人間が形相と質料の合成体であるところから、肉体であり従って量的であることをなんびとも否定できない。すなわち、節制、勇気などの徳が固有な質的原理の故に徳であっても、それぞれの実現形態は行為者の食欲や恐怖感に示されるパトス的生活質料の或る量的限定である。カントは中庸批判の第一論点で右に述べた徳の質料を徳の原理と混同していたのではないか。中庸の実現される場として「すべて連続的かつ可分的」とアリストテレスのいうものは、徳の素材となるわれわれ自身の生活質料であり、決してその原理ではなかった。

この故に、アリストテレスの徳は、二つの悪徳が反対方向に増大或いは減少してゆく時、その中点で通過する増大しつつある悪徳或いは減少しつつある悪徳にすぎない[41]、というカントの非難は非難にならない。第一、徳と悪徳とが質料において連続していなければ、生活を改めることにより悪人が善人となり、また善人が悪人となることも不可能となる。すなわち、中庸とは質料的観点より眺められた徳の位置なのである。

だが、カントの批判が当らぬという以上、右の論は原理的観点よりする中庸の質的固有性を含意せねばならない。一体、すべてのポイエーシスもまたメソンを狙う。完璧な作品について、人々は何物も付加しえずまた取り去りえないというが、これは、あらゆる超過や欠如が作品の良さを損い、ただ作品の示す一点が絶対的中としてその良さを保つからである。[42] アレテーはテクネーよりより厳密《アクリベステロス》な中を狙う以上、そこでの一点は一層極点的である。すなわち、恐怖、欲情、憤怒、憐憫、喜悦、苦痛などの動揺するもろもろの質料的欲求生活一般を、為すべき時に、為すべき事柄に関して、為すべき人に、為すべき様式で、為すべく規定する唯一独自の質的限定がメソンに他ならない。[43] 従って、メソンは両極の単なる量的平均からは生まれない。各人の資質や行為の個別的状況の相違により、カリアスの中はポレモンの中ではなく、また、たとえば人間性一般が快楽に傾くが故に節制は放埒よりは無感覚に近い位置を占める。[44] アリストテレスの強調する対我的中とは質的原理が量的素材の中に具体化される唯一の様式であった、といえよう。[45]

この故に、中庸は質的観点からすれば極頂(ἀκρότης)的性格をもっている。すでに第五章の第一節で触れたように、アレテーは人間性の完成化(τελείωσις)として、人間における本性的行為能力の極頂的状態を意味していた。この最高度性はギリシア語におけるアガトス、アリストス、アレテーの用法につねに付随する性格であるが、[46] 中庸が徳としてこの性格を内含するのは当然である。「アレテーとはその実質に従えば(κατὰ τὴν οὐσίαν)中庸だが、その良さに従えば(κατὰ τὸ εὖ)極頂である。[47]」ニコライ・ハルトマンはこの一文に関説し中庸を次のように解釈した。[48] 中庸においては二つの対立的次元が垂直に交叉している。すなわち、存在論的次元から見れば徳は質料規定に関する中であり、価値論的次元から見れば良さの頂点である。事実的行為内容という存在論的視点に立てば徳は二つの悪徳と直線的に連続し、しかも両者の差異はしばしば極めて微妙なニュアンスの相違にすぎない。だが、価値論的視点に立てば直線は抛物線となり徳は唯一の頂点として現われる、と。この解釈はこれまでのわれわれの論を幾何学的明晰さをもって示してくれる。メソンは、そこを逸脱すればすべて悪徳への下降となる唯一の最高点であった。

　かくしてまた、徳そのもの、悪徳そのものにはもはやカントの非難するような度合いがないことも明白となる。というのは、「悪意、厚顔、嫉妬、姦淫、窃盗、殺害などはそれ自体が悪しく、それの超過や不足が悪いのではない[49]」からである。換言すれば、為すべき女と、為すべき時に、為すべき様式で姦通するのが善や悪なのではなく、このような行為は常に過ち(ἁμαρτάνειν)であり、これらに正しい行ない方(κατορθοῦν)はない。だが、その理由はなにか。それは中庸の超過や不足も、不足の中庸や超過も、超過の中庸や不足もありえないからである。[50]これらの三極的対立は価値としては絶対に他と連続しえぬ独自性をもっていたのである。

　さて、それでは中庸はその絶対的規定をいかなる原理から汲み取るのであろうか。「勇敢な人とは人間として怯まざる人、すなわち、ロゴスの命に従い恐ろしさに堪える人である。[51]」一体、恐ろしい事柄は無数にある。悪名、貧困、疾病、孤独、暴力、死などはこれらの一例だが、ただわけもなくこれらを恐れないのが勇敢というわけではない。なぜなら、悪名や孤独のように、それを恐れぬのがかえって当人の醜さを示す事柄もある。だが、万事に恐れおののくのが勇敢でもない。なぜなら、貧困や疾病は時には自分の責任によらぬ事柄だが、これらに兢々とするのは理性的ではないからである。また、人間にとりもっとも恐るべきものは死であろうが故に、立派に死を堪えるのはもっとも勇敢な行為であるが、いかなる死様でも死を堪えさえすれば勇敢なわけではない。[52]さらに、ケルト人のように、地震も大洪水もおよそ何事をも恐れぬ態度は狂人的な或る無感覚状態であり、真の勇気からはほど遠い。[53]このように、勇敢は時に怯懦に近く、時に無謀に近く現われるが、これは、かれがロゴスの命に従い恐るべきことを恐れ、無視すべきことを無視するからである。だが、一見微温的とも見えるアレテーのこの中間的性格のうちには、理性的選択意志に由来する真の極頂的性格が秘蔵されている。コロネイアの戦いにおいては、経験に富み最優秀の装備を施し勇猛を謳われた傭兵軍は、形勢非とみるや算を乱して敗走し、累々たる死屍の下に全滅に至るまでヘルメス神殿を死守し続けたのは駆り集めの市民軍であった。(54) 傭兵たちは日頃はいかに勇敢らしく振舞っても所詮は金が目当てであり、経験的楽観という支柱が崩れるや否や、かれらの勇敢はそのまま恐怖へと転化したのである。祖国を守らねばならぬという理性的決断のみが、市民軍をして敗走の恥辱よりも死を選ばしめたといえる。

こうして、勇敢を一例としてわれわれは、理性の烙印を帯びる中庸の極頂性を示し、また、そのよってきたる原理をも指示しえた。それはすでに第二章においてフロネーシスに内在する原理として指摘されていたもの、或いはむしろフロネーシスと等置されていたもの、すなわち、徳の根底にあってそれを支えているオルトス・ロゴスである。(55) だが、この主体的で柔軟な理性の背後には、さらにそれを支える「刻まれぬ法」(νόμος ἄγραφος)があったのである。

二　不文の法

すでに前章の第一節で論じたように、ギリシア人の倫理的原理はディケー(正義)という言葉によってもこれを表現することができた。アリストテレスの正義論はいわゆる配分的正義と匡正的正義とによりあまりにも有名であるが、次章で詳しく論ずるように、正義(δικαιοσύνη)の論とはディケーの論としてアリストテレスにおいても本来倫理的原理に関する広汎な論究を意味する側面をもっていた。

さて、この意味における正義とは直截にいえば「法に適う」(νόμιμα)ことである。[56] なぜなら、法は人間の在り方万般に関しなにを為しなにを為すべからざるかを規定し、もって共同体の全成員に利益と幸福を保証するものだからである。[57] すなわち、法の及ぶところは倫理の全領域を覆い、勇敢に関しては戦列を逃れざること、或いは武器を棄てざること、節制に関しては姦通せざること、或いは驕慢ならざること、温厚に関しては殴打せざること、或いは中傷せざること等を規定する。[58] 従って、正義(適法)とは或る意味で万徳の結晶した完全徳(ἀρετὴ τελεία)であり、倫理の全原理は適法のうちに集約されるといってよい。[59]

実際、ギリシアにおいて、法が行為の規範原理としていかに強力であり、ギリシア人自身もまたそれをいかに誇ったかは、ヘロドトスの伝える一つの挿話から明らかである。[60] クセルクセスは、地を覆い黄塵で天日を暝くするペルシア軍の進撃にギリシア人の抵抗が可能だとは、夢想だにしなかった。あまつさえ、鞭に強制されて絶望的突撃を敢行するペルシア歩兵に比べ、自由(ἐλευθερία)に固執するギリシア人は無統率で臆病な戦いしか出来ないとまで考えた。だが、この見解への意見を諮問された亡命ギリシア人デマレトスは笑った。かれがいうに、幾百万のペルシア軍に対し、たとえギリシアの兵力が千人であってもかれらは全滅するまで抵抗するだろう。なぜなら、ギリシアを奴隷化しようとする大王の意図は、知恵と強力な法(νόμος ἰσχυρός)により貧困と暴政を追放したかれらの決して受け容れえぬ条件だからである。その上、ギリシア人の自由に関する王の観念は途方もない見当違いである。かれらの自由とは法に従うことだが、この法は戦場では勝つか或いは持場で滅びよと規定している。かれらの戴く君主(δεσπότης)とは法であり、かれらがこれを畏れ敬うことは、ペルシア人が大王を恐れるの比ではない、と。

右のデマレトスの言葉は、一人の恣意的専制君主に盲従するペルシア人への侮蔑とともに、自由と主体性を尊ぶギリシア人の行為原則が法に支えられていたことを示している。アリストテレスは『政治学』で絶対王制（παμβασιλεία）に関説し、この点を次のように論じた。絶対王制とは一人が万民の支配者（κύριος）として国家自体と同一視される時に成立する。[61] かれは万事をおのれの恣意（ἑαυτοῦ βούλησις）により決裁し、これにより元来国家の遂行すべき諸権を一手に掌握する。[62] だが、このような政体は人間にとり本性的（κατὰ φύσιν）ではない。なぜなら、人間が等しく人間である以上、或る人間が他の人間を支配するいわれは全くないからである。[63] 従って、人間の支配が避けられないならば、かれは法の聴従者（ὑπηρέτης νόμοις）として政を執るべきである。[64] その上、人間は法を離れれば欲望と憤怒に流されるが、これに支配を委ねるのは獣を支配者として立てることと変らない。これに対し法とは理性（νοῦς）であり、法の支配とは神（θεός）と理性の支配に他ならぬ、[65] と。適法を完全徳と見なしたギリシア精神につき、われわれはもはやこれ以上語る必要はないであろう。

だが、それでは、かくもかれらが尊崇した法とは一体何であったのか。先ず書かれた法は、たとえ立法者がソロンのような賢人であっても、すべてを尽くし常に完全であることは出来ないであろう。事実、アテナイの法は父祖伝来の掟を重んじ極めて保守的な性格を帯びていた。[66] それはただ一般的に行為の原則を指示するが、[67] すでに第二章で論じたように善は個別的な究極状況に直面してはじめて的確に把握される以上、或る場合には粗雑であり或る場合にはむしろ過誤を惹起する。[68] 書かれた法の示すところは「おおよその在り方」（ὡς ἐπὶ τὸ πολύ）に過ぎず、いかなる際にも杓子定規に法を振りまわす者（ὁ ἀκριβοδίκαιος）は真に正しい者とはいえないのである。[69]

しからば、法のこのような欠陥を補塡し、法的規定を超える善悪に関し人々を導くものはなにか。アリストテレスはそれを法的正義よりも勝れた正義、すなわち、エピエイケイアであるという。[70] それは、個別的究極的な場面で本質的に法的規定の及ばない微妙な人間関係に正しい在り方を告げる。[71] アテナイの法廷では、判事たちは「法のあるところでは法に従い、法のないところでは正しい情理(δικαιοτάτη γνώμη)に従って投票する」と宣誓した。[72] この正しい情理とはエピエイケイアのことであり、[73] これを備えるとは同情心(συγγνώμη)をもつことであるともいわれている。[74] それは表面的な論理の及ばない心の深みに沈潜している精神の呼び声であり、人間が人間であるための人間の徴表であった。

さて、すべての書かれた法の根底を成し、その欠陥を補うこの書かれざる法が、これまでわれわれが論議をそこへと収斂せしめつつあった不文の法に他ならない。アリストテレスはそれを「本性的正義」(φυσικὸν δίκαιον)、「書かれざる正義」(ἄγραφα δίκαια)、「普遍的法」(κοινὸς νόμος)などと呼ぶ。[75] それは法文に刻まれると刻まれぬとにかかわらず万人により等しく承認されている(παρὰ πᾶσιν ὁμολογεῖσθαι)が故に普遍的であり、[76] 行き交う術もない僻遠の地の人々もまた遵奉するが故に本性的である。[77] そして、実際アリストテレス自身がここで論究を停止し普遍的なるが故に人々の胸中に訴えかけたのに相応しく、ギリシアにはほとんど無数といってよいほど「不文の法《アグラフォス・ノモス》」(刻まれぬ法)への言及がみられたのである。

ギリシア悲劇は今日われわれが演劇なる言葉によって想像するものとは本質的に異なる一つの性格をもっていた。それは悲劇が国家の宗教的祭礼のために書かれ、作品の価値がアテナイ民衆の採決により定められた点にある。ペイシストラトスの興した大ディオニュシア祭が悲劇競演の舞台であったが、作者、後援者、俳優はもちろんのこと観衆もまた等しくディオニュソスに仕える者として、悲劇上演は全市民の関心事であった。かれらの劇場とはポリスであり、悲劇詩人は高踏的な芸術理論を展開する上流階級や消息通にではなく、生きたままの一般民衆に語りかけたのである。従って、悲劇とはポリス精神の表白に他ならなかったが、われわれの問題にする「刻まれぬ法《アグラフォス・ノモス》」は実にあらゆる悲劇がそれをめぐって展開される究極の主題であった。[78]

それでは悲劇はなにを語ろうとしたか。一体、ギリシア悲劇の根底は「神々の掌中にある人間」という宗教的世界観である。人間は全能の神々に支えられ、その規定のもとでのみ存在しうるにもかかわらず、或いは無知の故に或いはあえてした反抗の故におのれの法を立て神々に反逆する。これは神々の復讐を呼ばずしては終らないが、ここに悲劇が生まれる。つまり、悲劇とは人間的秩序と神的秩序との衝突なのである。ソフォクレスの『アンチゴネー』はこの点をもっとも明晰に示してくれる。ギリシアでは死者の埋葬はもっとも神聖な宗教的義務の一つであったが、[79]クレオンは祖国への反逆者は野晒しにするという人間の法を楯にとりアンチゴネーにこれを許さない。これに対しアンチゴネーは「人間の定め」(κήρυγμα)がどうあろうとハデスの欲する法こそ守らねばならぬもの、といってクレオンと対立する。[80]そして両者が遂に一致できぬところからあらゆる蹉跌と悲惨が始まる。

この際アンチゴネーが神々の欲する法として述べるのが、かの「刻まれぬ法」である。「クレオンの法はゼウスの告げたものでもなければディケーの定めたものでもなく、「不刻不動の神々の法」(ἄγραπτα κἀσφαλῆ θεῶν νόμιμα)を踏み越えしめるほど強力でもない。神々の法は昨日今日のものではなく永遠に生き続けるものであり、それがどこから来たかを知る者はいない。[81]」このアンチゴネーの言葉は単に埋葬のみを目して語られた、と解すべきではない。埋葬はドラマの構成上選びとられた一つの例にすぎず、ソフォクレスの真意はむしろ右の一句に示されている「刻まれぬ法」一般の普遍性、永遠性、神与性を強調する点にあったと見てよい。ソフォクレスにとり人間の幸福は各人が浅はかな我執を棄てて神々の則に従う時はじめて与えられるものであったが、かれはこれをまさに悲劇という人間的我執の末路から否定的に浮彫りにしたのである。(82)

さて、以上により「刻まれぬ法」が元来永遠普遍の神的な原理であることが、明らかにされたが、ヘラクレイトスの哲学も、愚かな思いなしに耽る人々にこの「神の法」を自覚させようとする警告に貫かれている。「それ故、人は共通なもの(τὸ ξυνόν)すなわち普遍的なもの(τὸ κοινόν)に従わねばならぬ。だが、多くの人々はあたかもおのれの知恵をもつが如くに生きている。(83)」だが、この共通なものとはなにか。「ちょうどポリスが法により支えられる如く、人は万物に共通なものによって支えられねばならぬ。なぜなら、すべての人間的法(ἀνθρώπειοι νόμοι)は唯一の神法(θεῖος νόμος)により養われるからである。(84)」従って「万物を動かすこの理を知ることが唯一の知恵(85)」であり、「法とはこの一者の意志に遵《したが》うこと(86)」に他ならない。「人の為すべきことはポリスの城壁を護るが如くにこの法のために戦うことであり(87)」、「そこにのみ目醒めた者の生がある(88)」。

右に例示した数箇の断片は、ヘラクレイトスがあらゆる人間的法の基礎を永遠の神的法(宇宙法則)に帰し、後者に遵うことのうちにのみ真の賢明さを見ていることを明らかにしている。

同一の趣旨にもとづきエムペドクレスは、「生命を殺害すべからず」と歌う。「この法は誰れ彼れの差別なく万民に臨み、広大なアイテールを通じ地の涯に至るまで普遍的に定められている。(89)」また、『ソクラテスの想い出』では、三つの刻まれぬ法(ἄγραφος νόμος)が神々により定められているとソクラテスが論ずる。(90)すなわち、先ず神々を崇めること(θεοὺς σέβειν)、次に親を敬うこと(γονέας τιμᾶν)、最後に隣人に親切を尽くすこと(εὖ ποιεῖν τοὺς χρωμένους ἑαυτοῖς)、がこれである。これらが神々からのものであることは、言葉も異なり交通もないあらゆる国土で等しく信奉され、また、これらに背く人々がその反逆的行為そのものにおいて悲惨な状態に堕ちることから明らかである、と。さらに、ペリクレスは有名な葬送演説においてアテナイの偉大な所以を次のように説いた[91]。アテナイでは万民は法によって平等であり、各人は欲するところを為す自由を与えられている。ここでは人の価値は生まれや富によってではなく、アレテーによって決まる。だが、万民の理想とするこのような体制はいかにして可能となったか。それはアテナイでは人が法に服するからである。そして、この法とは刻まれぬ(ἄγραφοι ὄντες)にもかかわらず、万民がそれへの違犯を等しく恥辱とするかの不文の法であった。

さて、以上によりアリストテレスのオルトス・ロゴスの背後にある刻まれぬ法が、あらゆるギリシア人の等しく承認する普遍的道徳原理であり、これはかれらの考えでは人間の発明のみにはよらぬ永遠的超越的原理であったことが明らかにされた。この法はもちろんコーンフォードのいうように社会法則に他ならなかったが[92]、このことはギリシア人にとって必ずしも法の起源の後天性を意味しなかった。プロタゴラスの神話はかれらの考えを明確に示している[93]。創造されたままの人間は生存能力において野獣に遥かに劣り、その存続は危殆に瀕した。そこでかれらは集団を成しポリスを造ることにより、外敵から身を護った。だが、集団を造るとかれらは共同体の技術(πολιτική τέχνη)をもたぬため、相互に傷つけ合い再び滅んでいった。人類の全き滅亡を恐れたゼウスは、ここでヘルメスを呼びかれらに羞恥(αἰδώς)と正義(δίκη)を与えるべく命じたのである、と。つまり、人類が社会を造り法をもつこともかれらに対する神々の配慮と見なされていた、といってよい。

だが、この超越的原理は、アリストテレスが体系化したように同時に人間の存在を支える原理として人間の本質的特徴とも考えられたのである。神話の続きで、ヘルメスはゼウスに問うた。[94] 一体いかなる様式で正義を人類に与えるべきか。技術のように或る者には与え他の者には与えないで済むか。ゼウスはいう。否。万民に与えよ。なぜなら、正義をもたぬ者が居ればポリスは成り立たぬからである。かつ、「羞恥と正義にあずかりえぬ者はポリスの疾病として取り除かるべし」との掟を告げよ、と。同一の思想をアリストテレスは次のように語る。[95] 共同体への衝動は人類にとり本性的である。従って、法と正義を離れた人間は人非人であり、万物の中で最悪の者となる。なぜなら、人間は本性的に知と徳とを武器としてもつが、これが逆用されればもっとも暴虐残忍な行為に走りうるからである、と。それ故、人間である限りの人間はすべて徳とフロネーシスの一片を分有するのであり、[96]「刻まれぬ法」に行為の根拠をおくアンチゴネーもまた、兄弟を手厚く葬るという私の愛情は神々の命令であるとともに私の本性の声でもある（συμφιλεῖν ἔφυν）、と叫んだのである。[97]

こうしてわれわれは「刻まれぬ法」の源泉を訊ね、それが少なくともギリシア人にとってはアプリオリな原理であるとともに人間の本性的特徴でもあったことを確かめえた。アリストテレスはそれが超越者に由来するというようなことはいわないが、それが不変のものであり本性的なものであることをくりかえし述べている。[98] 徳の背後にあってこれを支えている不文の法は、アリストテレスにおいて人間性の声へと内在化されたが、この事態をわれわれは次に正義という問題場面においてさらに考えつめてゆこう。

（1）　これは多分にアリストテレスの意識的曲解に由来する。Cf. EE, I, 5, 1216 b 2–25; Wittmann, Die Ethik des Aristoteles, S. 43–46.

（2）　Plato, Protagoras, 352 a 8–c 7.

(3) Ibid., 357 a 2–e 8.
(4) Plato, Gorgias, 460 b 1–8.
(5) Plato, Apologia, 33 a 1–5; cf. Plato, Gorgias, 512 d–513 b.
(6) EN, VII, 2, 1145 b 21–29.
(7) 新約聖書『ローマ人への手紙』第七章十五—十七。
(8) EN, VI, 13, 1144 b 17–21.
(9) Plato, Respublica, IV, 438 d 11–441 c 3.
(10) Ibid., 440 e 8–441 a 4.
(11) Ibid., 441 e 4–6.
(12) Plato, Respublica, IX, 590 a 5–c 7.
(13) Plato, Respublica, IV, 442 c 10–11.
(14) Cf. Plato, Philebus, 64 e 5–8.
(15) Plato, Leges, I, 643 b 4–d 5.
(16) Plato, Leges, II, 653 a 5–c 4.
(17) Plato, Definitiones, 414 c 8.
(18) Plato, Respublica, IV, 444 c 1–e 6.
(19) EN, II, 1, 1103 a 19–22.
(20) Ibid., 1103 a 26–27.
(21) EN, VI, 13, 1144 b 4–6.
(22) Ibid., 1144 b 10–12.
(23) EN, II, 3, 1105 a 10–16.
(24) Ibid., 1104 b 18–21, 1105 a 3–4.
(25) EN, II, 1, 1103 b 6–8, 21–22.

(26) EN, V, 1, 1129 a 6–19.
(27) Categoriae, 8, 8 b 27–28.
(28) De Memoria, 452 a 26–28.
(29) EN, II, 4, 1105 b 2–18.
(30) EN, II, 6, 1106 a 15–17.
(31) EN, II, 2, 1104 a 11–13.
(32) Ibid., 1104 a 25–27.
(33) Ibid., 1104 a 33–b 3.
(34) V. Brochard, Études de philosophie ancienne et de philosophie moderne, 1912, pp. 489–503.
(35) EN, II, 6, 1106 b 21–23, 1107 a 3–6; III, 12, 1119 b 13–18; IV, 1, 1121 a 1–4, 1121 b 2–5, 12; X, 1, 1172 a 21–23, etc.
(36) Gauthier, La morale d'Aristote, pp. 64–70.
(37) Kant, Metaphysik der Sitten, 404.
(38) Ibid., 432.
(39) Ibid., 433, Anm.
(40) EN, II, 6, 1106 a 24–b 7.
(41) Kant, Met. d. S., 432.
(42) EN, II, 6, 1106 b 8–14.
(43) Ibid., 1106 b 18–23.
(44) EN, II, 8, 1109 a 12–19.
(45) EN, II, 6, 1106 b 28–35.
(46) Met, V, 16, 1021 b 14–25.
(47) EN, II, 6, 1107 a 6–8.
(48) N. Hartmann, Die Ethik, 1949, S. 562–571.

(49) EN, II, 6, 1107 a 10–14.

(50) Ibid., 1107 a 20–27.

(51) EN, III, 7, 1115 b 10–13, 19–20.

(52) EN, III, 6, 1115 a 6–b 6.

(53) EN, III, 7, 1115 b 24–28.

(54) EN, III, 8, 1116 b 3–23.

(55) EE, III, 1, 1229 a 1–12; EE, III, 4, 1231 b 27–33; EN, II, 2, 1103 b 26–34; III, 11, 1119 a 11–20; III, 7, 1115 b 10–20; III, 8, 1117 a 5–10; IV, 5, 1125 b 26–1126 a 1: VI, 1, 1138 b 18–34; VI, 13, 1144 b 21–28; VII, 8, 1151 a 11–28.

(56) EN, V, 1, 1129 a 33–b 1.

(57) Ibid., 1129 b 14–19.

(58) Ibid., 1129 b 19–23.

(59) Ibid., 1129 b 27–30, 1130 a 8–10; cf. Plato, Leges, I, 630 d 9–631 a 8.

(60) Herodotus, Historiae, VII, 102–104.

(61) Politica, III, 14, 1285 b 29–31.

(62) Politica, III, 16, 1287 a 8–10.

(63) Ibid., 1287 a 10–17.

(64) Ibid., 1287 a 21–22.

(65) Ibid., 1287 a 28–32; cf. III, 15.

(66) E. Barker, The Politics of Aristotle, 1952, pp. 371–372.

(67) Rhetorica, I, 13, 1374 a 16–18.

(68) EN, V, 10, 1137 b 14–19.

(69) Ibid., 1138 a 1.

(70) Ibid., 1137 b 8–9; Rhetorica, I, 13, 1374 a 28–29.

(71) EN, V, 10, 1137 b 27–32.
(72) Barker, op. cit., p. 146.
(73) EN, VI, 11, 1143 a 19–24.
(74) Rhetorica, I, 13, 1374 b 5.
(75) EN, V, 7, 1134 b 18–19; Rhetorica, I, 10, 1368 b 7; I, 13, 1373 b 4–6, 21; 1374 a 18–20, etc.
(76) Rhetorica, I, 10, 1368 b 10.
(77) Rhetorica, I, 13, 1373 b 13–15; EN, V, 7, 1134 b 19–20, 24–26.
(78) V. Ehrenberg, Sophocles and Pericles, 1954, chap. 1.
(79) Sophocles, Ajax, 1130–1131.
(80) Sophocles, Antigone, 441–525.
(81) Ibid., 450–457.
(82) 同じ主張はソフォクレスの他の作品から，いくらでも拾い出せる。Cf. Ehrenberg, op. cit., chap. 2.
(83) Heraclitus, Fr. 2 (Diels).
(84) Heraclitus, Fr. 114.
(85) Heraclitus, Fr. 41.
(86) Heraclitus, Fr. 33.
(87) Heraclitus, Fr. 44.
(88) Heraclitus, Fr. 89.
(89) Rhetorica, I, 12, 1373 a 14–18; Empedocles, Fr. 135.
(90) Xenophon, Memorabilia, IV, 15–25.
(91) Thucydides, Historiae, II, 36–37.
(92) F. M. Cornford, From Religion to Philosophy, 1957, pp. 102–104.
(93) Plato, Protagoras, 322 a 3–c 3. プロタゴラスの神話の解釈については，この神話を文字通りにプロタゴラスの思想とる立場(G. B. Kerferd, Protagoras's Doctrine of Justice and Virtue, Journal of Hellenistic Studies, 1953, pp. 42–45)と神話は思想を表現するための単なる衣装にすぎないととる立場(W. K. C. Guthrie, In the Beginning, Methuen, 1957, p. 92. 岩田訳『ギリシア人の人間観』白水社、一八七頁)とがある。筆者はガスリーの解釈に同意するものであるが、ただし、プロタゴラスがこのような神話を創作しえたということは、プロタゴラス自身の不可知論的な思想とはかかわりなしに、ギリシア人の中にディケーがゼウスに由来するという観念があったからである、という点を指摘しておきたい。ロイド＝ジョーンズ『ゼウスの正義』(眞方忠道、陽子訳、岩波書店)を参照。ギリシア人の伝統的観念とプロタゴラス自身の思想とを混同してはならない。

(94) Plato, Protagoras, 322 c 3–d 5.

(95) Politica, I, 2, 1253 a 29–39.

(96) Politica, III, 11, 1281 b 4–5.

(97) Sophocles, Antigone, 523.

(98) Rhetorica, I, 15, 1375 a 27–b 5.

第七章　正　　義

一　ポリス的正義

アリストテレスの正義論[1]においては、いろいろな種類の正義が弁別されていて、たとえば、一般的正義と特殊的正義が弁別され、後者はさらに配分的正義、匡正的正義、交換的正義などに分たれる、ということはよく知られている。ところで、ポリス的正義（πολιτικὸν δίκαιον）という時、この言葉は、右にあげたいろいろな種類の正義と並ぶ正義の一つの種類を、意味するわけではない。そうではなくて、正義という事柄は、ポリス（共同体）において、すなわち他者との関係において（πρὸς ἕτερον）、成立する人間の在り方である、という観点を表明しているのである。[2]「ポリス的正義は生を共有する者たちの間において成立する。[3]」換言すれば、配分的正義、匡正的正義、その他の諸正義は、すべてそのままポリス的正義に他ならないわけである。

さて、それならば、人間はなぜポリスを形成するのであろうか。アリストテレスはそれを一言で「生の自足性（αὐτάρκεια）のため[4]」といっている。この言葉の意味を少しく詳らかにするために、『政治学』の当該箇所を簡単に顧みてみよう。[5]そもそも、アリストテレスの考えでは、人間とは、自然的に孤独な単独者としては生きることのできない存在者である。たとえば、人間は男性か女性であるが、男性と女性とは互いに他なくしては存在しえないように自然によって造られた存在者であり、従って、結合することが必然《アナンケー》なのである。男性と女性が結合すれば、自然的に子供が生まれ、これらの者たちは血のつながりという紐帯により結ばれた者として、一つの屋根の下で、食卓をともにしつつ生きる。こうして、人間の生存にとり、家とはもっとも基本的な原初的共同体であり、それがいわば自然の定めによっているということが解る。

このような家々が集まって村ができる。村とは、われわれすべてが知っているように、元来、ごく自然に一つの家からの分家によって生じたものであり、従って、村人とは根源的には同じ乳を飲んだ者として同じ父母の子供であり、その子供の子供たちなのである。こうして人間が本質的に共同体的存在者であるということは、その存在構造に根差す必然的な連帯性に発している、ということができる。こういう生物的連帯性がどこまで人間間の結合原理として機能しうるかは問題であろうが、いずれにしても、ポリス(社会、共同体、国家)とは、男女の結合としての家、家の集まりとしての村、村の集まりとしてのポリスという線上において、人間の生存にとって必然的な結合関係から発している、とアリストテレスは考えているのである。

同じことを別の観点からいえば、人間は生を維持するためには一人だけでは自足していない、ということである。男性と女性が結合するのは、『饗宴』篇のエロース神話も語るように、(6) それぞれが他者を自己の分身として希求するからであり、相手との結合なくしては自足できないからである。この結合への願望は、単に生物的次元だけでのことではなく、おそらくは精神的次元でのことでもある。また、人間が子供を産み育て、そうして家族という共同体を作りそこに生の地盤を据えるのは、人間が自己の生の有限性を子供の生において乗り越えようとするからであり、滅びゆく個体としての非自足性を自己の生の延長である未来の生において充たそうという、秘かな根源的願望に動かされているからである。[7] アリストテレスが、人間の共同体的存在性の地盤として血のつながりを説くとき、その意味は、単に事実として人間が生物的につながっているということばかりではなく、人間の精神的連帯がいかに深く生物的連帯とからみ合っているか、そして、そのような精神－身体的連帯なくしては人間がいかに自足できないか、ということを示す点にある。

さて、以上のような根源的連帯性とならんで（というよりは、これとからみ合って）、人間には、必要（χρεία）による結合、いわゆる生活《ゼーン》のための結合がある。つまり、人間はひとりでは生活のために必要なものを自給できないので、他者の援助を要するのである。農夫は穀物を提供し、漁師は魚を提供し、大工は建物を提供し、兵士は外敵を防ぎ、主婦は家庭を守り、こうしてそれぞれの者がお互いに自己の生産物や能力を与え合うことによって、人間の生存は始めて可能になり、自足に達する。[8] アリストテレスの比喩によると、ポリスの市民とは一つの船に乗り組んだ船員である。[9] すなわち、それぞれの船員はその働き《デュナミス》において同じではなく、各々の能力《アレテー》に応じて或る者は漕手、或る者は舵手、或る者は見張人であるが、各自が勝手に自分の仕事をしているのではなくて、みなが航海の安全という唯一の目的に向かって協力している共同存在者《コイノーノス》である。それと同じく、ポリスの市民たちは、それぞれ異なった役割において活動しながら、共同体の安全（σωτηρία τῆς κοινωνίας）――ということは、ひとりひとりの市民の生の維持安全――という目的のために寄与し合っている共同存在者なのである。

ポリスと市民とのこの関係を、アリストテレスは、後世哲学史上でよく語られたいわゆる「有機的全体」として説明している。[10] たとえば、手、足、耳、目、心臓、大脳、どのような器官をとりあげてみても、これらは、全体としての身体から切断されれば、たとえその形態は残存していても活動を停止する。つまり、全体《ホロン》から切断された部分《メロス》は、部分として存立しえないのである。さらにいえば、部分は全体のうちにおいて始めて部分たりうるのであり、従って、存在根拠という点において全体は部分より、より先なるものなのである。同様に、ひとりひとりの人間は孤立させられれば自足的ではなく、共同体において始めて存在可能となり自足的になるとすれば、ポリスは個々の人間より存在根拠という意味においてはより先なるものである。すなわち、人間であるということは「ポリスの中で生きる」ということと同義であり、そういう意味で「人間は自然的にポリス的動物(ζῷον πολιτικόν)である」[11]といわれるのである。

この故に、非ポリス的な者は、人間以下の野獣であるか、人間以上の神であって、本来、人間ではない[12]。そのような者について、ホメロスはこう歌っている[13]。

同胞《はらから》をもたず、法《のり》をもたず、竈《かまど》をもたざる者

このホメロスの詩句において、竈をもつ(家庭をつくる)こと、同胞をもつ(共同体的存在者である)こと、そして、法をもつこと、の三者は同一の事態であり、一つの人間本質の別様の表現として語られていることが解る。すなわち、ポリス的であるということは、法をもって生きるということに他ならないのである。周知のように、アリストテレスは、人間が共同体的存在者であるということのもっとも勝れた徴表を「人間がロゴスをもつ」ことのうちに見きわめた。ロゴスをもつとは、ごく一般的にいえば、他者とともに語り合うということであろう。だが、もっと根源的にいえば、そのような他者との意思疎通そのものを可能にしている共同存在の条理《ロゴス》をもっているということ、すなわち、正邪善悪に関する「ことわり《ロゴス》」を弁えているということである。この点に、他の動物たちに対する人間の固有性があ

る、とアリストテレスははっきりいっている。(14) こうして、ポリス的存在としての人間の解明は、まずもって、法（ノモス、ロゴス）の問題の解明へと収斂してきた、といってよいであろう。

さて、ポリス的正義は生を共有する者たちの間で成立するといわれたが、生を共有する者とはどのような人々であろうか。それは「比例的な意味においてにせよ、数的な意味においてにせよ、平等で自由な人々のことである(15)」とアリストテレスはいっている。比例的平等と数的平等については第四節で詳しくとり扱うのでここでは措くが、ともかく、自由で平等な人々の間でなければ共同体は成立しない、という主張である。ただ、人間が集まっていれば共同体がある、というわけではない。アルケラオスのような暴君と怯えきった佞臣どもとの間に、人間の共同体があったとは思えない。つまり、共同体は平等な独立人の間においてのみ成立するのである。ところが、平等とは、本来的に法を所有する者にのみ帰属する人間の在り方だ(16)、とアリストテレスはいう。この言葉はいかなる事態を指し示しているのであろうか。

先ず、さしあたり、少なくとも現象的には、人間は、貪欲であり、情欲の獣であり、他者を押し退けて自己を拡張しようとする自己中心的傾向をもつ、ということである。人間は、無法状態に放置されれば、万人の万人に対する闘争という弱肉強食状態に落ち込むのである。アリストテレスは、たびたび、「人間が支配するのを許してはならない。そうではなくて、ロゴスが支配せねばならない。なぜなら、人間は自分のために多くを取り（πλέον αὑτῷ νέμειν）、暴君となるからである」といっている(17)。この場合、人間とはロゴスを忘れ、ロゴスを離れた人間のことである。人間の中には、たしかに、カリクレスやトラシュマコスのいうように、貪欲への意志、権力への意志がある。そして、人間の中に巣くうこの貪り（πλεονεκτεῖν）への傾向は、他者との交わりを破壊し、そのことによって自己自身の存在をも破壊してしまう力である。いわば自己の存在のみを絶対化し、自己と同じ他者《ホモイオス》がそこに存在するということを無視することにより、世界を争いの修羅場へと化す力である。だが、人間の人間たる所以は、このような衝動に抵抗しうるという点にあり、このことが「人間の本性《フュシス》（自然）がロゴスである」という主張の意味に他ならない。ふたたび『政治学』を顧みることにより、[18]法もしくはロゴスのこの意味を少しく敷衍してみよう。

前章においても論及したように、アリストテレスは、いろいろな国制の長所と短所を検討しながら、絶対君主制に関説して次のようなことをいっている。そもそも、ポリスとは同じ者たちから構成されているのだから、一人の人間が他のすべての市民たちの支配者であるというのは自然に反している。なぜなら、同じ者たちは本性的に同じ権利と同じ価値をもっているからである、と。[19]この場合、注(19)で論じた通り、「すべての人間が同じ価値をもつ」という発言は、能力的観点からのものではなくて人格的（もしくは倫理的）観点からのものであると解さねばならないが、ともかく、このような平等性が本来の人間的共同体の成立根拠である、というのである。だから、平等である以上、人間は余分に支配してもならないし余分に支配されてもならない。ところで、このような支配被支配における平等の秩序を保証するものが法に他ならない。[20]その共同体の体制が、直接民主制であれ、代表民主制であれ、貴族制であれ、権力の座にある者の恣意が支配しているのではなくて法が支配しているのならば、別言すれば、支配者が法の守護者であり召使であるならば、人間の平等は最低限保障されており、共同体は最低限支えられている、といってよい。[21]

だが、そうはいっても、法というものがもし単に人為的なもの、約束事にすぎないならば、人間存在をつき動かしている闇の力、貪欲、情欲、闘争欲に対して、なにほどのことができようか。共同体といい、平等といっても、それは、人間の奥底に渦巻いている自己中心性への暗い衝動を、わずかに誤魔化す薄っぺらな嘘ではないのか。これがソフィストたちの観点であった。この観点については次節で主題的に論ずるが、いまとりあげている『政治学』という視野において、法が決して単なる約束事でなく人間の本性に根ざすものであることを、アリストテレスは次のような考え方のうちに表わしている、といってよいであろう。(22) すなわち、法というものは、書かれた条文としてみられる限り、たしかに人為的なものであり、その限り、限界をもつものである。どれほど勝れた人が、人知の限りを尽して詳細精緻な立法を行なおうとも、時代、場所、諸個人の個別的状況に応じて千変万化する人間の生き方に対しては、それは大雑把な一般的規定にすぎない。だから、流動する人間的情況、限りない可能性へと開かれている人間の自然に対比されるとき、一見、法は暫定的であり、表層的であり、反自然的であるようにさえも思われる。たとえば、ソフォクレスの悲劇『アンチゴネー』においては、成文法の立場を代表する国家権力の化身クレオンは、人間性の声を代表するアンチゴネーを死に追いやったのであり、つまり、法が人間性と矛盾軋轢をおこしこれを蹂躙したのである、と一応理解されるかもしれない。しかし、実は、この悲劇は、クレオンの立場は法に則っているかに見えて、真実には法に則っていない、ということを語っているのである。成文法というものは、固定化され絶対化されれば、つねに誤謬を惹起し、不正を正当化し、破滅にみちびく危険を蔵している。このことは、合法的に行なわれる大がかりな不正をいやというほど見せつけられてきたあらゆる時代の権力なき庶民にとっては自明のことであり、合法的正義を嘲笑する、ラシュマコスの呪詛の中から洩れてくる真理の一片である。だから、成文法を絶対化してはならない。成文法はつねに批判され、そのような成文法の根源であったはずの人間性の声、人間性の中に刻まれた「不文の法」(23)の中へ溶解され、それによって蘇生されつづけなければならない。アリストテレスが法というのは、根本的には、この

「文字にならない法」のことなのである。(24)

それ故、成文法は根源の法である人間性の声に則している限り妥当であるが、悲劇『アンチゴネー』に現われたように、これと矛盾すれば無効である。そのような人間性の声をアリストテレスはきわめて具体的に万人の所有するものと見なしていた。(25) それは、近代合理主義の父デカルトが、良識(理性)を万人にもっともよく分ち与えられたもの、と見なすことからその哲学を出発せしめたのと、同じくらいの確信である。すなわち、成文法がその限界を露呈し、事態を正しく裁く権限も能力も失ったとき、人々はどうするか。一人のきわめて勝れた哲人王のような人物を支配者として立て、その人の判断にすべてを委ねるか。そうではない。人々は寄り集まり、熟慮し判断するのである。悲劇『アンチゴネー』においても、一般庶民の秘かな呟きを代弁するハイモンは、権力者クレオンの法がいかに無法であり、ポリスを滅亡へ追いやるものであるか、これに対して、アンチゴネーの所業がいかに人間自然の発露であり、正しい行為であるか、を父親クレオンにぶつけている。(26) 違法による処罰を怖れて沈黙してはいるが、テーバイの民衆はみなアンチゴネーを是としている。これに対して、どれほど知恵分別に勝れていると自負しようとも、反逆罪をたてにあくまでもかの女を処刑しようとするクレオンは、ハイモンの言葉によれば、「一人でだれも人の住まない国でも治めたらよいでしょう」。(27) テーバイの民衆のように、民衆はひとりひとりをみれば、たしかに、たいした人間ではない。クレオンに比べれば愚かな弱者であるに違いない。しかし、皆が一緒に集まれば、一人の優秀人よりも、より勝れた判断を下す、とアリストテレスはいっている。(28) なぜなら、多数者のひとりひとりはそれぞれに徳やフロネーシスの一片をもつにすぎないが、寄り集まると、かれらはあたかも多くの足、多くの手、多くの感覚をもつ一人の人間となるように、性格や思惟に関しても一個人を超えた十全性を備えるに至るからである。さらに、多数は少数に比べると、ちょうど多量の水が腐敗しにくいように、一層腐敗に対して抵抗力がある、とアリストテレスはいっている。[29] たとえば、判事が怒りや情欲や貪欲の衝動に負ければ、その判決は必然的に腐敗せざるをえないが、万人が同時にそのような衝動に負けるということは、ありえないわけではないが、はなはだ困難である。だから、成文法の及ばない事態、成文法の絶対化が逸脱を惹起するような事態においては、多数者である民衆の声にいわば人間本性の声を聴き、正しい情理を求めねばならない。

さて、このようなアリストテレスの考えを一言でまとめれば、人間にはすべて善悪に関する本性的判断力が備わっており、この意味で万人は平等である、ということであろう。『ニコマコス倫理学』においてフロネーシスという概念に結晶するこの判断力は、成文法の限界をたえず露呈せしめながら凝固しかかった人間の在り方に新しい未来をうち開く主体的能力であるが、それ自身「不文の法」を中核とする、一定の枠組みの中に限定化されえない、行為の柔軟な起動力である。ちょうど、デカルトが理論理性の所有という点で万人が平等であり、従ってこれを正しく用いさえすれば万人が真理に達しうると主張したように、[30] アリストテレスは実践理性の所有という点で万人が平等であり、従ってこれを正しく用いさえすれば万人が正義に達しうると考えていた、といえよう。そして、共同体の成員である平等な人間の平等性とは根源的にはこのことに他ならなかった。[31]

二　自　然　法

正義とは、共同体における人間相互の本来の関係である。この関係は、人間が本性的に共同体的存在者であることにより成立するが、共同体的存在者であることは、さらに、あらゆる人間のうちにひとしく内在する不文の法によって基礎づけられている。以上が前節の結論であった。では、正義の中核となる不文の法の根拠づけは、どのようになされているであろうか。第三節以下の具体的な論議に先立って、この点を検討しておこう。

アリストテレスは先ず、ポリス的正義は本性的なもの(φυσικόν)と人為的なもの(νομικόν)の二つに大別される、という。[32] 本性的な正義とはあらゆる場所で同じ妥当性をもつもので、そのことが人々の同意や否認によって左右されないような正義である。これに対して、人為的な正義とは、もともとはどうであってもよいのだが、一旦決められてしまえば強制力をもつに至るような正義である。たとえば、捕虜の釈放代金は一ムナであるとか、犠牲獣は羊二匹ではなく山羊一匹であるとか、人は右側通行、車は左側通行である、というような類の規定である。このような規定は、時代によりまた場所により様々に変化し、極端な場合には全く逆であることもありうる。そして、成文法の個別的な場合への適用細則である政令《プセーピスマ》とは、一般にこういう性質のものである、といえる。[33]

「ところで、ある人々は、正義とはすべてこのようなものである、と思っている。なぜなら、火はギリシアにおいてもペルシアにおいても焼くように、自然的なものは不動で至るところ同じ力をもつのに対し、正義は変動する、とかれらは見るからである。[34]」ここである人々といわれているのはソフィストたちのことであるが、かれらは伝統的道徳に対するその激烈な批判を「すべての法が人為的である」という主張によって基礎づけ、さらに、この主張をば法の可変流動性という事実から引き出していた。当時のギリシア人が種々の異なる文明に接触して、法の可変流動性、相対性の事実を認識し、この認識により生き方の原理に関し動揺をうけていたことは、ソフィストたちに限らずその他の諸文献からも明らかである。たとえば、ヘロドトスは次のような話を伝えている。[35] ダレイオス大王が側近のギリシア人を呼んで、どれほどの金を貰ったら死んだ父親を食べるかと訊ねたところ、どのような報酬があってもそのようなことはしない、とかれは答えた。ところが、インドの一種族で、親を食べるといわれているカラチア人を呼んで、どれほど金を貰ったら死んだ父親を火葬に付すかと訊ねたところ、かれらは大声で王に不吉な言葉を吐かないようにと懇願したという。ヘロドトスの中には類似の話が多数出てくるが、そこからかれはこういう結論を引き出すのである。「もし、だれかがすべての人に対し、すべての法の中から最善の法を選ぶようにと提案するならば、各人は熟慮の末自国の法を選ぶであろう。このように、各人は自国の法こそ最善《カリストス》であると考えているのである。[36]」エウリピデスの中にもまた、似たような認識がみられる。トロイア落城後、ヘクトールのかつての王妃アンドロマケーは、妾奴隷としてギリシアへ連れてこられるが、かの女を罵って正妻ヘルミオネーは次のようなことをいう。お前は、自分の夫(ヘクトール)を殺したアキレウスの子(ネオプトレモス)と添寝して、その子供を生むような、憐れにも厚顔無恥な女だが、異国の族《やから》とはみなそのようなものなのだ。異国には、父は娘と、息子は母と、兄は妹と交わって、それを禁ずる法《ノモス》もないという。だが、その慣わしをギリシアに持ち込んではならぬ、と。[37] そして、エウリピデスの一般的認識はこうである。「もし、すべての人にとって同一の善と知が本来存在したならば(εἰ πᾶσι ταὐτὸ καλὸν ἔφυ σοφόν θ᾽ ἅμα)、人間の間にかまびすしい争いはなかったであろう。ところが、同等《ホモイオン》とか平等《イソン》とかいうことは死すべき者にとっては名前だけのことで、実際には存在しないのだ。[38]」さらに、ヒッピアスのいうところでは、法を立てた者自身がしばしば当の法を否定して改廃するというのに、法に従うのがよいことだなどと考えるのは、愚の骨頂である。[39] このような現状認識にもとづき、ソフィストたちが、法を人為的なもの、従って必然性をもたぬ一時的なものとして斥け、代って、倫理の尺度として不変の自然を提出したことは、理の必然であった。すなわち、カリクレスもトラシュマコスも「平等」を真赤な嘘として斥け、「強者による弱者の支配」こそ永遠に変らない自然の掟である、と説いたのである。

さて、法が事実可変的であるのを否定することは、誰にもできないであろう。だから、この点でソフィストたちが誤っているとはいえない。しかし、ソフィストたちは、可変的なものはすべて自然《フュシス》にもとづかず、従って法は自然にもとづかない、と主張したのであり、ここに問題があった。このことは、先に引いた引用文にみられるかれらの自然観から明らかである。すなわち、かれらのいう自然とは、ペルシアにおいてもギリシアにおいても燃える火の如きもの、つまり、必然的な因果法則に従う物理的存在のことであって、このような考え方からすれば、物理的必然性を示さぬ事象は主観の単なる恣意にすぎず、自然とは認められえないことになる。[40] 換言すれば、かれらは物理法則の示す必然性をモデルにして倫理法則の普遍妥当性を考えようとしたのである。だが、この考え方は正当であったろうか。

「正しいことが変動するということは、本来の意味ではありえないのだが、ある意味では（現象的には）ありうるのである。もちろん神々のもとではそういうことは恐らくありえないだろうが、われわれ人間のもとでは、なにかが自《フュ》然《シス》にもとづいていて、しかも終始変動《キーネートン》するということがありうるのである。[41]」つまり、アリストテレスの考えでは、ソフィストたちは「正義が可変的であるが故に自然にもとづかない」と結論した点で誤ったのである。物理的世界ではなく人間の世界においては、なにかが自然的でありながら変動するということが、可能である。いや、もっと徹底していえば、人間の自然とは物理的必然性を拒絶する自発性のもとにおいてしか現われえない、というべきだろう。では、そのような自然とはどういうものであろうか。

アリストテレスは『自然学』の第二巻で、適者生存的進化論を批判しつつ、次のようなことをいっている。[42] 自然学者たちはすべての出来事を必然的《アナンケー》原因に還元し、自然の中から目的因を排除しようとする。かれらの考え方では、たとえば、雨は穀物を成長させるために降るのではなく、必然的に降るにすぎない(つまり、上昇した蒸気は、冷たくなって水となり、降下せざるをえない。降下した水がたまたま結果的に穀物の成長を促すだけである)。降雨が多すぎて穀物が腐ったとしても、穀物を腐らすために雨が降ったとはいえないであろう。たまたま《シュムベベーケン》そういう結果になっただけである。同様に、前歯はとがっていて嚙み切るのに適し、臼歯は広くて嚙み砕くのに適しているとしても、そういう役に立つために歯は生えたのではなくて、たまたまそういうことになっただけである。そして、必然論者によると、すべては偶然的《アポ・タウトマトウ》に生起したが(43)、あたかも目的適合的に創られたかの如きもののみが存続し、そうでないものは滅亡した、というわけである。

さて、生物界、さらには人間界を視野の外におき、物質的自然界にのみ注目するならば、必然論者のいうことは自明の事実であり、そこに勝義の目的因を措定する理由は本来ない。デモクリトスのいうように、すべての出来事は必然に従って生起するのであって、物質的自然にとって目的(完成態、本来性)という概念は無用である(44)。アリストテレスは明らかにレウキッポスとデモクリトスを念頭において、こういっている(45)。「ある人々は、この世界およびその他のすべての宇宙の原因を偶然に帰している。すなわち、偶然から渦巻きが生じ、万物をこのような秩序《タクシス》へと分離し配置した運動が生じた、というのである。」だが、このような考え方で、植物や動物の生成を説明できるであろうか。それは非常に困難であるように思われる。その理由の一つとして、たとえば、動植物には「奇形不具」というものが存在する、という点を挙げうるだろう。「奇形」という概念は本来性という概念を前提している。背骨の曲った魚を奇形とするのは、背骨は本来真直ぐに育つはずのものだからである。もし動物や人間の存在の仕方に本来性(完成態)という概念を入れないならば、有機水銀によって中枢神経を麻痺せしめられた人は、鉄の如き因果法則によって、一つの自然現象として必然的にそのような事態にたち至らせられたのであり、そのことを嘆き怒るいわれを失うであろう。それは、水が高きから低きへ流れるのと全く同一の必然的な出来事である。そして、もし、自然のあり方のうちにも、単なる物質のメカニズム以上には、勝れた意味での本来性(目的性)がないとすれば、どのように山が崩され、どのように河が汚されても、それ自体は一つの物理現象として、美しい自然と等価ということになるであろう。目的のない世界では、必然がすべてである。本来性のない自然にとっては、自然破壊もまた自然現象の必然的一過程に他ならない。だが、自然は、とくに勝れて人間はこのような機械的存在ではない[46]。人間の存在の仕方には、本来の姿、正常の姿というものがあり、これが害されれば人間存在は根底的に傷つけられてしまうのである。有機水銀によって正常な人間存在を奪われた人は、人間であることを否定されかかってしまうのである。同様に、どんぐりは樫の大木へ向ってまっすぐに育つべきものである。ひよこは鶏に向って育つべきものである。このように、生物の存在の仕方には目的性があるから、奇形、逸脱、倒錯、異常という現象が起るのである。アリストテレスは、生物の中に働いている目的へ向うこの活動力を形相因として取り出し、無機的自然の中に働いている必然の力であるところの質料因とは別種の、より高次の存在原理として定立した。アリストテレスの自然観の基礎は周知のように生物学上の研究であるが、いずれにしても、かれが勝れて自然と見なした存在者は生物であり、逆にいえば、かれにとって自然とは生物であった、といってよいであろう。

こうして、自然のうちに無機的自然と有機的自然の二層があり、後者が前者に還元されえないことは、奇形、逸脱、倒錯、自然破壊という事態から明らかであるが、このこと、つまり、自然の二元性を、アリストテレスは、充分に概念化してはいないが、事象そのものとしては把握していた、とみてよい。すなわち、かれはたびたび、自然的なもの《タ・フュセイ》の生成あるいは存在の仕方は、常に《アェイ》一定であるか、おおよその場合に(ὡς ἐπὶ τὸ πολύ)そうである、という発言をくり返している。[47] ここで、常に一定の自然とは、ペルシアにおいてもギリシアにおいても等しく燃える火の如き自然を指すことはいうまでもないが、おおよその場合に一定の自然とは、すぐれて生物学的領域[48]、とくに倫理学的領域において問題になる自然を指すのである。『ニコマコス倫理学』の第一巻では、およそ学問はその主題に即した厳密性を求めなければならないが、倫理的事象は動揺を示すものであり、おおよそのあり方を示すものであるから、そこでの論証の性格もそれに即したものでなければならない、といわれている。[49]

それでは、なぜ、人間的(生物的)自然は必然性を示さず、おおよそのあり方(正常性)を示すのであろうか。それは、人間(生物)が形相因と質料因という二元的な原因性を自己の中に内包する存在者だからである。この二種の原因の相克により、人間(生物)にはたえず動揺、逸脱、倒錯、病気、自己崩壊が起りうるのである。人間は、いわば二つの存在次元の間に引き裂かれた存在者である。だから、アリストテレスはわれわれの自然が神のそれの如くに単純《バプレー》でないことを嘆いている。「われわれの自然(本性)は単純でないから、同一のことが常に快いとはかぎらない。われわれの自然のうちには、それによってわれわれが滅びゆく者となるところの何か異《テイ・ヘテロン》なったものが内在し、その結果なにか異なったことをしてしまうのである。……もし、本性が単純であるならば、そのような者にとっては常に同一の行為がもっとも快いものとなるだろう。この故に、神は永遠に唯一の単純な快をたのしんでいるのである。[50]」もし、人間の自然も単純であれば、人間的事象に動揺はなかったであろう。だが、人間の自然は二重構造《シュンテトン》になっていて、一方の力が他方の力を攪乱しうるので、人間的事象は自然的でありながら、同時に動揺し変動するのである。しかし、そうはいっても、質料は無規定的な素材としてすぐれて人間の特殊性を表わす原理ではなく——フロイトのいうように、人間には無機的自然へ復帰しようとする死への衝動があるが、この自己喪失、自己解体、混沌化への惰性が質料の力である——そうではなくて、人間にその特殊性を与え、一個の存在者として存立せしめる形成原理としての形相が、すぐれて人間の自然といわれなければならない。この形相優位の人間観はすでに第五章で論じたように充分な存在論的基礎づけをもつ思想だが(51)、この思想に従えば、人間的事象における動揺とは、形相的規定が質料的動揺を制御しきれないために生起する本来性からの逸脱という事態に他ならない。しかも、形相的規定自体が人間自身の理性的決断に依存しているのである。従って、動揺があるということは、人間に本性がないということを意味しないのである。

再び『動物発生論』にもどると、「奇形不具」の発生に関し、かれは次のように説明している(52)。奇形《テラス》とは反自然の一つ(τῶν παρὰ φύσιν τι)だが、おおよその場合に一定のあり方を示す自然からの逸脱である。なぜなら、常にかつ必然的に一定のあり方を示す自然については、なにも反自然的なことは起りえないからである。そして、反自然的なものは、形相的自然(ἡ κατὰ τὸ εἶδος φύσις)が質料的自然(τὴν κατὰ τὴν ὕλην)を支配しきれない時に、生ずるのである、と。生物的形態における奇形のみならず、倫理的行為における奇形についてもアリストテレスは基本的には同様の見方をとっていて、悪とは自然からの逸脱であり、その原因は質料の盲動にある、と考えていた。

それ故、かりにすべての人が情欲に負けて倒錯性欲者となり、憎悪に負けて殺人者となったとしても、本性的正《フュシコン・ディカイ》義《オン》がないということではない。「なぜなら、右手は本性的に利き腕となるように出来ているのだが、それにもかかわらず万人が両手利きになることも可能だからである(53)。」『大道徳論』の著者は、このアリストテレスの発言を承けて、次のように論旨を敷衍したが(54)、これは充分に本節の結論に代りうるであろう。「正義の中のあるものは自然的であり、他のものは人為的であるが(55)、自然的正義といった場合、それを決して変化しないものと考えてはならない。なぜなら、自然的なものも変化にあずかるからである。たとえば、もしすべての人が絶えず左手で投げるように訓練しつづけたならば、われわれはみな両手利きになるだろう。それにもかかわらず、左手は本性的に左手であり、右手は本性的に依然として左手より勝れているのである。たとえ、われわれが万事を右手で行なうように左手で行なったとしても。だから、変化するが故に、本性的でないということではない。そうではなくて、おおよその場合において、また長い時間にわたって、左手は不器用であり右手は器用でありつづける(διαμένει)ならば、このことが自然的なのである。自然的正義(τὰ φύσει δίκαια)についても同様である。すなわち、われわれの生き方によってそれが一時的に変化するとしても、その故に自然的正義が存在しないのではなく、存在するのである。なぜなら、長い眼で見ておおよその場合に持続《ディアメノン》するものがあり、これが自然的正義であることは、明らかであるからである。[56]」

三　一般的正義

正義とは、共同体的存在者である人間のあり方を基礎づける理法である。この理法は、現象的には変転する。しかし、その変転は、一方では、根源的原則の時空的に限定された個別的事態への特殊化であり、他方では、人間の恣意盲動に由来するこの根源的原則からの逸脱形態にすぎない。すなわち、あらゆる変転にもかかわらず、その底に本性的正義が存在する。以上が前節までの結論であった。しからば、その本性的正義とは何であろうか。

アリストテレスは、具体的な論議に入るに際して、正義には大きくいって二つの意味がある、といっている[57]。つまり、「正しいこと(τὸ δίκαιον)とは、法にかなうこと(τὸ νομικόν)と平等なこと(τὸ ἴσον)である」[58]。一般にアリストテレス以前のギリシア思想においては、正不正はいろいろな意味で語られていて、これらを体系的に整理する観点が現われていないが[59]、これらの錯綜する諸意味を右にのべた二つの意味に集約し、とくに第二の意味(平等)に力点をおいてその構造を解明した点に、アリストテレスの正義論の不朽の寄与がある。そこで、本節では、先ず、正義論の中心である「平等」の構造の解明のための地平を準備するものとして、第一の意味における正義(適法)の本質を明らかにしておこう。

さて、法にかなうことが正義であるというとき——法とはもちろん書かれた条文としての法ばかりではなく、すでに論じたように書かれざる不文の法をも含んでいる——これらの法は、人事百般にわたり、「なにを為すべきか」「なにを為してはならないか」について告げるものである[60]。たとえば、勇敢な行為に関しては、戦列を離れたり、逃亡したり、武器を棄てたりしないこと、克己の行為に関しては、姦通したり、侮辱したりしないこと、柔和の行為に関しては、暴力をふるったり、中傷したりしないこと、等々である。これらの例から直ちに明らかなように、法とは一般に有徳な行為を命じ、悪徳の行為を禁じているのである。従って、「正しいこと」とは「法にかなうこと」である以上、それは、あらゆる徳を集約した万徳の結晶としての完全徳《アレテー・テレイアー》のことである[61]、とひとまずいってよいであろう。事実、ギリシアにおける伝統的な観念においては、正義はあらゆる徳の中で最高のものであり、宵の明星も暁の明星もこれほどに輝かしくはないのであるが、そのわけは「正義のうちにあらゆる徳が総括的に内在しているからなのである[62]」。

しかし、それならば、なぜ、同一の事象を表わすのに、正義という表現と徳という表現が存在するのか。もし、正義が徳の総称であるならば、正義という言葉は不要であり、それが固有の事態を意味するとは、解しにくくなるのではないか。こういう疑問が当然生じてくる。そこで、さらに詳しく検討してみると、アリストテレスはこういっているのである。[63]「正義と徳とは同一のものであるが、そのあり方において異なる。すなわち、それが、他者のために(πρὸς ἕτερον 他者とのかかわりにおいて)あるとき、正義であり、単にそのようなヘクシス[64]としてあるとき、徳である。」つまり、ある人間のうちに内在する「善への行為能力《ヘクシス》」が、端的に(いわば抽象化されてそれだけ独立的に)とり出された場合、それが徳といわれている事態であるが、この行為能力が、具体的な行為の場において、他者とのかかわりにおいて活動している時、それが正義といわれている事態に他ならない、というわけである。換言すれば、徳というのは一種の抽象態であって、つねに潜在的に他者とのかかわりを内包した能力であるが、この能力が現実化して活動状態にあるとき正義となるのである。だが、このことは徳についての反省から直ちに明らかである。先にあげたアリストテレス自身の例についてみても、たとえば、勇気が「戦列を離れたり、逃亡したり、武器を棄てたりしないこと」と規定される場合、このような行為は、自分の身を危険にさらしても祖国の人々の安全のために要請されているのであり、克己が姦通や侮辱の禁止であるということは、そういう行為において他者の人格への侵害が起るからなのである。およそ、直接的にせよ間接的にせよ、なんらかの意味において他者とのかかわりがなければ、善も悪もなく、従って徳もないであろう。だから、正義が他者とのかかわりにおける徳の活動状態であるならば、正義とは徳のこの対他的本質を現実化し顕在化しているのであり、この意味でも徳の完成態《テレイアー・アレテー》なのである。アリストテレスが「正義は完全徳である」という時、その意味は単に「正義は徳の総体である」ということだけではなくて――これは伝統的通念にすぎない――むしろそれ以上に、「正義が徳の対他的本質の実現である」という点に存するのである。[65]

だが、このことは、適法としての正義の根拠であるところの法の目指すところからしても明らかである。かれがいうには、「法は人事百般について規定するが、その目的はすべての人にとっての普遍的な利益に存するか、特定の人の利益に存するか、である」[66]。ここでアリストテレスは両方の場合をひとしく是認しているのではなくて、ただ現実に行なわれている法に関する事実を述べているのである。そして、正しい体制(ὀρθαὶ πολιτεῖαι)と倒錯的体制(παρεκβάσεις)との違いは、まさに、そこで行なわれている法が全市民の利益を目指しているか、それとも特定の人の利益を目指しているか、という点に存したのである。この点に関して、再び『政治学』を顧みると、次のような議論が行なわれている[67]。国制が市民たちの平等性《イソテース》と同質性《ホモイオテース》にもとづいて制定されている場合には——そうでなければならない、というのがアリストテレス自身の考えである——人々は代る代る支配の位置につき、代る代る公けの義務を遂行し、そうして、自分が支配の位置にいる時には他者のためにその利益を配慮する(他者が支配の位置にくれば、今度はその人が自分のために配慮してくれる)[68]。このように、他者のために、普遍的な利益(τὸ κοινῇ συμφέρον)を求め慮る体制は正しい体制であり、これに対して、支配者が自分自身だけの利益を求め慮る体制はすべて誤っており、正しい体制からの逸脱に他ならない。この場合、かりに、支配体制が民主制でなく、貴族制もしくは王制であったとしても、もし支配の位置にいる者が自分自身の利益を目ざさず、他者のために普遍的な利益を目ざして支配するならば、そのような体制は正しい、と見なされている[69]。そして、このような体制論の根底は、ポリスが本来「自由人の共同体である」[70](κοινωνία τῶν ἐλευθέρων)という点にあり、従って、市民たちはみな同等の者として、ひとしく、普遍的に、利益や義務にあずからなければならない、という点に存するのである[71]。

このように、他者の利益を目ざす体制が正しい体制であり、自己の利益を目ざす体制が逸脱した体制であるということは、体制とはもともと他者のために(πρὸς τὸν ἕτερον)という観点において成立する、ということを意味している。

従って、体制の基礎である法もまた、本来、他者のためにという観点から成立しているはずであり、この故に、さらに、法がそれの具象形式であるところの正義とは、さきに論じたように、「他者のために徳を活動せしめること」(72)に他ならなかったのである。

四　特殊的正義

前節までの思索を簡単にふり返ると次のようになる。第一節「ポリス的正義」では、人間は本質的に共同体《ポリス》を形成しその中に住まう者であり、その際共同体の成立は法《ノモス》の確立とその遵守によって可能になる、ということが明らかにされた。従って、法的原理は人間であるかぎりの人間に必須のものとして要請されており(73)、この原理の保持実現が正義である、というのが第一節の主旨であった。これを承けて第二節「自然法」では、しからば、この法的原理は単に人為的なものかそれとも自然的なものかが問われた。そして、たしかに実定法やもろもろの慣習は人為によって定められ、歴史的状況に応じて変転しはするが、それらを成立させている根本原理は不変であり人間本性にもとづいている、ということが指摘された。つづいて、第三節「一般的正義」では、このように正義が人間本性にもとづく法的原理の遵守であれば、正義とはあらゆる徳の総称にほかならない、と語られた。事実、アリストテレスは、一般的な意味での正義とは万徳の結晶としての完全徳のことである、といっていた。しかし、それならば、同一の事柄を表わすのに、なぜ正義と徳という二様の表現が用いられるのかと問われたが、この問いに対するアリストテレスの答えは、徳といえば、「或る人間に備わる、善を実現しようとする持続的な能力《ヘクシス》」をそれだけ取り出して指示しているのだが、正義といえば、この同じ能力が他者とのかかわりにおいて活動している状態を指す、ということであった。

さて、正義という言葉は、広い意味で用いられた場合には、以上のように有徳な行為の総体と重なり合うわけであり、従って、正義論とはプラトンの『国家』篇が示しているように倫理学の全体的な構築と同義になるであろうが、他方、正義には狭い固有の意味があり、それは「平等」(τὸ ἴσον)という意味である、とアリストテレスはいっている。[74]そして、アリストテレスの主力は、実は、この狭い意味での正義の分析に注がれているのであり、本節が以下三つの小節に分けて論じようとする主題はこの平等という意味での正義にほかならない。

1　配分的正義

さて、配分的正義というとき、この正義がどのような場合に適用されるのかを、先ずはっきりさせておかなければならないであろう。アリストテレスの言葉はこうである。「特殊的正義の一つの種類は、名誉、財貨、その他ポリス的共同体の成員のあいだで分割されうるものの分配(διανομή)における正義である。[75]」ここで分配の対象となるものは何であろうか。右の言葉からすれば、一見したところ、それは国有財産のような一般に国家共有の財貨であるように思われる。実際、バーネットは右の引用文の中の「分配」という語に注を付して、「ギリシア人にとって市民権とは国有財産の分配にあずかる権利を意味した」といっている。[76]そこで、たとえば、ヴィノグラドフは、ここでアリストテレスの語っている公共財の分配とは、市民が陪審員として奉仕したときの報酬、外国から輸入した穀物の分配、植民地建設に際しての土地の分配、身体障害者、病者、老齢者などに対する公共の基金による援助などに該当する、と語っている。[77]もちろん、配分的正義が国有財産の配分に際して適用されるという解釈自体は正しい。しかし、「ポリス的共同体の成員のあいだで分割されうるもの」を国有財産にかぎって理解するいわれはおそらくないであろう。ポリス的共同体とは本質からいえばこれまでに論じてきたように法治の共同体ということであるから、商人、手工業者、その他の種類の人々の共同体のような、もっと小規模な共同体であっても、それらが法的秩序にもとづくものであれば、その共同体における共有財の分配は配分的正義の適用範囲に入るであろう。ジャクソンはこの一文をそのように理解しているのである。(78) そこで、全体としてみれば、ハーディの次のようなまとめ方は、(79) だいたい公平な見方としてうけ入れることができると思う。すなわち、配分的正義において、アリストテレスの念頭にあった共有財の一つが、国庫金もしくは他の分割可能な公共財であったことは確かであるが、しかし、それがただ国有財産だけであるという含みは、テキストのうちにはない。むしろ、それは商業共同体の基金でもありうるし、さらには、公共ではないが共有という意味では遺産などもその中に入りうる、(80) と。

さて、そこで、配分的正義とは何かという問題であるが、先ず考察の大前提として、不正とはなんらかの不平等であるから、正義とはなんらかの平等である、といっておかねばならない。このことは論議する必要もなく万人に自明のことがらである、とアリストテレスはいっている。(81) そして、不平等とは、一方が多すぎる(πλέον)のに対して他方が少なすぎる(ἔλαττον)ことであるから、平等がこれら過大と過小のなんらかの中間(μέσον τι)であることもまた明らかである。ところで、平等とはなにかとなにかが等しいということであるから、少なくとも二つの項において成立しているはずである。そして、この平等がさらに正義でもあるとすれば、先の節で論じたように正義とは人と人との関係(τισίν)において成立するのであるから、さらに少なくとも二つの項が要求されることになる。(82) こうして、正義はその成立条件として少なくとも四つの項を要求するわけである。すなわち、その人々にとって正義が成立する人物が二人、そして、そのものにおいて正義が成立する事物が二つである。[83]

それでは、これら四つの項は相互にどのような関係を結ぶであろうか。「同一の等しさが当事者である人間たちに対しても配分される事物に対しても成り立つであろう。すなわち、配分される事物が相互に対してもつ関係は、配分をうける人たちが相互に対してもつ関係と同じである、ということである。……なぜなら、配分における正義はなんらかの価値にしたがって(κατ' ἀξίαν τινά)成立せねばならないということは、万人の同意する点であるからである。[84]」この文章でアリストテレスのいっていることを解り易く図式化すると、次のようになる。いま、配分を受ける二人の当事者をA、Bとし、Aが受けとる財貨をC、Bが受け取る財貨をDとすれば、この四つの項の間には、

$$\frac{B}{A}=\frac{D}{C} \quad \cdots\cdots(1)$$

という関係が成立する。この式を言葉でいい直せば、Aの価値がBの価値に対する関係はAへの分配分(C)がBへの分配分(D)に対する関係と同一である、ということである。[85] 式(1)からは、さらに、次の二つの式をみちびくことができる。

$$\frac{C}{A}=\frac{D}{B} \quad \cdots\cdots(2)$$

$$\frac{B+D}{A+C}=\frac{B}{A} \quad \cdots\cdots(3)$$

式(2)を言葉に置き換えれば、Aが自分の取得分に対してもつ関係は、Bが自分の取得分に対してもつ関係と同一であ

るとなり、式(3)を言葉に置き換えれば、Aなる人物がCなる分配物を得たその総計とBなる人物がDなる分配物を得たその総計との関係は、まさにAなる人物の価値とBなる人物の価値の比率と同一である、ということになる。そして、この式(3)の表わす事態がアリストテレスの言う配分的正義に他ならない(86)。

さて、平等(等しさ、正しさ)とは単純な算術的平等ではなく、人それぞれがその価値に従って取得するという「比率の等しさ」(ἰσότης λόγων)であり(87)、従って、不平等とは算術的平等からの逸脱ではなくて比率関係からの逸脱である(88)、というアリストテレスの主張は、おそらく人類にとって不変の真理をいい当てているであろう(89)。ただ、この場合、さしあたって問題になることは、なにをもって人間の価値を測るかという、価値の尺度の問題であろう。事実、アリストテレスはこういっている。「配分における正しさが或る種の価値に従って成立せねばならないということは、万人の同意するところである。しかし、すべての人が同じ価値を語るわけではない。すなわち、民主主義者は自由を、或る寡頭主義者は富を、他の寡頭主義者は生まれの良さを、さらに、貴族主義者は徳を価値とするのである(90)。」従って、社会体制の異なるに従い、配分の基礎となる価値評価の観点は異なってくる。そして、現代では、おそらく、アリストテレスがここで指摘しているような諸点、すなわち、生まれの良さ、社会的地位、財産、人徳などを、おもて立てて配分の基礎をなす価値として語る人はいないであろう。むしろ、現代人にとっては、それは広い意味での才能であるだろう。このように、配分の基礎をなす価値評価が相対的流動的であるということが一つの問題点ではあるが、より重大な根本的問題点は、およそ配分が人間におけるなんらかの価値にもとづいて行なわれる、というこの原理自体のうちにある。アリストテレスはこの原理を自明であると語っていたが、この自明性の意味するものを掘り起さねばならないであろう(91)。

2 匡正的正義

前小節から承け継がれた問題、すなわち、配分的正義の根底にある思想の究明は、次小節「交換的正義」で行なわれるが、その前に特殊的正義のもう一つの種類を論じておかなければならない。

「特殊的正義の残る一つの種類は匡正的な正しさ(τὸ διορθωτικόν)である。この正義は人と人とのかかわり合い(συνάλλαγμα)の中で生ずるが、この関係は随意的な場合もあれば不随意的な場合もある。……ところで、人と人とのかかわり合いにおける正義は或る種の平等であり、不正は或る種の不平等であるが、それは幾何学的比例にもとづくのではなく算術的比例にもとづく平等不平等なのである。[92]」ここで、「人と人とのかかわり合い」と訳したシュナラグマという語は、狭い意味では「商取り引き」「契約」、広い意味では「人と人との間のあらゆる利害関係」を意味するが、このような関係においてなにか平等が犯されたとき、その結果生じた不平等なる事態をもとの平等な事態へと復元する原理が、いま問題にされている匡正的正義である。そうすると、匡正的正義とはつねになにか悪が犯された場合、すなわち、不随意的な関係においてのみ成立するように思われるが、上の引用文において「この関係は随意的な場合もあれば不随意的な場合もある」といわれているのは何を意味するであろうか。アリストテレス自身が挙げている例では、随意的な場合とは売却、購入、保証、貸与などの関係であり、不随意的な場合とは窃盗、偽証、暴行、殺人などの関係である。[93] 後者の場合に、当事者相互の間に不平等な事態が起きていることは自明であるが、前者の場合には、当事者が最初にかかわり合いの関係に入った時点ではその関係は随意的であったが、後にその関係を毀損する事態、例えば契約違反が生じた、と解することができよう。この点については、大方の解釈はこの方向で一致している。[94]

さて、そこでかかわり合いの関係にある当事者の間で平等な(原初の)関係が破られ、不平等な事態が生じたとき、どのようにして平等を実現すべきであろうか。先ず、この場合には、人間の価値を勘定に入れてはならないのである。「なぜなら、立派な人が劣悪な人を騙して金を捲き上げても、その逆に、劣悪な人が立派な人にそのようなことをしても、事態は同じであるからである。[95]」そこで、法律はすべての人を平等な者(ἴσος)と見なし、ただ害悪の程度にのみ注目する。そして、裁判官は行なわれた不正を不平等の生起と見なし、これを平等化しようと努めるのである。たとえば、いま、ＡがＢに対して盗みを働いたとする。このとき、Ａは原初の状態に比してより多くのもの(τὸ πλέον)を得ているのに対し、Ｂはそれだけのものを失っている。この不均衡を匡して原初の状態を復元しようとするのが裁判官の務めであり、従って、利得(κέρδος)と損失(ζημία)の中間が匡正的な正しさである、といわれる。[96]「それは、ちょうど、一つの線分が不等な二部分に分割されているとき、大きな部分がそれによって半分を超えているその部分を、大きな部分から取り去って、小さな部分に付加するようなものである。[97]」このアリストテレスの説明を図示すると、上のようになる。いま、話を単純化するために、盗人Ａと被害者Ｂの原初の持ち分を等しいとする。そうすると、両者の持ち分の総計の半分、すなわち中点Ｍが平等の点であり、この点において各自は自己の持ち分(τὸ αὑτοῦ)をもっている。[98] しかるに、ＡはＢからＭＣを盗むことにより、ＭＣ分だけより多くの利得を得ているのであり、従って、裁判官はＡからＭＣ分だけ取り去って、これをＢに帰する、というのがアリストテレスの説明の趣旨である。この時、この平等化の原理を「算術的比例」(ἀριθμητικὴ ἀναλογία)による平等というのは、

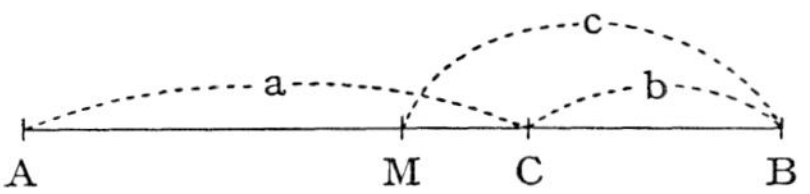

$$a-c = c-b$$

という関係があるからなのである。とにかく、この意味での等しさとはより大きなものとより小さなものとの算術的比例に従った中間であり、この故に、正しさ(δίκαιον)とは二分されたもの(δίχαιον)であり、裁判官(δικαστής)とは二分する人(διχαστής)である、という哲学的語源考までアリストテレスは付加している。[99]

さて、以上の匡正的正義は、その算術的定式化が単純なように、きわめて単純な内容のものであるが、この原理についてはいくつかの問題点があるように思われる。まず第一に、アリストテレス自身もいうように[100]、加害と被害をおしなべて利得と損失という表現で尽くしうるかという問題がある。たとえば、Aが殴りBが殴られたとき、或いはAが殺しBが殺されたとき、Aはどのような利得を得、Bはどのような損失を蒙ったのか。殴ったことや殺したことが利得であるというのは一種の比喩的な表現であるという他はないが、要は、このような場合においても、裁判官は加害や被害を量化して測定し、この量化測定された処罰を加害者に加えることによって平等を実現しようと試みる、ということなのである。[101]

第二の、そしてより重大な問題点は、アリストテレスの説明では、被害者が蒙った事柄(τὸ πάθος)をそのまま加害者に返せば正義が実現されるかのように、一見思われるが、果してそれでよいのか、という点である。すなわち、単純な復讐原理にもとづいて、殴った者は殴った量だけ殴り返され、殺した者は殺されれば、正義が実現されるのであろうか。事態は決してそのように単純ではない。そして、アリストテレス自身このことに気付いていたと思われる。なぜなら、かれはこういっているからである。「もし行政権の所有者が一市民を打ったならば、かれは打ち返されるべきではない。これに対して、もし一市民が行政官を打ったならば、かれは打たれるばかりではなくて懲罰をうけねばならない。さらに、為された行為が意図的なものか不随意的なものかの差異も大きい」(102)と。これによってみると、罰を決定するために考慮される被害量とは、たとえば殴った回数や程度というような物理的な被害量のことではなく、どのような人間に対してどのような状況のもとにその行為が行なわれたのかという社会的状況を考慮に入れた被害量であることが解る。バーネットはこの観点を非常に強調して、実際アテナイの法廷は物理的な被害量ばかりを問題にしたのではなく、加害と被害の意味の違いを問題にしたのであり、アリストテレスはこのような背景の上で匡正的正義を論じている、といっている。(103)そして、たとえば、プラトンが『法律』篇の中で、隣人の土地を侵す者は与えた損害を補償するだけでは足りず、その上に被害者に対して別に損害の二倍を差し出すべし、と規定しているくだりをも引照している。(104)このバーネットの解釈はアリストテレスが語っていないことをそのテキストの中に読み込んでいるのだが、しかし、おそらくは、アリストテレスが潜在的に意識していた問題点に触れているとはいえるであろう。

このことは、アリストテレス思想の延長線上にある『大道徳論』においては、はっきりと明文化されてきている。すなわち、そこでは、正しい応報とは単に物理的ないしは財貨的な等価物を補償することではない、と語られているのである。「使用人と主人に対しては同じことが正しいのではない。なぜなら、使用人が主人を打つならば、かれは打ち返されるのではなくて数多く打ち返されるのが正しいからである。そして、応報は比例的《アナロゴン》であることにおいて正しい。なぜなら、ちょうど自由人がより優れた者であることによって奴隷に対して或る関係をもっているように、そのように、仕返しは加害に対して同じ関係をもつからである。(105)」この『大道徳論』の思想は、明らかに匡正的正義の根底に再び配分的正義の観点を導入しようとする試みである。アリストテレス自身は前者から後者の観点をできるかぎり排除しようとし、そこにかれの思想の独自な点があったわけである。従って、『大道徳論』の著者はアリストテレス思想の核心について無理解であった、と見ることもできるが、逆に、匡正的正義において人間の社会的地位への顧慮をどうしても消去しきれないという事実を、そのまま容認したのだ、と見ることもできる。とにかく、この点については、アリストテレス自身の中にも多少の動揺がある、といわなければならないであろう。[106]

しかし、匡正的正義の理解において『大道徳論』の著者が明らかに一歩を進めている点は、かれが加害という概念を明確に導入している点である。すなわち、自由人が自由人にかかわり合う場合にも一種の比例関係があり、それは「一方が先に手出しした、つまり不正を働いた」という点である、とかれはいっている。[107] 従って、加害者は二重の意味で——すなわち、手出ししたことと害を与えたこととにおいて——不正を働いているのであり、その故に、自分が為したことより以上のことを蒙らなければならないのである、と。たしかに、ハーディもいうように[108]、アリストテレスは匡正的正義を論ずる際に罪や罰という概念を充分に考慮していない。ここに、かれの論考の不充分さが由来する。そして、アリストテレス思想をヘレニズムの時代状況の中で要約した『大道徳論』は、この点で一歩の前進を示している、といってよいであろう。

3　交換的正義

先行する二つの小節1、2から明らかなように、特殊的正義には二つの種類があった。これらのうち、匡正的正義が本小節で論ずる交換的正義[109]と異なることはだれの目にも明らかであるが、配分的正義の方はこれと相当の類似性をもっているように見える。事実、ステュアートは両者を同一視した。[110] かれによれば、商業交易とは国家的共有財産からの再配分である。すなわち、大工はその仕事によって国民総生産に寄与しているのであり、その寄与分のお返しに、自分の作品ではなくて、たとえば靴屋の作ったそれの等価物を受けとる。もちろん、かれらは個人間で取り引きしているのだが、この取り引きは国家共有の財産からの巨大な再配分の一つの末端にすぎない。従って、交換的正義において働く原理は価値に従って取るという配分的正義の原理以外のものではない、と。このステュアートの解釈はその根本的方向においては以下に展開するわれわれの理解に近いのであるが、交換的正義を文字通りに配分的正義と同一視する点で妥当ではない。すなわち、配分的正義は国有(もしくは共有)財産の分配にかかわるのに対し交換的正義は個人の財産の交換にかかわるという点においても、また、この二つの正義の算術的定式化の構造が同一とはなりえないという点においても、両者は相違するのである。事実、アリストテレス自身が「交換的な正しさは配分的な正しさにも匡正的な正しさにもそのまま当てはまるものではない[111]」といっている。そこで、結論を多少先取して目下の見通しをいえば、交換的正義は先行する二種の特殊的正義とは同一の地平には存在しない、ということである。それは、共同体の成立に先行し、共同体を構成するために必須の条件である、人間にとっての一種の自然権であって、配分的正義あるいは匡正的正義がその上で活動できる根底的基盤である、といっておこう。

さて、それでは、人間どうしを共同体の中で生きる者として相互に結合しているものは何か。それは必要(χρεία)である。「すべてを結合するものは必要である[112]。」「必要が一つの共通な紐帯であるかの如くにして人々を結合していることは、人々が相互に相手を、あるいは一方が他方を必要としない場合には、交換が行なわれないことからして、明らかである[113]。」共同体成立の基盤をこのように必要におく思想を、アリストテレスは明らかにプラトンから継承している。プラトンは『国家』篇の第二巻でこの点について大略次のような議論を展開していた[114]。そもそも共同体《ポリス》が成立する根拠は、人間がひとりひとりでは自足しておらず、多くのものを欠いているからである。そこで、或る人は或る必要《クレイアー》のために他の人を迎え、別の必要のためには別の人を迎え、このようにして相互に欠けるところのある人々が互助者として一つの居住地に集まる。従って、農夫、大工、織工、靴屋などの集合が基本的な共同体であり、それがもっとも本質的なポリスなのである、と。アリストテレスが次のようにいうとき、すなわち「共同体は二人の医者から生ずるのではなく、医者と農夫から、一般的にいえば、異なった等しからざる者たちから生ずるのである」というとき[115]、この主張が上のプラトンの議論を継承していることはいうをまたない。もちろん、次章で論ずるように、このような実利的な動機のみが共同体成立についてのアリストテレスの究極的見解であるわけではないが——また、プラトンもそう考えていたわけではないが[116]——しかし、共同体のもっとも基盤的な形が利益共同体であり、そこでは、人々は相互になにものかを寄与しうるという点で結合していることは、否みえない事実であろう。「ポリスが存続するのは、人々がお互いに比例的なものを与え返す(ἀντιποιεῖν)ことによってである」[117]「お互いに与え合うことによって人々の結びつきは保たれる」[118]とアリストテレスがいうのはこの意味においてである。

　しかし、異なった人々の作り出す異なった諸作品は、当然異なった価値のものであり、一方の作品が他方の作品より優れているという事態が起ることを妨げるものはなにもない。[119]この場合、異なった価値のものを交換せねばならないとすれば、人々の間の平等が破られ、ポリスは存続しえないであろう。[120]従って、異なった価値の諸作品がなんらかの仕方で等価にされなければならないのである。[121]この等価値化の原理が交換的正義であり、「比例的な与え返し」もしくは「対角線的な組み合わせ」といわれているものに他ならない。この点について、アリストテレスはこういっている。「対角線的な組み合わせが比例的な与え返しを成立させる。大工をA、靴屋をB、家をC、靴をDとする。大工は靴屋から靴屋の作品をうけとり、自分はかれに自分の作品を代りに与えなければならない。そこで、先ず異なった作品の間の比例に従った等しさが確定されれば、交換が成立するであろう。[122]」「どれだけの靴が一軒の家に等しいかが測られねばならない。従って、大工が靴屋に対してもつ関係は、これだけの量の靴が一軒の家に対してもつ関係でなければならない。そうでなければ、交換も成立せず共同体も成立しないであろう。だが、このことは、交換される作品がなんらかの意味で等しくなければ、ありえないであろう。[123]」

さて、この引用文を解釈するためには、先ず「比例的な与え返し」(τὸ ἀντιπεπονθὸς κατ᾿ ἀναλογίαν)という言葉がなにを意味しているかを理解しておかねばならないが、『機械論』によれば、それは反比例関係を表わしている。すなわち、梃子と重さとの関係について、「動かされる重さが動かす重さに対する関係は、支点からのそれぞれの梃子の長さに反比例する(ἀντιπέπονθεν)[124]」とある。いま、これを図示すれば、上のようになる。

$$\frac{B}{A}=\frac{C}{D}$$

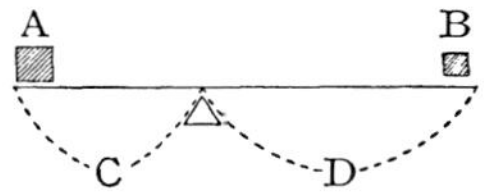

ここで、反比例の関係にあるのは、いうまでもなく重さと長さである。同様に、交換的正義における生産者と産物も反比例の関係にある、とアリストテレスはいう。すなわち、「農夫の靴屋に対する関係は、靴屋の産物の農夫の産物に対する関係と同一である[125]」と語られている。いま、農夫をA、靴屋をB、農夫の産物をC、靴屋の産物をDとすれば、

$$\frac{B}{A}=\frac{C}{D} \qquad A\times C=B\times D$$

すなわち、この簡単な算術式において反比例の関係にある項はAとC、BとDであるが、それらはそれぞれ、農夫と農夫の生産物、靴屋と靴屋の生産物を表わしているのである。

そこで、以上のことを念頭において先の引用文にもどり、対角線的な組み合わせといわれていた事

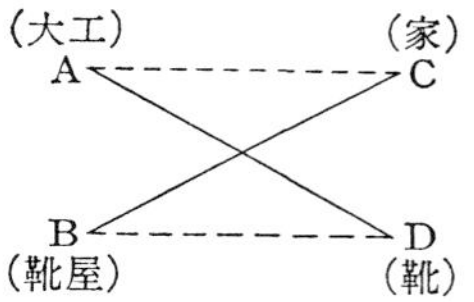

態を考えてみよう(上図)。この図式でアリストテレスは、交換が成立するためには、先ず異なった価値の諸作品が比例的に等価値化されなければならない、といっている。すなわち、大工と靴屋が交換を行なうとき、先ずかれらの作品である家と靴との間にどういう比例関係が成立するかを確定せねばならない、ということである。そこで、今かりに家一軒が靴百足と等価であるとすれば、

C(家) : D(靴) = 100 : 1

という比例関係が成立するであろう。従って、対角線的な組み合わせという図式の真の意味は、大工が作り出す一個の作品の価値と靴屋が作り出す一個の作品の価値は、それらが交換されるときのかれらの作品の量と反比例する、というように解釈しなければならない。つまり、大工をA、靴屋をBとして表示しながら、実は、Aは大工の作品の価値、Bは靴屋の作品の価値を意味していたのである。この解釈のもとに上の図を算術式に書きかえると、次のようになる。

A : B = D : C = 100 : 1

交換的正義の説明においてアリストテレスが反比例の図式を導入したことは、多くの解釈者のうちに様々な解釈を惹起したが、それは単純な事態を無用に複雑化しただけであった、と思われる。とにかく、われわれは、この図式を上に述べたように解釈することがもっとも単純かつ整合的である、と考えるのである。それでは、この単純な算術的図式の含意する哲学的な意味は何であろうか。先ず、交換を成立させるための等価値化の確定において、生産者がどのような者であるかはとりあえずは全く考慮に入っていない。すなわち、等価値化はひたすら産物の等価値化に基礎

をおいているのである。しかるに、量や質のはなはだしく異なった諸産物が等価値化されるとき、それらを測る一つの共通な尺度がなければならない。この尺度が需要《クレイアー》なのである。「先に述べられたように、すべてのものはなにか一つの尺度によって測られなければならない。この尺度は真実には需要である。[126]」従って、産物の価値とはその産物に

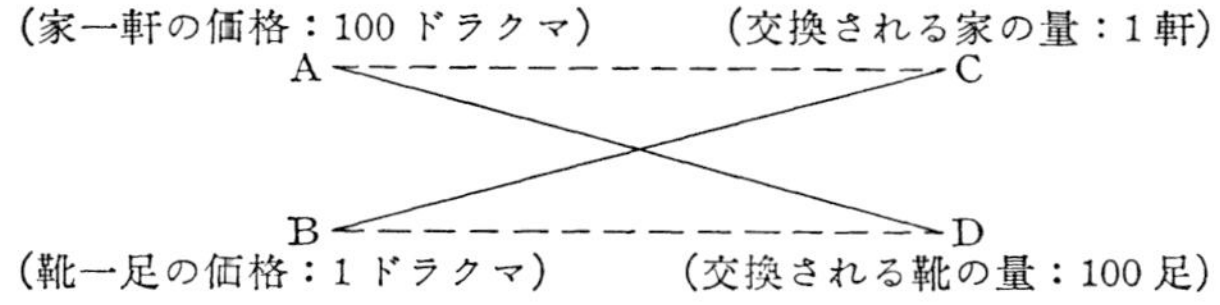

対する市場における需要の変装形態であり、交換的正義はひたすら市場における需要を基礎にして成立するのだ、といえる。そうすると、このようにして決められてくる生産物の価値を基礎にして、そこから帰結してくる生産者の価値とはどのようなものになるであろうか。先にあげた例にもどると、いま市場で家一軒が靴百足と等価であることが認められたとする。そうすると、家一軒を生産する限りでの大工と靴百足を生産する限りでの靴屋とが等価である、ということになるであろう(上図)。しかるに、それぞれの者がそれだけの物を生産するのに要する諸条件は全く異なっている。いま議論を単純化するために時間という条件のみをとりあげるとすれば、もし大工が五十日で一軒の家を建て、靴屋が百日で百足の靴を縫い上げたとすれば、大工の価値は靴屋の価値の二倍になる。そして、これが対角線的な組み合わせ(反比例関係)の本当の意味なのである。いま、この観点に立って、再び先の対角線的な組み合わせを書き直せば、次頁のような表が得られよう。[127]この表の意味するところは、もしAが一日でBの二倍を稼ぐとすれば、BはAと同額のものを得るためにはAの二倍働かねばならぬ、ということにすぎない。反比例関係とはこのことに他ならないのである。しからば、同一の時間内におけるAの稼ぎはつねにBの稼ぎの二倍であり、この差異を両者の能力の差異とみれば、能力と稼ぎ高とが正比例の関係にあることは誰

同一条件の設定

I（大工も靴屋もともに 200 ドラクマの産物を生産する）	II（大工も靴屋もともに 100 日労働する）
A（大工の労働量：100 日）	C（大工の作品：家 2 軒：200 ドラクマ）
B（靴屋の労働量：200 日）	D（靴屋の作品：靴 100 足：100 ドラクマ）
A : B ＝ 1 : 2	C : D ＝ 2 : 1

∴　　A : B ＝ D : C

の目にも明らかである。[128]

こうして、議論がここまで収斂すれば、交換的正義の根底に「能力に応じて取るのが正義である」という思想がはっきりと顔をのぞかせているのが解るのであり、そこに配分的正義と通底する、或いはむしろ配分的正義を成立せしめている根本姿勢が見えるのである。この点をはっきり示しているのは前小節においても言及した『大道徳論』の議論である。この書物を著したペリパトス学派の氏名不詳の学者は、多分粗雑さの故に配分的正義と交換的正義とを混淆して議論を立てているのであるが、そのためにかえって右に述べてきた本質的な論点を明確に表現しうることとなった。すなわち、かれはこういうのである。「大工は靴屋よりもはるかに価値のあるものを自分の作品として作り出すのであるから、靴屋にとって大工と交換することは困難な仕事となった。靴一足の代りに家を取得することは不可能であったから。[129]」この一文のうちには、アリストテレスがいい淀んで表現を抑えてしまった人間間の価値の相違が能力の相違として明確に述べられている。さらに、かれはこうもいう。「多くの所得を得た者が多くの税金を払い、少しの所得を得た者が少しの税金を払うことが比例的《アナロゴン》である。同様に、多く労働した者が多くのものを取得し、少なく労働した者が少しのものを取得するのは比例的である。……なぜなら、労働の多に対する比率は、非労働の少に対する比率と同一であるからである[130]」、と。この場合、多く労働しうるということもまた人間の能力の一つであるとみれば、労働量に応じて取得するということの主張においてもまた、能力に応じて取るという原則が貫かれているのである。そして、かれの結論はこうである。「このような比例が国家を結合する。従って、正しいこととは、思うに、比例的なことである。なぜなら、正しいことが国家を結合するのであるから。(131)」

さて、このようにみてくると、交換的正義に関するアリストテレスの思想の底には紛うかたなき能力主義が潜んでおり、それは冷厳な事実認識にもとづいているということができるのである。人間は平等であるという題目は、もしこれを財貨の取得、もっと一般的にいえば、生存の維持能力という局面で語るならば、完全な虚構である。人間は完全に不平等な存在者である。そして、この不平等性は十のものは十であり、三のものは三であるという冷厳な同一律にもとづいているのである。AはAであってBではありえないという存在の根本原理が、Aを産み出す人間とBを産み出す人間が等しくあることを不可能にしているのである。こうして、「等価のものを交換することが正義である」という交換的正義の原理は、等価のものを産み出す各個人の能力の差異、すなわち人間の不平等性をそのまま容認することを含意し、この容認はまた「AはAである」という存在の根本原理にもとづくことが明らかになったが、所詮、正義とは、すなわち(132)「物財の生産や取得」において機能する平等性とは、この根本的な不平等性を超えることはできないのである。それ故、もし人間について真に平等ということが語られうるとすれば、それはこのような次元を超えたところで成立せねばならないであろう。(133) その次元とは、当然のことながら、人間間の能力の差異が無意味と化する次元でなければならないであろう。それが次章の問題である。

(1)　アリストテレスの正義論は、一見非常に雑多な内容を寄せ集めたもののようで、統一的な把握に難渋する部分である。このことは、一つは編集上の理由から来ている。たとえば、ゴーティエは、正義をとり扱う『ニコマコス倫理学』の第五巻は、もと独立した一巻の書物であった、と推定している。Gauthier, Commentaire, II, 1, p. 397. その理由としては、(i) この巻にはとくに異なった文脈の中への文章の置き違い、執筆時期の異なる草稿などの挿入、つまりは後人の手による編集上の痕跡が著しい点、(ii) この巻が他の諸巻にくらべて、内容的には、やや独立のまとまりをみせながら乖離している点、(iii) 従って、当然、ある場合には他の諸巻と内容上重複している点、などが挙げられている。ところで、このことは、単に編集上の理由ばかりではなく実は正義という事象の内容にも由来しているのである。すなわち、正義という事象はある意味で全倫理的問題と同じ外延をもっており、従って、あらゆる倫理的問題の複雑な広袤はそのまま正義の複雑な広袤でもある、という理由にもよっているのである。筆者は、以下において、アリストテレスの極めて多面的な正義論をできるだけ統一的な構造のもとに把握しようと努めるが、以上に述べた事情から、原典の内容を叙述の順序を追って再現することをせず、いわば諸論点をひとまず全面的に溶解し、アリストテレスがもっとも力点をおいたと思われる核心に焦点を合わせて、その思想を再構成することに努めるつもりである。

(2) このアリストテレスの立場は、ギリシア思想における正義観の展開において、世俗化の終極点を示すものである。もともと、正義という事象は宗教的な観点と結合して解明されるのが常であり、プラトンもまたその立場に立つのだが、アリストテレスは完全に宗教的な観点を排除し、徹頭徹尾人間関係論として正義という事象を解明しようとしている。また、本書では主題的に論ずる機会がなかったが(第八章「愛」第七節「エピエイケイア」を参照)、人間は自分自身に不正を加えることができない(つまり、不正とは他者との関係においてのみ成立しうる事象である)ということを、アリストテレスは苦心惨憺の議論を重ねながら論証しようとしており、この洞察のうちにかれの立場がくっきりと表明されている、ということができる。

(3) EN, V, 6, 1134 a 26.

(4) Ibid., 1134 a 27.

(5) Politica, I, 2.

(6) Plato, Symposium, 192 b–193 a.

(7) De Anima, II, 4, 415 a 26–b 7.

(8) この観点は、プラトンによっても強調されている。Cf. Respublica, II, 369 b–c.

(9) Politica, III, 4, 1276 b 18 ff.
(10) Politica, I, 2, 1253 a 20–29.
(11) Ibid., 1253 a 2–3.
(12) Ibid., 1253 a 29.
(13) Ibid., 1253 a 5; Ilias, 9, 63.
(14) Ibid., 1253 a 9–18.「人間はロゴスをもつ動物である」といわれるとき、この定義は、広くいって、人間が言語活動を営むこと、ないしは認識活動を営むこと、を意味している。いうまでもなく、言語活動や認識活動は共同主観性(Intersubjektivität)という場においてはじめて成立する活動であるから、それ自身すでに人間の共同存在を前提にしている。ところで、今問題にしている場面においては、このような共同存在を成立せしめる条理、秩序としてのロゴスを人間が所有しているということであるが、このロゴスは、人間の広いロゴス活動の一端というばかりではなく、ロゴス活動自体の基礎(もしくは、理論と実践との関係からいえば、収斂点)という意味で、基本的なロゴスである、といってよいであろう。
(15) EN, V, 6, 1134 a 27–28.
(16) Ibid., 1134 b 14–15.
(17) Ibid., 1134 a 35–b 1; cf. Politica., III, 16, 1287 a 30, etc.
(18) Politica, III, 15; 16.
(19) Politica, III, 16, 1287 a 12–13. 逆にいえば、もし本性的に同じでないものが――たとえば、人間と馬が――一緒に住んでいるならば、一方が支配し他方が支配されるということが理にかなっている(κατὰ λόγον)のであって、両者に同じ権限を与えることこそ無理(ἄλογον)である。もっと具体的な例をひけば、体重百三十キロの力士と体重二十キロの少年に同じ量の食物を与えつづければ、どちらかの健康を破壊してしまうことは明白である。つまり、このような場合には、異なった量の食物を与えることがそれぞれの人間にとって最善であり、自然にかなっており、正当(δίκαιον)なのである。だから、それぞれの人間がなんらかの点で――たとえば、才能、容姿、体力などにおいて――自然的に異なるとすれば、その限り、そのような相違に応じてそれぞれの人が扱われることこそ正当であって、無差別的機械的に同じ扱いをうけることは不当であろう。事実、後に第四節で詳しく論ずるように、仕事、労働、役割という次元における正義とはこのようなものである。だが、能力とか役割——たとえば、主人と奴隷という役割——を超えて、人間として対する限り、人間はみな平等であり共通である、とアリストテレスはきっぱり断言している(EN, VIII, 11, 1161 b 5–8)。そして、真に人間的な共同体が成立するためには、能力的相違を超えたこのような人格的平等性が人間の本性として要請されざるをえないのである。

(20) Politica, III, 16, 1287 a 18.

(21) Ibid., 1287 a 28–32.

(22) アリストテレスの人間観の根本からいえば、人間は矛盾的な二重構造をもった存在者である。すなわち、人間はとくにすぐれた意味で、形相的存在層と質料的存在層にまたがった存在者である。だから、理性、秩序、愛、平和が人間の本性であるとともに、衝動、混沌、闘争もまた人間の本性である、といえるのである。しかし、その形相優位の存在論にもとづいて、このような質料的盲動性を克服してゆこうとする点に人間本来のあり方を見るというのが、アリストテレス倫理学の基本的観点に他ならない。

(23) Sophocles, Antigone, 456–457.

(24) Rhetorica, I, 13, 1373 b 4–9; 1374 a 26–28.

(25) Politica, III, 15, 1286 a 24–31; cf. E. Barker, The Politics of Aristotle, Oxford, 1946, p. 146.

(26) Sophocles, Antigone, 683–700.

(27) Ibid., 739.

(28) Politica, III, 11, 1281 a 39–b 10.

(29) Politica, III, 15, 1286 a 31–35.

(30) デカルト『方法叙説』第一部冒頭。

(31) ポリス的正義との連関において、アリストテレスは、主人と奴隷、親と子、夫と妻の関係における正義をも論じている。すでに論じたように、正義とは元来平等な独立人の間において成り立つ人間関係である。事実、アリストテレスは論議の土台としてポリスの自由市民を想定している。それ故、これと対極的な場合においては、すなわち、完全に自分自身の所有物に対しては(πρὸς τὰ αὑτοῦ)、たとえば家財道具とか家畜に対しては、正義ということはありえない(cf. EN, V, 6, 1134 b 9–10)。自分自身の所有物ならば、これをどう用い、どう処分しようと、全く勝手である。そこで、自己と他者との関係において、完全に自分と平等な独立人と、いわば全く自己の所有物であるような事物との間に、半ば独立的でありながら半ば自己に帰属するような存在を、さまざまな程度において考えることができる。そして、その独立性の度合に応じて、正義も少しずつニュアンスを変える、ということができる。このような観点から、アリストテレスは、奴隷に対しては――奴隷はギリシアでは一般に生命のある道具(ἔμψυχον ὄργανον)と見なされていた――主人的正義《デスポティコン・デイカイオン》、子供に対しては父親的正義《パトリコン・デイカイオン》、妻に対しては婚姻的正義《ガミコン・デイカイオン》、等の別を立てて論じている。このような考え方は、一見非常に保守的なように見える。しかし、社長と使用人、あるいは上官と兵卒の関係は、職務的関係としては、現代においても命令服従の関係である他はないであろう。また、親と子の関係は、子供が被保護者である間は、決して完全な平等の関係であってはならないであろう。だから、アリストテレスの分析はまことに事象に則しているのである。むしろ大切な点は、次のことにある。すなわち、奴隷についていえば、「奴隷は役割としては道具であるが、人間としては主人と同じである」(EN, VIII, 11, 1161 b 4–8)といっている点である。あるいは、神は万人を自由人として創ったのであって、本性的に奴隷である者はいない、といったアルキダマスを引いている点である(Rhet., I, 13, 1373 b 18)。これらは全く人格的観点からの発言である。また、子供については、それに対して王者的《バシリコース》に振舞わねばならぬのは、「それが一定の年齢に達し独立するに至るまでは、いわば自分自身の部分のようなものだからだ」(EN, V, 6, 1134 b 11)という限定を付している点である。さらに、妻に対しては、一般に夫が年長でありより完全であるから指導的立場に立つのが自然であるが、根本的には妻も自主独立の人間(ἐλεύθερος)であり、従って、支配被支配の関係の交代がなくても、夫と妻との関係は共同体的(πολιτικῶς)であるべきだ、といっている点である(Pol., I, 12, 1259 a 39–b 10)。これらを要するに、アリストテレスは現実肯定主義者であるというよく行なわれる非難をかりに認めるにしても、少なくとも理論的には、人間と人間との関係はすべてポリス的正義を基軸としこの中に包摂されうる、という方向にかれの思索が向かっていることを、否定することはできないであろう。

(32)　EN, V, 7, 1134 b 18.

(33)　Ibid., 1134 b 24. 確固不動の法によって治められている民主制においては、煽動政治家《デーマゴーゴス》は現われないが、法が最高権威をもつのではなくて、いわば法を離れて人為的規定である政令が支配力を振う時、民衆に迎合する煽動政治家(字義通りには、民衆《デーモス》を指導する者《アゴーゴス》、フューラー)が現われ、民主制は独裁制(法に支配されない者たちの支配)へと堕落する、とアリストテレスはいっている。Cf. Pol., IV, 4, 1292 a 4–21.

(34) EN, V, 7, 1134 b 24–27.

(35) Herodotus, Historiae, III, 38.

(36) Ibid., III, 38, 2.

(37) Eur., Andromacha, 170–177.

(38) Eur., Phoenissae, 499–502.

(39) Xenophon, Memorabilia, IV, 4, 14.

(40) この点については，ディルマイアーも筆者と同じ解釈をとっている。Cf. F. Dirlmeier, Aristoteles Nikomachische Ethik, 1956, S. 420.

(41) EN, V, 7, 1134 b 27–29.

(42) Physica, II, 8, 198 b 10–32.

(43) 原子論者は因果的必然(ἀνάνκη)を偶然(τύχη, αὐτόματον)とも呼んだが，これは矛盾ではない。偶然とは，因果的必然の連鎖自体が目的をもたぬこと，つまり理由をもたぬことを指している。Cf. Physica, II, 4, 195 b 31–196 b 9.

(44) De Generatione Animal., V, 8, 789 b 2–4.

(45) Physica, II, 4, 196 a 24–28.

(46) 同じことは，たとえば，自発性，自由意志という概念を手がかりにしても，論ずることができよう。

(47) Physica, II, 8, 198 b 35–36, etc.

(48) De Generatione Animal., IV, 8, 777 a 19–21.

(49) EN, I, 3, 1094 b 12–23.

(50) EN, VII, 14, 1154 b 21–26.

(51) 第五章「人間性」第二節「本質」を参照。

(52) De Generatione Animal., IV, 4, 770 b 9–17.

(53) EN, V, 7, 1134 b 34–35.

(54) MM, I, 34, 1194 b 30–1195 a 4.

(55)『大道徳論』の著者は、ここで「人為的」という意味で νόμῳ という言葉を使っているが、これはアリストテレスの精緻な議論の理解としては、非常に粗雑であるといわねばならぬ。本稿で論じつづけて来たように、アリストテレスは、人間にとってはノモスがフュシスである、といっているのである。そして、「人為的」という意味では、νόμιμον ではなくて、わざわざ νομικόν という言葉を用いてさえいる(cf. EN, V, 7, 1134 b 32)。だから、『大道徳論』は最後には「ポリス的正義はすべて人為的約定的である」という結論にみちびかれてしまっている(cf. MM, I, 34, 1195 a 7-8)。だが、こういう根本的誤解もしくは変更にもかかわらず、その自然理解においては、アリストテレスの議論を充分消化している、といってよい。この点については、ゴーティエを参照。Gauthier, Commentaire, II, 1, p. 391.

(56) 正義は変動するが本性的であるという以上の議論において、論証の立脚点は二つあるように思われる。その一つは、正義は一見様々であるが、それらは唯一の本性的正義の逸脱(倒錯)形態である、という本文において追跡した見地である。他の一つは、本文においては展開しなかったが、人為法の問題である。人為法(実定法)は、実際上、時代、場所、社会体制その他の個別的状況に応じて、様々に変動し、全く人間の約定にのみもとづくかのように見える。だが、どのように瑣末な人為的規定であっても、そのような規定を作り出す根源には、なにか人間の本性に根ざす究極原理が働いているように思われる。たとえば、本章の冒頭にあげた例でいえば、犠牲獣の規定などはどのように決めても構わないが、およそ神に対する人間の敬虔な態度というものは不変の原理であろうし、交通規則もどのように定めても構わないが、自己ならびに他者の生命の尊重ということは不変の原理であろう。イエスが激しく攻撃したパリサイ派、律法学士らの煩瑣不毛な律法も、もとはといえばモーゼの十戒によって表わされている本性的な正義に根ざしていたものである。だから、あらゆる人為法の根源に不変の自然法を措置せねばならない。そうせずに、あらゆることを人為的な決定によって左右するならば、政治や社会体制は、人間の恣意に流されて腐敗する、とアリストテレスはいっている。別言すれば、人間の自己了解はつねに有限的であるから特定の時代情況において条文化された法律のみを生の尺度にすれば、人間は必ず自己疎外に落ち込み、有限的な自己の絶対化という愚神崇拝に身を捧げることになるのである。だから、われわれはつねに文字となった、流動する人為法を、文字にならない、不変の自然法の中に融解し蘇生せしめ続けなければならないのである。この点については、第八章「愛」の第七節「エピエイケイア」を参照。

もう一つ論じ残した問題は、倫理的事象の動揺に関するアリストテレスの体系的説明の限界点である。本文で論じた通り、アリストテレスは悪を人間本性の倒錯現象として見ている。すなわち、理性的規定が、衝動、傾向性によって妨害され惑乱すること、と見ている。つまり、質料的盲動が根源悪なのである。この理解そのものは一面では正しい。しかし、悪の中にはさらに一層恐ろしい悪がある。それは、単に衝動に負けるということではなく、悪そのものを行為の原理として選ぶという悪魔性である。このような悪は、質料的盲動に起因するとはいえず、理性そのものが倒錯状態を意図的に選ぶということであろう。人間の悪はどれほど極端なものであっても、根本的にはこれほどの状態にまでは至らないであろうが、しかし、キリスト教のいう悪魔の悪、善を善なるが故に拒否し、悪を悪なるが故に欲し、地獄を地獄なるが故に選ぶという可能性も理性的存在者にはありえないことではない。この視野がアリストテレスに全くないとはいえないが、稀薄であるということを一言しておきたい。

なお、さらに一言付言すれば、本性的正義が人間の自然にもとづくといわれる場合、この人間性は予め自明のものとして与えられているわけではない、という点である。人間性そのものが、究極のxとして、歴史の流れそのものの中で次第に発見されてゆくのであり、この故に、本性的正義もまた或る収斂点をもちながら必然的に変動にさらされているのである。

(57) アリストテレスの学問方法論は、事実を扱う学問領域においては、いわゆる経験科学の原型的方法論である、といってよい。すなわち、当該の経験的事実をできるだけ大規模に蒐集し、これらの素材を分析あるいは綜合しつつ、そこから一般的原理を帰納的に導出するという方法である。倫理学は本来いわゆる経験科学とは異なった学問であるが、この領域においてもアリストテレスは右に述べた方法論と並行的な手法を用いている点がある。それは、すなわち、探究に際して、先ず、当該の主題に関して世間に行なわれているもろもろの見解(ἔνδοξα)を陳列し、これらに批判的検討を加えつつ、次第に自己の立場を析出してゆくという方法である。そして、この方法の一環として、アリストテレスは言葉の意味の分析という手法をも用いている(それは、事象に関する人間の了解が、言語使用の中に凝縮し内在化しているからである)。存在の探究が「存在はいろいろな意味で語られる」という地点から出発するように、『ニコマコス倫理学』の第五巻も「正義はいろいろな意味で語られる」(EN, V, 1, 1129 a 26)という地点から出発し、正義のこの多義性(ὁμωνυμία)の解析を通して探究が進められてゆくのであるが、このやり方は以上のような方法論的背景に根ざすもの、と理解してよいであろう。

(58) EN, V, 1, 1129 a 34.

(59) これらの点に関する豊富な資料は、ゴーティエの注釈の中に蒐集されている。Cf. Gauthier, Commentaire, II, 1, pp. 335-

336.

(60)　EN, V, 1, 1129 b 24.

(61)　Ibid., 1129 b 26.

(62)　Ibid., 1129 b 30.

(63)　Ibid., 1130 a 12–13.

(64)　ヘクシス(ἕξις)という語は、アリストテレスの倫理学において中心的な概念の一つであるが、これに対する的確な訳語がなかなか思いあたらない。普通、この語は「習慣」と訳されており、それでほぼ間違いないのであるが、欲をいえば、不充分の憾みは免れない。というのは、この語はつねに(顕在的にせよ潜在的にせよ)デュナミス(δύναμις)という語と対立的に用いられるのであるが、デュナミスは「反対の事柄にかかわる能力」と規定されている(cf. EN, V, 1, 1129 a 13)。たとえば、有能な大工は、堅牢な家を建てることもできれば、すぐにガタのくるぼろ屋を建てることもできる。名投手は剛速球で敵の打線を沈黙せしめることもできれば、その気になればわざと好球を呈してホームランを打たせてやることもできる。医者は患者の病気を癒すこともできれば、悪意的にその能力を利用して健康な者を病気に陥れることもできる。このように能力(知識、技術)というものは、どのようなものでも、一定の方向性をもたないのが特徴で、それ自身独立せしめられてしまえば、悪魔の道具になりうるようなものなのである。これに対して、「ヘクシスとは反対のものにかかわらない能力」(cf. EN, V, 1, 1129 a 14)と規定されている。すなわち、正しい人は正しいことしか為しえないのであって、不正なことを為すことはできないのである(EN, V, 1, 1129 a 6–9)。この際、「正しいことのみを為しうる」という方向性はどこから出てくるか。もちろん、同一の行為の止むことなき反復により、そういう行為の習慣を形成したということも大きな要因であろう。しかし、習慣というものは、それ自身が恒常性をもつものではなく、そういう習慣を形成した際の起動力を失えばいつでも脆く崩壊しうる可能性を内蔵している。たとえば、長年の間怠惰と悪徳の淵に沈湎していた者が突然の改心によりこれまでの習慣をかなぐり棄てて立ち直るということも稀には起りうるのであり、その逆も起りうるであろう。だから、「正しいことのみを為しうる」あるいは「不正なことのみを為しうる」という方向性は、ただ習慣ということだけでは説明しにくい。むしろ、能力《デュナミス》としては、われわれは如何なることをも、いつでも、為しうるのであるが、それに常に「べし」(あるいは反当為)が加わった場合、この能力が一定の方向性をもつのであり、そして、そのような当為(あるいは反当為)的行為の反復が習慣へと結晶してゆくのである。だから、習慣の根底に、そういう習慣を形成する起動力として「べし」があるといわねばならず、この恒常化された当為的な精神の姿勢をも含めてアリストテレスはヘクシスといっているのである。たとえば、『形而上学』の第五巻には、ヘクシスに関してこういう説明がある(Met, V, 20, 1022 b 10–11)。「ある者がよい状態——心もしくは身体のよい状態——あるいは悪い状態にある場合、この状態(διάθεσις)のことをヘクシスという。」この説明のうちに現われる「よい《エウ》」あるいは「悪い《カコース》」という言葉は、少なくとも倫理的な問題場面においては、形成されたヘクシスの恒常性を支えるものとして、その底に当為(反当為)的な起動力が働いていることを示すであろう。

(65) この論定に関する典拠は数多くあるが、代表的なものをいくつか挙げると次の通りである。「正義は完全徳であるが、その理由は正義が全体的な徳の活動だからである。そして、正義を所有する者は、自分自身に関してばかりではなく、他者とのかかわりにおいてもまた徳を活動せしめることが出来るが故に、正義は勝れて完全徳なのである」(EN, V, 1, 1129 b 30–33)。ここのテキストはバーネットの校訂では意味不明瞭なので、ジャクソン、トレンデレンブルクらの校訂に従うが、詳細な論議については下記を参照。Gauthier, Commentaire, II, 1, p. 342.「正義とは他者とのかかわりにおける徳であるから、他者のための善(ἀλλότριον ἀγαθόν)であるように思われる」(ibid., 1130 a 3–4)。プラトンの『国家』篇で、トラシュマコスは、正義とは他者のための利益にはなるが自分のためにはならない、と説いているが、この説は倒錯的な形で正義の対他的本質を射当てているといえる。そして、その際正義に関して用いられている言葉がこのἀλλότριον ἀγαθόνなのである(cf. Plato, Resp., I, 343 c 3; II, 360 c)。「自分自身のためではなくて、他者のために《プロス・ヘテロン》徳を活動せしめる者が最善なのである。……そして、このようなものである正義は、徳の部分《メロス》ではなくて、徳の全体《ホレー・アレテー》なのである」(ibid., 1130 a 7–9)。「正義には必然的に他のすべての徳が付随するが、この正義とは共同体において働く徳《コイノーニケー・アレテー》である」(Politica, III, 13, 1283 a 38–40)。このような思想は、事象そのものに即しているわけであるから、アリストテレスだけが思いつくはずのものでもない。事実、たとえば、エウリピデスの中に次のような言葉がある。「このことはずっと昔から私の確信なのだが、正義の人《ホ・デイカイオス》とは本来隣人のために(τοῖς πέλας)生きる人で、これに対して、自分の利得のために際限のない欲望を抱く人は、共同体《ポリス》にとって無用の人であり、交わる《シュナラッセイン》のに困難な人なのだ。」(Eur., Heraclidae, 1–4)

(66) EN, V, 1, 1129 b 14–16.

(67) Politica, III, 6, 1279 a 8 ff.

(68) ところが、堕落した当代の人々は、国有財産から上る私益と支配の位置の故にころがり込む私益のために、いつまでも支配の位置にとどまろうとしている、とアリストテレスは嘆いている。Ibid., 1279 a 13–15.

(69) Politica, III, 7, 1279 a 28–31.

(70) Politica, III, 6, 1279 a 21.

(71) Politica, III, 7, 1279 a 32.

(72) EN, V, 1, 1129 b 32.

(73) プラトンの『プロタゴラス』篇(320 c ff.)には、人間の創造についてプロタゴラスの語る神話がある。その中で、ゼウスは技術を開発する能力と道徳的な戒《いましめ》とを人間であることの条件として、人間に与えたとされている。プロタゴラスは経験主義者であるから、この場合、道徳的原理が人間にとり先天的であるといっているわけではない。しかし、後天的に獲得されたものであるにもかかわらず、それは人間であるかぎりの人間に普遍的に要請されている原理であるといっているのであり、この点に関するかぎり、かれの考え方はプラトンやアリストテレスの考え方と少しも異ならない。すなわち、共同体を形成して存在すること、およびその前提条件として法を確立することが、人間の本質であるという思想は、ギリシア人においては立場の相反する哲学者たちの間にあっても共通の了解であった、といってよいであろう。なお、この問題については、ガスリー『ギリシア人の人間観』(拙訳、白水社)の第五章に詳しい議論がある。

(74) EN, V, 1, 1129 a 34–b 1.

(75) EN, V, 2, 1130 b 30–32.

(76) J. Burnet, The Ethics of Aristotle, 1900, p. 212. なお、引用文で「ポリス的共同体」と訳した πολιτεία という語には「市民権」という意味もある。従って、そこのくだりは「市民権を共有する者たちの間で」と訳すこともできるのである。

(77) W. F. R. Hardie, Aristotle's Ethical Theory, 1968, Oxford, p. 190.

(78) H. Jackson, The Fifth Book of the Nicomachean Ethics of Aristotle, 1879, Cambridge U. P., p. 76. 'In general Aristotle assumes the χρήματα distributed, as well as the τιμαί, to belong to the state, but it is obvious that his remarks apply also to smaller κοινωνίαι such as companies of merchants or manufacturers.'

(79) Hardie, op. cit., p. 190.

(80) ギリシア語で「共同のもの」(τὰ κοινά)というと、それはただ単に「共同のもの」という意味ではなく、「国家公共のもの」、従って「国有財産」という意味にもなる。'τὰ κοινά, les affaires publiques: πρὸς τὰ κοινὰ προσιέναι, Eschn. 23, 37, aborder la vie publique; τὰ κοινὰ διοικεῖν, Dém. 15, 21, ou πράττειν, Plut, M. 1127 d, administrer ou gérer les affaires publiques; par suite l'État: τὰ κοινὰ τῶν Βοιωτῶν, Pol. 20, 6, 1, l'État des Béotiens; ressources communes, d'où trésor public, Ar. Plutus, 569 etc.,' Bailly, p. 1110. 従って、アリストテレスの次のような一文は、さしあたり国有財産の分配を念頭においている、と見るべきであろう。「共同のもの(τὰ κοινά)を配分する正義はつねに先に述べられた比率に従う。なぜなら、共同の財産から(ἀπὸ χρημάτων κοινῶν)配分が行なわれる場合にも、配分は寄与された分が相互に対してもつ比率に従って行なわれるのであるから」(EN, V, 4, 1131 b 27–31)。この文章において、「共同のもの《タ・コイナ》」という語を文字通りにとって、この配分原理をあらゆる小規模共同体における共有財の配分に適用することは、むしろアリストテレスの思想の趣旨に適合するというのが、ジャクソン、ゴーティエ、ハーディらの理解である。そして、たとえば、ゴーティエはこの文章を次のように訳してさえいる。'En effet, le juste qui préside à la distribution des biens communs est toujours conforme à la proportion susdite, — car à supposer même que la distribution porte sur les bénéfices d'une société commerciale, elle se fera encore selon le rapport des capitaux engagés.' (Gauthier, Commentaire, I, 2, p. 131) すなわち、ゴーティエは、「共同の財産からの配分」を「商業共同体の利益の配分」と訳し、「配分は寄与された分が相互に対してもつ比率に従って行なわれる」というくだりを「配分は固定資本として投資された額の相互関係(大小)に従って行なわれる」と訳しているわけである。このような訳はかなり思いきった意訳というべきであろうが、アリストテレスの思想の適用範囲を示しながらその内容を解り易く具体化しているという点で、充分有効な訳であると思われる。

(81) EN, V, 3, 1131 a 13.

(82) Ibid., 1131 a 17–18. ᾗ μὲν μέσον, τινῶν (ταῦτα δ' ἐστὶ πλεῖον καὶ ἔλαττον), ᾗ δ' ἴσον, δυοῖν, ᾗ δὲ δίκαιον, τισίν. テキストのこの二行にはきわめて緻密な内容が盛られていてその解釈には細心の注意を必要とする。先ず、「中間(μέσον)であるかぎりは「あるものの」(τινῶν)中間であり」、というくだりで何故 τινῶν と複数形が出てくるのに、つづく「等しさ(ἴσον)であるかぎりは「二つのものの」(δυοῖν)等しさである」というくだりでは δυοῖν という双数形が出てくるのか。その理由は、中間がそれらの中間として成立している過大と過小は不特定でいわば無数であるのに対し、等しさは一つの特定した値しかもちえないからである、と思われる。たとえば、十キログラムの米を二つに分けるとき、分配点は中間としてみれば、八キロと二キロ、七キロと三キロ、六キロと四キロ、等々無数の過大と過小の中間でありうるが、等しさそのものとしてみれば、五キロと五キロという一つの値でしかない。そして、次のくだりでは、この等しさがさらに正義としてみられる場合には「だれかとだれかに対して」(τισίν)このことが成立している、という事態が加わるということである。つまり、アリストテレスは、正義が人と人との間に成立する関係で、その形は唯一であるのに対して、不正はこれを逸れたあらゆる形すなわち無数の形であるということを、たった二行で表現しているのである。

(83)　EN, V, 3, 1131 a 19–20.

(84)　Ibid., 1131 a 20–26.

(85)　Ibid., 1131 b 5–6.

(86)　Ibid., 1131 b 9–10.

(87)　Ibid., 1131 a 31.

(88)　Ibid., 1131 b 17.

(89)　このアリストテレスの主張はギリシアにおける史実をも背景にしている。Cf. Burnet, The Ethics of Aristotle, p. 214; Isocr. Nik. § 12, Areop. § 21.

(90)　EN, V, 3, 1131 a 25–29. このアリストテレスの叙述によると、民主主義社会においても市民相互の間に自由の程度の大小があり、それに応じて配分の相違が生じてくるように受けとれる。民主主義は全市民の絶対的平等にもとづいて成立する、という民主主義のいわば形式的定義(cf. Pol., VI, 2, 1317 b 3–10)と、この叙述は食い違う点があるが、しかし、実態としてはここの叙述の方が真実に近いであろう。

(91)　この問題は、第三小節「交換的正義」において考察する。すなわち、筆者は配分的正義と交換的正義とはその基本原理において同一の前提に立つ、と見るものであり、この点でハーディの理解を否定するわけである(cf. Hardie, op. cit., p. 191)。ハーディは、両者は適用領域を異にするとか、商業交易においては共通の基金からの山分けが行なわれるのではない、とか瑣末な点を指摘しているが、このような指摘はもちろん正しいのであって、それにもかかわらず、両者に通底する根本的な考え方が何かという問題なのである。

(92) EN, V, 4, 1131 b 25–1132 a 2.

(93) EN, V, 2, 1131 a 1–9.

(94) D. Ross, Aristotle, p. 211; J. A. Stewart, Note on the Nicomachean Ethics of Aristotle, 1973, Arno Press, p. 431; H. Jackson, The fifth Book of the Nicomachean Ethics of Aristotle, 1973, Arno Press, p. 82. 'It is the original transaction which is said to be either voluntary or involuntary, and that it is the rectification of wrong arising out of the original transaction with which corrective justice is concerned.'

(95) EN, V, 4, 1132 a 2–3.

(96) Ibid., 1132 a 18–19.

(97) Ibid., 1132 a 25–27.

(98) Ibid., 1132 a 28–29.

(99) Ibid., 1132 a 31–32.

(100) Ibid., 1132 a 10–12.

(101) Ibid., 1132 a 9–14.

(102) EN, V, 5, 1132 b 28–31.

(103) Burnet, The Ethics of Aristotle, 1973, Arno Press, p. 218–219. 'Aristotle is not to be credited with the childish doctrine that a court of law simply awards compensation. The Athenians were too well accustomed to discussing the question ὅτι χρὴ παθεῖν ἢ ἀποτεῖσαι by their elaborate process of τίμησις and ἀντιτίμησις, not to be aware that the wrong done by the one party may be much greater or much less than the damage suffered by the other.'

(104) Plato, Leges, VIII, 843 c-d.

(105) MM, I, 34, 1194 a 31–36.

(106) Gauthier, Commentaire, II, 1, p. 361. 'Fixer la nature de ce dommage réel, tel est le rôle du juge. Mais, comme le fait immédiatement remarquer Aristote, cela ne signifie pas que la justice corrective doive faire acception des personnes, — elle les considère comme égales, — et ce qui est seul en cause, c'est le dommage, c'est-à-dire la chose, mais une chose qui

s'apprécie en fonction de données sociales qui réintroduisent par un biais la proportion géométrique.'

(107) MM, I, 34, 1194 a 36–b 3.

(108) Hardie, op. cit., p. 194.

(109) 交換的正義とは τὸ ἀντιπεπονθός の意訳である。この語は、字義通りには「応報を蒙ること」を意味するが、アリストテレスの議論の内容をできるだけ解り易く表わすために上のように訳すことにした。ハーディは『ニコマコス倫理学』第五巻第五章の問題は、商業交易における価格決定の問題である、と明解に割り切っている(op. cit., p. 196)。なお、ゴーティエは le réciproque, la reciprocité (Commentaire, I, 2, p. 134)、ディルマイアーは Wiedervergeltung (Kommentar, S. 105) と訳出し、ジャクソンは訳さないで ἀντιπεπονθός というギリシア語をそのまま訳文中に用いている。

(110) J. A. Stewart, Notes on the Nicomachean Ethics, 1973, Arno Press, pp. 448–449.

(111) EN, V, 5, 1132 b 23–25.

(112) Ibid., 1133 a 27.

(113) Ibid., 1133 b 6–8.

(114) Plato, Respublica, II, 369 b-e.

(115) EN, V, 5, 1133 a 16–18.

(116) Plato, Leges, III, 678–679.

(117) EN, V, 5, 1132 b 33–34.

(118) Ibid., 1133 a 2.

(119) Ibid., 1133 a 12–13.

(120) Ibid., 1133 a 12.

(121) Ibid., 1133 a 18.

(122) Ibid., 1133 a 5–11.

(123) Ibid., 1133 a 21–25.

(124) Mechanica, 3, 850 a 39–b 5.『機械論』は初期ペリパトス学派に属する偽書であるが、ἀντιπεπονθός の意味の確定には、偽書であることはかかわりがない。なお、ジャクソンはその他にユークリッド『幾何学原本』(VI, 15)における用法、その他を例としてあげている。Cf. Jackson, op. cit., pp. 93–94.

(125) EN, V, 5, 1133 a 32–33.

(126) Ibid., 1133 a 25–27.

(127) この図はほぼハーディの解釈と一致している。Cf. Hardie, op. cit., p. 200.

(128) このことは、先の「対角線的な組み合わせ」において用いられた記号のままでは、表記できない。この記号をそのまま用いれば、多くの解釈者たちのいうように、交換的正義と配分的正義とは矛盾してしまうのである。Cf. Gauthier, Commentaire, II, 1, pp. 376–377.

(129) MM, I, 34, 1194 a 18–21.

(130) Ibid., 1193 b 39–1194 a 6.

(131) Ibid., 1194 a 15–17.

(132) アリストテレスは「交換的正義」の議論において、かなり詳しく貨幣(νόμισμα)の問題を論じているが、本文においては論及する文脈がなかったので、簡単にその要点をまとめておこう。先に本文において論じたように、異なる価値の諸産物は、交換されうるためには、なんらかの仕方で比較されえなければならないが、比較するためには共通の尺度が必要である。この尺度は真実には需要であるが、この需要の代替物として約束により貨幣が生じた、といわれている(EN, V, 5, 1133 a 25–29)。従って、通貨は需要の抽象的代替物として物品の価値を測定し、交換の媒体(μέσον)となるが(1133 a 20)、通貨自体は自然によって存在するのではなく約束(συνθήκη)によって存在するのであるから、それを改廃するのはわれわれの自由である(1133 a 31)。通貨の価値のこの虚構的な性格は『政治学』(Pol., I, 9, 1257 b 10 ff.)では、金を山のように持ちながら飢えのために死んだといわれるミダス王の例が挙げられて、説明されている。

通貨の機能としてアリストテレスが挙げているもう一つの重要な点は、それが未来の需要の保証になる、という点である。すなわち、現時点においては何も必要とするものがないとしても、将来必要が起ったときの交換のために、通貨はわれわれに物財取得の能力を保証してくれる。そして、通貨の価値は、もちろん多少の変動はあるが、物品の価値よりは安定している、といわれている(1133 b 10–14)。以上のアリストテレスの議論は、おそらくヨーロッパにおける最初の貨幣論であろうが、その要点は、それが需要の普遍的なかつ安定した代替物である、という点にある。

(133)『マタイによる福音書』第二〇章にある「ぶどう園の労働者」の喩話が、この正義を超える次元を指示している、と思われる。この園の主人は、夜明けから終日汗みどろになって働いた労働者にも、夕方五時から一時間だけ働いた労働者にも、等しく一デナリォの賃金を支払っている。これは全く正義に反する振舞いであり、長時間働いた労働者が不平をとなえたのは当然であった。しかし、夕方五時から一時間だけ働いた労働者が怠け者であったわけではない。なぜなら、かれは一日中街角に立っていたのに「だれも傭ってくれなかった」といっているからである。すなわち、この男は能力に乏しい人間だったのである。それ故、イエスはここで人間社会の一方の成立基盤である交換的正義の原理、すなわち「能力に応じて取る」という原理を否定したのだ、と解さねばならない。イエスは、ここで正義を超える次元においてはじめて人間の平等が成立しうることを暗示しているのだ、と思われる。

第八章　愛

一　問題の位置

愛[1]は人間の本性に根ざし、人間が欠くことのできないものとして、人間にとり必然的である。どのようなニヒリストといえども、擬似的な愛を身につけていない者は存在しない。しかし、同時に、愛は、人間の究極のあり方を示す価値として、人間性の理念を指示している。存在と価値の重なり合うこの二重構造が愛の本質であるが、アリストテレスは、探究の出発点において、[2]おおよそ以下のような指摘により、このことを暗示している。

いかなる人といえども、全世界をおのが所有物と化した権勢ならびなき大王といえども、友人なくしては、生きることを選ばないであろう。なぜなら、これらの権勢、これらの財宝は、分ち合う友がなければ、一体なんの役に立つというのか。その逆に、貧困その他の悲惨に襲われた人間にとり、かれの生を支えるものとして、友人以外になにがありうるだろうか。愛する者がいれば、人間はどのような不幸にも堪えることができる。実際、すべての人は、若者も老人も、友を求め友に依って生きているのであり、この事実は、愛が生を可能にする絶対的条件(ἀναγκαῖον)であることを示している。愛は、人間の本性に根ざし(φύσει ἐνυπάρχειν)、人間の本質を現わすもの(οἰκεῖον)なのである。[3]

しかし、他面、愛は一種の徳(ἀρετή τις)であり、美しいもの(καλόν)である。[4]人間の本性とは、岩石のように硬直した不動性をもつものではなく、そういう意味では客観的に存在するものではない。すなわち、放っておいても、すべての人が愛を(完全に)実現するわけではなく、人間において、本性の実現は行為(πρᾶξις)もしくは創造(ποίησις)という試練を通してのみ可能になるのである。これが、愛が徳であり美しいもの(価値)である、ということの意味である。

しかも、愛は究極の価値である。なぜなら、正義が行なわれても、なおその上に、人間は愛を必要とするが、愛が存在するならば、正義は要らなくなるからである。[5] つまり、愛は正義を溶解し、正義を無用化してしまうのであり、これが「すべての法は愛にかかっている[6]」といったイエスの言葉の真意でもあろう。正義の人は未だ人間性を実現した人ではない。愛の人が真の人間なのである。

二 愛の定義

アリストテレスは、愛(φιλία)を、先ず次のように規定している。「先に述べた理由のいずれか一つにより、相互に好意を抱き、お互いが相手の善を願うこと、しかも、そのことがともに相手方に知られていること。[7]」この規定のうちにはいくつかの問題点があるが、これを明らかにすることにより、以後の考察の手がかりを得ることにしよう。

(一)「先に述べた理由」とは何を意味するかというと、およそ愛《フイリアー》は「愛さるべきもの」(τὸ φιλητόν)を対象とするが、「愛さるべきもの」は、「善いもの」(τὸ ἀγαθόν)「快いもの」(τὸ ἡδύ)「有用なもの」(τὸ χρησιμόν)の三つであり、従って、愛の成立根拠は、善、快、利のいずれかに他ならない、ということである。[8]

〔二〕　次に、「相互に好意を抱き、そのことがともに相手方に知られていること」という相互性の強調の意味は何かといえば、およそ愛は、一方的な働きかけ（独りよがりの親切）としては成立せず、必ず、相手方からの主体的な応答（ἀντιφίλησις）をまって、始めて愛として成立する、ということである。従って、相手が無生物の場合には（たとえば、美術品や銘酒の場合には）嗜好は成立しても、われわれの呼びかけに対する応答はありえないわけだから、そこに愛は存在しない[9]。しかし、相手が人間であっても、相手がわれわれの呼びかけに応えてくれなければ、愛は存在しないのである。

それ故、アリストテレスは、好意（εὔνοια）は愛ではない、という[10]。なぜなら、好意においては、一方的に相手方の善を願いながら、同じ善が自分に還ってこないからであり、そこには、相互の認識と共働（συμπράσσω）が欠けているからである[11]。だが、もちろん、好意はフィリアー的なものである。それは、いわば働きの弱いフィリアーであり、従って、これを時間と共同の生によって育て上げ、相互的な心のつながりにまで深化させることができれば、それはフィリアーになる[12]。この意味で、アリストテレスは、好意はフィリアーの「始め」もしくは「原理」（ἀρχή）である、という[13]。

以上の第二論点において、アリストテレスの指摘する応答の相互性は、ある意味で、愛の極致を指示するものであるが、これの実現の可能性に関しては、アリストテレスは充分に自覚的な理解を持っていなかったように思われる。なぜなら、後に論ずるように、応答の相互性への願いは、われわれ自身に非常に厳しい要求を課するものであり、愛が深淵であり一種の自己抹殺であることを垣間見させるのであるが、このことについて、アリストテレスは朧げな理解は確かにもっていたが、完全な理解はもっていなかったらしい、といえるからである。そして、この境地においては、好意がフィリアーのアルケーであるという言葉は、アリストテレス自身の意識を超えて、極めて重大なものと化するであろう。

(三) 最後に、「お互いが相手の善を願う」という論点である。この論点のうちには二つの問題点がある。一つは、愛が、俗な意味での「自己中心性」の否定である、という点である。それが、自分のではなく、相手のという言葉の指す事態である。だが、なぜ「俗な意味での」という限定を付さねばならないかといえば、愛がどれほど自己抹殺に近いとしても、自己を滅すことではありえないからである。そういうことなら、愛とは自殺に他ならない。しかし、真実は逆で、愛とは自己を活かすものなのである。それ故、自己中心性の否定という時、そこでいわれている自己は、実は、真実の自己ではないことになるが、この点は、愛の解明が、後に論ずるように、「自己とは何か」という核心的問題の解明を前提にすることを、示している。

もう一つの問題点は、相手の善を願う、という点である。つまり、愛が我欲の否定であることはいうまでもないが、そうだからといって、相手の欲望の充足を補助することでも、全くないのである。相手が、名誉欲や金銭欲や色欲にかられて愚かな行為に走る時、これを煽《おだ》てたり黙認したりすることが、愛であるはずはない。愛は、時としては執拗な反抗となり、猛烈な叱責となる。だが、この問題点は結局は「善とは何か」という問いに収斂するのであり、この問いに関しては、本章全体が裏面からいくらかでも光をあてたことになることを期待するものである。

以上、アリストテレスの定義にもとづき、その定義の含むフィリアーの広袤を、序論的に展開した。それでは、このような人間の在り方が、人間のいかなる存在論的構造にもとづいて生起するか、これが、以下において考察される本章の主題である。

三　利益の愛と快楽の愛

前節において分析した第一論点によれば、フィリアーの成立根拠は、善、快、利の三つであった。このうち、快楽と利益を根拠とする愛は、どのような特質をもつものであろうか。

先ず、利益の故にお互いに愛し合っている者は、相手の人間自身を愛しているのではない。かれらは、むしろ、相手から自分にとってなんらかの利益が生ずるかぎりにおいて、相手と交際しているのである。それ故、かれらは、相手の人間を愛しているのではなく、自分の利益を愛しているのであり、お互いに相手を利益を産む手段として利用しているのだ、というべきである[14]。

快楽の故に、お互いに愛し合っている者も、同様である。かれらは自分自身の快楽を愛し、相手の人間は、自分になんらかの快楽を提供するかぎり、その存在を認めるにすぎない[15]。もし、肉体の美のみを目当てに、女と結婚した男がいれば、かれは、早晩、必ずやなんらかの意味で女を棄てるであろう。なぜなら、かれは、女の人間自身を愛したのではなく、かの女の移ろいゆく肉体から得られる自己の快楽を愛したのだから。

従って、利益ならびに快楽にもとづく愛は、付随的に(κατὰ συμβεβηκός)愛であるにすぎない。これらの関係においては、愛されている者は、まさにその人物なるが故に愛されるのではなく、利益もしくは快楽を提供するかぎりにおいて、愛されるのだからである[16]。

しかし、そうなると、相手の人間自身を愛するとは、どういうことになるのだろうか。上に述べたアリストテレスの議論では、快楽および利益にもとづく愛が否定される理由は、それらがもっぱら自分の快楽(τὸ αὑτοῖς ἡδύ)もしくは自分の利益(τὸ αὑτοῖς ἀγαθόν)のみにかかずらい、相手の人間自身を顧慮しないからであった。つまり、こういう愛が自己愛であり、自己中心性の発現に他ならないからであった。しかし、この場合、かりに、可能なかぎり利己的な関心を棄てて、相手をひたすら「美しい肉体」として、または「有能な頭脳」として尊重したならば、相手の人間自身を愛したことになるのであろうか。おそらく、そうはならないであろう。このことは、自分がそんなふうに扱われた場合のことを考えてみれば、明らかである。つまり、人間自身は、単に「快楽を提供しうる美しい肉体」とか、単に「利益を産みうる有能な理知」などというところにはないのである。だから、自己愛が相手の人間自身を顧慮しないのと同様に、相手を単なる肉体として、もしくは単なる能力として尊重することもまた、相手の人間自身を顧慮してはいないのである。

なぜ、このように細かい議論を続けるのかといえば、この二つのことが、微妙なニュアンスの相違をもちながら、結局は同一の事態を指していることを明らかにしたいからであり、そうすることによって、この立場のよって立つ哲学的前提を明確化したいからである。それは何か。およそ自己愛とは、相手の人間を手段として利用することである。これに対し、相手を単なる肉体もしくは能力として尊重するということは、相手の人間を一定の機能をもつ事物として客体化することであり、いわば「もの」にしてしまうことである。ところで、すべてのものは、手段として利用されうる。逆にいえば、手段として利用してよいものは、ものである。すなわち、自己愛における人間無視は、人間の事物化という意味での人間無視を前提とし、そこから発展したものに他ならないのである。それ故、快楽と利益の愛を否定するアリストテレスの議論の根底を探れば、人間の客体化の否定という論点にまで到達せねばならないであろう。

だが、こう考えてくると、問題は単に快楽や利益のみに止まりえなくなってくる。たとえば、パスカルはこういっている。「私とは何か。……誰かを美しさの故に愛している人は、その人を愛しているのか。否。なぜなら、天然痘は、その人を殺さずに、その人の美しさを殺すであろう。そうなった時、天然痘は、その人に対するかれの愛を終止せしめるであろうから。そして、もし誰かが、私の判断力あるいは私の記憶力の故に、私を愛するならば、かれは私を愛しているのか。否。なぜなら、私は私自身を失う(滅亡する)ことなしに、これらの諸性質を失いうるからである(je puis perdre ces qualités sans me perdre moi-même)。では、この私はどこにあるのか。もし、この私が、肉体のうちにもなく、知的能力のうちにもないとすれば。……だから、人は決して人間(personne)を愛するのではなく、ただ性質(qualité)を好むにすぎないのである。[17]」ここで、パスカルがいおうとしたことをもっと徹底すれば、非常に極端な人間観が出てくることは明らかである。それは、人間の人間性についてあらゆる述語を拒絶する、という立場である。財産とか、地位とか、生まれとかいういわゆる外在的性質によって人間を評価することが人間に対する侮辱であり、そういう性質を根拠とする交わりが愛でありえないということについては、ほとんどの人が異議をさしはさまないであろう。だが、美しさとか、強靱な体力とか、鋭い理知などという内在的(生得的)な美点——逆にいえば、醜さとか、虚弱体質とか、魯鈍な頭脳などの生得的欠点——によって人間を評価することもまた人間に対する侮辱であり、こういう内在的性質にもとづく交わりもまた、真の愛ではありえないというならば、劣悪な運命を背負って生きている人を除いては、かなりの人が反感を抱くであろう。だが、パスカルのいいたいことは、そういうことなのであり、快楽と利益の愛を否定するアリストテレスの論理を徹底すれば、こういうところまで来ざるをえないはずである。

現代の哲学者たちの中で、この問題をもっとも主題的に思索しているのは、おそらくマルセルであろうと思われるが、かれは『形而上学日記』の中で次のようにいっている。(18)愛の向かう先は、愛される者が何者であるか(ce que l'aimé est en soi)、つまり、愛される者の本質(essence)というようなものではない。むしろ、愛は本質の彼方にあるもの(ce qui est au delà de l'essence)を目指し、従って、あらゆる判断の彼方に向かうのである。なぜなら、判断は本質しか対象としえないが、愛は本質の否定だからである。もちろん、愛する者が一人の認識者であり、愛される者がこの認識者にとっての対象(objet)であるかぎり、かれは相手を判断せざるをえないであろう。しかし、対象である限りにおいての相手を、である。もし、かれが相手を愛するのならば、かれは相手を判断することを絶対的に断念せねばならない。それは何故か。その理由は、愛の向かう先が、語り得ざるもの(l'indicible)だからである。(19)別言すれば、概念化できないもの(l'inconceptualisable)、指示できないもの(l'indésignable)、暗示しかできないもの(nous ne pouvons qu'y faire allusion)だからである。語りうるもの、概念化しうるものは、すべて文字通り「もの」(chose)であるが、ものの地平においては愛の成立する余地はない。それ故、もし、事実、愛が存在するとすれば、人間はものではない、ということになるであろう。また、愛は、ものとして明示しうるあらゆる長所や欠陥の彼方にある、ということになるであろう。従って、恋人の美点目録を作って悦に入っている若者は、未だ「愛」の何たるかを皆目知らないのだ、といわねばならないであろう。

四　善い者の愛

そこで、利益および快楽にもとづく愛が否定された以上は、真の愛は善にもとづく愛のみである、ということになるであろう。事実、アリストテレスは、完全な愛は善い者同士の間においてのみ成立する、といっている。[20]だが、それは何故か。その理由を明らかにするためには、前節の論点をもう一度簡潔に想起する必要がある。つまり、快楽および利益にもとづく愛は、相手の人間自身を愛しているのではなく、相手の人間性にとってはいわば付随的《カタ・シュムベベーコス》(偶有的)な諸性質(諸機能)を、自己満足のために利用しているのにすぎなかった。その故に、それは自己愛(エゴイズム)であり、真の愛としては否定されねばならなかったのである。しからば、善い者の善い者に対する愛とは、ある人が相手の人間自身(人間性)を愛するということであろう。別言すれば、愛する側からいえば、善い人のみが、相手のうちに、人間性(相手の人間自身)を認めうるのであり、愛される側からいえば、善い人のみが、人間自身である、もしくは人間性を実現している、もしくは真に自己自身である、[21]ということに他ならない。

この人間観は、しかし、単なるモラリストとしての経験からだけで語られているのではなく、実はアリストテレスの存在論に裏打ちされているのであり、その点が重要なのである。一般的にいって、アリストテレスの存在論においては、ある存在者の善さは、その存在者の本性の活動(エネルゲイア)にある。[22]本性とは、別の言葉でいえば「自然」(フュシス)である。従って、この主張は、自然に則して(κατὰ φύσιν)存在している時、すべての存在者は善い、ということであり、[23]いわば存在と善とを同一化する立場に他ならない。それ故にまた、悪とは、自然から逸脱し、自己自身の本性を見失った一種の倒錯状態をいうのであり、文字通り「自己疎外」に落ち込んだ有様のことである。[24]

だが、ここで読者は訝るかもしれない。前節においてわれわれは、人間に本質を拒絶したのではないか、と。すなわち、人間をもろもろの性質の総体として事物化し、そのように人間を取り扱うことは、人間の人間性を無視することである、と主張したのではないか、と。その通りである。しかし、ここで明らかになったのは、アリストテレスの思索に不整合があるということではなく、実は、人間の本性(自然)の特異性なのである。換言すれば、超事物性なのである。[25]

人間の本性とは「ヌース」(νοῦς)である。これがアリストテレスの一貫した主張である。[26] この言葉は、普通、「理性」、「Vernunft」、「raison」などと訳されており、もちろんそういう理知的な能力をも指しているが、こういう局面のみをこの語のうちに理解するのでは、実は充分とはいえない。すなわち、今日の言葉でいえば、ヌースにはペルソナという局面があるのである。しかし、「ペルソナとは何か」と問い直せば、これに満足な解答を与えた哲学者は未だかつて存在しなかったであろう。というのは、ペルソナとは、もともと「もの」ではないのだから、言葉で説明できるはずがないのであり、従って、ペルソナという言葉は、ある超事物的主体を暗示するシムボルなのだ、ということに他ならない。[27] アリストテレスは、『霊魂論』でヌースをいろいろに説明しているが、それらは要するに、(一) ヌースが物体(ソーマ)ではない、という論点と、(二) ヌースが本質的に自発性(エネルゲイア)である、という論点に集約されうるであろう。さらに、『ニコマコス倫理学』から、論点(三)として、それが善悪の責めを負う行為の主体である、という特質を付加できるであろう。たとえば、論点(一)としては、「ヌースは部分をもたない、もしくはなんらかの量のごとくには連続していない」[28]、「それ故、当然ヌースは物体と混合していない」[29]。論点(二)としては、「ヌースは、(物体のように)受動的であったり混合的であったりすることがなく、本性的に自発性である」[30]。論点(三)としては、「行為の原理《アルケー》は自由(理性的選択意志《プロアイレシス》)である。……だが、自由とは意欲するヌースのことであり、そのようなアルケーが人間なのである」[31]、「単なる獣性は悪行よりはましである。……なぜなら、アルケーをもたぬ者の劣悪さはいわば無垢に近いともいえるのだが、アルケーとは実にヌースのことなのである」[32]。原典からの根拠は、その他にも多数あげうるが、これらを要するに、ヌースとは、理知能力であることはいうまでもないが、さらに同時に、超事物的主体であり、自発性であり、行為の原理としての自由である、ということになるであろう。

さらに、アリストテレスは、しばしば、ヌースを神的(θεῖον)であるといい[33]、時には不死にして永遠なり[34]、ともいうが、これらの表現は、カント的にいえば、ヌースが叡知的(非感性的)存在であることを指すものと考うべきであり、必ずしも、経験的実証的認識からは証明不可能な形而上学的テーゼを主張しているものと解する必要はないであろう。

しかし、以上のように論じてくると、人間の本性であるペルソナとは、まるで目に見えない亡霊のようなもので、肉体という道具のどこかにかくれ潜んでこれを操縦している、というような想念をもたれる向きもあるかもしれない。だが、このような心身二元論ほどアリストテレスの思索から遠いものはない。問題を人間だけに限っていえば、『霊魂論』におけるアリストテレスの立場は、精神は肉体を離れては存在しえず、肉体は精神の肉化としてしか存在しえないという、肉体としての精神(もしくは精神としての肉体)という主張以外のものではない[35]。われわれは、いま、極めて思索困難な問題に直面していることを、自覚せねばならない。もし、あらゆる肉体的(感性的)諸性質——たとえば、美醜、体力、声音《こわね》、才能——などを除外して、ペルソナを考えようとすれば、われわれは忽ち虚無の中に落ちこみ、ペルソナは雲散霧消するであろう。X君の人格を問題にするとき、かれの顔つき、話し方、身体的特徴、才能などを脳裡に浮べることなくして、それを為すことは不可能である。しかし、今度は逆に、もし真面目に、ペルソナを感性的諸性質の複合体だと考えるならば、平気で靴先で蹴とばしている土くれの塊と相手の人間を質的に区別する理由をどこに発見しうるであろうか。せいぜい、人間とは、極めて精巧に出来た物質の複合体、つまり有機体という名の機械、ロボット以上のものではないであろう。

つまり、どちらの考え方も誤りなのである。少なくとも、アリストテレスは、両方の立場を否定して、こういった。「精神は肉体がなければ存在しないが、しかし肉体というようなものではない、と思われる。[36]」おそらく、ペルソナに関して、もうこれ以上のことはいえないであろう。そして、この困難にして微妙な立場が、あの激烈なイデア論批判を呼び起した内在形相《エニューロン・エイドス》の立場であり、いわゆる霊魂の階層的構造として図式化される伝統的人間観の中核をなす立場であった。[37]

人間性とはペルソナである。ペルソナとは、理性、自由、精神、すぐれた意味での個体であり、物質とは全く異質の存在であるが、肉体として具象化されなければ存在しえない。以上が、これまでの結論である。

ところで、本題にもどれば、善い人とは人間性を実現している人、フュシスに則して生きている人、その意味で真に自己自身である人のことであった。つまり、一言でいえば、善い人とは、理性に従って生きている人、つねに自由であり自律的であるような人のことである。だが、前述のように、人間とは独立離存した理性ではなく、質料的形態のうちに顕現する理性なのであるから、善い人とは、理性が質料的なもの(いわゆる欲望、衝動、情動などのうちに現われる下位存在層)を統御し、その行動全体がある恒常的なヘクシスへと形成化された人のことである。[38] このようなヘクシスが、外側から見えるいわゆる人格(人となり ἦθος)であり、それは、理性の厳しい錬磨により鍛え上げられ敲《たた》き直され遂に不動の形式へと実体化された、形相化された質料に他ならないのである。[39] 徳(ἀρετή)とは、このようなヘクシスのことをいい、その故に、アレテーは恒常的であり、善い人は不動の人であり、従って、善い人同士の愛もまた不動なのである。[40]

だが、右に論じたことは、もっと具体的にいえば、どういうことであろうか。善い人とは人間性を実現している人なのであるから、先ず、愛する側からいえば、善い人同士の愛とは、ある人が相手をペルソナと認め、ペルソナとして尊重する、ということであろう。つまり、相手が自由な主体であり、決して手段として利用してはならない唯一者である、ということを承認することであろう。これが、愛の成立しうる根本条件である。他方、愛される側からいえば、愛されうるためには、善い人でなければならないのだから、自己を真にペルソナであらしめねばならない。ということは、愛される者は、他者をペルソナとして承認することによって、自己もまたペルソナとなり、愛に値する者となりうる、ということである。それは、自己中心性の発現である欲望や激情の質料的盲動に支配されず、つねに理性の働きの充溢した状態をヘクシスとして保持し、このように理性化された肉体的存在であることにもとづいて、自己と他者の個的存在性を相互関係の場において実現するということに他ならない。

しからば、悪しき人々の間には、当然、愛は成立しえない。アリストテレスの存在論からいえば、悪人とは、理性が支配力を失った人のことであり、非理性的な衝動に蹂躙されている人のことである。[41] このような人は、自己においても他者においても、人間性(真の自己存在)をそこなうことにより、もはやペルソナの名に値しないのであり、愛する力がないだけではなく、愛さるべき自己をさえ喪失している。かれは、自分自身を愛することさえできない。[42]

五　自己愛と隣人愛

人間とは、その本性において、ペルソナである。ペルソナとは、肉体の中に顕現する精神であり、真の愛はペルソナとペルソナとの間においてのみ成立しうる、それが善い者同士の愛である、これが前節までの結論であった。しかし、問題をより根源的な場面にまで遡って考えると、人間がペルソナであることは認めたとして、それでは、なぜ人間は人間を愛するのか、あるいは、なぜ人間は人間を愛さねばならないのか、この問いが立ち現われるであろう。以後の考察は、この問いを精密化し、その精密化により人間本性の開示へと集中してゆくが、その手がかりとして、先ず自己愛(エゴイズム)の問題を考えてみたい。

一般に、エゴイスト(自愛者 φίλαυτος)は、非難され嫌悪される。エゴイストはすべてのことを自分のために為し、自愛の程度が甚しければ甚しいほど自分のことしか考えない[43]。これに対して、エピエイケース[44]は、友のために自己を放棄する人である、といわれる[45]。だが、この割り切り方は——つまり、エゴイストは自己を愛し、エピエイケースは自己を放棄する、という割り切り方は——いくらか事柄を単純に見すぎているきらいがある。なぜなら、先ず、形式的にいって、愛の定義にもっとも妥当するものを、愛さねばならない、といえるであろうが[46]、そのようなものは一体何者であろうか。第二節で論じた「愛」の定義を想起していただきたい。愛とは、簡単にいえば、相互の了解のもとに、ある者がある者に好意を抱き、その者のために、その者の善を願うことであった。そして、当の相手以外に誰一人知る者がなくても、そういう態度をとりうるのであれば、その愛はさらに純粋である、といえるであろう[47]。ところが、こういう規定にもっとも妥当する者とは、自己(αὐτός)に他ならないではないか。[48] 人間であるかぎり、自己に好意を抱き(自己を是認し)、自己の善を願い、そのことを自覚していない者はいないであろう。また、愛について語られる様々の箴言、たとえば「心は一つ」、「友のことは我のこと」などにおいて、自己に妥当しない句はないであろう。[49] 「汝自身(σεαυτός)を愛するように、汝の隣人を愛すべし」とのイエスの言葉も、[50] 真の愛の基幹に、なんらかの意味での自己愛があることを、自明のこととして含意していはしないか。しからば、自己をこそ愛すべきである、といわねばならぬであろうか。

さて、エゴイズムの否定と肯定を主張するこの両論は、一見矛盾しているようにみえるが、実は、矛盾していない。それは、この両論が、それぞれどういう意味で「自己愛」を語っているかを考察すれば、明らかになる。先ず、エゴイズムを非難する人々の考えている自愛者(φίλαυτος)とは、次のような人間である。「かれらのいう自愛者とは、金銭、名誉、肉体的快楽などにおいて、自己自身により多くを配する人のことである。[51]」だが、なぜ、こういう人間は非難されねばならぬか。その理由は、アリストテレスの存在論からいえば、かれらこそ、自己を愛しているつもりで、むしろ、真の自己を蔑ろにしているからである。つまり、かれらは欲望や衝動、一般的にいって魂の非合理的な部分に惑溺し、それに支配されて生きているのだが[52]、このことによってペルソナ性(ヌースとしての自己)を毀損し、人間としての自己を失っているからである。[53]

これに対して、もしある人が正しい行為、節度ある行為、総じて有徳な行為に専念し、つねに自己自身のために善いこと(καλόν)を保持しようと努めるならば、かれを非難する者はなく、また、一般には、かれを自愛者と呼ぶ者もないであろう。[54] しかし、実は、このような人こそ、真の意味での自愛者というべきなのである。なぜなら、かれは自己においてもっとも勝れて自己であるヌース(κυριώτατος αὐτός)に従って生きる者であり、その結果、自己に最善最美のものを配する人だからである。[55] すべての存在者において、その本質もしくは実体となる部分が、勝れてその存在者である、というべきだが、[56] 人間においてそれはヌースであり、従って、ヌースに聴従し、ヌースそのものとなって生きる人は、もっとも人間的な人間であり、真に自己を愛する者である、といわねばならない。[57]

しかし、それならば、なぜ、真の自愛者こそが、真に、というよりはむしろ必然的に、隣人を愛する者となるのであろうか。論議はこの問いに収斂してゆくであろう。

さて、先ず、事象そのものの様相として、次のような事態が認められうるであろう。すなわち、もしわれわれが隣人を愛しているならば、その隣人に対してわれわれの抱く親愛の情は、自己自身に対してわれわれの抱く感情とほとんど同一である。[58] 換言すれば、隣人愛とは、自己自身について抱く意識、つまり自己同一の意識の別形態に他ならない、ということである。たとえば、アリストテレスは、友(φίλος)の規定として、次の五箇条をあげている。[59]

(一)　相手のために、善を願いかつ為す人
(二)　相手が存在《エイナイ》し生存《ゼーン》することを、相手自身のために願う人
(三)　相手と一緒に時を過ごす(生活する)人
(四)　相手と同じことがらを選ぶ人
(五)　相手とともに悲しみ、ともに喜ぶ人

ところで、これらの規定は、もしある人が真に善い人であるならば――つまり、ペルソナであり、真の自愛者であり、

なかんずく、エピエイケースであるならば――すべて、自己自身に対する関係として成立しているものである。すなわち、エピエイケースとは、

（一）自己自身に対して善を願い、かつ為す人(60)

（二）自己、なかんずくペルソナとしての自己が、生存することを願う人。なぜなら、エピエイケースにとっては、存在が善であるから(61)

（三）自己自身とともに時を過ごすことを願い、かつそれを喜ぶ人(62)。自己の存在を肯定できるから

（四）自己自身と同じ考えをもち、同じことがらを望む人(63)（自己分裂をもたぬ人）

（五）自己自身とともに悲しみ、ともに喜ぶ人(64)

エピエイケースとは、先ずもって、このような人である。しからば、エピエイケースにおいては、友に対する態度と自己に対する態度とが全く同一である、といえる(65)。別言すれば、友とは、他の自分(ἕτερος αὐτός)、もう一人の自分(ἄλλος αὐτός)に他ならない(66)。愛の関係にあるペルソナとペルソナとの間には、ある同一性(ταὐτότης)が成立しているのである。

これに反して、悪しき人間においては、右に述べた自己関係がいずれも成立しないのであり、従って、この自己関係と同一の構造をもつべきはずの他者関係もまた成立しようがないのである。すなわち、悪しき者(φαῦλος)は、

（一）善と思われるものよりも、有害な快楽を選ぶ。また、臆病や怠惰の故に、自ら善なりと信ずることを為さない(67)

（二）自己の存在を肯定できないから、生存を逃れ、自己自身の抹殺をさえ企てる(68)

(三) できるだけ自己自身を逃れ、気晴らしのうちに自己を忘却しようとする。なぜなら、自己に直面するならば、その醜悪さに堪ええないから[69]

(四) 自己自身と一致せず、自己分裂を起こしている。心の一部はあるものを欲望し、心の他の部分は他のものを希求する[70]

(五) なんらの愛すべきものをも持たないために、自己自身に対してさえ親愛の情を抱きえない。また、自己とともに喜び、自己とともに悲しむこともできない[71]

こういうわけで、悪しき者においては、自己の存在が肯定されておらず、自己自身との一致が成立していないのだが、このことが、真の意味では、かれらが自愛者でないという事態なのである。自己自身を愛しえない者が、いかにして、隣人を愛しえようか。それは不可能である。なぜなら、エピエイケースにおいてみたように、愛とは、事象そのものの姿として、隣人と自己との一致(自己同一の実現)を通しての両者の存在の肯定である、といえるが、自己自身を否定するならば、いかなる意味における自己同一の実現も、足場を失ってしまうからである。しからば、真の意味での自己愛と隣人愛とのこの合致は、人間のいかなる存在論的構造にもとづいて生起するか。

六　愛の存在論的構造

アリストテレスは、愛のもっとも根源的な姿として、親子の愛(ἡ πατρικὴ φιλία)、兄弟の愛(ἡ ἀδελφικὴ φιλία)、総じて血縁的な愛(ἡ συγγενικὴ φιλία)をあげ、その構造を次のように論じている[72]。

親は子供を「自己自身のなにか」として愛し、子供は親を「自己の存在の根源」として愛する。[73] 別のくだりでは、もっと徹底的な表現をとり、親は子供を自己自身として（つまり、自己が生み出した者は別の自己であるという意味で）愛する、ともいう。[74] 兄弟はどうかといえば、かれらは同一の存在から生まれたことによって、お互いを愛する。つまり、存在の根源に関する同一性（ταὐτότης）が、かれら相互の間の同一性を支え、かれらは別個の存在であるにもかかわらずある意味で「同一なるもの」（ταὐτό）なのである。[75]

これらの指摘が含意する事態は何であろうか。いうまでもなく、愛とは同一性の実現だ、という事態であるが、より力点がおかれているのは、「この同一性の実現は先ず血のつながりにもとづく」という事態である。ここで、第一節において素描した愛の基本的構造を想起せられたい。すなわち、愛は存在にもとづくと同時に行為により実現される、つまり存在と価値の交錯する領域にある、という構造のことである。人間と人間との同一性の実現が、こういう構造をもつということ、このことが原初的に現われる場こそ親子兄弟の愛に他ならない。

すなわち、親子兄弟の同一性は、先ず、事実として、あるいは、肉体的存在という次元において、実現されている。かれらは、同一の細胞から発した存在であり、同一の生命の持続的な展開である。それ故、かれらが相互に相手の存在を願うのは、いわば、それが自己の存在を願うことと同一だからであり、相手との一致を確信するのは、自己自身との一致がある意味で自明のことだからである。ここに愛の根源的な層があることを否定することはできないのではないか。

しかし、だからといって、親子兄弟の間に、つねに真の愛（完全な同一性）が実現されるとはかぎらない。生んだだけで、もし我が子の存在に無関心であれば、いや、場合によっては我が子の存在を自己の生にとっての邪魔物とさえ感ずるに至れば、こういう親が子供を愛していないことは、明らかである。同様に、互いに憎み合う兄弟がいれば、かれらは、一方では血のつながりという切断不可能な連帯性をもつが故に、より一層その違和感を激化し、互いに相手の抹殺をさえ願いかねないであろう。これらの場合、親子兄弟の間に生物としての連帯性はあるが、人間としての連帯性は失われているといわねばならず、それ故に、愛は、血のつながりという単なる生物的次元での同一性のみによっては、実現されえない、といわねばならぬ。つまり、人間と人間とのつながりは、精神的存在という次元における同一性にまで上昇していなければ、愛にならない。精神の世界においては、事実としての同一性はどこにもない。また、ありえない。精神と精神との同一性とは、たとえ親子兄弟の間においてでも、その実現の瞬間に閃光を放つ自由な存在と自由な存在との邂逅でしかありえないのであり、ここに、愛の実現における必須の契機として、行為(価値的な契機)、マルセルの言葉でいえば「承認、感謝、受容、歓待」(reconnaissance, accueil)という精神の働き(acte spirituel)が要請されてくるのである。(76)

とはいえ、血のつながりが人間の間において極めて強力な紐帯であることは、周知のことであり、この紐帯にもとづいて真に人間的なペルソナとしての愛が数知れず成立した、ということも否みえないであろう。母親の我が子に対する愛は、しばしば、もっとも崇高な精神にして始めて可能な、信頼や献身の境地に達している。それは盲目であることも多いが、盲目になるまで他者を信じきることは、精神のなしうる同一化の一つの極限である。われわれは、本性的に、親類よりは兄弟に、他人よりは親類に、他国人よりは同国人に、異人種よりは同一人種に、より好意を抱くものである。こういうわけで、われわれの精神としての愛が、どれほど深く肉体的な連帯性から発現し、これと絡み合っているかは、縷説するまでもないであろう。(77)

以上、アリストテレスのいう血縁的な愛をモデルにして、愛の基本的な構造を考えてきたが、これをまとめると次のようにいえると思う。愛とは、人間と人間との一致(同一性の実現)であるが――人間とは単なる肉の塊りではなく、さればといって、全く肉を離れた独存する精神でもなく、肉化した精神(肉体として現われる精神)であるが故に――愛もまた、単なる肉の同一性ではなく、肉を離れた抽象的意識の同一性でもなく、肉の同一性そのもののうちに実現される精神の同一性である。この肉化した精神の一致は、原初的かつ根源的には、血縁関係にある人間同士の間にもっとも典型的に実現されうるが、しかし、愛のこの構造は、人間であるかぎりの人間の間において、つねに妥当するのである。たとえば、『コリント人への第一の手紙』のあの有名なくだりを考えてみよう。「なぜなら、肉体が一(ἕν)でありながら、多くの(πολλά)肢をもつ如く、また肉体のすべての肢は多でありながら一つの肉体である如く、そのように、キリスト[において愛し合う者たち]もまた同様である。なぜなら、われわれはみな、一つの精神(ἓν πνεῦμα)において、一つの肉体(ἓν σῶμα)へと洗せられたのだから。ユダヤ人、ギリシア人、奴隷、自由人のいずれたるかを問わず、われわれはみな一つの精神を飲ましめられたのだから。[78]」ここに、精神と訳したプネウマという語は、もちろん、ふつうは聖霊と訳されているのだが、それはそれとして、ともかく、愛し合う者たちが多でありながら同一の精神に参与し合致しているという事態に変りはない。そして、この精神における同一性が、くり返し一つの肉体という表現をとっていることに、留意せられたい。なぜなら、人間においては、精神の同一性は、直ちに、ある意味での肉体的同一性として顕現せねば、真実ではないからである。「……肉体の中に断絶が生じないように、多くの肢がお互いに相手のために同一のこと(τὸ αὐτό)を悩むように、神はわれわれの肉体を創られ給うた。そして、もし、一つの肢が痛むならば、すべての肢がともに痛む(συμπάσχειν)のである。[79]」そうだとすれば、パウロのように、愛の極致に達した人間は、友の肉の痛みを自己の肉の痛みとして実感し、友の肉の不幸を自己の肉の不幸として担うであろう。愛すべき隣人とは何者か、と問われて、サマリア人の喩話[80]を語ったイエスの真意も、この点にあるのではないかと思われる。

さて、われわれは、これで、一応、愛のもっとも原初的な構造を探りえたと思う。つまり、愛とは、「肉化した精神の一致」である。考察のモデルにした血縁的な愛においては、この一致は、事実としての肉体的同一性に支えられるところが大きかった。だが、人間愛をもっと広く考える場合には、この肉化した精神の一致は、実現のプロセスとしては、血縁的な愛とは逆の方向をたどるかもしれない。そこで、われわれが次に考えたいことは、このような一致を希求する人間存在(自我)一般の構造である。

血のつながりという狭い領域を超えて、より広く隣人愛を問題にする時、アリストテレスは先ず次のようなことをいう[81]。暴君による専制政治においては、支配者と被支配者との間に愛はありえないが、それは何故かというと、かれらの間に「共通なものがなにもない」(μηδὲν κοινόν)からである。およそ、なんらかの共通性(連帯性 κοινότης)がないところには、愛は存在しえない。たとえば、職人と道具、主人と奴隷の間には、一方が他方を利用し、その限りで相手を大事にするという関係はありうるが――ちょうど、カーマニアが自動車の手入れに熱中するような関係はありうるが――両者の間に共通なものがないから、愛はありえない。奴隷が「生きた道具」といわれ、道具が「生命なき奴隷」といわれる所以は、ここにある。「しかし、人間である限りの奴隷に対しては、愛は存在しうる[82]。」なぜなら、人間である限り、主人と奴隷は共通な存在であるからである、と。

それ故、いわゆる役割関係においてはいかなる立場にあろうとも、人間であるかぎり、すべての人間にはなんらかの連帯性もしくは同一性が存在し、これにもとづいて愛が成立しうる、とアリストテレスは考えていた、そういってよいであろう。だから、真に孤独な人間(愛をもたぬ人間)とは、人間の本性を成すこの連帯性から逸脱したという意味で、自己の本性をそこない、一種の倒錯状態におちこんでいるのであり、このことは、アリストテレスの存在論からいえば、悪に他ならない。

しかし、人間であるかぎりの人間に存する連帯性とは一体なにか。この点を、いま少し考えねばならぬ。アリストテレスによれば、幸福な者は自足しているから友を必要としない、という説は誤謬である。「なぜなら、どんな人も自分一人だけで全財宝を所有することを選びはしないであろう。それというのも、人間は共同体的な存在だからであり、その本性上ともに生きる存在(συζῆν πεφυκός)だからである。[83]」かつ、幸福な者はあらゆる善を所有しているはずだが、善のうちで最大の善とは「存在」(τὸ εἶναι)に他ならぬ。[84] つまり、幸福な者ほど存在を希求し肯定するのだが、人間にとり「存在する」とは「ともに生きる」ことだ、という訳である。だが、「ともに生きる」とはどういうことか。それは、単に、「同じ牧場で草を食む畜牛の如くに[85]」他者と併存して生を営むという、いわば事実《オンテイシュ》としての共存関係のみを意味するわけではなく、もっと根深く自我の存在そのものの中に食い込んでいる人間の存在論《オントローギイシュ》的な構造を指すのではないか。

この点に関しアリストテレスのいっていることは極く僅かである。しかし、この僅かな言葉を頼りにして、われわれは、事象そのものに迫るべく、思索を徹底化してゆかねばならぬ。アリストテレスは、いろいろな箇所で、人間にとり「生きる」(存在する)とは、「知覚し、思惟することだ」とくり返している。たとえば、「生とは、人間にとっては、知覚と思惟の能力により定義される[86]」、「生とは、勝れた意味においては、知覚し思惟することであるように思われる[87]」、

「生きるとはある種の思惟と考えねばならぬ」[88]、の如くである。ところが、知覚し思惟することは、人間がもし全く孤立した者ならば、成立しえないことである。なぜなら、われわれはロゴス(言葉)により認識し、ロゴスにより思惟するのであるが、このロゴスは、その発生はどのようであれ、人間と人間の交わりのもっとも根底的な紐帯として存在するものであり、従って、認識し思惟するかぎり(ロゴスにかかわるかぎり)、たとえ隠者として山中に独居しようとも、人間との交わりの圏内にあり、他者とともに生きている、といわざるをえないからである。つまり、思惟することを止めれば、われわれは他者との連帯性から脱落し、同時に人間であることを止める。アリストテレスの人間に関するあの有名な二つの定義——「ロゴスをもつ動物」と「ともに生きる動物」——は、同じことをいっているのである。こういうわけで、思惟するかぎり、この孤独ともみえる自我の核心に他者の存在が食い込んでいるのであり、これが、人間にとり「生きる」とは「ともに生きる」ことであるという主張の指示する、人間の存在論的構造に他ならない。

従って、人間の思惟や認識は、本来、一人称単数ではなく、一人称複数を基盤にしている、といえるであろう。実際、アリストテレスのうちにも、愛の問題との関連において、こういう発想の萌芽がある。たとえば、「われわれが知覚し、われわれが思惟するということが、われわれが存在するということなのである」[89]、「よい人々は、本当に善いものをともに知覚することにより喜び合う。よい人においては、友人との関係は、自己自身との関係と全く同一である。なぜなら、友人とは別の自己であるから」[90]、「ともに生きるということは、ともに知覚しともに認識することである」[91]、「ともに知覚することは、ともに生きることにおいて、つまり言葉と思念の交わり(κοινωνεῖν)において、生起するであろう」[92]。この「交わり」(κοινωνία)、つまり「ともに生きること」、別言すれば「ともに知覚し、ともに思惟すること」が、愛に他ならない。愛とは交わりであり、交わりが人間においては「存在すること」に他ならないのである。[93]

さて、以上により、人間存在一般の存在論的構造が、アリストテレスにおいてどのように考えられていたかは、その大筋において、明らかになったと思う。すなわち、人間とはロゴスを鎹《かすがい》として、必然的に連帯的《ポリティコス》な存在者である。理性をもつということ、つまり、考え、話すということは、必然的に、自己と他者が離れ難く絡み合っている根源的領域(いわゆる共同主体性 intersubjectivité の領域)を前提とし、この故に、人間にとり、「存在する」とは「ともに存在する」ことであり、「ともに存在する」とは「ともに思惟する」(あるいは、思惟を分有する)ことである、といわねばならないのである。マルセルは、存在(être)を思惟する根源的地平として、以上に論じてきた「われわれ」という地平を強調し、次のようなことをいっている。[94]

およそ、人間が考える時、自己が考えると思うのは誤りで、われわれが考えるのである。つまり、狭い意味での私の思惟は、他者の思惟(たとえば現在の同僚や、二千年前のアリストテレスの思惟)と出会うことにより、活きた思惟となる。もちろん、私の思惟とは今ここに(hic et nunc)存在する私の、今ここでの思惟であり、それは、この限局された私の生(つまり私の経験)の理解に尽きるのだが、驚くべきことは、この僅少な私の経験を真に理解するためには、私は、私の過去や現在を超えた広い他者の経験の中に入ってゆかねばならないのである。マルセルは、哲学者である以上に劇作家だが、真正な創作の基盤は、自己中心性の払拭である(l'exorcisation de l'esprit égocentrique)、といっている。[95] 逆にいえば、自己中心主義とは、自己の経験を真に理解しえなかった者、自己のものとなしえなかった者にのみ可能なのである。この逆説は何を意味するか。

簡単にいえば、私の経験とは、他者の経験と交わることにより、真に私の経験として成立するのであり、従って、自己中心的先入見は私と他者との間の障壁となり、エゴイストは他者を理解できないばかりではなく、自己も理解できない、という意味なのである。エゴイストは常に盲目である。かれは、自分のことしか考えないから、自分のことがさっぱり解らない。それ故、自己についての充溢した意識は、多少逆説めくが、むしろ他者中心的である(hétéro-centrique)、といわねばならない。つまり、真の自己理解は他者から来るのであり、われわれが自己の存在を是認できるのは他者により承認されている時である、ということである。

この交わり(communion)の領野を、マルセルは「共同主体性」(intersubjectivité)と呼び、そこで始めて「存在の思惟」が開けてくる、という。だが、存在の思惟は本章の主題とは表だった関わりがないから、ここでは触れず、ただ「共同主体性」の方をもう少し明確にしてから、論議を深めてゆきたい。マルセルがこの「共同主体性」という領野を人間存在の(従って、人間的営為の)根底とするのは、デカルト的な「われ考う」を究極原理とする立場、たとえば、カルテジアンを自称するサルトルのような孤立した意識の立場を、誤謬とするからである。周知のように、サルトルにおいては、他者とは自己の存在を脅かす地獄であり、愛とは幻想であり、人間関係とはつまるところマゾヒズムかサディズムに帰着するのだが、これらの主張がすべて「孤独な意識」という公理から演繹された帰結にすぎないことは、『存在と無』から誰の目にも自明のことである。ところが、マルセルにいわせれば、この公理が誤謬なのであり、根源的事態は「私は存在する」ではなく「われわれは存在する」である。人間は、根源的に「他者へと開かれ」、「他者を受け容れ」、「そうすることにより自己自身へと近づく」存在であり、これがマルセルのいう共同主体性である。(96)

だが、この事態はどのようにして確認(constater)できるのか。それは、目で見たり、手で触れるような具合に検証できるのか。つまり、それは事実(fait)なのか。

共同主体性とは、実は、事実ではないのである。なぜなら、それは精神の世界のことだからである。現代は客観的認識(connaissance objective)と技術の支配する時代であり、そこでは、外的な観察(observation externe)が真理の唯一の尺度であるかのように思われている。この尺度からいえば、精神とは、たかだか、肉体の機能もしくは上部構造の如きものの別名にすぎない。だが、精神は事実ではない。精神の次元においては、外的な観察は意味をなさない。精神は内からみとめられるだけで外から確認されうるものではない。しかし、こういったからといって、先験的自我や意識一般の如き存在を、共同主体性である、と主張するわけではない。精神の実在は、もっとも具体的で、もっとも身近な体験のうちに現われるのであり、それが、マルセル哲学の一つの核心である「現存」(présence)という場面なのである。[97] たとえば、われわれは、同じ部屋で一メートルの距離もおかぬ傍にいる人を、星の彼方の者よりも遠い、と感ずることがある。二人の間には、なるほど、物理的な会話(communication matérielle)は行なわれている。しかし、それは発信機と受信機の交信の如きものであり、交わりのない交通(communication sans communion)にすぎない。こういう場合、二人はお互いに相手を理解できない。だが、そればかりではなく、もっと致命的なことは、私は私自身を見失い、かれとともにいると自己自身でなくなってしまう、ということなのである。[98] 逆に、かりにそれが死者であっても、われわれが他者の現存(他者との共同存在)を実感する場合には、自己が内的に蘇生し、より活力に溢れて存在することを、われわれは知っている。

以上は、公平にみて、万人の否定しえない体験であると思うが、これを論証的な言説の地平に翻訳できそうであろうか。それは、原理的にできないのである。なぜか。現存が対象(objet)ではないからである。教えられ、伝達されうるものはすべて対象であり、対象は必ずなんらかの技術体系のうちに組織化されうるが、「現存の技術」などという表現は正真正銘の自己矛盾である。もし、われわれが他者との関係においてなんらかの技術を用いたとすれば、それは、他者のペルソナを無視することによって可能なのであり、別言すれば、無意識的にせよ現存の破壊を行なっているのである。だから、真の意味では、「愛の技術」はありえない。現存が対象でないということ、つまり、共同主体性がものでないということは、それ故、交わり(communion)がいわゆる客観的(対象的)認識ではないという論点に帰着するであろう。だが、これはどういう意味か。

「現存が対象でない」という時、この主張によって指示されている事態は、対象を把握する(appréhender)精神態度と、現存を迎え容れる(accueillir)精神態度とが全く異なっているという事態なのである[99]。現存の領野においては、「捉える」という支配的態度もしくは主我的態度は、原理的に通用しない。現存は理解(把握)されるのではなく、もてなされるか拒絶されるか(accueillie ou refusée)である。つまり、現存は理解(comprendre)の彼方にあるのであり、懇請され喚起されうるだけなのである[100]。ここまでくれば、共同主体性が「これ」とか「あれ」とかいう具合に指示できないことは、いうまでもないであろう。それは、個々の自我がそこから出現し流出する根源的領野であり[101]、そこにおいて全存在者の認識が与えられる根源的地平であるが[102]、それ自身は文字通り「言外に了解さるべき前提」(un sous-entendu)である[103]。だから、共同主体性は、論理的言語に翻訳できないことは勿論のこと、想像することもできないのであり、強いていえば、比喩により暗示できるだけである。しかし、そうだからといって、この「活きた交わり」(communion vivante)を虚偽として斥けうるであろうか。むしろ、その逆が真実ではないか。なぜなら、人間の存在論的構造のうちにこのような連帯性を措定しないかぎり、人間はみな独我論者になり、人間同士の交わりは非現実的な幻想にすぎなくなるのだが、これが虚偽であることをわれわれは確実に体験しているからである[104]。

さて、共同主体性に関する以上のマルセルの論議は、アリストテレスの人間把握、つまり、ロゴスをもつ存在であり、従って、共同体的な存在であるという規定を――マルセル自身はアリストテレスを全然意識していないが――かなり内容的に展開している、と考えてよいであろう。つまり、両者において、真の自己とは、狭い我欲としての自己(ἐπιθυμία もしくは désir という存在層での自己)ではなく、他者と共通な自己(λόγος もしくは esprit という存在層での自己)であり、従って、自己の存在のうちにはつねにすでに他者の存在が食い込んでいるのであり、それがアリストテレスのいう共通性であり、マルセルのいう共同主体性に他ならない。自と他は、いわばこの「われわれ」という根源領域により支えられているのである。

しかし、マルセルにおいても、共同存在は、存在にもとづいているにもかかわらず事実ではなく、いわば人間の受容もしくは選びにより始めて現存するように、アリストテレスにおいても、交わりは、ロゴスの共有という連帯性にもとづいているにもかかわらず(従って、本性的であるにもかかわらず)、やはり一種の徳(アレテー)なのである。愛(交わり)が一種の徳であるということは、愛の現存が、存在にもとづきながら、人間の受容もしくは拒絶にかかっている、ということである。人間は、その存在においてペルソナであるが、他者をペルソナとして受容するためには(そして、そのことにより、自己がペルソナとなるためには)、なにか単なる所与からの飛躍が必要なのだ、ということである。[105]

もちろん、ある人間が人間の連帯性を虚構と見なし、個(孤)としての自己のうちに自足しうると錯覚して、自己閉鎖的に生きることはできる。しかし、その時には、かれは真実に自足したのではなく、むしろ自己を無理に絶対化することにより、孤としての人間存在の欠如性を隠蔽しているにすぎない(106)。アリストテレスが、もっとも幸福な者、もっとも有徳な者こそ、もっとも友を愛する者であり、劣悪な人間ほど友をもちえない、という時――つまり、劣悪な人間は利益や快楽などを根拠にする自己中心的な人間関係しか結びえないからであるが――アリストテレスのいいたいことは、人間における自足とはともに生きることである、という事態に他ならない(107)。

第二節において、愛とは、人間同士がお互いに相手の善を願うこと、と規定されたが、以上の考察に照らしてその意味を集約すれば、他者の善とは他者の存在であり、自己の存在は他者の存在と溶融することにより成立しているのだから、他者の存在の肯定により、愛する人は、真実の意味で、自己の存在を肯定し充溢せしめているのだ、といえる。母が子のためにあらゆる犠牲を厭わず我欲を放棄してゆく姿、兵士が同胞のために死地に赴く姿、信仰者が信ずるところの真理のために殉教してゆく姿などは、人間存在を本当に孤独なもの、一介の砂粒と考えるならば、理解できないというよりは、全く不条理な行為である。このような自己抹殺にまで至る愛が成立しうるのは、母は子供のうちに自己の存在の別の現われを実感しうるからであり、兵士や殉教者は同胞や同信の中に自己の存在との同一性(ταὐτότης)を信じうるからなのである。愛の存在論的構造の解明とは、この同一性が、本性的でありながら人間の選びにかかっているという、剣の刃渡りの如くに危険な事態の指示に尽きるのである(108)。

七　エピエイケイア

前節において論究した「愛の存在論的構造」を、簡潔にまとめれば、次のようになる。愛とは、肉化した精神（ペルソナ）としての人間同士の一致である。この一致は、原初的には、血のつながりという事実的同一性にもとづいて生起するが、より本来的には、人間がロゴス的存在として、「主体的－連帯的存在」であるところに由来する。つまり、人間は個であるが、本来、われわれのうちでの個なのであり、従って、個としての汝と個としての我の真なる一致の実現により、個としての自己存在は始めて充溢する。別言すれば、狭い意味での個であるかぎり、人間は欠如的（非本来的）状態にあるのであり、ペルソナとしての唯一性を保持しつつ、同じくペルソナとしての唯一性を保持する他者との間に同一性（ταὐτότης）を実現することにより、人間は始めて自己に存在根拠を与えることができるのである。この同一性もしくは共通性は、一方では、人間が「交わりをその本質とするロゴス」の所有者であるという点において、また、普く肉体的存在であるという点において、本性的であるが、他方では、人間がものという意味での客観的存在ではないという点において、事実であるとはいえない。この故に、愛は徳なのであり、さらにいえば、最高の徳なのである。だが、以上に解明したいわば存在論的骨格としての愛は、存在的にはどのような生き方として現われるのであろうか。

すでに、第一節において予示したように、愛は正義を凌駕するものである。アリストテレスはこういう。「共同体を結合するものは愛であり、立法者は正義よりも愛にづいてより一層心を砕くようにみえる。……かつ、人々に愛し合っていれば全く正義を必要としないが、正義の人であっても、なおその上に愛を必要とするのである。いいかえれば、最高の正義は愛の性質をおびている、と思われるのである。(109)」この言葉は、いかなる事態を指示しているか。

先ず、第一に、理解しておくべきことは、愛の射程と正義の射程とは、ある意味で同一である、という点である。このことをアリストテレスは次のように述べている。「愛と正義とは、同一の事柄にかかわり、同一の事柄において成立しているようにみえる。なぜなら、あらゆる交わりのうちには、なんらかの正しさと、また愛が、存するように思われるからである。[110]」「愛が深化すれば、本来、同時に正義もまた深化する。その意味は、両者とも同一の事柄において成立し、等しい範囲に及ぶ、ということである。[111]」つまり、「同一の事柄において成立する」とは、愛も正義も、ともに人間同士の交わりという場において成立し、その交わりのあるべき姿を指示している、ということである。また、「等しい範囲に及ぶ」とは、正義のないところには愛は存しえず、逆に、愛のないところには真の意味での正義もまた存しえない、ということである。

しかし、それならば、いかなる意味で、「愛があれば正義は要らず」、「正義があっても愛がなければなにものでもない[112]」といえるのか。そのわけは、一言でいえば、愛は正義を超越するもの——別言すれば、愛は正義を要求しないもの——であるからである。愛と正義は、二つの異なる類のものではなく[113]、その意味で、今しがた述べたように、射程を同じくするものであるが、比喩的にいえば、いわば深度において異なるのである。この点を考えるために、先ず、『ニコマコス倫理学』第五巻正義論の結論を、ここで振り返ってみよう[114]。

われわれが「正義」という時、普通には、それは「法に遵うこと」を意味する。「正しいこととは法に遵うことであり、……不正なこととは法を逸脱することである[115]。」しかし、書かれた法は、それがどれほど詳細精緻に立法されていても、常に一般的規定であり、従って、行為の一般原則を指示することはできるが、ある場合には粗雑であり、ある場合にはむしろ過誤を惹起する[116]。というのは、アリストテレスの考えでは、真の善悪は、行為の個別的究極的な場面に際会して始めて明らかになるのだが(117)、行為の個別的状況は無限に多様であり、決して一般的原則により包摂されえないからである(118)。それ故、人間的営為のこの本性――これは人間が自由な主体的存在者であるところに由来するのだが(119)――この本性からみれば、法とはただ「おおよそのあり方」の指示にすぎず、それ以上に法を端的な発言として絶対化すれば、それは人間を物象化し殺してしまうという意味で不正に近くなるのである(120)。杓子定規に法を振りまわす形式主義者《アクリボディカイオス》は真に正しい人とはいえないのである(121)。

しからば、法のこのような欠陥を補い、本質的に法的規定の及ばない人間のあり方に関し、真実を告げるものは何か。ちょうど、レスボス建築における鉛の定規が石の形に応じて変化したように、無限に変容する人間的営為の尺度《カノーン》もまた、無限に柔軟な主体的原理でなければならない(122)。この原理を、アリストテレスはエピエイケイアという。このエピエイケイアを、アリストテレスはくり返しくり返し、「法的正義よりも勝れた正義」、「正義と異なる類のものではないが、正義よりもより善いもの《ベルティーオン》」という(123)。それは、法的正義を匡すもの《エパノルトーマ》であり(124)、行為の究極的場面に降りきったところで人間同士の交わりに真実を告げるものなのである。

ところで、第五節「自己愛と隣人愛」において、真の愛を実現している人がエピエイケースと呼ばれていたことを想起されたい。つまり、「正義よりもより勝れたもの、より善いもの」と呼ばれるエピエイケイアとは、愛の別名に他ならなかったのである。しからば、エピエイケイアとはなにか。

エピエイケースとは、杓子定規に法を振りまわさぬ人、つまり、法的規定が必然的に及ばぬ人間のあり方のうちにも、人間の真実を見とどけうる人、といわれた。ところで、法的正義の限界を考える時、問題の場面は大まかにいって二つあるように思う。一つは、組織対個人の問題であり、他は、個人対個人の問題である。組織対個人の問題とは、人間が社会を形成して生きる以上避けえない問題であるが、そこでは、法とは、ある社会に参与するすべての人が守らねばならない秩序(体制)、を表わしている。だが、どのような秩序でも、もしそれが絶対化されれば、必ず、人間の内的な自由を圧迫し、可能性を麻痺せしめ、人間の本性を凝固させるという意味で、人間を疎外する。人間の行為は、無限の可能性を孕むが故に、どのように合理的な体制が建設されても、その枠を必ずはみ出してゆくのである。しかし、人間が組織体の中に生きる以上、秩序に服することは人間の義務であり、従って、人間の本性は常に、組織体制という(人間が創り出したものでありながら人間を規制する)無名の支配者により、石化せしめられる危険にさらされているのである。秩序に服さねば生きられないが、秩序を絶対化すれば生きられない、というこの自己矛盾的状況において、エピエイケイアとは、人間性の真の声に耳を傾け、凝固しかかった秩序を絶え間なく流動化し、そうすることによって常に新しい秩序を再生せしめる実践的判断力として現われるであろう。これが、エピエイケイアが法的正義を匡す真の正義である、ということの一つの意味である。

ところで、組織とか社会体制は、とくに現代では、個々の人間の判断や行為の総体という意味を超えた、それ自身の実体性をもつように見えるから、組織対個人における法的正義の限界を、我と汝の交わりにおける法的正義の限界と、強いて関連づけることには、無理があるだろう。(125) しかし、少なくとも、アリストテレスが、エピエイケイアという一つの言葉によって、二つの問題場面における法的正義の限界を包摂していることは、体系化するまでには至っていないが、それでも両者の間になんらかのつながりがあることを、かれが感じていたからにちがいない。また、社会体制とか経済構造などを改善しさえすれば人間が幸福になるという考え方は、合理主義が迷信へと変質したものであり、むしろ逆に、どのような組織も、(技術的操作や計画的統制の全く及びえない)一人の人間と一人の人間との真の交わりによって支えられなければ、結局は、有効に機能しないということも、現代ではすでに自明の事実として万人に明らかなことがらの一つである。

そこで、個人と個人の問題に焦点を合わせてゆくが、法的正義というものは、配分的正義、匡正的正義、交換的正義などに典型的にみられるように、大抵の場合、所有物もしくは生産物の正当な確保や配分、より一般的にいえば、相克する欲望の調停を目指す秩序なのである。すなわち、各人がおのおのその価値に即して――この価値には種々の意味があるのだが――ともかく他者から不当に侵害されないこと、また他者に不当な侵害を加えないこと、これが法的正義なのである。ところが、エピエイケースとは自己を減殺する人(ἐλαττωτικός)である、といわれる。[126]「自己を減殺する」とは、「より多く取ること」(搾取 πλεονεξία)の否定であることはいうまでもないが、[127]「正当な取り分さえ取らぬこと」、「法が自分に有利であっても自分の権利を主張しないこと」[128]、そういう意味では、自己を価値以下に取り扱い、自己に損害を与え、自己に不正を加えることだ、とアリストテレスはいう。[129]だが、なぜ、このように自己を虐待せねばならないのか。それは、欲望が、どれほど些少なものであっても、必然的に、他者の物化(手段化)を含意し、そのかぎりで愛を困難にしてしまうからなのである。マルセルはこういっている。「もし私の愛が愛される者(l'être aimé)になんらかの働きかけを為しうるとすれば、それはただ私の愛が欲望(désir)でないかぎりにおいてである。実際、欲望をもつ場合には、私は愛される者を私の我意に服従させようとしているのであり、結局、私はかれをもの(objet)に変えているのである。それ故、おそらく、全く利害を超越した愛のみが汝《トゥ》に触れることができるのであろう。[130]」欲望とは、自己を確保し、安全化し、肥大化させようとする営みであるが、まさに「自己を救おう」とすることによって、

欲望は自己を他者から切断し、共同主体的世界から離反させてしまうのである。(131)

それ故、エピエイケイアが法的正義に勝る最高の正義である理由は、法的正義とは要するに人間を欲望的存在として取り扱い、欲望的存在と欲望的存在との間の利害の平衡化を目指す原理にすぎない、という点に存するのであり、このような秩序においては、どれほど欲望の調和が巧みに為されても、人間と人間との真の一致はありえないからなのである。アクリボディカイオス(杓子定規に正義を振りまわす人、教条主義者、規則人間)とはパリサイ的人間のことであるが、まさにアクリボディカイオスであることにより、愛をもちえぬことを証明している。だから、エピエイケイアとは、一言で尽くせば、自己減価《エラットーシス》に他ならない。(132) つまり、エピエイケースとは、自分自身に対しては、当然自分に帰してもよい金銭、名誉、権力、一般に人々が奪い争う財産を放棄し、すなわち、自然の権利を放棄し、さらに場合によれば自己の生命までも放棄し、代りに「美しさ」(καλόν)を求める人のことである。(133) だが、他者に対しては、寛容な人、同情心に厚い人(συγγνωμονικός)のことである。(134) すなわち、他者の行為を判断する時、条文としての法によらず、法を活かす精神(愛)に即し、また、結果として現われた出来事ではなく、行為者の意図を推し量り、さらに、この行為という部分(μέρος)に注目せず、そのような行為の背景をなすかれの運命としての全体(ὅλον)を勘考し、そして、相手の侵害や過誤を宥す人なのである。(135) つまり、エピエイケースとは、マルセルの言葉でいえば、(136)「中心の変更」(décentrement)を為しうる人のことなのである。

さて、以上が、エピエイケイアの粗描であるが、この結論から次のような問いが生ずる。すなわち、愛が我欲の否定であり、欲望としての自己を放棄することであるならば、この自己放棄とは、一体、他者の奴隷になることを意味するのか、という問題である。もし、この自己放棄が、他者の欲望を叶えてやることだとするならば、愛とは、論理的にいって、完全な自己矛盾である。なぜなら、愛とは、我欲の否定であると同時に、我欲の肯定となるからである。自己犠牲という行為は、もし相手の人間の欲望に自己を捧げ屈従させる場合には、(そして、そういう形で他者との同一化を実現しょうとする場合には)、マゾヒズムに陥るのであり、自己自身を人間以下のものに貶めてしまうのである。利己主義とは、自己の欲望に原点を置き、他者を物化し手段化することであったが、もし自己犠牲が他者の欲望に原点を置き、自己を手段化することであるならば、自己犠牲とは(他者の)利己主義の源泉に他ならない。つまり、両者は同一の生き方の表裏にすぎないのである。だから、真の人間関係において大切なことは、相手に好かれることでもなく、相手に気に入られることでもない。もし、愛が我欲(自己中心主義)の否定であるならば、それは、自己の我欲の否定を意味するばかりではなく、他者の我欲の否定をも意味せねばならない。この故に、エピエイケースは、いつも同意ばかりしている人ではない、とアリストテレスはいう。「相手を喜ばせるためにすべてを誉め、何事にも逆らわない人、相手に苦痛を与えてはならぬと考えている人は、調子のよい人である。反対に、何事にも逆らい、相手に苦痛を与えて些かも意に介さない人は、気むずかしい人である。この両者とも非難さるべきであり、これらの中間の生き方が賞讃さるべきことは明らかであるが、それは、受け容れるべきことを受け容れ、怒るべきことに怒る、という生き方である。この生き方には特別の名前がないが、ほとんど愛(φιλία)といってもよいように思う。なぜなら、このように生きる人が、エピエイケイアを体現した友なのだから。[137]」相手がエゴイストならば、相手のエゴイズムを徹底的に攻撃し破壊することが、愛である。他者が愚かしい我欲によって動かされているならば、その欲望を匡し、他者をして我欲を放棄せしめることが、愛である。

だが、このように、おのれも自己を放棄し、他者も自己を放棄するのだとすれば、どこで我と汝は交わるのだろうか。それは、真の人間性においてである。自己を奴隷化し、他者の欲望に屈従させ、そのようにして同一性を実現しても、愛はない。反対に、他者を奴隷化し、自己の欲望に屈従させ、そのようにして同一性を実現しても、愛はない。また、なんらかの虚偽にもとづいて、両者が馴れ合いの一致を実現しても、そこに愛はない。なぜか。これらの同一性が、すべて虚偽の同一性にすぎないからである。そして、虚偽の同一性である理由は、真の人間性がヌース(ペルソナ)だからなのである。[138] カントのいうように、人間が人格であるということは、人間を(自己も他者も含めて)決して手段(もの)として扱ってはならぬということであり、それは、目的そのものとして、いいかえれば、絶対的価値をもつ究極的存在として、一人一人の人間に接しなければならぬ、ということである。このような、ペルソナとペルソナとの一致が、どのようにして実現されうるかは、次節で考えるが、ともかくも、(自己の主体性にせよ、他者の主体性にせよ)、自由な主体性をそこなういかなる交わりも愛ではない、といえるのであり、この点から自己犠牲の本質をつきつめれば、自己犠牲とは、結局、他者を支配し、利用し、手段化し、物化しようとする権力意志の可能なかぎりでの否定に他ならないのである。

この故に、「人間は、それぞれが、もっとも勝れた意味ではヌースであり、エピエイケースはこのヌースをもっとも尊重する人である」[139] といわれるのであり、エピエイケース同士の間においてこそ、このような心の一致(ὁμόνοια ヌースの同一性)が実現されうるわけなのである。[140]

八　アガペー

愛とは、ペルソナとペルソナとの一致である。ということは、愛とは、他者を支配し屈従せしめて、自己に同化させようとする我意の放棄であり、同時に、他者に媚びへつらい、そのいいなりになって、他者に同化することの拒絶である。暴君も阿諛者ももっとも孤独な人間であり、かれらの住む世界には真の他者は一人もいない。しからば、人間と人間との真の交わりはいかにして可能か。第二節「愛の定義」において論じたように、真の愛は、愛し合う者同士の主体的な応答(ἀντιφίλησις)でなければならなかったが、このことはいかにして成立するか。

先ず、自明のことは、われわれが相手に愛の応答を希求する場合、この希求が相手の自由に対する強制となるならば、この希求は自ら愛を破壊している、ということである。愛の応答を要求するということは、それ自体が自己矛盾なのである。それ故、愛の応答は、いささかも相手の意志を強制することなしに、全く自由に、あえていえば(受ける側の立場としては)全く無根拠に与えられた時に、始めて存在する。人間が自由である以上、愛の応答が成立しうるのは、この場合だけである。愛の応えは、待たれるもの、与えられるもの、贈られるものであり、獲得するものではない。[141] もちろん、すでに論じたように、贈られる側とすれば、贈られるに値するだけの準備が必要である。しかし、そういう準備をしたからといって、愛の応えが必ず訪れるという保証はない。

このことを逆にいえば、愛とは、報いを要求しない贈与である、ということである。[142] われわれは、他者を愛する。

他者に、善意を捧げる。他者がこの愛に応えてくれるかどうかは、他者の自由にかかっている。もし、他者の自由に些かなりとも手を触れるならば、つまり、報いを要求するならば、愛は、たちまち、義務、義理、服従、阿諛、打算へと転落してしまうのである。

だが、こう考えてくると、愛とは、受ける側からいっても、与える側からいっても、一種の恩寵《カリスマ》である、といわざるをえなくなる。すなわち、愛とは、本来、いわゆる神の愛といわれるアガペーでなければならない、と思われてくるのである。[143] フィリアー、エロース、アガペーという三種の愛が存在する、という通説は、現象面における愛の分類にすぎず、これらはすべてその根底においてアガペーへと収斂せねばならないのである。このことは、愛の構造から生ずる必然の帰結なのであって、「アガペーの如き崇高な愛をもって愛の理想とすべきである」というような単なる訓戒とはなんの関係もない。アリストテレスは、たしかに、この点に気付いていた、といえる。なぜなら、かれは、何度も、愛とは受けることではなく与えることであり、愛の本領は、愛されることにあるのではなく、愛することのうちにあるのだ、といっているからである。[144]

しかし、そうなると、一体どこで、この相互のカリスマは一致を保証されうるのか。明らかに、少なくとも人間的な次元においては、そういう保証は求めえない。相手に対する要求や強制(すなわち、保証を求めること)が、直ちに自己中心性への墜落であり、それは、結局、人間の交わりを支配被支配の関係(サディズムかマゾヒズム)へと貶めることになるとすれば、愛の応答(ἀντιφίλησις)とは、本来、人間同士が相互に信じ合うこととしてしか成立しえない、といわねばならぬ。すなわち、愛とは信ずることである。アリストテレスは、この点についても、かなり明瞭な理解をもっていた。「確固たる愛は、信頼(πίστις)なしにはありえない。そして、信頼は、時間(χρόνος)なしにはありえない。なぜなら、信頼は、試練を経ねばならぬからである。(145)」「真の愛が悪しき者たちの間に成立しえぬことは、明らかである。なぜなら、劣悪にして性悪なる者は、何人《なんぴと》をも信ぜず(ἄπιστος)、自己を尺度にして他者を測るからである。(146)」

愛(amour)と信頼(foi)とのこの関係を、マルセルは次のようにいっている。「私は、いつか、愛は信仰の条件である、といった。ある意味では、これは正しい。しかし……本当は、愛と信仰を分離することはできず、また、分離してはならない、と私は思う。……信仰であることを止めた愛は、一種の抽象的な遊戯にすぎないのである。(147)」マルセルがここでいっている信仰や愛は、神への信仰や愛であるが、もしわれわれのこれまでの考察が正しいとすれば、人間への信頼や愛と理解しても、この文章は同様に妥当するであろう。パスカルは、三つの秩序を述べた断章七九三で、こういっている。「あらゆる物体、大空、星辰、大地、および地上の国々は、最小の精神にも値しない。なぜなら、精神はこれらのすべてを認識し、さらに自己を認識するが、物体は何も認識しないからである。すべての物体を集め、すべての精神を集め、それに物体と精神の全産物を加えても、これらのすべては、愛(charité)の最小の営みにも値しない。愛は、物体と精神(認識)を無限に超えた秩序に属するのである。(148)」ここでいわれている「愛の無限に高い秩序」とは、「信ずる」ということなのである。

(1)『ニコマコス倫理学』第八巻第九巻の主題はフィリアー(φιλία)である。一般に、伝統的通念では、フィリアーは友情、とくに男同士の友情を指し、男女の愛はエロース(ἔρως)、神の人間に対する愛はアガペー(ἀγάπη)なる語によって指示される、ということになっている。そして、これら三つの言葉があることによって、愛に関し、三つの異なる事象が存在するかのように思いこまれている。筆者が本章を「愛」と題したのは、この固定観念が哲学的に考えて無意味であることを指摘するためであり、このことは、愛の本質を考察することにより、自ら明らかになるであろう。

さらに、文献的にいっても、アリストテレスは、決して、フィリアーによって、男同士の友情のみを指してはいない。それは、夫婦の愛、親子の愛、兄弟姉妹の愛、同朋の愛、主従の愛のすべてを包括している。また、逆にいえば、『ヨハネによる福音書』の、あの有名な最後の晩餐の談話において、友情についてイエスの語った言葉をヨハネがアガペーと記したことを想起せられたい (ὑμεῖς ἀγαπᾶτε ἀλλήλους. ἐν τούτῳ γνώσονται πάντες ὅτι ἐμοὶ μαθηταί ἐστε, ἐὰν ἀγάπην ἔχητε ἐν ἀλλήλοις. Ioh., 13, 34–35)。つまり、愛という一つの事象が、どのような深みにおいて理解せられているかが問題なのであって、当事者が男性であるとか女性であるとか主人であるとか下僕であるとかは、それそのものとしては問題ではないのである。

(2) EN, VIII, 1.

(3) Ibid., 1155 a 16, 21.

(4) Ibid., 1155 a 4, 29.

(5) Ibid., 1155 a 26–27.

(6) 『マタイによる福音書』第二二章三七〜四〇節。「主なる汝の神を愛すべし (ἀγαπήσεις)。……また、汝の隣人を汝自身の如くに愛すべし (ἀγαπήσεις)。これら二つのいましめに、すべての掟 (ὅλος ὁ νόμος) はかかっている。」

(7) EN, VIII, 2, 1156 a 3–5.

(8) Ibid., 1155 b 17–19.

(9) Ibid., 1155 b 27–31.

(10) EN, IX, 5, 1166 b 30–32.

(11) Ibid., 1167 a 1–2.

(12) Ibid., 1167 a 10–12.

(13) Ibid., 1167 a 3.

(14) EN, VIII, 4, 1157 a 14–16; VIII, 3, 1156 a 14–16.

(15) EN, VIII, 3, 1156 a 12–14.

(16) Ibid., 1156 a 17–21. 従って、こういう愛は破れ易い。肉体の美は須臾の間に移ろいゆく。肉体を愛する者は、肉体の花の凋落とともに愛人を棄てる。利益もまた同じように転変する。ある時に役立った者も他の時には役立たず、また、ある目的に役立った者も他の目的には役立たない。それ故、もしも、快楽や利益が「愛」の根拠であったならば、その根拠の終焉と同時に、愛もまた消滅するであろう。

(17) Pascal, Pensées, Éditions du Luxembourg, par Louis Lafuma, 1952, Nr. 688 (vol. I, p. 395).

(18) Gabriel Marcel, Journal métaphysique, 1935, pp. 64–65 (9 février 1914).

(19) Ibid., pp. 226–228 (23 février 1920).

(20) EN, VIII, 3, 1156 b 7–8.

(21) Ibid., 1156 b 10–11.

(22) Fr. Protrepticus 6 (Ross, Aristotelis Fragmenta Selecta, p. 35, 11–16); EE, II, 1, 1218 b 38–1219 a 13; EN, I, 7, 1097 b 24–33; Politica, I, 2, 1253 a 23; De Caelo, II, 3, 286 a 8–9; De Generatione Animal., I, 2, 716 a 23–24.

(23) Politica, VII, 3, 1325 b 9–10.

(24) EE, II, 10, 1227 a 30–31.

(25) 第五章「人間性」第二節「本質」一八三―一八四頁を参照。読者は、ここで、ハイデガーが『存在と時間』で、人間の本質にあらゆる事物性(Vorhandensein)を拒否したくだりを想起せられても、よいであろう。

„Das Wesen des Daseins liegt in seiner Existenz. Die an diesem Seienden herausstellbaren Charaktere sind daher nicht vorhandene Eigenschaften eines so und so aussehenden vorhandenen Seienden, sondern je ihm mögliche Weisen zu sein und nur das. Alles Sosein dieses Seienden ist primär Sein. Daher drückt der Titel »Dasein«, mit dem wir dieses Seiende bezeichnen, nicht sein Was aus, wie Tisch, Haus, Baum, sondern das Sein.“ (Sein und Zeit, 1953, S. 42)

(26) EN, IX, 8, 1169 a 2. ὅτι μὲν οὖν τοῦθ' (i. e. νοῦς) ἕκαστός ἐστιν ἢ μάλιστα, οὐκ ἄδηλον. EN, X, 7, 1178 a 1–3. εἰ γὰρ καὶ τῷ ὄγκῳ μικρόν ἐστι, δυνάμει καὶ τιμιότητι πολὺ μᾶλλον πάντων ὑπερέχει. δόξειε δ' ἂν καὶ εἶναι ἕκαστος τοῦτο (i. e. νοῦς) εἴπερ τὸ κύριον καὶ ἄμεινον. etc.

(27) サルトルが人間を「無」(néant)と規定している点を想起せられたい。ものではない主体、自由は、ものの言葉では無としかいいようがないのである。

(28) De Anima, I, 3, 407 a 9–10.

(29) De Anima, III, 4, 429 a 24–25.
(30) De Anima, III, 5, 430 a 17–18.
(31) EN, VI, 2, 1139 a 31–b 5.
(32) EN, VII, 6, 1150 a 1–5.
(33) EN, X, 7, 1177 b 30; 1177 a 15, 21; X, 8, 1178 a 22; 1179 a 22–23.
(34) De Anima, III, 5, 430 a 22–23; II, 2, 413 b 25–27.
(35) De Anima, II, 1, 412 b 4–9; cf. ibid., I, 1, 403 a 5–10.
(36) De Anima, II, 2, 414 a 19–20.
(37) 能動理性の問題は第十章「観想」で論ずる。
(38) EN, II, 1, 1103 b 6–8, 21–22; II, 4, 1105 b 2–18.
(39) EN, V, 1, 1129 a 6–19; Categoriae, 8, 8 b 27–28; De Memoria, 452 a 27–28.
(40) EN, VIII, 3, 1156 b 11–12.
(41) EN, IX, 4, 1166 b 19, 1166 b 7–8, etc.
(42) Ibid., 1166 b 13–14, 25–26.
(43) EN, IX, 8, 1168 a 31–32.
(44) エピエイケイア(ἐπιείκεια)もしくは、ホ・エピエイケース(ὁ ἐπιεικής)は、アリストテレスの倫理学においてもっとも中核的な概念の一つであると思うが、これまでの古代ギリシア哲学の研究者においては、この点に関する認識が必ずしも充分であったようには思われない。その不充分さは、この概念にあてられた無造作な訳語のうちに現われている。つまり、これまでは、近代ヨーロッパ語の訳語をそのまま重訳して、この語を「公正」と訳すのが、大体の常識になっているのであるが、「公正」という訳語では、アリストテレス哲学において「エピエイケイア」のもつ含蓄を十全に伝えることができないのではなかろうか。筆者がここで想起するのは、孔子もしくは孟子の語った仁という思想である。金谷治氏の説明によれば「孔子の唱えた仁は、愛情を主とした自然な情感にもとづく徳で、「近きより遠きに及ぼす」つまり肉親に対する真情を次第に社会に及ぼしてゆくのを、原則としていた」とされる(金谷治著『孟子』上、中国古典選8、朝日新聞社、二一一頁)。この説明は、本章の第六節「愛の存在論的構造」において、筆者の解明したフィリアーの構造の説明の主旨とほとんど一致している。仁という言葉はもともと「人が二人いる」という構造を表わす語だそうで、肉親間の情愛から発して複数の人間の間に生まれる親愛の情が人間の自然的本性の発露であり（告子篇一五一）、そこで人はわが宅にいるように安らうのであり（離婁篇七一）、この親愛の情を近きより次第に遠きに及ぼしてゆくのが仁者と呼ばれる人であり（尽心篇二二三）、しかも、この仁の内容は「罪無き者を殺さざること、他人の有ちものを貪らざること」とも説明されている（尽心篇二〇九）。いま、フィリアーないしはエピエイケイアに関するアリストテレスの思想を——両者はアリストテレスにおいてはほとんど同一である（EN, IV, 6, 1126 b 11–22）——孔孟のこの思想と比較するとき、少なくともこの点に関するかぎりでは両者の類似に驚かざるをえないであろう。従って、エピエイケイアの訳語としては本来ならば「仁」がもっとも適切である。しかし、現在では、仁という言葉には封建的儒教道徳の臭いがしみつきすぎているので、最早この語を訳語として用いることはできない。あえて現代語にすれば「慈しみ」であろうか。なお、この注に関しては東北大学文学部の同僚中嶋隆蔵氏の御教示を得た。

「エピエイケイア」がアリストテレスにおいてどういう概念であったかについては、第七節で詳しく論ずる。

(45) EN, IX, 8, 1168 a 33–35.
(46) Ibid., 1168 b 1–3; VIII, 3, 1156 b 9–10.
(47) EN, IX, 8, 1168 b 2–3.
(48) Ibid., 1168 b 3–4.
(49) Ibid., 1168 b 7–8.
(50) 『マタイによる福音書』第二二章三九節。
(51) EN, IX, 8, 1168 b 15–17.
(52) Ibid., 1168 b 19–21.
(53) 欲望に、その本質からいって、攻撃的であり、獲得的であり、自己閉鎖的である。欲望とは、サルトルが分析しているように、他者や世界を自己の所有物と化し、支配という形で自己に同化しようとする「我有化」の営みであるが、まさにこのことによって、他者も世界も自己に閉されてしまうのである。欲望の塊となった人間は、もっとも孤独な人間である。
(54) EN, IX, 8, 1168 b 25–28.

(55) Ibid., 1168 b 28–31; X, 7, 1177 b 34; 1178 a 2–3; 1178 a 7; IX, 8, 1168 b 34–35; 1169 a 2.
(56) EN, IX, 8, 1168 b 31–32.
(57) Ibid., 1168 b 33; 1169 a 11–12.
(58) EN, IX, 4, 1166 a 1–2.
(59) Ibid., 1166 a 2–8.
(60) Ibid., 1166 a 14–17.
(61) Ibid., 1166 a 17–19.
(62) Ibid., 1166 a 23–24.
(63) Ibid., 1166 a 13–14.
(64) Ibid., 1166 a 27.
(65) Ibid., 1166 a 30–31.
(66) EN, IX, 9, 1170 b 5–7. ὡς δὲ πρὸς ἑαυτὸν ἔχει ὁ σπουδαῖος, καὶ πρὸς τὸν φίλον (ἕτερος γὰρ αὐτὸς ὁ φίλος ἐστίν). EN, IX, 12, 1171 b 33–34. καὶ ὡς πρὸς ἑαυτὸν ἔχει, οὕτω καὶ πρὸς τὸν φίλον. EN, IX, 4, 1166 a 31–32. ἔστι γὰρ ὁ φίλος ἄλλος αὐτός.
(67) Ibid., 1166 b 8–11.
(68) Ibid., 1166 b 13.
(69) Ibid., 1166 b 14–16.
(70) Ibid., 1166 b 7–8.
(71) Ibid., 1166 b 17–19.
(72) EN, VIII, 12.
(73) EN, VIII, 12, 1161 b 18–19.
(74) Ibid., 1161 b 27–29.
(75) Ibid., 1161 b 30–33.
(76) Cf. G. Marcel, Le mystère de l'être, tome I, dixième leçon, La présence comme mystère. マルセル哲学においては、「ルコ

ネートル」(reconnaître)という言葉は、非常に重要な役割を果す概念であって、単に、机やリンゴのようなものを「認識する」という意味ではない。こういう意味での「認識」に当る言葉は、たとえば、constater, appréhender, saisir のような語であって、これらの語においては、人間が実在をすべて物(objet, chose)と化し、これを捉えるというニュアンスがこめられているのである。これに対し、ルコネートルがかかわるのは、ものではない実在、すなわち存在(être)、すなわち神秘(mystère)である。

マルセルによれば、現代はニヒリズムの時代だが、ここでは、少なくとも生物学的な意味以上には、親子関係に実在性《レアリテ》を認めないというのが、平均的な雰囲気になりつつある。親子関係のこの実質的な意味での否定は、実は、人生を贈与《ドン》として承認する(reconnaître)態度の拒否と関連している。人生を不条理な悲劇とみ、一種の断罪《コンダナシオン》とみる思想のもとには、「生まれたくて生まれたのではない」という感覚があり、それは、サルトルの世界において明らかなように、父たることの否認(désaveu de paternité)もしくは子であることの否認(fils de personne)という姿をとっている。もちろん、生物としての父や子は存在する。しかし、子供を愛さぬ父は実は父ではなく、父を愛さぬ子は実は子ではない。だから父子関係とは、本来、生物的段階においてではなく、人間的段階において成立することがらであり、換言すれば、「ルコネッサンス」により実現されることがらに他ならない。そして、この家族的連帯性の実在性(la réalité de l'appartenance familiale)は、ものとしては認識されることもできず、存在することもできないのであり、そこに、これがミステールと呼ばれる所以も存するわけである(ibid., p. 213–216)。

しかし、マルセルからの援用はそれとして、本文のように論じてくると、「存在と価値の交錯する領域」という時、存在とはものを指し、価値とは精神を指す、と思われる向きもあろうか、とおそれる。たしかに、そういう意味も多少はこめているのだが、それ以上に、筆者の本意は次の点にある。精神であるということは、一つの価値である。つまり、精神の次元においては、存在と価値が融合している。別言すれば、われわれの行為(プラークシス)によって存在(人間性)が開示(実現)されるのであり、そのような場面が愛に他ならぬ。そうすると、いわゆる事実としての存在、ものとしての存在はどうなるのか(存在という語が、精神とものの両域にまたがって両義的に使われているのではないか)との問いが生ずるであろうが、実は、人間においては、この両者(精神ともの)は二元的に分離できず、「肉化した精神」という一者として働いているというのが真相であり、ここに、分析および叙述の困難さ、ならびに不可避的な両義性が由来するのである。

(77) この点に関し、マルセルは、たとえば次のようなことをいっている。ここに、ある養父母がいて、肉体のつながりがないにもかかわらず、親身も及ばぬ愛情をその養子に注いだとすれば(つまり、実子同様におむつの洗濯や深夜の病気看護から始まり、あらゆる卑賤な労働を避けず、その心遣いを養子に捧げたとするならば)、われわれは、そこに、親子の愛の精神性を強烈に感得しうるであろう。だが、この養父母は、その養子を精神的に深く愛しゆくほど、その子が肉体的にかれらとつながっていないのを究極的には惜しまざるをえないのだ、と。'C'est ainsi que les parents qui ont adopté un enfant et qui l'aiment de tout leur cœur ne peuvent pas ne pas regretter que cet enfant ne soit pas organiquement le leur.' (ibid., pp. 217–218)

以上、注(76)及び本注によってやや詳しく紹介した親子関係の分析により、マルセルは、精神を肉体から独立離存したものと考える見方が虚偽であり、精神は肉化という条件においてのみ精神として成立する、と主張しているのである。そして、この考え方は、アリストテレスの人間観と全く一致している、といってよい。'On peut dire d'une manière générale que la difficulté à laquelle nous avons eu continuellement à faire face réside justement dans le fait que le spirituel semble prétendre à la dignité d'existence séparée, alors que plus profondément il ne se constitue comme spirituel qu'à condition de s'incarner.' (ibid., pp. 218–219) 'De dissocier radicalement le spirituel et le biologique? Ce serait, je crois, une grave imprudence. Il faut au contraire maintenir que dans des conditions normales cette dissociation ne doit pas ou ne devrait pas pouvoir être pratiquée ... le mot normal ... se réfère plutôt à une certaine plénitude vécue ...' (ibid., pp. 217–218)

(78) 『コリント人への第一の手紙』第一二章一二～一三節。

(79) 同右二五～二六節。

(80) 『ルカによる福音書』第一〇章二九～三七節。

(81) EN, VIII, 11.

(82) Ibid., 1161 b 5–8.

(83) EN, IX, 9, 1169 b 16–19.

(84) EN, IX, 9, 1170 a 19; ibid., 1170 a 25–28.

(85) Ibid., 1170 b 13–14.

(86) Ibid., 1170 a 14–15.

(87) Ibid., 1170 a 18–19.

(88) EE, VII, 12, 1244 b 28–29; EN, IX, 9, 1170 a 33.

(89) Ibid., 1170 a 32–33.

(90) Ibid., 1170 b 4–7.

(91) EE, VII, 12, 1244 b 25–26.

(92) EN, IX, 9, 1170 b 10–12.

(93) EN, IX, 12, 1171 b 32–1172 a 1.

(94) G. Marcel, Le mystère de l'être, tome II, première leçon, Qu'est-ce que l'être?

(95) Ibid., p. 11.

(96) Ibid., p. 13. 'l'inter-subjectivité au sens précis que j'ai donné à ce mot, disons, si vous voulez, le fait d'être ouvert à autrui, de l'accueillir, et de devenir du même coup plus accessible à soi-même.'

(97) Marcel, op. cit., tome I, p. 223. 'Ce caractère non objectif de la présence. Mais bien entendu non objectif ne signifie pas du tout purement subjectif au sens privatif de ce mot. C'est en réalité d'intersubjectivité qu'il faudrait parler.'

(98) Marcel, op. cit., tome I, p. 221. 'Par un singulier phénomène, l'autre s'interpose ainsi entre moi et ma propre réalité, il me rend en quelque façon étranger à moi-même, je ne suis pas moi-même quand je suis avec lui.'

(99) Ibid., p. 223. 'Quand on dit que la présence ne doit pas être pensée comme objet on veut dire avant tout que l'acte par lequel nous nous orientons vers elle est essentiellement différent de celui par lequel nous appréhendons un objet; c'est en vérité la possibilité même d'une appréhension, d'une saisie qui est ici exclue en principe. ... On y verra beaucoup plus clair si l'on reconnaît que la présence ne peut être qu'accueillie (ou refusée) mais il est évident qu'entre accueillir et saisir la différence d'attitude est fondamentale.'

(100) Ibid., p. 224. 'Pour autant que la présence est au delà de la préhension on peut dire qu'elle est aussi en quelque manière hors des prises du comprendre. La présence ne peut être au fond qu'invoquée ou évoquée.'

(101) Marcel, op. cit., tome II, p. 15.

(102) Ibid., p. 17, 19.

(103) Ibid., p. 18.

(104) Ibid., p. 20. 'Or, si j'ai tant insisté sur l'intersubjectivité, c'est justement pour mettre l'accent sur la présence d'un tréfonds senti, d'une communauté profondément enracinée dans l'ontologique sans laquelle les liens humains réels seraient inintelligibles ou plus exactement devraient être regardés comme exclusivement mythiques.'

(105) この飛躍は、最終節において論ぜられる。

(106) パスカルはこういっている(Pascal, Pensées, Édition Brunschvicg, 483)。「部分(membre)であるということは、全体(corps)の精神によってのみ、また全体のためにのみ、生き、存在し、運動することである。切断された部分は、もはや自己が属する全体を見ないから、滅びゆく存在、死にゆく存在にすぎぬ。しかるに、かれは自己が全体であると思い込む(il croit être un tout)。そして、自己が依存している全体を決して見ないので、自己自身にだけ依存していると思い込み、自己を中心となし、自己自身が全体になろうと欲する(il veut se faire centre et corps lui-même)。しかし、自己の中に生の根拠を全くもたないので、かれは迷うだけであり、自己の存在の不確実性の中に自失する。……結局、かれが自己を知るに至れば、かれは自宅に帰ったのであり(自己自身にもどったのであり revenu chez soi)、つまり、もはや全体のためにしか自己を愛さないのである。……部分は、全体の中において、全体によって、そして全体のためにしか、存在しないのだから、全体を愛することにより、部分は真に自己自身を愛するのである。」パスカルにとり、全体とはイエスとその弟子たちの形成する神秘体であり(ibid., 481)、切断された部分とは神から離れた憎むべき自我であるが(ibid., 476)、このキリスト教的な肉づけを一応別にしても、孤独な自我の絶対化(究極根拠化)を否定するパスカルの主張は、われわれの考察してきた人間観と符合するであろう。

(107) Cf. EN, IX, 9.

(108) 以上、われわれは、愛の存在論的構造に関する考察を、血のつながりといういわば生物的次元における同一性から始め、ロゴスにおける交わりという精神的次元における同一性をもって締め括ったわけであるが、生物的同一化と精神的同一化とをもっとも具体的に融合している人間のあり方として、アリストテレスは夫婦の愛を考えていたらしい(cf. EN, VIII, 12,

1162 a 16–29)。すなわち、先ず、男女の愛は本性にもとづいている(κατὰ φύσιν)といえる。男と女が一対となる(συνδυαστικός)のは、いわば生物として必然である。そして、夫婦は、この生物的必然の産物としての子供という鎹により、今度は、抹消不可能な連帯性をもつに至るのである。つまり、父と母は、それぞれが子供と血のつながりをもつことにより、この第三項を介して、(かりに離別しようとも)、生物的次元において不可避的に結合しているのであり、同一化を実現しているのである。「子が夫婦の鎹である」という言は、深い哲学的意味を蔵しており、それは、人と人とを結びつけるものが常になんらかの意味で「共通なもの」である(συνέχει δὲ τὸ κοινόν)という事態に他ならない。しかし、これだけの同一性で、男女が真の夫婦になりうるかといえば、そういうことはいえない。つまり、肉の一致ばかりではなく、むしろそれ以上に、心の一致がなければならない。だが、心の一致を、「夫婦はつねに同じことを考えるべきだ」などというふうに、硬直して理解してはならない。アリストテレスによれば、男女にはそれぞれに固有の働きがあり(τὰ ἔργα ἕτερα ἀνδρὸς καὶ γυναικός)、その固有のものを相互に相手を補うようにさし出すことにより、共通性を実現してゆくのである(ἐπαρκοῦσιν οὖν ἀλλήλοις, εἰς τὸ κοινὸν τιθέντες τὰ ἴδια)。それは、各人の徳を相互に喜び合うことにより実現されるのだ、ともいわれる。こういう意味で、真の夫婦は徳により(δι' ἀρετήν)はじめて実現されるのであり、これは、結局、相手をペルソナとして受け容れるということに尽きるであろう。以上のように、夫婦とは、肉化した精神の一致が典型的に実現されうる場であり、血のつながりにおける同一性と一般的な人間同士の間の同一性を架橋する「愛の存在論的構造における媒介項である」といえる。なお、愛における精神のつながりと肉のつながりとの関係については、レヴィナスも類似の思想を展開している。Cf. E. Levinas. Ethique et infini, Radio-France, 1982, § 5, L'amour et la filiation, pp. 63–65.

(109) EN, VIII, 1, 1155 a 22–28.

(110) EN, VIII, 9, 1159 b 25–27. ここで、正義と訳した語は τὸ δίκαιον である。字義通りには「正しいことがら」と訳すべきであろうが、文章が乱れるので正義としておく。

(111) EN, VIII, 9, 1160 a 7–8.

(112) この思想は、単にアリストテレスの主張(注(109))であるばかりではなく、人類に普遍的な思想でもある、といえる。この点については、律法学士の戒律主義を激しく非難し、「律法の完成——すなわち、律法の廃棄——は愛である」と説いたイエスの教えを想起すれば、充分である。あるいはパウロの次の言葉を念頭に浮べてもよい。「愛《アガペー》をもたなければ、私は無《メーデン》である。たとえ私の全財産を施し、焼かれるために私の肉体をわたすとしても、愛をもたなければ、なんの意味もない」(『コリント人への第一の手紙』第一三章三節)。

(113) EN, V, 10, 1137 b 9.

(114) ここで第五巻の結論といった部分は、第五巻の第十章のことである。古来ほとんどすべての注釈家は、この章が正しい位置にないという点では一致しており、かなり多くの人が第五巻の結章とすべきだ、と主張している。筆者もこの見方をとる者で、その理由は、以下本文の論議から自ずと明らかになると思うが、要するに、本章が法的正義の限界を論じ、法的正義を超える(その意味では語りえざる)人間のあり方の究極根拠を模索している、という点にある。Cf. Gauthier, Commentaire, II, 1, p. 431. 'Presque tous les commentateurs s'accordent à reconnaître que la section consacrée à l'équité (EN, V, 10, 1137 a 31–1138 a 3) doit être déplacée; un bon nombre sont également d'avis qu'elle doit être rejetée à la fin du livre V. ...'

(115) EN, V, 1, 1129 a 34–b 1.

(116) EN, V, 10, 1137 b 13–16.

(117) EN, II, 2, 1104 a 7–9.

(118) EN, V, 10, 1137 b 29; I, 3, 1094 b 14–22.

(119) 第二章「フロネーシス」を参照。

(120) EN, V, 10, 1137 b 17–19.

(121) Ibid., 1138 a 1.

(122) Ibid., 1137 b 29–32.

(123) Ibid., 1137 b 8–9; 1137 b 24, 39.

(124) Ibid., 1137 b 11–13; 1137 b 22, 26.

(125) この無理は、もっと根本的にいえば、正義という事象の広袤に由来する。アリストテレスの正義論を大まかに総括しても、正義には、自然法(不文の法)による正義と人為法による正義があり、社会的(平等な市民間)の正義と非社会的(たとえば、親子間、夫婦間)の正義があり、さらには、徳における完全さを表わす一般的正義と、生産物の配分や取得に関する特殊的正義、つまり、配分的正義、匡正的正義、交換的正義などがあるが、これらを体系化することは相当に難しい問題であるといえる。しかし、すでに第七章「正義」でみたように、アリストテレスは正義のこの諸局面を一つの根本的洞察によってまとめ上げようとしているのであり、それは正しい方向を指示している、といってよいであろう。

(126)「もし、誰かが、知りながらかつ自由に、自分自身よりも他者に、正当な取り分以上のものを与えるならば、このような人は自分で自分に不正を加えているのである。だが、まさにこのことを、柔和な人々《メトリオイ》は為すように思われる。なぜなら、エピエイケースは、自己を低め、自己の権利を主張しない人なのであるから」(EN, V, 9, 1136 b 19–21)。ここで、「自己を低め、自己の権利を主張しない人」と訳したギリシア語は ἐλαττωτικός であるが、この語は元来「縮小する、弱化する」という意味の動詞から来た形容詞である。何を縮小し弱化するのか、といえば、それは、自己と他者との間の障壁となり、自己を孤独化する欲望としての自我である。

(127)「エピエイケースにおいては、心の同一(ὁμόνοια 愛)が成立する。……これに対し、劣悪な者は僅かな程度しか心を同じくできない。なぜなら、かれらは「より多く取ること」(πλεονεξία)を望むからである」(EN, IX, 6, 1167 b 4–11)。プレオネクシアーとは、欲望としての自我の拡大である。

(128)「エピエイケイアが正義であり、しかも或る種の正義よりもより善いものであることは、明白である。ここから、エピエイケースがどのような人であるかということもまた、明らかになる。すなわち、このようなこと(法的正義を超える正義)を望みかつ実践する人、つまり、法的に自分が有利な立場にあっても、杓子定規に法を振りまわして悪に陥ることなく、むしろ自己を低め、自己の権利を主張しない人(ἐλαττωτικός)、このような人がエピエイケースである」(EN, V, 10, 1137 b 33–1138 a 2; cf. Topica, VI, 3, 141 a 15–18)。

(129) EN, V, 9, 1136 b 15–20.

(130) G. Marcel, Journal métaphysique, p. 218.

(131) 欲望が自己を滅すものであることについては、比喩的にではあるが、『ヨハネによる福音書』第一二章二四―二五節の次の一句を念頭に浮べられたい。「一粒の麦が地に落ちて死ななければ、それはただ一粒のままである。しかし、もし死んだなら、豊かに実を結ぶ。自分の生命を愛する者はそれを失うであろう。」

(132) Topica, VI, 3, 141 a 16–18.

(133) 「たとえそのために死なねばならぬとしても、友や祖国のために多大の尽力を為すことは、スプーダイオス（エピエイケース）にとって自明の真理であり、また事実かれらはそのように生きる人である。すなわち、エピエイケースは金銭、名誉、一般的にいって人々が奪い争う財宝を放棄し、自らには美しさのみを残す人なのである。」(EN, IX, 8, 1169 a 18–22)

(134) EN, VI, 11, 1143 a 21–23.

(135) 「人間的なこと〔人間の弱さ〕を赦す（心をともにする συγγνώσκω）ことは、エピエイケイアである。また、法に注目するのではなく立法者に注目すること、いい換えれば、文字に注目するのではなく立法者の精神に注目することは、エピエイケイアである。さらに、隣人の行為（πρᾶξις）に注目するのではなく、かれの意図（προαίρεσις）に注目すること、また、〔結果として出てきたかれのこの行為という〕部分《メロス》に注目するのではなく、〔そのような行為を生まざるを得ないかれの生の状況という〕全体《ホロン》に注目すること、また、かれが今一時的にどのような人間であるかということに注目するのではなく、常に或いは多くの場合にどのような人間であったかということに注目すること、以上のような心のあり方がエピエイケイアである。また、隣人から受けたものに関しては、悪よりも善をより一層覚え、善に関しては、自分が為したものよりも自分が受けたものをより一層覚え、不正を加えられても忍耐することが、エピエイケイアである。」(Rhetorica, I, 13, 1374 b 10–18)

(136) G. Marcel, Journal métaphysique, p. 217. 'l'amour, c'est la vie qui se décentre, qui change de centre.'

(137) EN, IV, 6, 1126 b 12–21. 「相手を喜ばせるために」と訳したギリシア語は πρὸς ἡδονήν であるが、pour vous faire plaisir (Gauthier), um angenehm zu wirken (Dirlmeier) などと訳されているから、このように訳してよいと思う。なお、ἄρεσκοι の訳は complaisants (Gauthier), liebedienerisch (Dirlmeier) である。

(138) EN, X, 7, 1178 a 1–3.

(139) EN, IX, 8, 1169 a 2–3; cf. 1169 a 17–18.

(140) Cf. EN, IX, 6, 1167 b 4–6.

(141) 「友情を欲しがるのは大きなまちがいだ。友情というものは、芸術や人生が与えるよろこびと同じように、たまものとして与えられるよろこびでなければならない。……友情は恩寵の次元のものだ……。友情は余分に与えられるものの一つである。……友情は求められるものではないし、夢みられるものでも、欲求されるものでもない。……友情は、美と同じく、一つの奇蹟である。」（シモーヌ・ヴェーユ著作集Ⅲ、渡辺義愛訳、「重力と恩寵」、春秋社、一三九頁）

(142)　『ルカによる福音書』第六章三四～三五節。「また返してもらうつもりで貸したからといって、どれほどの手柄になろうか。罪人でも同じだけのものを返してもらおうとして、仲間に貸すのである。しかし、あなたたちは敵を愛し(ἀγαπᾶτε τοὺς ἐχθρούς)、敵によくしてやり、そして、何も期待しないで貸してあげなさい。」

(143)　ニュグレンは有名な"Eros und Agape"(Erstes Kapitel, Das Agapemotiv, S. 35-49)の中で、おおよそ次のようなことをいっている。「汝の神を愛せ」と「汝の隣人を愛せ」の二つの掟は、イエスによって始めて語られたものではなく、ユダヤ教に昔からあった掟である。だから、もし愛の教えのうちにキリスト教の本質があるとすれば、それは掟自体のうちにあるのではなく、その掟が全く新しい意味をもった点にある。その新しい意味は、単に、ユダヤ教の愛が排他的選民意識のうちに閉じられていたのに対し、キリスト教の愛がこのような限界を破り全人類へと開かれた普遍性をもつ、という点にあるのではない。――「もうユダヤ人もギリシア人もなく、奴隷も自由人もなく、男も女もない。みなキリスト・イエスにおいて一であるからである」(『ガラチア人への手紙』第三章二八節)――こういう普遍主義のうちに、キリスト教の愛の核心があるわけではない。なぜなら、ストア学派も、人間性と世界市民という理性的概念によって、こういう普遍主義を人類にもたらした、といえるからである。つまり、キリスト教の愛に特有な新しい意味とは、「汝の敵を愛せ」という一句のうちに結晶しているアガペーの概念――「あなたたちの敵を愛し、あなたたちを憎む人を恵み、あなたたちを迫害する人の為に祈りなさい……天の父は善人にも悪人にも日を照らし、義人にも不義の人にも雨を降らせられるのだから」(『マタイによる福音書』第五章四四節)――この善悪(法的正義)という次元の超越のうちにあるのである。

だが、法的正義の超越とは何のことか。「罪人や税吏といっしょにイエスが食事をされるのを見たパリサイ派の律法学士たちは、イエスの弟子たちにいった。なぜ、あの人は、税吏や罪人といっしょに食事をなさるのか、と。それをきいていたイエスは「医者が要るのは健康な人ではなく病人である。義人ではなく、罪人を招くために私は来た」とおおせられた」(『マルコによる福音書』第二章一六～一七節)。イエスは、この言葉により、ユダヤ教の価値観を転覆したのである。ユダヤ教においてに、義なる者と不義なる者との間には絶対的な断絶があった。この断絶の撤去とは、法への畏敬(Gesetzesfrömmigkeit)の無視を意味する。パリサイ人は法(Recht)を至上とする者であり、その正義はvergeltende Gerechtigkeitであり、その社会はRechtsgemeinschaftである。これに対し、イエスのもたらした新しい価値は「贈る愛」(schenkende Liebe)であり、その国はLiebesgemeinschaftなのである。

しからば、アガペーの特質は何か。ニュグレンは、それを次の四点にまとめている。

(i) アガペーは自発的であり動機をもたない。これは、法の観点からみれば、全く不可解、説明不可能な事態である。もし、神の愛が本来義人にのみ妥当するものならば、その愛は自発的とはいえない。しかし、その愛が罪人を探すこと、そして罪人が愛に値せず、愛を要求できないことにより、アガペーの自発性、根拠なき深淵(Grundlosigkeit)たることが明らかになるのである。

(ii) アガペーは価値評価と無関係である(wertindifferent)。神の愛が罪人を求めるということは、あらゆる価値評価(Bewertung)が、そこでは無効とされていることである。

(iii) アガペーは創造的(schöpferisch)である。神の愛は、愛に値する者を愛するのではなく、反対に、いかなる価値ももたぬ者が、神の愛を浴びることにより、価値を得るのである。Agape konstatiert nicht Werte, sondern schafft Werte(S. 47).

(iv) アガペーは、共同体(心の連帯性)を創り出す根源である。

以上のような主張を、ニュグレンは、四福音書とパウロの書簡を主な材料にして論証するが、われわれが哲学的論理の範囲内で考究して来た愛の自発性は、かれの主張のうちに明晰に浮彫りにされている、といえよう。„Agape ist spontan und unmotiviert. Dies ist der auffallendste Zug der Liebe Gottes, so, wie sie uns bei Jesus entgegentritt. Vergeblich sucht man nach einem Grund für die Liebe Gottes … Gottes Liebe ist grundlos.“(A. Nygren, Eros und Agape, S. 45)

„Niemals ist das absolut Spontane und Unmotivierte in Gottes Agape so zutage getreten wie bei Christi Tod. Um des Gutes willen dürfte vielleicht jemand sterben; das wäre doch eine Motivierung. Aber für wen gab Christus sein Leben? Nicht für die Gerechten, sondern für Sünder. Dreimal unterstreicht Paulus dies und mit vier verschiedenen Ausdrücken; Christus ist gestorben für Schwache, Gottlose, Sünder, Feinde.“(ibid., S. 77)

(144) EN, VIII, 8, 1159 a 26–28; 1159 a 33–35; EN, IX, 9, 1169 b 10–12.

(145) EE, VII, 2, 1237 b 12–13.

なお、筆者は、『ニコマコス倫理学』と『エウデモス倫理学』とをテキストとして特に差別せずに使用してきたが、その理由を一言述べておかねばならないだろう。イェーガーの発展学説以来、『プロトレプティコス』——『エウデモス』——『ニコマコス』の順に、アリストテレスの倫理思想が発展し、『エウデモス』は半ばプラトニストとしての痕跡を残しながら本来のアリストテレスへと脱皮しつつある過渡的思想を示している、という解釈が常識となっている。この解釈は、瑣末な点(用語法や表現の成熟度)では正しいが、根本的な点では誇張である、と思われる。ということは、『ニコマコス』も『エウデモス』もほとんど同一の思想を表白しているということである。イェーガーの発展学説の行き過ぎ、及びその図式を支えている論拠(たとえば、イェーガーのフロネーシス論)の誤謬については、本書の序章およびゴーティエの注釈の序論を参照されたい。Cf. R. A. Gauthier, L'éthique à Nicomaque, I, 1, Introduction, pp. 50–54. 'il est clair que l'exegèse de l'Éthique à Eudème prônée par Jaeger se trouve sapée par la base et qu'elle ne peut plus être maintenue. Au reste, elle n'avait pas le seul tort de reposer sur une hypothèse qui s'est révélée fausse: elle reposait encore sur une grosse faute de méthode.' (p. 51)

(146) EE, VII, 2, 1237 b 27–29.

(147) G. Marcel, Journal métaphysique, p. 58.

(148) Pascal, Pensées, Éd. Brunschvicg, 793.

第九章　快　　楽

一　二つの快楽論

周知のように『ニコマコス倫理学』の中には快楽（ἡδονή）に関して二つの論考がある。すなわち、第七巻第十一章〜第十四章（A）と第十巻第一章〜第五章（B）がこれである。今、これらを便宜のためA、Bと記号化するが、これら両者がどのような関係にあるのかという問題は古来さまざまに論議されてきた。最近ではオーエンがもっとも激しく両者は内容的に連関がないと主張した。かれによれば「両者は両立しないというにはあまりにもかけ離れている」(1)。オーエンのいうことは、要するに、Aではアリストテレスは「真の快楽は何であるか」という問いに答えようとしているのに対し、Bでは「快楽を表わす動詞の論理的な性格を検討することにより、快楽の性質とは何であるか」という問いに答えようとしている、ということになる(2)。なるほど、両論考の主題をオーエンのいうように性格づけてもよいであろう。また、両論考の提出する解答の間に微妙なずれがあることも確かである。しかし、だからといって、両者の間に連関がないということにはならない(3)。

先ず、両者に共通ないくつかの論点を取り出すことができる。その第一は、快楽はそれ自体としては非難さるべきものではない、という点である。或いは、アンナスのいうように、快楽はよいものだ、という論点だといってもよい。

この論点は、アリストテレスが、快楽を本質的に悪として断罪する禁欲主義者たちに対して、首尾一貫して快楽肯定の立場に立っていたことを示している。第二は、快楽を運動(κίνησις)もしくは生成(γένεσις)として説明する思想を、両者ともに非常な力をこめて批判していることである。この批判はもちろん批判自体として充分な妥当性をもつものであるが、この批判の背後にアリスティッポス(快楽＝運動論)とスペウシッポス(快楽＝生成論)がいることを認識するとき、アリストテレスが何故この批判に終始かかずらったかを了解できるのである。すなわち、アリストテレスはヘドニズムと禁欲主義の両極端を否定し、その中道を行こうとしているのである。共通の論点の第三は、アリストテレスが最高度の快楽として観想活動(θεωρία)に伴う快楽を説いている点である。すなわち、観想活動が最高善であり究極の幸福であるという思想は、成立時期の異なる両論考において既にひとしく確立していたアリストテレス思想の定項であった、ということができよう。

このように見てくると、AとBはほとんど同一の思想を説いていると見た方がより事態に当っている。そして、オーエンやアンスコム(4)のいう両者の相違は、両論考における分析の視点ならびに精密度の相違にすぎない、と考えられるのである。そこで、次に、両論考の性格を規定し、以下、分析のテキスト資料として両者をどのように扱うかという論述の基本方針を定めることにしよう。

先ず、Aであるが、これは第七巻の第十一章〜第十四章を構成している。第七巻の第一章〜第十章までは無抑制論であるから、第七巻はいわば一見関係のない二種の論考から成る合成物の観を呈している。そこで、例えばゴーティエは、無抑制論に快楽論が続くのは全くの偶然であって、アリストテレスは両者を結びつけようという意図をいささかも示してはいない、といっている(5)。しかし、『ニコマコス倫理学』と『エウデモス倫理学』に共通の三巻(EN, V, VI,

VII＝EE, IV, V, VI）が本来『エウデモス倫理学』に属していたと解する説は、ケニーの研究以来現在ではほぼ定着しつつあるように見受けられるが、その『エウデモス倫理学』の第三巻に次のような文章があるのである。「だが、快楽の類に関しては後続の抑制と無抑制の論考の中でより厳密に規定せねばならないだろう。」つまり、第七巻の無抑制論と快楽論が本来『エウデモス倫理学』に属していたとすれば、右の言葉がこの第七巻を指していることには疑問の余地がない。たとえ、ゴーティエのいうように、この言葉がとりわけ第七巻の第六章を指すとしても、アリストテレス自身が無抑制論と快楽論とを一連の論考としてまとめて考えていたことは明白である、といえる。(6)(7)

では、両者の間にはどのようなつながりが考えられるであろうか。第七巻の前半部で考究された無抑制論においては、無抑制の行為は実践的三段論法における推論の挫折という形で表わされた知的起動力の不能として解明された。だが、ロゴスの力のこの無能力化の背後には欲望の力があった。つまり、無抑制者とは肉体的な快楽に負けて理性の命令を逸脱してしまう者のことであった。だが、肉体的な快楽がそもそも悪であるとか、ましてや、快楽が一般に悪であるというようなことはないはずである。従って、無抑制者が快楽に負けるという時の快楽が悪しきものであるならば、どのような快楽が悪しきものであるのかをより厳密に規定せねばならないであろう。こうして、無抑制論には当然快楽論が続くはずであり、第七巻は異質の論考の偶然的な合成ではないことが了解されるのである。Aにおける考究が主として肉体的な快楽の分析に集中しているということも従来から指摘されてきた点であるが、このことも以上の連関からみれば納得できる。なぜなら、無抑制のかかわる本来の領域は肉体的快楽の領域であり、その他の事柄に関しては比喩的な意味で無抑制が語られるのだということは、アリストテレスがくり返し強調していた点であるからである。こうして、Aの快楽論は、無抑制者の快がどのような意味で悪しき快であり、それは快楽に関するどのよ(8)(9)(10)

うな誤認から生じたかを明らかにする意図のもとに成立し、それを基礎づけるために快楽の本質の解明、さらにはその延長上に精神的な快楽の積極的主張を展開したもの、とみることができる。[11] そして、この論考は、すでにみたように、論考Bと思想の大筋において大きな隔たりはもたないものの、もと『エウデモス倫理学』に属していた以上は、当然Bよりは表現の成熟度や分析の精密度において不充分さを示しているのであり、ゴーティエのいうように、[12] アリストテレスの「快楽に関する最初の粗描」と見なされるのが妥当なのである。

では、Bはどうであろうか。この論考は第十巻の第一章〜第五章を成しているが、続く第六章〜第八章は観想(θεωρία)に関する論議である。従って、ここでも、注意深く読まないと、二種の異なった論考の合成物が第十巻を構成しているように見えるのである。しかし、ここでは前半と後半の連関を疑う研究者はいない。すなわち、アリストテレスは『ニコマコス倫理学』の終結部において人間にとっての究極の幸福が観想活動であることを主張したが、それが究極の幸福である以上は最大の快楽でもあることを証明せねばならない。そのために、かれは前半部Bにおいて快楽の本質に関する積極的主張を展開し、そこでとり出された快楽概念にもっとも完全に適合する活動として観想活動を提示し分析したのである。こうして、Bはもともと『ニコマコス倫理学』に属するからというばかりではなく、アリストテレスの究極の倫理的理想に適合する快楽観を提示しているのであり、ここに快楽に関するかれの最終的見解を読みとることにはいささかの不当さもない、といえる。こうして、われわれの論述はBを典拠とし、問題の場面に応じては適宜Aをも利用しつつ進行するが、その妥当性は根拠づけられたと考えたい。

二 快楽肯定論——先行諸思想の批判的検討(一)

快楽を肯定した最初の哲学者はデモクリトスであるが、かれはまたプラトンやアリストテレスの快楽批判をすでに先取りしてもいる。「口腹の中に快楽を求める人々は、食卓やブドー酒や性愛の享受において正しい尺度を越えるため、一瞬間しか続かない短い快楽を知るにすぎない。その後には、無数の長い苦痛が続くのである。なぜなら、欲望はかれらの中にあっていつも同じ目的に向かっているからである。かれらがその欲望の目的を達するや否や、快楽は速かに飛び去り、かれらには短い喜び以外の何も残らない。それから、すぐにまた新しく、欲望が目覚めるのである。[13]」それ故、デモクリトスは或る意味では快楽の生を断罪しているのだといえる。しかし、それは快楽そのものの名においてである。なぜなら、かれは苦痛の混じる快を斥けているからである。実際、次のような断片を読むとき、快楽がデモクリトスにとって最高善であり、人間の行為の価値を決める尺度であったことが解る。「快と不快が有益と無益との尺度である。[14]」それ故、われわれは自己の生の中に最大の快をおき最小の苦をおくべく努めなければならないが、そのためには不適切な快を斥ける勇気をもたねばならないのである。「時宜を失した快が不快を生み出す。[15]」「戦いに勝つ人ばかりではなくて、快楽に克つ人もまた勇気ある人である。実際、ある人々はポリスを支配しながら女の奴隷となっている。[16]」しからば、よき生はどのようにして得られるであろうか。「上機嫌(εὐθυμίη)は節度ある快楽(μετριότης τέρψιος)と調和のとれた生活によって人間のもとに到来する。これに対して、不足と過大はよく人を転倒させ魂の中に大きな惑乱をひき起すのである。[17]」ここに上機嫌と訳したエウテューミエーはデモクリトスの哲学においては人間の幸福の極致を指すが、この境地が過大と過小の克服によって、すなわち快に関する節度によって実現されるというのは、ほとんどアリストテレス倫理思想のトルソーであるといってよい。ちなみに、デモクリトスの用いるメトリオテースという言葉はアリストテレスの用いるメソテース(中庸)という言葉とほとんど同義であり、このことは両者がその倫理思想をともにギリシア人の伝統倫理のうちに基礎づけていたことから、よく説明できるであろう。だが、それでは、デモクリトスのいう節度ある快楽とはどのようなものであろうか。「人間にとって最善のことは、できるだけ上機嫌で、そして、できるだけ不機嫌であることなく、その人生を過ごすことである。だが、このことは、滅びゆくものに(θνητοῖσι)快楽を覚えなければ、成就するであろう。[18]」節度ある快とは、滅びゆくもの、すなわち生成消滅する肉体的なものの快に溺れないということであったのである。そして、このことは、積極的にいえば、「大いなる快は美しい業を眺める(θεᾶσθαι)ことから生ずる[19]」となる。美しい業《エルゴン》とは主として倫理的に美しいといわれる行為を指すであろうが、そればかりではなく天地の間のあらゆる美しい作品《エルゴン》をも指すであろう。そのような美しいものを眺めることの中に最大の快をおくデモクリトスの思想のうちには、ともにギリシア人の伝統に属する以上は当然のことながら、すでに観想を最高善とするアリストテレス思想の萌芽がみられる、といってよい。いずれにしても、快楽を善として最初に肯定したデモクリトスの説く快楽とは、激情と飽満と後悔と苦痛の混淆した肉体の悦楽ではなく、美しいものへの眺めによってもたらされる精神の静かな快であった。この理想は、遠く降ってエピクロスのアタラクシアー(苦痛の欠如)につらなるが、それより遥か以前に、アリストテレスの快楽論の一つの無言の前提でもあったことを認識しておかなければならない。

以上のデモクリトスに対して、同じ快楽主義者でありながら、アリスティポスは対極の位置にいた人である。「快楽はもっとも醜悪な行為から生じたものであろうとも善である。なぜなら、たとえその行為が不適切であっても、快楽はそれ自体で望ましく善なのであるから。[20]」快楽を善とする点では、アリスティポスもデモクリトスと異ならないが、右の言葉のうちには、快楽をそれを生み出す行為から切り離そうとする傾向がすでに見える。すなわち、美しい行為の生み出す快も醜悪な行為の生み出す快も、土台となる行為から切り離されれば、同一であると考えているのであり、従って、美しい快や醜い快を語ることは意味を失うのである。だから、当然、デモクリトスのいうような「美しい業を眺める快」が特別の意味をもつことはできない。このように、快をそれの土台となる様々の行為から切り離して、一つの独立のそして等質の実在と見なす思想[21]はあらゆるヘドニズムに共通の前提であるが、アリストテレスが存在論的に否定しようとした快楽概念はまさにこのような考え方であった。

アリスティポスの快楽論のもう一つの特徴は、かれがヘラクレイトス流の万物流転説によってその快楽説を基礎づけた点にある。万物は絶え間のない流動のうちにあるが、その中で「快楽とは順風にたとえられるような滑らかな運動(λεία κίνησις)であり、苦痛とは荒々しい運動のことである[22]」。万物は流転する。不動の実在は存在しない。持続する状態も存在しない。この流れの中で、軽やかに滑らかに動いてゆくこと、それが快であり、重くごつごつと動いてゆくこと、それが苦なのである。しかし、とアリストテレスは問う。もしも快楽が運動ならば、それは何ものかへのプロセスとなり、それ自身が究極目的ではなくなる。つまり、快楽を運動と見なすことは、快楽を善とすることと矛盾を来たすのである。アリスティポスの快楽論についてはその他に論ずべきことは多々あるが、アリストテレスの快楽論との関連では以上の二点を指摘しておくことが必要最低の要点であろう。つまり、アリスティポスはアリストテレスの批判の対象であり、彼自身の快楽分析の否定的な契機となっていたのである。

アリストテレスが先行の快楽肯定論者の中でもっとも高く評価したのはエウドクソスである。そこで、以下、エウドクソスの立論を批判的に検討し、アリストテレス自身の立場の析出の土台としたい。

（一）「さて、エウドクソスは快楽が最高善(τἀγαθόν)であると考えていた。その理由は、すべてのものが、理性をもつものももたないものも、快楽を希求するという事実がみられるからであり、すべてのものにおいて希求されるものは善いもの(τὸ ἐπιεικές)であり、もっとも希求されるものは最善(κράτιστον)であるからである。実際、すべてのものが同一のものに向かって動くということは、このものがすべてのものにとって最善であることを証明しているのである。[23]」このエウドクソスの思想をアリストテレスは全面的に受容した、といってよい。そして、このエウドクソスの論点のうちには、アリストテレス思想の根本前提と合致する二つの論点が現われているのである。その一つは、欲求の対象は善であり、従って、すべてのものが欲求する対象は最高善である、という論点である。ここでわれわれは直ちに『ニコマコス倫理学』冒頭の善の定義――「すべてのものが欲求する対象が最高善である」[24]――を想起するであろう。このような善の定義をわれわれは論理的に根拠づけることができるであろうか。それは出来ないだろう。なぜなら、これは根本的な事実だからである。大地が存在するということに証明がありえないように、欲求の対象が善であるということにも証明がありえないのである。そこから、第二の論点、すなわち、「すべてのものが快楽を欲求するから、快楽が最高善である」という主張のよって立つ前提の深さが明らかになる。すなわち、右のエウドクソスの主張に対して、世の中には次のような反論をなす人がいるかもしれない。「すべてのものが欲求するからといって、それが善であるとはかぎらない」と。しかし「その人々は、何もいっていないのではなかろうか。なぜなら、すべてのものにそう思われるものは（ἃ πᾶσι δοκεῖ）、そのようなものとして存在するとわれわれは主張するからである。このような信念を否定する人はあまり信頼に値することをいってはいないであろう[25]」。このアリストテレスの言葉のうちには、かれの倫理思想のみならずその全哲学のよって立つ基盤が明らかに示されている。すなわち、真理はエンドクサ（多くの人々の同意）にもとづいて成立するという思想である。事柄のあり方（存在 εἶναι）ですら多くの人々に共通のドクサ（現代流にいえば、間主観的な是認）にもとづいて成立してくるのである。この前提を取り払う人々は、一見厳しく論理を追求しているように見えるが、実は独りよがりの主観主義に溺れ込んでいるにすぎないのである。

　こうして、万物が快楽を欲求するという事実により、快楽が最高善であるということも確証されたといってよい。この思想はエウドクソスの主張であると同時にアリストテレス自身の主張でもあった。そして、アリストテレスの場合には、この主張の背景には次のような形而上学的裏打ちがあったのである。「もしも非理性的なものだけが快楽を求めるのであれば、快楽否定論者はなにか意味のあることをいったことになったであろう。しかし、思慮ある者もまた快楽を求めるのであれば、どうしてかれらが意味のあることをいっていることになろうか。おそらく、理性をもたないより劣った存在者のうちにも、かれら自身の水準を凌駕するなにかより勝れたものが内在し、それがおのれに固有の善を欲求しているのである[26]。」この文章の後段は何を意味しているのであろうか。理性をもたないより劣った存在者もまた快を追求する。しかし、この快の追求のうちには、個体としての個々の獣や昆虫の――或いは、ここに人間をさえ含めてもよいだろう――自覚的な意識を超えた「なにかより勝れた力」が働いていて、それがおのれの善を実現している、というのである。この力は第七巻では「なにか神的なもの」とさえいわれている。「おそらく、すべてのものは、快の追求において、かれらが思っている快、或いはかれらが語っているような快を追求しているのではなく、同じ快を追求しているのである。なぜなら、すべてのものは本性的になにか神的なもの(τι θεῖον)を所有しているのであるから。[27]」つまり、すべての存在者はそれぞれおのれに固有の快を追求しているが、この普き快の追求の底には、それぞれの存在者をしてそのように在らしめている自然の力があって、この自然が快の追求という姿の下に自己を実現しているというのである。ここには、自然が神的なものであり、それの実現が善であり、その実現は快の追求という姿の下に営まれるという、目的論的な自然観に基礎づけられたアリストテレスの快楽思想がはっきりと認められるであろう。もっとも、すべてのものが快を追求するといっても、それらの快の追求がそのまま直ちに善なのではない。先ず、第一に、自然の中には奇形、倒錯、病気という反自然的な状態がある。これらの状態にある者——たとえば、熱病患者や性倒錯者——が快と感ずるものは、正常人には不快と感ぜられるであろう。つまり、かれらの感ずる主観的な快は自然に根ざさず普遍性をもたないという意味で本来の快ではないのであり、従って善でもないのである。この点は、以下において肉体の快楽を論ずる際により詳しく展開するが、さしあたり、第七巻における快楽の定義——「本性に即した(κατὰ φύσιν)ヘクシスの妨害されない活動が快である[28]」——がこの点に関するアリストテレスの思想をはっきりと表わしているといえよう。

しからば、当然、快楽とはそれぞれの存在者の本性的な能力——アリストテレスがヘクシスという語を用いているのは、本性に根ざしてはいるが後天的に獲得された能力をも含めているからである——の活動ということになる。この本性的な能力の活動はそれぞれの存在者(生物)の種(形相)の相違によってもちろん異なっている。しかし、アリストテレスが先の引用文において「それぞれの存在者はこのような異なった活動を通して或る意味では同一の快を追求している」としたことの意味は、それらが自己自身の善の実現を通して無意識的にせよ自然の善を追求しているからなのである。たとえば、あらゆる生物に普くみられる生殖活動はもっとも自然に即した活動であるが、この活動の根底には、個体の生成消滅を超えて種の永続性を実現することにより、可滅的なものに許されうる限りにおいて存在の永遠性と神性へ参与しようという欲求がある、とアリストテレスはいっている。(29) そして、その上に、全自然の活動は神の活動に依存している。(30) この神の永遠の活動――それは次章で論ずるように最高度の快楽でもある――は観想であるが、人間における最高度の活動である観想は神のこの活動の模倣に他ならなかったのである。(31) こうして、エウドクソスの快楽肯定の第一論点――「すべてのものが快を希求するが故に、快は最高善である」――は、そのアリストテレス的正当化の全広袤を明らかにした、といってよいかと思う。

(二)　エウドクソスの提出する第二論点は次の通りである。「エウドクソスはまた、反対のもの(苦痛)からも快楽が善であることは同じように明白である、と考えていた。なぜなら、苦痛はそのもの自体としてはすべてのものにとって忌避さるべきものである。従って、その反対のもの〔快楽〕はすべてのものにとって選ばるべきものなのである、と。(32)」このエウドクソスの議論に対して、その名は明示されていないが、(33) スペウシッポス一派は次のように反論した。一体、苦痛が悪であるからといって、快楽が善であるとはいえない。なぜなら、一つの悪は他の悪にも対立しうるし、善でも悪でもないものにも対立しうるからである、(34) と。この反論に対して、アリストテレスは次のように再反論する。たしかに、スペウシッポスの議論は論理的には正しい。しかし、目下の事象には適合しないのである。なぜなら、もしも快も苦もともに悪であったなら、われわれは両者をともに避けねばならなかったであろう。また、快が善でも悪でもなかったならば、それを追求することも避けることも起らなかったであろう。だが、事実は、明白に、苦痛を悪として避け、快楽を善として追求しているのである、と。[35] このアリストテレスの反論は、すでに第一論点の根底にあった「欲求の対象が善である」という善の定義をさらに単純な形で確認したものだといえる。アリストテレスがスペウシッポスらに対していおうとしたことは、善悪をただ論理的にもしくは抽象的に考えても、意味がないということである。「欲求の対象が善である」という規定は、そこから倫理的思考が出発すべき原初の事実なのであり、この事実に照らして「快楽は善である」ということなのである。

(三) 快楽肯定の第三論点。「さらに、もっとも選ばるべきものは、他のもののためにでもなく他のものを目指してでもなくてわれわれが選ぶものである。ところで、万人の同意するところでは、快楽がこのようなものである。なぜなら、何のために快を覚えるのかと問う人は一人もいないのであり、このことは快がそれ自体において選ばるべきものであることを示しているからである。[36]」他のもののためにではなく、それ自身のために選ばれるもの、すなわち、欲求の究極目的が最高善であるという思想[37]は、ここで「万人の同意するところ」といわれているように、ギリシアの哲学者たちにおけるほぼ共通の自明的前提である。たとえば、プラトンは、「幸福になろうと欲する人は何のために幸福になろうと欲するのか、とさらに問う必要はない。問いは、思うに、終着点に達している[38]」といっている。それ故、エウドクソスのいう快楽、アリストテレスのいう最高善、プラトンのいう幸福は自体的目的という点で同一の構造を示しているのであり、従って、三者は或る意味では同一のものである、といえるのである。

エウドクソスの快楽肯定論にはもう一つ第四の論点があるが、これはアリストテレスが積極的に評価しているものとは思われないので、ここで取り上げる必要はないであろう。[39] 以上を要するに、快楽を善として評価する点では、アリストテレスはほとんどエウドクソスの立論を踏襲し、それにアリストテレス自身の思考様式による基礎づけを与えたのだ、といえる。アリストテレスはエウドクソスという人物を非常に尊敬し愛していたらしい。たとえば、この快楽論においても、「エウドクソスの議論が人々に信用されたのは、議論そのもののためというよりも、むしろかれの性格の徳のためであった。なぜなら、かれは際立って節度のある人と思われていたからである(40)」、といっている。そして、この両者に共通の特徴は、議論のための議論を是とせず、議論《ロゴス》を絶えず事実《エルゴン》に基づける、という態度であった(41)。そこに快楽が善であるという争い難い事実が現われるのである。

三　快楽否定論——先行諸思想の批判的検討(二)

快楽を否定した哲学者といえば、だれの念頭にもすぐ浮ぶのはアンティステネスである。しかし、アンティステネスはアリスティポスと同様に体系的な思想家ではなく、その快楽否定論もモラリスト風箴言の域を出ない。そこで、アリストテレスもその快楽論においてかれには全くといってよいほど言及していない。これに対して、スペウシッポスはプラトンの衣鉢を受けついで快楽否定論を体系的に展開したが、アリストテレスが終始批判の標的としていたのはこの人物である。そこで、以下スペウシッポスの論点に対するアリストテレスの批判を検討し、その批判の中に含まれているアリストテレスの積極的主張を取り出してゆきたい。

(一)「さらにまた、快楽が性質に属さないからといって、その故に善にも属さないということにはならない。なぜなら、徳の活動も性質ではなく、幸福も性質ではないからである(42)。」善は存在と同様に多くの意味で語られる、というのはアリストテレスの基本的な主張であった。[43] すなわち、善はすべてのカテゴリーにおいて語られるのであった。従って、当然、性質としての善もあれば、活動としての善もある。[44] しかるに、スペウシッポスらのプラトニストは善を性質としてのみ理解したので、性質に属さない快楽を善として容認できなかった。しかし、活動としての善もあるのであり、この活動に快楽は属するのである。しかも、同じ善の中でも、性質や状態よりは活動の方がより勝れたものなのである。このことは、幸福が状態ではなくて活動であるという主張のうちにはっきりと示されている。[45] 以上の第一論点により浮び上ってくる主張は、快楽が「活動のなにか」であるという快楽の基本的骨格である。

(二) 「善は限定されたものであるが、快楽はより大とより小を許容するから無限定なものである、とかれらはいっている。[46]」先ず、善が限定されたものであり悪が無規定なものであるという主張は、ピタゴラス学派以来ソクラテス、プラトンを通して受け継がれてきた思想的遺産であり、この点についてはアリストテレスに異論はないであろう。すなわち、これは、善は一定の構造(形相)をもっており、悪はこの構造を逸脱したもののすべてである、という思想である。ところで、快楽がより大とより小を許容するということが、快楽の感ぜられ方の程度についていわれるのであれば、そのようなことは一定の構造をもつあらゆる活動についてもいわれうることなのである。たとえば、正義やその他の徳について、ある人はより多く正しく、他の人はより少なく正しい、といいうる。また、同一人についても、ある時にはより多く正しく、他の時にはより少なく正しい、といいうる。[47] これらすべての場合において、正義の基本的構造は最低限保たれていながら、その活動に程度の差が現われるものと考えられる。それ故、先ず第一に、ある活動が大と小を許容するからといって、直ちにその活動が無規定であり、従って悪である、ということにはならない、といわねばならない。このことは、徳の構造である中庸(μεσότης)や健康の構造である均衡(συμμετρία)には或る幅がある、ということを意味している。たとえば、健康についていえば、体温が三五度〜三七度の範囲内にあれば平熱であるとか、血圧が一定の範囲内にあれば正常であるというような具合にである。このような場合、健康の構造である均衡は多少の変動弛緩を示しながら或る点に至るまでは維持されているのであり(48)、その範囲内ではより多く健康であったりより少なく健康であったりするにしても、とにかく健康ではあるのである。そして、多少の程度を示す快楽もこのような構造をもっている、とアリストテレスはいうのである(49)。

では、そのような構造をもつ快楽とはどのような快楽であろうか。「もしもスペウシッポスらが快楽にはいろいろの種類があるということによって〔快楽が無規定であるというのであれば〕、かれらは〔快楽が無規定であることの〕原因を語っていないのではなかろうか。というのは、或る快は純粋であるが、他の快は混合的なのであるから(50)。」アリストテレスがここで純粋な快と呼ぶものは精神活動の快とりわけ観想の快である。これらについては次章で主題的に論ずるからここでは措くとして、ここで混合的といわれている快が「大と小」を許容する快、無規定でありうる快であったのである(51)。そして、それは肉体の快に他ならなかった。『ニコマコス倫理学』第七巻の第十四章はこの問題に正面からかかわっているが、それによるとアリストテレスの考えは次のようなものであった。或る人々は肉体の快を全面的な悪として斥けるが、そのような考えは、前節で展開したように、自然に即した活動が善でありしかも肉体の快は不可欠《アナンカイア》なものであるという点からみて、到底受け容れられうるものではない。それでは、肉体の快において何が悪なのか。快の超過(ὑπερβολή)もしくは過小(ἔλλειψις)が悪なのである。肉体の善はすべて質料的なものであり、従って、量的なものであり、従って、これらには超過と過小がありうるのである。そこで、当然、肉体の活動に随伴する肉体の快においても超過と過小と適正とがありうるわけである。さきに、第三章「無抑制」において論じたように、肉体の善における不可欠性でさえこの適正点において成り立っているのである。すなわち、「悪しき者は過大の快を追求することによって悪しき者なのであって、不可欠の快を追求することによってではない。なぜなら、すべての者はなんらかの仕方で飲食や性の快を楽しむが、為すべきようにではないからである」[52]。以上の第二論点により明らかになることは、肉体の快の構造であり、従って、この構造にもとづいて肉体の快が本来善でありながら、悪でもありうることの意味である。同時に、精神の善は量的なものではないから、これには超過も過小もありえないということも仄見えてきている。[53]

(三) 「さらに、かれらは善を完全なもの、運動や生成を不完全なものとして立て、快楽が運動や生成であることを示そうとしている。だが、思うに、快楽は運動ではないのであって、かれらの主張は正しくない。[54]」一体、運動には速い遅いということがある。たとえ、ある運動が、恒星天の運動のように等速一様であったとしても、他のものと比べて速いとか遅いということができる。[55] つまり、アリストテレスのいいたいことは、運動には速さがあるということであり、速さとは一定の時間内にどれだけの変化を行なうかということであるから、運動は時間の経過と状態の変化を含意している、ということである。これに対して、快を感ずること(ἥδεσθαι)には速いも遅いもない。[56] なるほど、快を感ずる状態への変化にならば、怒り始めることに遅速があるのと同様に、速い遅いがありうる。しかし、快を感ずること自体には速度はない。

それ故、快を感ずることは速度をもたないのであるから運動ではないのである。だが、このことは何を意味するか。快の活動はなにものかへと向かうプロセスではなく、瞬間ごとに完結しているということを意味するのである。なるほど、快を感ずる主体は時間の中にある存在者である以上変化のプロセスの中にあるであろうが、快を感ずること自体は変化のプロセスではなく、いわば時間を超越して瞬間ごとに究極の自己目的として完結しているということに他ならない。この第三論点は次節で主題的に展開する快の本質に関するアリストテレスの積極的主張をすでに先取しているが、要は、快が不完全なものであるから善ではないというスペウシッポスの批判に対して、それが自己目的性という善の規定をまさに実現していることをアリストテレスは示そうとしているのである。

（四）「さらに、かれらは苦痛を自然的なものの欠乏状態（ἔνδεια）、快楽をそれの充足過程（ἀναπλήρωσις）であるという。だが、これらは肉体の状態なのである。[57]」このスペウシッポスの議論もまた快楽が生成（γένεσις）の一種であることを示すことにより、それが善であることを否定しようとする論点である。これに対して、アリストテレスのいうことは、なるほど飲食の快において示されているように、飢えや渇きの充足という形でたしかに充足のプロセスは起っている。[58]だが、このプロセスは肉体の状態なのだ、ということである。アリストテレスは何をいいたいのであろうか。それは充足自体が快なのではない、ということである。もしも、充足自体が快であるならば、快を感ずるのはそこにおいて充足が起っている肉体でなければならない。だが、肉体自体が快を感ずるというようなことはありえない。そうではなくて、肉体に充足のプロセスが起ると、だれか（τις）が快を感ずるのであり、[59]この主体の快感は充足という生成のプロセスではない、ということに他ならない。この第四論点において、快楽を感ずるのは常に精神である、という主張が明らかになってくる。事実、第一巻においてかれはすでに「快を感ずるのは魂の働きに属する[60]」といっていた。すなわち、馬好きとか観劇好きのような通俗の次元における快楽の愛好者も、正義や徳の愛好者と同様に、かれらの魂において自己に相応しい快を感じていたのである。それであるから、当然、はじめから精神の働きである思惟や観想の快が欠乏や充足というプロセスと関わりのないことは、改めて論ずるまでもないであろう。

以上で、あらゆる快楽は存在論的な構造上善ではありえないと主張するスペウシッポスの四つの論点を、アリストテレスはことごとく反駁しおえたわけである。この四つの反駁のうちに、快楽の本質に関するアリストテレスの積極的主張はすでにその大体の骨格を示してきている、といえる。そこで、次に、この問題に移らねばならない。[61]

四　快楽の本質

「快楽とは何であり、どのようなものなのか。このことをより明らかにするために、再び最初から考えてみよう。さて、見るという働きはいかなる長さの時間をとってみても〔各瞬間において〕完結している（τελεία）ように思われる。なぜなら、見るという働きには、後になって生じてきて見ることの本質を完成させるような何ものも欠けてはいないからである。ところで、快楽もまたこのようなものである。というのは、快楽とは或る不可分の全体であり、快楽の感ぜられるいかなる瞬間においても、その快楽がより長い時間持続すれば快楽の本質が完成されるであろうというようなものではないからである。[62]」このアリストテレスの主張の根底には、運動（κίνησις）と活動（ἐνέργεια）の相違に関するかれの理論がある。すなわち、すべての運動は時間の中にあって或る目的に向かうものである。たとえば、建築を例にとってみれば、それが完成するのは求められていた建造物が仕上った時である。つまり、建築が完成するのは、その建築が行なわれる全時間においてであって、仕上りに至るまでのいかなる部分的過程においても、建築はすべて不完全であるといわなければならない。しかも、それらの部分的過程は、過程全体とも部分的過程相互の間でも、種的に異なっている。たとえば、石材を積み重ねることは柱に縦溝を彫ることとは異なり、これら両者は神殿の建築全体とも異なっている。そして、神殿の建築全体が完全な運動であって、土台の設置や溝模様を彫ることは不完全な運動なのである。それ故、運動においては、その過程のいかなる時間においても、全体を完結的に実現した運動を取り出すことは不可能なのである。[63] 建築を例にして以上に述べたことは、歩行、飛行、その他のあらゆる運動にもひとしく妥当することは、改めて論ずるまでもないであろう。

「これに対して、快楽の本質はその快楽の感ぜられるいかなる瞬間においても完結している。[64]」ということは、快楽には外在的目的がないということであり、従って、快楽は何ものかへのプロセスではなく、それ自身が目的自体、終極であるということに他ならない。それ故、快楽は瞬間において或る全体として完結しているのである。[65] このような働きをアリストテレスは運動と区別して活動《エネルゲイア》と呼んだが、この問題が主題的に扱われている『形而上学』第九巻第六章をみると、アリストテレスがエネルゲイアの語に籠めたいくつかの含蓄が明らかになってくる。先ず、第一にかれはこのような働きの特徴を「見ることは同時に見たことであり、考えることは同時に考えたことである[66]」と表現している。つまり、エネルゲイアにおいては現在形と完了形とが同一であるということであるが、このことは、エネルゲイアがあらゆる現在において終極に達しているということ、すなわち、上に述べたように、それの瞬間的完結性を意味するものに他ならない。ところで、このような働きの例としてアリストテレスが挙げてくるものは、「見ること」(ὁρᾶν)、「思慮深くあること」(φρονεῖν)、「直観すること」(νοεῖν)などのように、すべて精神の働きであることに注目せねばならないであろう。つまり、目的を自体的に内含した自己完結的活動は精神の活動である他にない、とかれは考えていたのであり、従って、先に前節の第四論点で触れたように、快を感ずることも当然精神の働きに属していたわけである。ところで、第一章の第一節で論じたように、働きと働きの目的(結果)とが分裂している製作や運動に対して、働きが目的そのものであるような働きが勝れて倫理的な意味での行為として規定されていたが、今や、この規定に妥当する働きとはエネルゲイアであり(67)、快楽はこのカテゴリーに属するということが明らかになってきたわけである。すなわち、正しいことを為すのは、なにか他の目的——たとえば、後で利得をうる——ためではなくて、まさに正しいことを為すこと自体のためであるように、快楽を感ずることには快楽を感ずること以外の目的は存在しないのである。この故に、快楽は勝れて倫理的な行為——その典型は幸福であること——と構造上同一なのである(68)。

もっとも、キーネーシスとエネルゲイアに関する以上のアリストテレスの理論には若干の疑問点がなくはないが(69)、少なくとも快楽の分析に関するこの理論の適用は妥当していると思われるので、快楽の本質解明への論を先へ進めることにしよう。そこで、これまでの論をまとめると、「快を感ずること」は、運動から区別されて、瞬間的完結性という特徴をもつことが取り出された。この特徴はエネルゲイアの特徴でもあったから、快楽はほとんどエネルゲイアと同一視されている、ということができる。事実、第七巻においては、快楽は「本性的な能力《ヘクシス》のエネルゲイア」と規定されていたのである(70)。これに対して、第十巻では、快楽とエネルゲイアを直接等置することが注意深く避けられていて、次のようないい方がなされる。「快楽はエネルゲイアを完成する(τελειοῖ)(71)。」「快楽は、エネルゲイアを産み出す内在的能力《ヘクシス》としてではなく、エネルゲイアに付加的に生じてくる一種の完成《テロス》として(ὡς ἐπιγιγνόμενόν τι τέλος)、エネルゲイアを完成する。ちょうど、力の盛りにある人々に美しさが加わるように(72)。」快楽の規定に関する両巻のこの相違は、すでに触れたオーエンの場合もその一例であるが、古来いろいろの論議を惹起したが(73)、筆者の思うところでは、両巻の間に理解の方向の根本的変更はなく、ただ理解の精密度に深化がみられると解すべきであろう。この点に関しては、フェステュジエールのいうところが肯綮に当っている。すなわち、かれによれば、第七巻はどちらかといえば論争の書であって、快楽＝運動論や快楽＝生成論に対して、これらを否定するという目的のためには、一般的に快楽＝エネルゲイア論を主張すれば足りた。しかし、この大まかな主張は、当然、後になってより精密に展開されて然るべきものだったのである。[74]

では、快楽が「エネルゲイアに付加的に生ずる一種の完成である」とはどういう意味であろうか。そもそもエネルゲインするものは感覚(αἴσθησις)や思惟(νόησις)の如き主体的な能力――先の引用文では内在的なヘクシスといわれていたもの――である。[75] このような能力が最良の状態にあり、かつ最良の対象に向かって活動するとき、そのエネルゲイアがもっとも完全でありもっとも快いのである。[76] 従って、エネルゲイアを完全化するものは、作用因として働く最良の状態にある能力であって、快楽はこのように完全化されたエネルゲイアの帯びる一種の性質である、と見なければならないであろう。それだから、第十巻では「快楽はエネルゲイアの中にある」といわれてくるのである。しかし、「快楽がエネルゲイアを完成する」といういい方にも意味がある。それは、完成されたエネルゲイアには必然的に大なる快が付随するとすれば、この快の魅力が作用因としてではなく目的因として活動者に一種の原因性を及ぼす、と考えられるからである。つまり、人は快の魅力によって活動にたずさわり、それを増大し完成するのである。この意味で、完全なエネルゲイアの徴表である快楽が、エネルゲイアを完成するために働いている、ということができるであろう。

ところで、このような快楽の把握は、本章の冒頭より一貫して述べてきた論点、すなわち、快楽から実体性を奪うという点に、最大の眼目をもっている。すなわち、「快楽」という単一同質のものはどこにも存在せず、存在するのはただ食の快、性の快、歩行の快、音楽の快、思考の快というそれぞれに種類の異なる諸活動に付随するそれぞれに種類の異なる性質なのである。それが、「快楽が付加的に生ずるもの《エピギグノメノン》」という言葉の意味である。それでは、このような快楽の把握はどのような倫理的含蓄をもつであろうか。

五　倫理的含蓄

「以上のことから、快楽には種的な相違があるものと考えられる。[77]」われわれは前節で快楽が活動の付随現象であることを見た。従って、活動にもろもろの種的相違がある以上、それに付随する快楽にも種的相違があることは明白である。すなわち、音楽家はメロディーを聞くことに快を覚え、研究者は命題を思惟することに快を覚え、放埒者は過度の肉体的欲望に耽溺することに快を覚えるが、これらの快はすべて相互に異なるわけである。[78]この快楽の種的相違を無視し、快楽を一元的にとらえること、換言すれば、あらゆる快楽はその母胎となる活動が何であれ快である限りにおいては同じであると考えることのうちに、ヘドニズムの本質が存する。この立場は、古典的な例としては、『ピレボス』篇のプロタルコスの発言のうちに典型的に現われている。そこでソクラテスは、快楽という一つの名前がなにか一つのものの存在を示唆するように見えるが、実は、快楽は相互に似ても似つかない種々の型をもっていることを、相手に納得させようとする。これに対し、プロタルコスはこういっている。「なるほど、ソクラテスよ、これらの快楽は相対立するものから生じてきています。だが、これらの快楽が相互に対立しているのではありません。なぜなら、快楽が快楽に、つまりそのもの自身が自己自身に、どうしてあらゆるものの中でもっとも似ていないことがありえましょうか。[79]」さらに、少し先でソクラテスが善い快と悪い快があるというと、かれはこう反問する。「何といわれるのですか、ソクラテスよ。一旦快楽を善として立てておきながら、次に、それらの中の或る快は善であり或る快は悪であるというようなことを、誰かが承認するとでもお思いですか。[80]」このような考え方は、一方では、快楽を量的に通約可能な等質なものと見ることから来ている。すなわち、放埒者が莫大な快を感じ、節制者が適度な快を感じているとき、前者は後者よりもより多くの快を得ているのである、と。しかし、両者は同じ種類の快を競っているのではない。放埒者の快は過度の肉体的欲望への耽溺のうちにあるのに対し、節制者の快は例えば健康な生活の実現のうちにあるからである。両者の快は量的には比較できないのであり、その点で――すなわち、快楽には質的相違があるという以上の主張によって――快楽を善の唯一の尺度とするヘドニズムは意味を失う、といえる。

しかし、これに対しては、もっと徹底したヘドニズムがありうるであろう。すなわち、もろもろの快楽に種的相違があることは認めた上で、それでも、それらは快楽である以上ひとしく善――追求の目的――である権利を有する、と。つまり、主観的感覚の絶対化である。なるほど、世の中にはサディストもいればマゾヒストもいる。かれらが自己の為す加虐的行為や被虐的行為に絶大な快を感じていることは確実である。これらの快が清らかな人の清らかな快といかに異質であろうとも、快である以上はひとしく追求の権利をもつのではないか。この主張に対し、アリストテレスは二段構えの反論を用意していた。

「さて、もろもろの活動は善さと悪さによって(ἐπιεικείᾳ καὶ φαυλότητι)相互に異なっており、ある活動は選ぶべきものであり、他の活動は避けるべきものであり、さらに別の活動はそれらのいずれでもないのだから、快楽もまた同様の事情にある。なぜなら、それぞれの活動には固有の快楽があるからである。従って、善い活動に固有な快楽は善いものであり、悪い活動に固有な快楽は悪いものなのである。[81]」活動に種的相違があることにより、快楽にも種的相違があることは、上に述べた通りである。つまり、活動と快楽の間には緊密な連動関係があって、両者は不可分の統一体を成しているのである。しからば、活動に善もしくは悪の区別がある以上、この区別はそっくりそのまま快楽にも妥当せねばならない。しかも、活動の善悪は客観的に根拠づけられた性質である——『ニコマコス倫理学』の体系がその客観的根拠づけに他ならない——から、快楽の善悪も客観的に根拠づけられている、といわなければならないであろう。[82] ここから明らかになることは、快楽自体は行為の選択の根拠にはなり得ないということである。快楽自体という言葉は一種の内容空虚な言葉であって、実は何ものをも指示してはいないのである。存在するのは、この種的に特定化された善い快楽か悪い快楽かである。そして、この善悪は活動の善悪に依存しているのであるから、われわれは行為の根拠をひたすら活動の善悪のうちに求めなければならないのである。従って、たとえサディストがその加虐的行為のうちに絶大なる快を覚えていようとも、その行為が客観的に悪であるならば、その快もまた客観的に悪として否定されなければならないであろう。

　しかし、アリストテレスはそもそも快楽が根本的に善である、と主張していたのではなかったか。[83] しからば、本性倒錯者が快を感じているという主観的事実とこの主張とはどのようにして両立しうるであろうか。この反問はまたソクラテスに対するプロタルコスの論点でもあった。この点についてアリストテレスは次のようにいっている。「これらすべての場合において、善い人にとってそのように見えるもの（τὸ φαινόμενον τῷ σπουδαίῳ）が実際にそのようなものなのである。……そして、善い人（ἀγαθός）がすべてのものの尺度《メトロン》であるならば、善い人に快と見えるものが快なのであり、善い人が喜ぶものが快いものなのである。また、善い人にとって不快なものが、別の人にとって快と見えたとしても、それは驚くにはあたらない。なぜなら、人間の腐敗や堕落は数多く起ってくるからである。そこで、このようなものは実は快ではないのであって、ただ、こういう状態にある者にとってのみ快いのである。従って、万人が一致して醜悪であると認めるものを快楽と呼んではならないことは明白である。それは本性を腐敗させた者にとってのみ(τοῖς διεφθαρμένοις)快であるにすぎないのである。(84)」アリストテレスの倫理思想の究極の場面で常に登場する「善い人」がここでも姿を現わしてくる。それは人間性の具現者としてである。アリストテレスの倫理思想は構造的には人間の本性《フュシス》に基礎を置いているが、この本性は具体的には善い人の生き様として確かめられるのである。従って、善い人の感ずる快が、人間の本性に即した快として、真正な快の名に値するのであり、本性を腐敗させた者の感ずる快は快ではない、というのがヘドニズムに対するアリストテレスの最終的回答であった。(85)

以上で、われわれは、快楽の善悪が活動の善悪に依存すること、従って、行為の選択の根拠としては活動の善悪という倫理的尺度しかないことを、明らかにした。しからば、快楽は活動の充溢状態に結果として伴う果実たるにとどまって、それ以上に積極的な意味はもたないのであろうか。この点をいま少し考えてみなければならない。「快楽が活動を完全化するということは、それぞれの快楽がそれが完全化する活動と密接な親縁関係にあることからも、明らかであろう。なぜなら、固有の快楽は活動を増強する(συναύξει)からである。すなわち、快を覚えながら活動する者はすべての領域において事柄をより良く判断しより正確に成就するのである。たとえば、幾何学の研究に喜んでたずさわる者は幾何学者となり、この学問のいろいろの問題をより徹底的に理解する。同様に、音楽を愛好する者、建築を愛好する者、その他の諸技術を愛好する者はすべて、自己の為す仕事の中に喜びを見出すことによって、その仕事《エルゴン》において進歩する。こうして、快楽は活動を増強促進するのである。(86)」われわれは、前節で、快楽が活動の付随現象であることを見た。その限り、快楽はいつでも結果であり、活動が完成状態に達したことの徴表と見なされなければならない。しかし、活動の完成態《テロス》としての快楽は、そのような活動を誘発する目的因《テロス》としても作動する。それは、活動が未だ始まらない時点においてもそうであるが、活動が完成態に達し快楽が味わわれた時点においてはなおさらのことである。こうして、活動が快楽を生み、生み出された快楽がさらに活動を誘発するという循環運動が起り、活動はますますその充溢度を増大してゆくのである。

ところで、快楽は活動を増強するという以上の論点は、アリストテレスの徳論においても潜在的に重要な意味をもっていたのである。われわれは、すでに第三章「無抑制」において、無抑制者においては二つの分裂した起動力が争い合っていることを見た。すなわち、理性の命令と欲望の力との相克である。この場合、両方の力は互いに相手の活動を妨げ合っているため、無抑制者の行為は全体としては常に不完全燃焼であらざるを得なかった。このことは、しかし同時に、無抑制者とは真に快楽を味わえない者であることを意味する。というのは、かれにおいては理性の命令に随伴する快と欲望の充足に随伴する快とが相互に相手を減し合っているからなのである。この事態の構造について、アリストテレスはこういっている。「他の種類の活動に由来する快は活動を妨げる。すなわち、笛の愛好者は笛の音が少しでも聞えるともう議論に集中することができない。……従って、笛の音による快楽が議論に関する活動を減すのである。同様にその他の場合においても、同時に二つの事柄に関して活動する場合には、同じことが起ってくる。」(87)従って、無抑制者においては、欲望に発する快が理性の働きを減し、理性に発する快が欲望の働きを減しているのである。それ故、無抑制者が——抑制者も起動力の分裂という事態を内に抱えている以上は同様である——真に快楽を味わいうるためには、分裂した起動力を一元化し得なければならないであろう。このことは、欲望が理性に聴従するか、理性が欲望の奴隷となるかの二方向において可能となるが、人間がおのれの本性を滅して倒錯の道を歩もうとするのでない限り、前者の道において実現されなければならないであろう。有徳な者はその有徳の行為そのもののうちに快を覚える、というアリストテレスの主張は[88]、有徳な者がまさに分裂を止揚した状態にあること、そして、快を覚えていることが「かれがまさに有徳である」ことの徴表であることを、意味していたのである[89]。

（1）　G. E. L. Owen, Aristotelian Pleasures (in 'Articles on Aristotle', vol. II, edited by J. Barnes, M. Schofield, R. Sorabji, 1977, Duckworth, pp. 92–93). 'Aristotle seems to have no consistent account of pleasure to offer.' 'The two accounts are too divergent to be incompatible.'

（2）　Ibid., p. 103.

（3）　最近では、ローティとアンナスの論文が両者を深く関連するものとして扱っている。A. O. Rorty, 'Akrasia and Pleasure: Nicomachean Ethics Book 7' (in 'Essays on Aristotle's Ethics', 1980, University of California Press, p. 282). 'Nothing in the account of Book 10 is incompatible with the traditional warnings of Book 7'; J. Annas, 'Aristotle on Pleasure and Goodness', ibid., p. 285. 'The accounts in Book 7 and 10 notoriously differ over what pleasure is, but they agree in the thesis that pleasure is not a bad thing.'

（4）　G. E. M. Anscombe, Intention, Basil Blackwell, 1979, p. 77.

（5）　Gauthier, Commentaire, II, 2, p. 782.

（6）　A. Kenny, The Aristotelian Ethics, 1978, Oxford, p. 238. しかし、筆者は、EE が EN よりも後期の可能性ありとするケニーの説に賛成する者ではない。なお、ゴーティエも第七巻の快楽論が本来 EE に属するものであったことは認めている。Cf. Gauthier, op. cit., I, 1, p. 79. 'des deux traités du plaisir, le premier, le traité eudémien du livre VII, 12–15.'

（7）　EE, III, 2, 1231 b 2–4.

（8）　本書第三章「無抑制」を参照。

（9）　EN, VII, 9, 1151 b 21–22, 1151 b 34–1152 a 6, etc.

(10) EN, VII, 4, 1148 a 4–11.

(11) ローティもそのように解している。Cf. A. O. Rorty, 'Akrasia and Pleasure' (op. cit., p. 269) 'The discussion of pleasures at the end of Book 7 is a direct continuation of the analysis of akrasia.'

(12) Gauthier, op. cit., II, 2, p. 782.

(13) P. Festugière, La doctrine du plaisir des premiers sages à Epicure (Revue des sciences phil. et théol., 25, 1936), pp. 238–239.

(14) DK, Fr. 4, Fr. 188.

(15) DK, Fr. 71.

(16) DK, Fr. 214.

(17) DK, Fr. 191.

(18) DK, Fr. 189.

(19) DK, Fr. 194.

(20) DL, II, 88.

(21) DL, II, 87.「快は快から異ならない。また、或る快が他の快より、より快であることもない。」

(22) DL, II, 86; cf. De Vogel, Greek Philosophy, A Collection of Texts, 1969, Leiden, vol. I, p. 167 (256 e).

(23) EN, X, 2, 1172 b 9–13. この文章はエウドクソス自身の言葉の引用であると考えられている。なぜなら、「理性をもつもの」という表現はアリストテレスでは普通は λόγον ἔχον であるが、この文章では ἔλλογα というイオニア風の語になっており、この語はアリストテレスの他の著作中には見当らないものだからである。さらに、「すべてのものが同一のものに向かって動く」という文章での「動く」は φέρεσθαι と表現されているが、この語は天文学者の術語で天体の運動を表わすものであり、天文学者エウドクソスに相応しい表現とみられる。Cf. Gauthier, op. cit., II, 2, pp. 819–820.

(24) EN, I, 1, 1094 a 3.

(25) EN, X, 2, 1172 b 35–1173 a 2. Cf. EN, VII, 13, 1153 b 25–28.「すべてのものが、獣も人間も、快楽を追求するということは、快楽がなんらかの意味で最高善であることの一つの証拠である。多くの民の語る意見は決して完全に消滅することはない。」Cf. Hesiodus, Erga, 763–764.

(26) EN, X, 2, 1173 a 2–5. ゴーティエ、ディルマイアー、ステュアート、バーネット等の主張に従い、四行目の φυσικὸν ἀγαθόν を削除する。Cf. Gauthier, op. cit., II, 2, p. 822.

(27) EN, VII, 13, 1153 b 31–32.

(28) EN, VII, 12, 1153 a 14–15.

(29) De Anima, II, 4, 415 a 23–b 7; De Generatione Animal., II, 1, 731 b 24–732 a 1.

(30) Met, XII, 7, 1072 b 13–14.

(31) EN, X, 8, 1178 b 25–28.

(32) EN, X, 2, 1172 b 18–20.

(33) Cf. Gauthier, op. cit., II, 2, p. 801. 'Il est vrai que le nom de Speusippe n'est pas exprimé, mais c'est manifestement lui qu'il faut sous-entendre comme sujet de φαίη, comme le reconnaissent Stewart, Burnet, Ross, Rackham, Festugière, Dirlmeier.'

(34) EN, X, 2, 1173 a 5–8.

(35) Ibid., 1173 a 10–12.

(36) EN, X, 2, 1172 b 20–23.「何のために、と問う人はいない」という文の「問う」(ἐπερωτᾶν) という語はアリストテレスの中には滅多に現われない語で、おそらくエウドクソスからの直接の引用であろうと、バーネットもディルマイアーもいっている。Burnet, op. cit., p. 442; Dirlmeier, op. cit., S. 573.

(37) EN, I, 2, 1094 a 18–22.

(38) Plato, Symposium, 205 a 2–4.

(39) EN, X, 2, 1172 b 23–35. 第四論点におおよそ次のようなものである。「快は他の諸善のいかなるものに付加されても、それをより望ましいものとする。たとえば、正義の行為や節制の行為に快が加われば、快なくしてそれらを行なっている場合よりも、それらはより望ましいものとなる。ところで、善は善自身によって増大する。従って、快は善である。」(ibid., 23–25) この論点に対しては次のような批判が可能である。この論点は、たしかに快が一つの善であることは証明するが最高善であることは証明しない。「なぜなら、最高善とは何が付加されてもより望ましいものとはならないはずのものであるからである。」(ibid., 31–32) 事実、プラトンはこの議論によって快楽が最高善であることを否定した(Plato, Philebus, 20 e–22 e, 60 a–61 b)。それによれば、知を伴った快の生活は、それを伴わない快の生活よりもより望ましいものである。だが、もしも快と知の混合した生活がより勝れているとすれば、快は最高善ではない、と。この批判は充分な妥当性をもっているといえる。すなわち、このような考え方をすれば、快楽が最高善であり、幸福であるという主張は、その自足性という点で成り立たなくなるのである。だが、このような見方は、快楽を、或る行為にいわば外部から付加できる、その行為とは別個の、独立の実体的なもの、と見なす点から来ている。つまり、快楽という独立のものがある、という見方から来ている。この点に関する反省が、アリストテレスをして第十巻において快楽の定義をより精緻に変容せしめ、それを行為とは不可分の、行為のもつ或る付帯的な状態(ἐπιγιγνόμενον)となさしめた、と思われる。しかし、この点については、第四節で詳しく論ずる。

(40) EN, X, 2, 1172 b 15–16.

(41) EN, X, 1, 1172 a 33–b 7.

(42) EN, X, 3, 1173 a 13–15.

(43) EN, I, 6, 1096 a 23–29. 本書第一章第三節「イデア論批判」を参照。

(44) EN, VII, 12, 1152 b 33.

(45) EN, I, 13, 1102 a 5–6, passim.

(46) EN, X, 3, 1173 a 15–17.

(47) Ibid., 1173 a 20–22.

(48) Ibid., 1173 a 25–27.

(49) Ibid., 1173 a 28.

(50) Ibid., 1173 a 22–23.

(51) 純粋な快と不純な快という区別、また大小、強弱を許容する快が無規定であり不純であるという発想と表現はプラトンに発している。Cf. Plato, Philebus, 52 c–d, 24 e. ただし混合的(μεικτός)という言葉はプラトンでは「理性と快楽の混合」という別の意味で用いられている(ibid., 22 d)。アリストテレスのここの用法では「快楽と苦痛の混合」という意味である。

(52) EN, VII, 14, 1154 a 16–18.
(53) Ibid., 1154 a 13–14.
(54) EN, X, 3, 1173 a 29–31.
(55) Ibid., 1173 a 32–33.
(56) Ibid., 1173 b 3–4.
(57) Ibid., 1173 b 7–9.
(58) Ibid., 1173 b 13–15.
(59) Ibid., 1173 b 12.
(60) EN, I, 8, 1099 a 8.
(61) 第十巻の第三章では、以上のスペウシッポス批判に続いて、主にプラトンを念頭に置いた批判の第五論点が展開されている。すなわち、スペウシッポスが快楽を全面的に否定したのに対し、プラトンは或る快は善であるが他の快は悪である、と主張していた。この主張に対するアリストテレスの批判は、人々が悪であるという快は実は快ではないのだ、という点にある(EN, X, 3, 1173 b 20–28)。アリストテレスの考えていることは、病者や倒錯者の快は、人間の本性を逸脱しているという意味で、すでに本来の快ではないということであるが、これは前節の第一論点で触れたので、ここではもう取り上げない。ただし、本節の第二論点において、アリストテレス自身が肉体の快における超過を悪い快楽と語っている点からみると、表現の上で多少首尾一貫性を欠く点があるとはいえる。しかし、肉体の快において過大を追求することが、すでにある意味で倒錯者の営為であると解すれば内容的には首尾一貫している。そして、おそらくそれがアリストテレスの考えであろう。また、かれはプラトンを批判するときには、あまりにも徹底的になりすぎる、という点も考慮せねばならないだろう。
(62) EN, X, 4, 1174 a 13–19. ここで、「見ることの本質」、「快楽の本質」と訳した「本質」の原語は εἶδος である。その意味は、「快楽がまさに快楽である姿」つまり「快楽を感ずることそのこと」である。ディルマイアーの訳は Wesensgestalt (op. cit., S. 222)、ゴーティエの訳は essence (op. cit., I, 2, p. 292) となっている。
(63) Ibid., 1174 a 27–28.
(64) Ibid., 1174 b 5–6.

(65) Ibid., 1174 b 9.

(66) Met, IX, 6, 1048 b 23–24, 33–34.

(67) Ibid., 1048 b 21–23.

(68) Ibid., 1048 b 26.「幸福であることは、同時に幸福であったことである。」

(69) 運動と活動との区別に関する疑問点とは以下のことである。ある働きが運動に属するか活動に属するかは存在論的な構造により決定されている、すなわち、あらゆる働きはアプリオリにどちらかのカテゴリーに属している、とアリストテレスは考えているようである。しかし果してそうであろうか。アリストテレスが常に運動の例として挙げている「歩行」を考えてみると、なるほど、歩行が「B地点からA地点へ行く」ということならば、この歩行は運動である。この歩行はA地点に到達しなければ完結せず、A地点に到達するまでは歩行の諸部分はすべてプロセスであり、従って未完結であり、手段にすぎないからである。しかし、散歩の場合はどうであろうか。散歩の場合には、歩くということ自体が目的であり、その散歩によってどこかへ到達するという外在的目的があるわけではない。換言すれば、散歩は歩く瞬間ごとに目的を実現しているのであり、その意味で、働きそのものが目的であるというエネルゲイアの規定に妥当しているのである。従って、ある働きが運動であるか活動であるかは、その働きをどう見るかという観点のとり方によって——すなわち、その働きを自己目的と見るか他の目的への手段と見るかによって——異なってくる面があるといわねばならないであろう。

このことは、逆にエネルゲイアの例として挙げられている働きについてもいわれうるであろう。たとえば、「見る」という働きはほとんどの場合自己目的的であろうが、しかし、落し物を探すために見ているような場合には、落し物が見つかるまでは未完結なプロセスであり、従って運動である、というべきではなかろうか。アリストテレスが運動の例として挙げている「学習」(μάθησις)も(Met, IX, 6, 1048 b 29)、「考える」という働きの一つの場合であることを思えば、かれ自身が無意識のうちにこの観点の相違を用いていた、といってよいと思われる。

しかし、構造的に運動であり、構造的にエネルゲイアであるような働き——つまり、観点の使い分けができないような働き——があることも確かである。すなわち、大工仕事のような製作活動はすべて運動である他はないのであり、他方、倫理的活動は定義上自己目的的活動なのであるから、エネルゲイアである他はないであろう。そして、さらに、直観(νοεῖν)と快感(ἥδεσθαι)は瞬間的完結性という構造をもっとも典型的に示す働きとして、本性的にエネルゲイアである、ということができるであろう。以上の問題点については、藤沢令夫「現実活動態――アリストテレスにおける〈活動〉の論理と〈運動〉の論理」(『イデアと世界』岩波書店、一九八〇年)の中に周到な議論がある。

(70) EN, VII, 12, 1153 a 14.

(71) EN, X, 4, 1174 b 23.

(72) Ibid., 1174 b 31-33.

(73) Cf. Gauthier, op. cit., II, 2, pp. 779-781. たとえば、注釈家たち、アスパシオス、アフロディシアスのアレクサンドロス、ネメシウスらは、この変更の意味を次のように考えた。もしも、快楽について、第七巻の定義をとれば、幸福が快楽の中にあるという結論を避けることができなくなる。この破壊的な帰結を避けるために、アリストテレスは第十巻で定義の訂正を行なったのである、と。しかし、アリストテレスにとってそのようなことは問題にさえならないことは、本章のこれまでの議論から明瞭であろう。第七巻においても、第十巻においても、アリストテレスは快楽を幸福と同一視し、或る快が最高善であるという主張を一貫して保持しつづけているのである。

(74) A. J. Festugière, Aristote, Le plaisir, Introduction et notes, Paris, 1936, pp. xxix-xxx.

(75) EN, X, 4, 1174 b 14, 29, etc.

(76) Ibid., 1174 b 18-20.

(77) EN, X, 5, 1175 a 21-22.

(78) EN, X, 4, 1175 a 13-15.

(79) Plato, Philebus, 12 d 7-e 2.

(80) Ibid., 13 b 6-c 2.

(81) EN, X, 5, 1175 b 24-28.

(82) 快楽の種的区別はそれの価値的区別と必ずしも一致するとは限らない、と思われる。すなわち、学問を営む快と肉体の欲望を充足する快とは種的に異なるけれども、この相違がそのまま直ちに両方の快の善悪を決定しているわけではない。アリストテレスはこの問題に立ち入っていないが、しかし立ち入らなくても、かれの主張は充分に根拠づけられている、と思われる。なぜなら、活動と快楽とが常に連動する不可分の一体であることが一旦確立されれば、それだけで快の価値が活動の価値に付随することを主張できるであろうからである。

(83) 本章第二節「快楽肯定論」を参照。

(84) EN, X, 5, 1176 a 15–24.

(85) 第七巻の快の定義——快は本性に即したヘクシスの妨害なき活動——に現われた基本的志向は、第十巻においても承認されていることは、以上の点から明白である。なお、本節で展開した以上の論点を集中的に論じた好論文として、J. Annas, 'Aristotle on Pleasure and Goodness'(A. O. Rorty, Essays on Aristotle's Ethics, 1980, pp. 285–299)がある。この論文は、アリストテレスの快楽論の意味を正確に取り出している、と思う。

(86) EN, X, 5, 1175 a 29–36.

(87) Ibid., 1175 b 2–8.

(88) EN, I, 8, 1099 a 7–11.

(89) アリストテレスの中には、快楽を一般に善と対立する悪しきもの、人々を誤りにみちびく悪しき力、とみる通俗的見解も残存しており、これとかれの哲学的に基礎づけられた快楽論がどう整合するのかについて、疑問を投げる研究者もいる。たとえばアンナスもその一人である(cf. Annas, op. cit., pp. 291–292. 'This passage (EN, II, 9, 1109 b 7–12) is surprising because it embodies the idea that pleasure is in itself inherently dangerous or dubious; the good man should avoid it, like a seductive but fatal Helen. This tone of popular moralizing sits oddly with the repeated insistence throughout this book that the good man is the man who takes pleasure in virtuous activities. etc.')。しかし、この疑問には根拠がない。なぜなら、すでに論じたように、快楽がそれ自体として悪であるということはないが、快楽の善悪はそれの基体となる活動の善悪に依存していたのであり、従って、当然悪しき快楽もある、とアリストテレスは哲学的に論証していたからである。アンナスはこの点を見落している。加うるに、アンナスが popular moralizing viewpoint として引照する箇所はほとんどすべて、過度の肉体的快楽にかかわる論述であり、これが悪であることは第七巻において根拠づけられているのである。

第十章　観　　想

一　究極の幸福としての観想

アリストテレスは観想を論ずる『ニコマコス倫理学』第十巻第六章を次のような言葉で始める。「さて、徳と愛と快楽に関する事柄は以上で論じ終えられたので、残るところは幸福について粗描することである。なぜなら、われわれは幸福を人間的な事象の究極目的として立てているのであるから。[1]」この言葉をみると、徳と愛と快楽は少なくとも究極的な意味では幸福とは考えられていない、ということが解る。いうまでもなく、第一巻から第七巻の第十章まではすべて倫理徳に関する論考であり、第八巻と第九巻が愛に関する論考であり、第七巻の第十一章～第十四章と第十巻の第一章～第五章が快楽に関する論考である。すなわち、第十巻の後半部以前のすべての論考は、この後半部のための準備だったというのである。このことは、しかし、『ニコマコス倫理学』を注意深く読めば、ところどころに伏線として述べられていた点であることが解る。たとえば、第一巻の第七章「幸福の概念に関する考察」の中には次のような文章がある。「さて、目的は数多く存在し、われわれはそれらの或るものを他のもののために選ぶのであるから……すべての目的が究極的なものではないことは明らかである。従って、もしも或る一つのものだけが究極的なものであるならば、それが求められている最高善であるだろう。これに対して、もしも究極的なものが複数あるならば、それらの中でもっとも究極的なもの(τὸ τελειότατον)がそれであるだろう[2]。」このアリストテレスの説明の中には、すでに究極的なもの、自己目的的な目的が複数あることが示唆されている。それらが何であるかは、未だ第一巻の原理論の段階では明示されていないが、『ニコマコス倫理学』の全体からみれば、それらが倫理徳に即した活動と観想を指すことは明らかである。従って、アリストテレスは、「それらの中でもっとも究極的なもの」という言葉によって、これら二つの自体的目的について、すでにその上下関係を暗示していたといえる。この理解の正当性は、次に続く「決して他のもののために選ばれることのないものは、それ自身として選ばれもするが他のもののために選ばれもするものよりも、より究極的である[3]」という言葉によって裏書きされている。すなわち、「決して他のもののために選ばれることがないもの」とは観想を指し、「それ自身として選ばれもするが他のもの(観想)のために選ばれもするもの」とは倫理的活動を指していたのである。観想に対する倫理徳のこの従属的位置は、第六巻第十三章「フロネーシス論」の終結部に紛うかたなく現われてくる。「だが、さらに、フロネーシスは知恵(σοφία)を支配することもなければ、魂におけるより勝れた部分〔理性《ヌース》〕を支配することもない。……なぜなら、フロネーシスはソフィアーを用いるのではなく、ソフィアーが成立するように配慮するものであるからである。従って、フロネーシスはソフィアーのために倫理的行為を命令するが、ソフィアーに命令するのではない[4]。」すでに、本書の第二章「フロネーシス」において論じたように、フロネーシスとはあらゆる倫理徳の成立根拠としての実践理性である。その実践理性が何のために存在するのかといえば、ソフィアーすなわち観想が成立しうる状況を整えるために存在するのである。こうして、『ニコマコス倫理学』全巻の意図が究極の幸福として観想を定立する点にあったことには疑いの余地がない、といえる。

観想が究極の幸福であるという思想は、以上の全体的な概観からも明らかなように、『ニコマコス倫理学』の全体から基礎づけられていることがらであるが、第十巻の第六章にはこの基礎づけの骨格が粗描的に反復されている。そこで、われわれもまた基本的な諸点を確かめることから、観想に関する考察を開始しよう。すでに第一巻においてくり返し指摘されたように、(5) 幸福は「能力の所有もしくは状態」(ἕξις)の中にはない。なぜなら、もしそうであれば、「一生眠り続けている者、植物の生を生きている者にも、幸福が所属することになるであろうからである(6)」。そこで、当然、幸福とは或る種の活動(ἐνέργειά τις)ということになる。ところで、活動の中には他のもののために為される活動とそれ自身のために為される活動の二つがあるが、このうち幸福の名に値するものは「それ自身のためにのみ選ばれる活動、そこからは活動以外に何も出てこないような活動(7)」であることは、すでに本書の第一章「アリストテレス倫理学の基本原理」において論証した通りである。このような活動の候補の一つとして、第十巻の第六章でアリストテレスが先ず検討するものが「遊び」(παιδιά)である。

遊びは、なるほど、一見遊び以外に何の目的ももたないようにみえるので、究極の自己目的であるように思われる。そして、世に幸福であると称せられている人々、すなわち富や権力において抜きんでている人々が遊びのうちに時を過ごしていることは、それが幸福であることの証拠であるようにみえる。しかし、遊びは幸福ではない、とアリストテレスはいう。「なぜなら、遊びが目的であり、遊びのために一生の間労働したり辛い運命に堪えたりするというのは、不条理であるからである。……真面目に努力し労苦すること(σπουδάζειν καὶ πονεῖν)を遊びのためとすることは、思うに、馬鹿げておりあまりにも幼稚である(8)。」だが、なぜこのようにいいうるのであろうか。それは、遊びが活動ではなくて休息(ἀνάπαυσις)の一種に他ならないからである(9)。われわれ人間は、恒常的に活動できない有限的な存在者なので、活動を持続するためには休息を必要とするが、遊びとはこの休息の一種であるからである。それ故、アナカルシスのいうように、「真面目に努めるために遊ぶ」のであって、その逆ではない。[10] この関係を転倒して、遊ぶために努めている人々は、休息すなわち無活動のために活動しているという転倒を行なっているのであり、従って、幸福が活動である以上は、幸福の反対概念である無為を人生の目的としている、といわなければならない。[11]

こうして、それ自身のために選ばれる活動、すなわち、幸福の名に値する活動として残るものは徳(卓越性)に即した活動以外にはない。[12] この主張はすでに第一巻において充分に基礎づけられていたから、いまここでその論旨をくり返す必要はないであろう。[13] そこで、もしも幸福が徳に即した活動であるならば、究極の幸福は最高の徳に即した活動であり、それは人間のうちの最高の部分(τὸ ἄριστον)の活動でなければならない、とアリストテレスはいう。[14] すなわち、倫理徳による活動はこの一言によってすでに究極の幸福の座からはずされているのである。そして、この最善の部分についてかれはこう述べている。「それが理性《ヌース》であるとするにせよ、他の何という名で呼ばれるにせよ……また、それ自身が神的(θεῖον)であるとするにせよ、われわれのうちに在るものの中でもっとも神的なもの(τὸ θειότατον)であるとするにせよ、この最善の部分のそれに固有の徳(卓越性)に従った活動が究極の幸福であることになるだろう。それが観想的活動であることは、すでに述べられたところである。[15]」換言すれば、人間の本性における最善の部分は理性であるから、理性がそれにもっとも固有の卓越性を発揮している観想活動が究極の幸福である、という主張に他ならない。この主張は一見唐突のように見えるが、実はアリストテレスの体系において広く深い背景をもっている。この背景への手がかりは、右の引用文の中に現われてくる「理性が神的なものである」という言葉のうちにある。つまり、アリストテレスは究極の幸福をなにか神的な存在への類同性のうちに見ていたのである。

二　神への同化

「神々にとってはそのすべての生が浄福(μακάριος)であるが、人間にとっては神の活動に類似するなにものか(ὁμοίωμά τι)が帰属するかぎりにおいて幸福な生がある。[16]」われわれはみな、プラトンの中に、「神が万物の尺度であり[17]」、「人間の理想が神への同化(ὁμοίωσις θεῷ)のうちにある[18]」という思想があることを知っている。しかし、これとほとんど同じ思想が、ほとんど同じ言葉によって表現されながら、アリストテレスの中に現われてくるのを見て、われわれは驚くのである。そこで、このような思想はアリストテレスにおけるプラトニズムの残滓であり、『ニコマコス倫理学』第十巻の観想論は初期の著作の混入である、という解釈が広く行なわれた。この解釈については後節で検討するが、とにかく事柄はそれほど単純ではない。なぜなら、同趣旨の主張はその他の著作の中にも現われてくるのであり[19]、このようなものをすべて初期の著作群として一括したとしても、なお、さらに重大な問題として、『形而上学』第十二巻の神学と『ニコマコス倫理学』の観想論との間には緊密きわまりない連動関係があるからなのである。それ故、デュデュレイが主張したように、ある意味では、アリストテレスの倫理思想の究極の基礎が神にあったということは、承認しなければならない[20]。しかし、これを承認することは観想思想をプラトンの思想の単なる反復と見なすことと同一ではない。なぜなら、そこにはアリストテレスにおける神観念の哲学的展開があるからである。そこで、われわれは、先ず、アリストテレスにおける神観念の積極的特質をとり出すことから考察を始めなければならない。

周知のように、『ニコマコス倫理学』の中には、その他のアリストテレスの著作においても同様であるが、神もしくは神々への言及が多数ある。これらのうちで、複数形の神々が一般庶民の信仰するオリュムポスの神々やその他もろもろの神々を指していたことには、疑いの余地がない。しかし、アリストテレスは明らかにこのような神々の存在もしくは人事への介入を信じてはいなかった。このことは、第一巻の原理論において、幸福を神々の贈物とする考え方をはっきりと拒否している点からも明らかである。[21] そして、この拒否の根本的な理由は、もしも神々が作用因という意味で人間の幸福の原因であったならば、人間の倫理的営為は自律性を失い無意味なものと化す、という点にあったのである。[22] それ故、この拒否の理由からみれば、もしもアリストテレスの倫理学体系において神の存在が意味をもつとすれば、それは人間的事象への作用因としてではない、ということがすでに暗示されている。

それでは、なぜアリストテレスは、本節冒頭の引用文がそうであるように、信じてもいない神々を自説の展開に際して援用するのであろうか。それは、かれの倫理学方法論にもとづいてである。すなわち、すでに第一章の第二節で論じたように、かれは倫理的真理が埋蔵されている基礎的な土壌を多くの人々の是認する見方(エンドクサ)の中においている。このエンドクサの中から、あるいはアポリアの解消という様式によって、あるいは一種の帰納的綜合によって、あるいは理性的検討《ロゴス》に整合する事実《エルゴン》の発見によって、真理の要素を取り出してくることが、倫理的思索の基礎的な段階なのである。[23] それ故、アリストテレスは充分な理性的検討を経た、自分自身の是認する神観念をもちつつ、そのロゴスによって基礎づけられた神の正当性を補強するエルゴンとして、エンドクサとしての民衆の神観念の中にみられる真理の諸要素を援用しているものと解さなければならない。

そこで、結局、問題にすべき点は、アリストテレスがロゴスによって基礎づけた神、すなわち『形而上学』第十二巻の神であることは明白である。もちろん、ここは第十二巻の議論の全体を検討する場所ではないが、アリストテレスが積極的に主張した神観念を明確にしておくために、『自然学』と『形而上学』で展開された神の存在証明の要点を省みておく必要がある。かれの論証の大筋は次の通りである。この世界にあるすべての存在者は絶え間のない生成変化の中にあるが、この汎宇宙的な変化の中で、永遠なものが存在する。すなわち、変化と時間そのものがそれである。なぜなら、「時間は今(τὸ νῦν)なしには考えることも存在することも不可能なものであるが、今とは或る中間的なものであって、始め(ἀρχή)と終り(τελευτή)、すなわち、来るべき時間の始めと過ぎ去った時間の終りとを同時に把持しているのであるから、時間が永遠であることは必然である」(24)ということになるからである。換言すれば、時間において把握されうるものは今を措いて他にはないが、この今は過去の終結であると同時に未来の発端でもあるのだから、今の両側には必ず時間が存在し、従って、時間は永遠である、というわけである。そして、時間が永遠であるならば、運動もまた永遠でなければならない。なぜなら、時間とは運動のある種の様態(πάθος τι κινήσεως)であったからである(25)。

ところで、このような運動の永遠性は、実際、恒星天の永遠の円環運動の中に典型的に見出されるのであり、この円環運動にもとづいて宇宙におけるすべての運動や生成変化が惹起されるのであるが、それでは、これらすべての運動の究極の原因はどのようなものでなければならないであろうか。先ず、それは永遠の運動を惹起するのであるから、それ自身が永遠の実体でなければならないことは明白である(26)。それと同時に、それは運動を惹起するのであるから、プラトンのイデアのように静止した存在ではなく、それ自身が活動体でもなければならない。ところで、動かすものという時、動かされて動かすものは中間的な原因である(27)。なぜなら、そのような中間的原因はそれを動かす他のより上位の原因を必要とするからである。そこで、もしもすべての原因がこのような中間的原因であったとしたならば、原因の遡行は無限後退に陥るが、このことは原因の最初の項（τὸ πρῶτον）が存在しないということを意味するのであり、[28]従って、最初の原因の欠落の故に、すべての運動が不可能になるという事態を意味するのである。それ故、世界の中に存在する絶え間のない運動変化を説明するためには、「決して他のものによって動かされずに他のものを動かす第一のもの」（τὸ πρῶτον κινοῦν ἀκίνητον）を究極的原因として立てなければならないのである。[29]それでは、もう一歩進めて、この第一原因はどのような性質のものでなければならないであろうか。それは可能性（δύναμις）をいささかも含まない純粋な現実態（ἐνέργεια）でなければならない。なぜなら、可能的にあるものは存在しないこともあり得るものであるから、[30]換言すれば、可能的なものはすべて現実的に活動するとは限らないから、[31]もしも第一原因の中に可能態がかくれ潜んでいたとすれば、宇宙における全運動の停止消滅という事態が起りえたはずであるからである。しかし、実際には、恒星天の斉一的運動にみられるように、宇宙には、動かされてではあるが永遠の影を宿した休みなき運動がある。[32]それ故、あらゆる運動の究極原因は、その実体が活動であるような（ἧς ἡ οὐσία ἐνέργεια）、[33]換言すれば、能力の発現として活動するのではなくて、その存在自体が活動であるような永遠の現実態でなければならないのである。[34]

こうして、われわれは汎宇宙的運動の究極原因を「動かされないで動かす純粋現実態」として確かめえたが、このものの本性をさらに的確に把握するために、考察をもう一歩前進させなければならない。すでに、われわれはこの原因が第一原因であるが故に、「動かされないで動かす」ということを確かめた。しかし、このことは直ちにこの原因が非物体的存在であることを示すのである。なぜなら、もしそれが物体的存在であったならば、それは他の物体と接触することによって、必ず他のものの影響を蒙らざるをえないからである。自然的世界における原因はすべてこのような性質のものであって、動かすものは動かされるものに接触することによってこれを動かすが、このことは同時に動かすものが動かされるものによって影響を受ける(ἅμα πάσχει)という事態を含意しているのである。[35] それ故、ここから、第一原因は物体的存在ではなく、その原因性は自然的因果関係ではない、ということが導出されるであろう。

第一原因の非物体性は、さらに、その永遠性からも帰結される。なぜなら、第一原因は無限の時間にわたって(τὸν ἄπειρον χρόνον)天界を動かしているが、いかなる物体も無限の力をもつことができないからである。[36] というのは、物体であるということは「面によって限られている(ὡρισμένον)」ということを意味するが、このことは直ちにすべての物体は必然的に有限である(πεπερασμένον)という事態を含意するからである。[37] それ故にまた、第一原因は場所の中にも存在しない。[38] なぜなら、場所とは物体と物体との関係であったからである。

しかし、第一原因の非物体性について何よりも認識しておかなければならないことは、このことの究極の根拠が、第一原因が純粋現実態であるが故にいかなる質料をも内含しえない[39]、という点に由来することである。すなわち、質料を内含するということは、直ちに「他でもありうる」(ἐνδέχεται ἄλλως ἔχειν)ということを含意するのである。[40] たとえば、目に見えるものの中でもっとも恒常的な存在を維持しているかに見える恒星天も、とにかく場所の移動を行なっているかぎりは、なお他でありうるものなのであり、このことは、それが場所的質料を内含しているということを意味するのである。ましてや、実体的変化、性質的変化、量的変化を蒙りうる存在者が、変化の基体として「他のようでありうる」無規定な質料を内含せねばならないことはいうまでもない。それ故、決して他のものによって動かされることのない、その存在自体が純粋の活動であるような第一原因は、決して他のようではありえないという意味で、いかなる可能性をも内含せず、従って、いかなる質料をも内含しない、全く単純な(ἁπλῆ)、その意味で必然的な

(ἀναγκαῖον)存在でなければならないのである。[41]

第一原因からは、このようにして物体性が完全に排除されるわけであるが、しからば、純粋現実態としてのそれの活動は精神活動である他はない。しかも、この精神活動は物体的なものとのあらゆる依存関係をもちえないのであるから、感覚、想像、推論的認識の類のものではなく、ただ精神的なものの直覚的認識である他はない。こうして、アリストテレスは第一原因を純粋な理性(νοῦς)として確立したのである。ここで、このような純粋理性の活動がどのようにして全宇宙の運動を惹起するのかという問いが提出されるであろうが、この問題は本稿の主題を外れるのでここでは取り上げず、[42]ただ、この理性についてアリストテレスの語るところを聞くことにしよう。「このような原理《アルケー》に宇宙と自然は依存している。そして、このものの生はわれわれにとっては僅かの時間しか許容されないような最善の生である。……なぜなら、このものの活動(思惟)は快楽でもあるからである。……そして、この思惟は自己自身における思惟(ἡ νόησις ἡ καθ' αὑτήν)であって、[43]それ自体において最善なもの〔理性としての自己〕を対象としている。……こうして、理性は自己自身を思惟するのであり、……従って、思惟する理性《ヌース》と思惟される対象《ノエートン》とは同一なのである。……そして、この観想活動(θεωρία)はもっとも快でありもっとも善である。従って、もしも神〔ὁ θεός 単数形であることに注目されたい〕が永遠にこのような善い状態にあるならば——われわれは時折そうであるにすぎないが——それは驚くべきことである。そして、神は実際そのような状態にあるのである。……なぜなら、理性の活動は生命であり……理性のそれ自身における活動は最善にして永遠の生命なのであるから。それ故、われわれは次のように主張する。神とは永遠にして最善の生者であり(ζῷον ἀΐδιον ἄριστον)、従って、連続的で永遠の生命と持続が神に所属する、と。けだし、このようなものが神なのだからである。[44]」アリストテレスは『形而上学』第十二巻第六章〜第七章へと続く神の存在証明の議論の中で、上掲引用文に至って、始めて「神」という言葉を単数形で用い出す。すなわち、かれは、自己の是認できる哲学的に根拠づけられた神を、全宇宙の運動の究極原因としての、純粋現実態である単一の理性として提出したのである。この理性はいかなる質料をも含まないのであるから、その活動は疲れることなく休むことなく活動する永遠の現実態であり、最高度の現実態であるが故に前章で論じたように最高度の快楽を伴っている。さらに、この思惟は、現実態そのものであるが故に、一切の可能的なもの、すなわち質料的なものを対象とすることができず、従って、完全現実態である自己自身にのみかかわりうる「思惟の思惟」(νόησις νοήσεως)であり、この意味で、言葉の全き意味での自足的活動である。こうして、神が理性であり、その生が観想であり、その観想活動の特徴が無限の永続性、極限の快、そして最高度の自己完結性にあることが根拠づけられたのであった。[45]

さて、神の本質とその活動の諸特性を右のように総観するとき、これは、アリストテレスが究極の幸福者とする観想者の本質とその活動の諸特性に、完璧な並行関係を成していることが、明らかになる。すなわち、アリストテレスは次のようにいっている。「われわれのうちにあるものの中でもっとも神的なものの活動が究極の幸福であり、それは観想活動である。……なぜならば、これは最高の活動であるからである。というのは、理性はわれわれのうちにあるものの中で最高のものであり、理性のかかわる対象は知られうるものの中で最高のものなのであるから。[46]」この一文において先ず問題になることは、アリストテレスが人間の本性を何であると見ていたか、という点であろう。最初に確かめておくべきことは、神の本性が理性であり、人間のうちにはこれと同質のものが、その力においては比較にならないほど劣っていても、とにかく存在するという事実である。それ故、神と人間との間には否定しえない同質性が存在するのである。だが、この同質性をどのように見ていたかという点については、アリストテレスのうちに一見、動揺があったように見える。すなわち、一方においてかれはこういっている。「このような生(観想的生活)は人間の水準を凌駕した生である。なぜなら、人がこのように生きるとすれば、それは、かれが人間である限りにおいてではなくて、かれのうちになにか神的なもの(θεῖόν τι)が宿る限りにおいてだからである。また、理性が形相と質料の合成体(τὸ σύνθετον)から異なるだけ、ちょうどそれだけ理性の活動は倫理徳に従った活動とは異なるのである。従って、もしも理性が人間に比べて神的であるならば、理性に従った生活もまた人間的な生活に比べて神的であるだろう。[47]」この一文から見るかぎりは、理性と人間とは異なるものとして対比せられ、人間は形相と質料の合成体と見られているといえる。実際、「人間的」(ἀνθρωπικός)という形容詞は、肉体と情念をもつ合成体としての人間の活動である倫理的活動に、適用される場合が多いのである。[48]従って、こういう見方に立てば、理性は滅びゆく合成体としての人間のうちに宿る「神的ななにものか」となり、その活動は人間の水準を超えた神的活動となるであろう。[49]

ところが、他方ではアリストテレスは次のようなことをいう。「だが、もしも理性がわれわれにあってわれわれを支配する、より勝れた部分であるならば、各人は理性である、とも思われるであろう。従って、もしも人が自己自身の生(τὸν αὑτοῦ βίον)を選ばずになにか他のものの生を選ぶとすれば、それは不条理なこととなるであろう。[50]」すなわち、この文章では一転して、理性が各人の自己自身とされ、理性以外の質料的要素は「他のもの」(ἄλλος τις)といわれているのである。そこで、多くの研究者は、ゴーティエもその一人であるが、このような文章の中にプラトニズムの残滓を見出し、[51]『ニコマコス倫理学』第十巻の観想論とその中に見出される人間観を初期の思想として整理するのであるが、この解釈の方向は誤りではないとしても、とにかくアリストテレス自身がこのような部分を『ニコマコス倫理学』の体系の中にはめ込んだのだということを忘れてはならない。なぜなら、「理性が真の自己である」という主張はここ以外の他の巻にも現われてくるのであり[52]、また「観想が究極の幸福である」という主張にいたっては、すでに見たように、第一巻、第六巻、第七巻、第十巻という基軸となる諸巻に絶えず姿を現わしていたからである。それ故、アリストテレス自身は、「人間は形相と質料の合成者である」という主張と、それにもかかわらず、「人間の真の自己は理性である」という主張との間には矛盾は存在しない、と考えていた、とみなければならないであろう。この問題は、以下の第四節で能動理性の問題として主題的に考察するが、この段階では次のように考えておけばよい。人間は全体としてみれば形相と質料の合成者である。しかし、第五章「人間性」において論じたように、そこにおいて人間を真に人間たらしめている要素は質料的要素ではなくて理性であり、この意味で理性が真の自己なのである、と。こうして、神の本性と人間の本性とが同一であり、この同一性の次元において人間は普遍的な精神の世界へ開かれているということが確かめられた、といってよいであろう。

しからば、「本性のその卓越性に即した活動が幸福である」という思想の帰結として、人間の幸福が神の幸福の縮小相似形を成すことは自明の理である。すなわち、アリストテレスは、観想活動が最高度に自己目的的であり[53]、人間の為しうる諸活動の中でもっとも恒常的であり[54]、純粋さと安定性において驚くべき快を伴い[55]、存在の仕方において自己充足的であることを精細に描写するが[56]、これらの諸特質は第一巻において分析された幸福の諸条件に正確に対応するものであると同時に[57]、すでに見たように、神の活動の諸特質とも完全に対応するものであったのである。こうして、人間の活動の究極の目的は神の活動への同化となる。すなわち、アリストテレスはこういったのであった。「われわれは人間であるのだから人間的なことを想い、死すべき者であるのだから死すべきことを想え、と勧める人々の言葉に従ってはならない。むしろ、われわれに可能なかぎり不死なる者として振舞い（ἀθανατίζειν）、われわれ自身のうちにあるものの中で最善のもの〔理性〕に従って生きるべく全力を尽くさなければならないのである。[58]」

三　観想の対象

人間の究極の幸福が観想であり、それは、人間に可能なかぎりでの神の活動の模倣であることが、前節までで明らかになった。それでは、観想者は一体なにを観想するのであろうか。この点について、ロスは次のようにいっている。「観想的生活によってアリストテレスがなにを意味したのかと問われるならば、数学と形而上学という二つの領域、そしておそらくはそれらに自然学をも加えて三つの領域における真理の観想がその生活である、というのがそれに対する答えである。[59]」すなわち、幸福な生活とは一般的な意味における真理の観想享受の生活である、とかれは了解している。このロスの理解は『形而上学』第六巻における観想学（理論学 θεωρητική）についてのアリストテレスの発言にもとづいている。すなわち、アリストテレスはそこで理論学には三つのもの、自然学、数学、神学があるといっているからである。[60]そこで、先ず、自然学であるが、これが運動変化する感覚的実体にかかわることはいうまでもない。[61]従って、たとえ自然学がこのような可変的可能的実体における不変の要素にもっぱらかかわるとしても、自然的存在者の可変性有限性が、前節で明らかにされた観想の要請に充分即応しないであろう。なぜなら、観想活動は神の活動への可能なかぎりでの接近模倣であったが、このことは必然的にその対象の永遠不変性を要請するからである。こう

して、自然学的考察は少なくとも勝れた意味での観想活動ではない、といわなければならないと思われる。(62)

それでは、次に、数学的対象はどうであろうか。これは、たしかに、永遠不変の存在であるから自然的存在者よりもより観想の対象に相応しいといえるように思われる。しかし、われわれは数学的対象の存在ということを語りはするが、(63)それは独立自存の実体が存在するという意味においてではない。なぜなら、面自体、線自体、点自体というものはどこにも存在しないのであって、それらはただ感覚的事物の諸属性として存在しうるのみであるからである。(64)この点で、数学的対象はもっとも十全な意味での永遠的存在——すなわち、独立自存する永遠的存在——には達しないのであり、従って、観想の本来の対象としては不充分なのである。

こうして、本来の観想活動が形而上学的思考であることは不可避の帰結であるが、この帰結をみちびく理由には、以上に述べたいささか図式的な議論よりは、もっと根本的な理由があるように思われる。それは、形而上学の学としての性格である。すなわち、形而上学がなぜ第一哲学(σοφία ἡ πρώτη)と呼ばれるかという理由である。その理由は、簡単にいえば、自然学はもちろんのこと数学もまたそれらの学が学として成立するために自明の前提としている原理そのものの成立根拠を問わない、という点にある。数学の場合には、それは数学における諸公理の、そして究極的には思考の最高原則の根拠づけという問いであろう。自然学の場合には、それは自然的存在者の構成原理の解明、そして究極的には存在者が存在することの根拠づけへの問いであろう。存在としての存在(ὂν ᾗ ὄν)の学である形而上学はこのような課題を引き受けているのであり、(65)この意味で、形而上学が存在しなければ、その他の諸学はその根拠を失うのである。以上のような意味で、本来のもしくは最高の観想は形而上学的思索である、と結論づけてよい。『形而上学』の第四巻第三章からみちびかれる以上の結論は、ゴーティエもいうように、『ニコマコス倫理学』第六巻第七章における「諸学の頭」としての形而上学《ソフィアー》という主張に対応している、とみてよいであろう。[66]

そこで、問題は、それでは形而上学は一体なにを思索するのかという問いになるが、この問いに直接入る前に、観想の対象に関する他のいくつかの解釈の可能性を検討しておこう。

先ず、芸術的もしくは宗教的観想はアリストテレスのいうテオリアの圏内に入っていたであろうか。バーネットはそのように解していたようである。[67] しかし、ハーディもいうように、[68] アリストテレスは芸術的観想の価値を感情の浄化という精神医学的もしくは心理学的側面に見ていた点が大であり、そこに永遠的存在の観照を含めていたとは思われない。加うるに、アリストテレスは詩歌、音楽、絵画、彫刻などの芸術活動を高度に精神的な活動ではあるが、しかし、とにかく洗練された遊びと見なしたであろうから、そうだとすれば、第一節で論じたように、「遊びが人生の目的であるのは不条理である」[69] という主張が芸術にも適用されうるであろう。

こうして、芸術活動がテオリアのうちに入らないことはほぼ確実であるが、それでは宗教的観想はどうであろうか。すでに、本書の中でしばしば述べたように、アリストテレスのうちには、民衆の信仰している通常の意味での祭儀的宗教にかかわり合おうという意志は全くない。だから、祈りにおける人格的な神との神秘的合一というような意味でなら、アリストテレスの中にはそういう宗教的観想は存在しない、と断言してよい。しかし、全く知的に神的存在を観想するという意味でならば、ゴーティエもいうように、アリストテレスの中には「神に憑かれた宗教的熱狂」があった、[70] といってよいだろう。しかも、この姿勢は、初期の断片から最後期の『霊魂論』に至るまで一貫して持続するアリストテレス思想の定項の一つでもある。たとえば、初期の断片からいくつかのものを拾い出せば、次の通りである。「それによってわれわれが生じてきたその究極のもの(τὸ ἔσχατον)を考えることがわれわれの目的である。……しからば、すべての人は認識と観想(θεωρῆσαι)のために神によって造られた、というピタゴラスの言葉は正しい。(71)」観想は存在者の存在の究極原因、すなわち、存在そのものへ向かっているのである。このような観想の一つの形として、宇宙《パーン》の観想もまた排除されてはいない。「すべての有用と思われるものに先立って、宇宙《パーン》の観想を大切にせねばならない。(72)」「哲学者だけが自然《フュシス》と神的な存在《ト・テイオン》に目を注いで生きる。(73)」初期の対話篇『哲学への勧め』に現われるこのようなモチーフは、『形而上学』第十二巻の純粋理性としての神、『ニコマコス倫理学』第十巻の観想論、『霊魂論』第三巻の能動理性などにおいて姿を変えつつ現われてくる。こうして、われわれは観想の究極の対象は神であるという結論に接近しつつあるが、その結論に至る前に、なお、もう一つの解釈の可能性に言及しておかなければならない。

それは、古くはステュアートによって主張され、最近ではローティによって再提出された解釈である。(74)一般に、アリストテレスの倫理思想においては、観想的生活と倫理的実践の生活との間には断絶があると解されているのだが、ステュアートやローティはこの見方を否定し、両者は観想的生活が実践的生活を完成するという関係にある、と主張する。この解釈の梃子は観想の対象の範囲をどこまで拡大するかという点にある。すでに述べたように、なにかが観想の対象でありうるための条件は、それが永遠不変の存在である点にあった。(75)そこで、神、宇宙の永遠不変の運行、数学的対象などが観想の対象となることはいうまでもないが、それらに加えて、事物の形相《エイドス》(種)もまたその中に入る、というのがかれらの解釈の特色である。なぜなら、アリストテレスにおいては種は永遠不変の存在であったからである。(76)それ故、人間の形相すなわち人間の本質も観想の対象となりうるのであり、この本質の観想によって倫理的実践は基礎づけられる、とかれらは主張するのである。(77)この解釈は、形相の永遠性という点に着目して、観想と倫理徳とをなんとか連結しようとする工夫であるが、この試みは成功しているであろうか。先ず、注(77)において指摘したように、この解釈は細かい点――エネルゲイアの解釈やフロネーシスの解釈など――において種々の難点をもつが、それはここでは問わないことにして、全体としてみると、要するに、『ニコマコス倫理学』の全体における倫理徳の基礎づけに関する思考がそのまま即テオリアである、という解釈になるであろう。[78] しかし、そのようなことをアリストテレスはいっていたであろうか。むしろ、逆に、アリストテレスは、ソフィアーが倫理的事象にはかかわらないことを反復して主張していたのであり、[79] それが第六巻におけるソフィアー論の眼目でもあり、[80] また第十巻における倫理徳の二次的な位置づけの意味でもあった。[81] それ故、ステュアートやローティはアリストテレスの思索の全体的な構図を見誤っているのである。

以上によって、倫理的原理の基礎づけもまた観想の対象ではないことが明らかになった。こうして、われわれは観想の対象を形而上学の領域に限定するに充分な根拠を得た、といってよいであろう。ところで、形而上学の対象というとき、それが存在一般であるのかそれとも或る特定の存在者であるのかは、アリストテレス自身が『形而上学』の第六巻において提出している問いであった。[82] 事実、アリストテレスは、第七、第八、第九巻の実体論においては前者を、第十二巻の神学においては後者を扱っているのであり、その意味では両者とも形而上学の対象であるといえる。この故に、『形而上学』は二つの部分に分裂しているという理解もあるのだが、[83] この点についてはロスの解釈が正鵠を射ていると思われる。すなわち、かれは大略次のようにいうのである。[84] 形而上学は或る特定の存在者、不動の実体(οὐσία ἀκίνητος)を研究することにより第一哲学なのであるが、第一であることによって普遍的なのである(καθόλου οὕτως ὅτι πρώτη)。[85] 換言すれば、純粋存在としての神の本性を研究することにより、哲学は、結局は、全体としての存在の本性を認識するに至るのである、と。この解釈は、形而上学の本来の対象は神であり、神の認識によって全存在者の存在の認識も可能になる、という理解である。この解釈は、『形而上学』の内部においてはそれほど強く主張する必然性をもたないが、『ニコマコス倫理学』の思索圏に入ると決定的な意味を帯びてくる、と考えられるのである。

そこで、アリストテレスのひそみに倣い、出発点を新たにしてこの点をさらに明確化すべく努めてみよう。われわれは先に、人間の究極の幸福が神の存在(神の活動)への可能なかぎりでの接近模倣にあることを確認した(86)。すなわち、神の活動は人間の幸福の原型なのであった。従って、人間の幸福を知るためには、神の活動を知らなければならないであろう。ところで、前節において論証したように、神の存在は純粋現実態(純粋活動)としての思惟であり、その対象は思惟である自己自身であった。アリストテレスがなぜ「自己自身の思惟」(ἡ αὑτοῦ νόησις)といわずに「思惟の思惟」(νόησις νοήσεως)という精妙な表現を用いたかということについては、神においては人間におけるような思惟主体とその活動という分裂がないことを示唆するためであった、というエルダースの解釈は当っているであろう(87)。とにかく、神の思惟の対象が自己自身であるという点は、『形而上学』以外の諸著作においても完全に一貫して主張されている点である(88)。

では、神はなぜ自己自身のみを思惟するのであろうか。それは、すでに前節で触れたように、神が永遠不変の存在であるからである。すなわち、もし万一神が可変的可能的な存在者を思惟することになれば、神自身が変化のプロセスの中に捲き込まれることになり、その永遠不変性を失うことになるからである。そういうことになれば、純粋現実態としての神の思惟が、人間の思惟のような運動的思惟、すなわち推論的な、断続的な、疲労する思惟になってしまうからである(89)。これと同じことであるが、もしも神が自己以外の存在者を思惟することになれば、神はその存在者に依存することになり、このことが神の第一原因性(絶対的自足性)と矛盾をきたすことになる、といってもよい。[90] 従って、神は自己自身のみを思惟するのであり、自己の外部にある存在者としての世界には全く関知しない、と結論づけてよいであろう。

では、それならば、神の自己知、思惟の思惟とは一体どのようなものなのであろうか。先ず、神は自己の外部にある存在者としての世界を思惟することはないが、これは神と世界との間には関係がないということを意味しはしない。このことを認識しておくことは重要である。たとえば、アリストテレスはこういっている。「宇宙と自然は神に依存している。[91]」「神は万物にとって原因の一つであり、或る種の根拠《アルケー》である。[92]」すなわち、神は世界の創造者としての作用因でもなく、世界の素材としての質料因でもないが、世界の存在の或る種の原因である、とアリストテレスはいっているのである。しからば、アリストテレスの原因論からいって、神は世界の形相因ないしは目的因ということである他はない。事実、アリストテレスは、神は目的因として世界を動かす、という。「動かされないで動かすなにものかが存在する。それは永遠的で、実体で、現実態である。それが動かす仕方は、欲求されるもの(τὸ ὀρεκτόν)や思惟されるもの(τὸ νοητόν)がものを動かす仕方なのである。[93]」アリストテレスの一般的理論からいえば、ものを動かす作用は反対に動かされるという反作用なしにはありえない。たとえば、切るものは切られるものによって鈍化され、温めるものは温められるものによって冷化される。[94] これが物体的世界における原因性の鉄則である。この鉄則に対する唯一の例外が、欲求の対象すなわち善の発揮する原因性に他ならない。人間の倫理的行為における起動力が、この行為の目的としての善の及ぼす目的因としての原因性——換言すれば、物体的な意味での無原因性——に帰着することは、アリストテレス倫理思想の基調であるが、この目的因の原因性は倫理的行為の領域にとどまるものではないのである。

たとえば、『自然学』の中には次のような文章がある。「なにか神的なもの《ティオン》、善なるもの《アガトン》、欲求の対象となるもの《エフェトン》が存在し、……他方、自己自身の本性にもとづいてそれを欲求し希求するものが存在する。(95)」このような表現において、アリストテレスが念頭においているものは、自然的存在者における生成の起動力は、目的因としての形相の牽引力にあるということである。われわれは目的因の原因性について、類似のテキストを多数引証することができる。(96)そして、それらの中で決定的なものは、『霊魂論』のあの著名な一文である。「栄養生殖霊魂は霊魂の中で第一のそしてもっとも普遍的な能力であり、それによってすべての生物に生きることが成立する能力である。なぜなら、自己に似た他者を作ること、すなわち、動物が動物を、植物が植物を生むことは、……完全であるかぎりでの生物にとってもっとも本性的なことであるからである。そして、その目的は、力のかぎり、永遠なるものすなわち神的なものにあずかろうとする点にある。なぜなら、すべての生物は永遠の存在を欲求し、永遠の存在のためにそれらが本性的に為すところのすべてのことを為すからである。(97)」すなわち、すべての生物、いや宇宙におけるすべての存在者は、神の永遠的存在を希求し、これを模倣的に実現しようとして、そのすべての活動を営んでいるということであり、これが、神が最善なるもの（τὸ ἄριστον）として宇宙のすべての存在者の不動の第一原因である、ということの意味に他ならなかった。換言すれば、第一原因はただ目的因としてのみ成立しうるのであり、このことをアリストテレスは「愛されるものとして動かす(98)」、もしくは「考えられるものとして動かす(99)」と表現したのであった。

こうして、神が、宇宙の存在のではなくて、活動の、従って秩序の目的因であることが明確になった。それでは、このことと、神自身の活動すなわち「思惟の思惟」とはどのような関係にあるであろうか。神の思惟がどのようなものであるかについては、大きくいって二つの解釈がある。一つはロスに代表される解釈で、神の思惟は全く空虚であるという理解である。ロスはこういっている。「神以外のすべてのものはその存在を全く神に負っている。従って、神の自己認識は同時にすべての他の存在者の認識であるに違いない。これは一つの実り多い理解の方向である。しかし、アリストテレスが実際に採用しているものは、それではない。かれにとっては、神が自己自身を知ることと、他の存在者を知ることとは二者択一なのである。そして、前者を肯定することにより、かれは言外に後者を否定しているのである。実際、かれは第二の選択肢が可能的に含意する多くのことを明白に否定している。すなわち、かれは、悪に関するすべての認識、また思惟が一つの対象から他の対象へ移行することを、全く神に拒否している。こうして、神の生から悪とあらゆる変化への関係を排除しようと欲したことが、自己以外にいかなる対象をももたない認識という、不可能で不毛な理想を将来したのであった。」[100] この線上の解釈は、最近では何人かの研究者によって述べられているが、[101] とくにデュデュレイはわざわざ「神は世界を認識しない」という一節を設けて、これを強力に主張しようとした。[102] しかし、かれの行文をたどってゆくと、かれはむしろ逆の結論を主張したいのではないかと思われるほどである。先ず第一に、神が世界の存在の目的因であること、また、神が世界を自己の外にある存在者としては認識しないこと、この二点はデュデュレイも認めるようにアリストテレスにおける不動の主張である。しからば、神がその自己思惟において世界の目的因としての自己を思惟していることは論理的に必然である。その際デュデュレイは、アリストテレスにおいては神の善性が伝達的(diffusivum sui)かどうかが明らかではないということを問題にするが、[103] そういうことは、もともと問題にはならないのである。なぜなら、神が世界を見るとすれば、神は世界を自己の外にではなく自己の中に見る他はないからである。こうして、デュデュレイの主張は神の目的因性によって崩れるが、ロスの主張の方はどうであろうか。ロスもまた、神が世界の存在者の存在の目的因であることは認めている。それならば、かれはどうして神の世界認識を否定しうるのであろうか。先ず第一に『形而上学』のテキストからいって、アリストテレスは「神は世界を認識しない」とはどこにもいっていない。ただ「自己自身を認識する」といっているだけである。そこで、ロスの論点を逐一検討すると、先ず、神が自己の外にある存在者を認識しないということは、神に世界認識を拒否する理由にはならないのである。世界は、神の精神の中に神の存在の様々の段階における模倣態として、当然理念的に内在しうるであろうからである。そうでなければ、目的因という主張が意味を成さない。それは、ちょうど棟梁の頭脳の中の設計図が、木と石から成る現実の家の目的因であるのと同じ事態であるだろう。しからば、神が悪を認識しないという論点は問題にならない。アリストテレスは確かにそういっている。[104] だが、悪(不完全性)は質料から来るのであり、神は世界における存在者の本来的な秩序を認識しているだけであるからなのである。従って、ロスの第三論点はなおさら問題にならない。神が世界をその理念的秩序において認識するとき、その思惟は変化に対応して運動する推論的思考ではなく、一瞬のうちに全体を把握する直観《ノエーシス》であったからである。

以上で、神はその自己思惟において世界を認識するという解釈の可能性は容認された、と思われる。この解釈は遠くトマス・アクィナスに遡る西欧の伝統的理解で、[105] 最近ではエルダースがこれを強力に主張しているので、ここでかれの解釈を瞥見しておくのがよいであろう。問題のテキストはこうである。「神は最善のものであるから自己自身を思惟する。そして、その思惟は思惟の思惟である。[106]」先ず、この言葉は、第一原因である神が他の存在者の影響をうけず、完全に独立であることを的確に表わしている。しかし、同時に神から、自己自身以外の他の存在者に関するあらゆる知識を奪うようにも見える。しかし、もしそうだとすれば、第一原因としての性格――すなわち、他の諸存在者の第一原因であるという性格――と、このことは両立し難いことになるだろう。そこで、エルダースは、神が万物を認識しているという解釈の根拠として、先ず予備的に『形而上学』の二つの箇所を挙げている。(107) その一つは、アリストテレスがエムペドクレスを批判している箇所である。エムペドクレスの体系では愛の支配している時期には憎しみは完全に宇宙の外に排除されるのだが、それならば、エムペドクレスは愛の支配する宇宙を神と呼ぶのであるから、「もっとも幸福な神が知において他のものよりも劣る、という帰結をエムペドクレスは避けえない。なぜなら、神は万物を知らないことになるからである。というのは、神は憎しみをもたないのだから」(108)、という批判が行なわれるのである。もちろん、この批判はエムペドクレスの神概念が不充分であるから生じたとはいえる。しかし、この批判の前提が、神は万物を認識していなければならない、という思想であることは明白であろう。もう一つの箇所は、すでに論及した点であるから、(109) ここではくり返さないことにして、直ちにエルダースの主張を聞くことにしよう。(110) かれは大略次のような趣旨のことをいっている。『形而上学』第十二巻の第七章と第九章によれば、世界はその存在においてではないとしても、少なくともその活動において第一原因に依存している。この第一原因は、第七章から明らかなように、存在の充実を包含している(contains the fullness of being)。その限り、それの自己認識は世界の認識でもある。それは、或る意味では、世界の中で行なわれる変化をも包含している。なぜなら、すべての変化は或る終着点を目指して起るが、その終着点がそのものの形相的完成であるからである。ところで、第一原因はすべてのものの目的である。(111) 従って、第一原因の自己認識は世界におけるあらゆるものの認識となるであろう。ここでアリストテレスが苦心して編み出した精妙な点は、まさに、第一原因が自己の外にその認識の対象をもちえないという点なのである。すなわち、最高の理性は万物の本質を思惟しているのである、と。アリストテレスのテキストを綜合的に考察するとき、この理解が正しい方向を指している、と筆者にも思われる。

さて、神の観想の対象が神自身であり、それを通しての世界の認識でもあることが以上で明らかになったが、しからば、神の活動の模倣である人間の観想もまた、その動く方向は逆であるが、その対象を神とし、かつその世界認識において神的なものの現われをたどることであることは、必然の帰結であろう。先ず、人間のテオリアの最勝義の対象が神であること、換言すれば、『形而上学』第十二巻で展開されたような神学的思考を営むことがテオリアであることについては、強調点の差異はあれ、ほとんどの研究者が異議を唱えてはいない。ただ、問題はその他の理論学《テオーレーティケー》の活動がこのこととどういう関係にあるかという点であろうが、これについてもすでに答えは出された、といってよいのである。すなわち、『自然学』、『倫理学』、『形而上学』の終結部において、アリストテレスが常に神を問題にすることは、全研究の収斂点がそこにあったことを示しているのであり、また、生物学的著作群、自然学的著作群の中にしばしば「神的なもの」への言及があることは、アリストテレスが自然的世界の中に神の活動の痕跡を見ていたことを示しているのである。[112]

四　観想する理性

アリストテレスが究極の幸福とする観想とは神の観想であり、また、宇宙の中に神を見るという意味での宇宙の観想である。これが前節までの結論であった。だが、このような思想はあまりにもプラトン的ではないか、という疑問から、『ニコマコス倫理学』第十巻第六章～第八章の観想論は多くの解釈を惹起した。それらは、大別すると、(一)

この部分は初期プラトニスト時代の思想の残存混入物であり、後期の思想に適合しないとする解釈、(二) 初期から後期に至るまでアリストテレスは一貫してこのような思想を持ち続けており、かつ、この思想は後期の人間観と矛盾しないとする解釈、の二つにまとめられるであろう。前者も後者もいくつかの亜種をもつが、ここでは先ず前者の代表としてフェルベーケをとりあげ、その解釈を検討することから始めよう。

フェルベーケは『ニコマコス倫理学』の観想論の根底にある心理学は何かと問う。[113] すなわち、フェルベーケのいうところによれば、『霊魂論』においては、人間理性の活動は肉体の活動と必然的に関連していた。従って、この霊魂観の下では死後の生や永遠の生は問題になりえなかった。しかるに、『ニコマコス倫理学』の観想論では「不死の営み」(ἀθανατίζειν)が語られるのである。それ故、両著作の間には、理性に関して両立しがたい見解の食違いがあり、従って、『霊魂論』の人間観は『ニコマコス倫理学』の思想的背景ではありえない、と。これがフェルベーケの主張の第一点であるが、この主張は先ず文献的典拠の上からいって根本的に誤っている。フェルベーケがここで語っている「理性の活動と肉体の活動との必然的連関」とは、「魂は肉体の現実態(ἐντελέχεια)である」という周知のエンテレケイア理論のことであるが、アリストテレスが人間に関してこのエンテレケイア理論を語るときには、つねに次の留保条件が付せられていたことを知らねばならない。「理性(νοῦς)と観想の能力に関しては未だなにも明らかではないが、とにかく、それは魂(ψυχή)とは異なった類のものであるように思われる。そして、理性だけが、永遠なものが可滅的なものから離れうるように、離存しうるのである。だが、魂のその他の諸部分が離存しえないことは明白である。[114]」「魂が肉体から分離しえないこと、あるいは、もしも魂が本性上可分的であるならば、魂のある部分が肉体から分離しえないことは、全く明らかである。なぜなら、魂のある部分の働きは肉体の部分そのものの働きであるからである。

しかし、少なくとも魂のある別の部分が肉体から離存しうるということには、なんの障害もない。なぜなら、その部分はいかなる肉体の現実態でもないから(διὰ τὸ μηθενὸς εἶναι σώματος ἐντελεχείας)である。[115]」能動理性の独立離存性が主題的に語られるのは『霊魂論』第三巻の第五章であるが、上掲引用文は第二巻の第二章と第一章に見出されるものであり、さらに、このような趣旨の文章はその他にも第一巻と第二巻に二箇所確かめられるのである。[116]それ故、アリストテレスは『霊魂論』において終始一貫して、「魂は肉体の現実態である」という身心一体論(エンテレケイア理論)を唱えながら、同時に、理性だけを別格扱いにしてその独立離存性を主張していた、とみなければならない。従って、最後期の著作と目される『霊魂論』の中においてさえ、アリストテレスは依然として人間本性の二重構造性(超越性と内在性)を保持しつづけているのであり、この二重構造はまさに『ニコマコス倫理学』の説く幸福の二重構造と正確に対応しているのである。

それでは、かくも明白な文献的典拠を無視してまで、なぜフェルベーケは『霊魂論』と『ニコマコス倫理学』との仲を裂こうとしたのかといえば、それはかれの解釈がイェーガーの発展学説に毒されていたからに他ならない。すなわち、イェーガー説をより特殊化して心理学の領域に適用したニュイエンスは、アリストテレス思想の中に三段階の発展を認めうると主張したが、[117]この三段階発展説をフェルベーケは、そしてゴーティエもまた、鵜呑みにしたのである。三段階とは、初期の理想主義(魂の超越を説くプラトン主義)、中期の機械論的道具主義(魂と肉体とを別個の実体とし、前者が後者を道具として使用するという立場)、後期の質料形相主義(魂を肉体の現実態とする身心一体論)のことである。そして、かれらは『霊魂論』を最後期に、『ニコマコス倫理学』を中期に位置づけた。その結果、かれらは、『霊魂論』の思想圏から理性の超越離存性を放逐し、『ニコマコス倫理学』の思想圏から質料形相主義を放逐しなければならなくなったのである。だが、端的にいって、先ずニュイエンスのいうような意味での中間段階はアリストテレス思想の中には存在しない。そして、すでに見たように、『霊魂論』の中にはエンテレケイア理論と同時に、最初期の思想に由来すると思われる理性の超越離存性という主張が併存していたのである。

そこで、今度は、『ニコマコス倫理学』の中にこの二つの局面を確かめておくのがよいであろう。このことは思想的には自明のことであるが、一応文献的典拠の挙示という意味においてである。先ず、観想する理性が超越離存しうる実体であることは、次のような箇所をみれば明白である。「質料と形相の合成者である人間の徳は人間的な徳であり、そのような徳に従った生活や幸福は人間的な生活や幸福である。だが、理性の徳〔観想活動〕は肉体からきり離されて存在する（κεχωρισμένη）徳である。[118]」「観想の生は人間の水準以上の生である。なぜなら、人がこのように生きうるのは、かれが人間であるかぎりにおいてではなく、かれの中になにか神的なものが内在するかぎりにおいてであるからである。[119]」他方、エンテレケイア理論の方はどうかといえば、この点についてはハーディがきわめて剴切な解釈を提示しているので、[120]ここではその趣旨を簡単にまとめて援用することにしよう。そもそもエンテレケイア理論というものは、アリストテレス自身が『霊魂論』の中で語っているように、魂をどの段階で捉えるかによってその内容が異なってくる。[121]すなわち、栄養生殖能力、運動能力、感覚能力、思惟能力などのすべてが生命なのか、その一部分が生命なのかによって、エンテレケイアは異なってくる。そこで、たとえば、キャベツの場合ならば、その生命は栄養生殖能力に限られるであろう。そして、キャベツの生命がキャベツというものから分離しうるとか、或いはキャベツのどこか一部分に宿るなどとは、だれ一人考えはしないであろう。このように、低次の生物においては、エンテレケイア理論はいわば自明のことがらに属する、といってよい。では、一挙に飛躍して、人間の場合には、この理論は『霊魂論』においてどのように語られていたであろうか。「さて、魂の様態《パテー》はすべて肉体とともにあるように思われる。憤怒、柔和、恐怖、憐憫、豪胆、さらには、喜悦、愛すること、憎むこと。なぜなら、これらの情念と同時に肉体はなんらかの変容を蒙るからである。[122]」アリストテレスはさらに思惟や想像力についてさえ次のようにいっている。「思惟もまた想像力《パンタシアー》の一種であるか或いは想像力なしには存在しないのであれば、思惟でさえ肉体なしにはありえないことになるだろう。[123]」それ故、エンテレケイア理論のいわんとすることは、魂の働きがつねに肉体のプロセスと同時に起る、ということである。換言すれば、肉体から離れて魂という独立実体が存在することはない、ということである。もちろん、すでに見たように、『霊魂論』は理性を能動理性と受動理性の二者に分ち、前者を永遠の独立実体として立てていたが、このことは、アリストテレスが人間においてはエンテレケイア理論を受動理性までの範囲内で認めていた、ということを意味するのである。

さて、そこで、『ニコマコス倫理学』においてはどこでエンテレケイア理論がたしかめられるのかといえば、それは証拠を引証する必要のない自明のことがらである、といえる。なぜなら、この理論は心の活動と肉体のプロセスとの連動を語るものであったが、『ニコマコス倫理学』はほとんど全巻がこのことを語っているからである。それ故、ニュイエンス、フェルベーケ、ゴーティエらがこの書物にエンテレケイア理論を拒否したのは、ただイェーガーの発展学説を守りたいというアプリオリな動機からのみ発した解釈、という他はないのである。しかし、とにかく典型的な箇所を二、三あげてみると、次のようになる。「ある種の倫理徳はわれわれが肉体をもつ存在であることの結果であり、倫理徳は多くの点で情念と緊密な親縁関係にあるように思われる。[124]」「恥じ入る人は顔を赤らめ、死を恐れる人は顔面蒼白になる。[125]」「怒り、情欲、その他この種の情念のあるものは明らかに肉体の変化を惹起する。[126]」これらの文章において、心の活動と肉体のプロセスとの共時的連動関係が語られていることには、疑問の余地がない。『ニコマコス倫理学』におけるエンテレケイア理論の存在を証拠だてるもう一つの重大な典拠は、それが人間を合成的存在者(τὸ σύνθετον)と語っている点である。[127] この言葉は『形而上学』の実体論において頻出する言葉であるが、そこでは質料と形相の合成体である個物を意味しており、これが人間に適用された場合にはエンテレケイア理論を前提していたのである。[128]

以上により、われわれは、『霊魂論』と『ニコマコス倫理学』との間には、表現の成熟度の相違はみとめられるにしても、思想の基本的骨格においては相違のないことを立証した。すなわち、両著作の中にともにエンテレケイア理論と理性の超越離存性の思想がみとめられるのであり、従って、この両思想はアリストテレスの最後期の思想に属するものであり、それ故に、『ニコマコス倫理学』第十巻の観想論を初期のプラトニズムの残存混入物と見なすいわれは全くないのである。[129]

フェルベーケの解釈において次にとりあげるべき点は、かれが『ニコマコス倫理学』第十巻の観想論と『哲学への勧め』との間に緊密な対応関係をあとづけたことである。[130] この考証は疑いもなく正しい。そして、その結果について、フェルベーケのいうところもまた正しい。すなわち、「以上の分析のすべてが示すところによれば、われわれが検討した『ニコマコス倫理学』の諸文章は、おそらく、アリストテレスの思索の発展の中で古い時期にまで遡る。それは、かれが未だ師プラトンの哲学に緊密に結びついていた時期であり、そこでかれは観想という理想を発見したのであった」。[131] ただし、フェルベーケはこの初期の思想が『ニコマコス倫理学』の中に見出されることに違和感を覚え、これは最後期の作品『霊魂論』の思想と矛盾するというのだが、われわれはそうは考えないのである。つまり、理性の超越離存性と究極の幸福としての観想という思想は、最初期から最後期に至るまでアリストテレスが一貫して保持しつづけてきたかれの思想の定項である、というのがわれわれの解釈である。[132]

かくして、われわれは観想する理性を独立離存しうる永遠不滅の理性として把握した。この理性の本性について充分な理解をもつためには、われわれは『霊魂論』の錯綜した思考圏の中に入ってゆかなければならないが、ここはその場所ではない。われわれはただ倫理学にとって充分な程度において、この理性の概略について語るにとどめたい。そもそも、アリストテレスはなぜ人間の説明においてエンテレケイア理論を貫徹せず、理性だけを別格扱いにしたのか。理性もまた肉体の現実態として一網打尽に説明した方が、よほど解り易く首尾一貫していたのではないか。それはそうである。しかし、アリストテレスは、あえてアポリアを背負いこむことになるとしても、エンテレケイア理論だけでは認識という活動は説明できない、と考えていたのである。なぜであろうか。『霊魂論』第三巻の第四章でかれはこういっている。「もしも思惟が感覚のごときものであるならば、思惟は思惟の対象によってなにごとかを蒙ること(πάσχειν τι)、もしくはそれに類似のなにごとかになるであろう。しからば、思惟はなにも蒙らない(ἀπαθές)ものでなければならない。……理性は万物を思惟するのであるから、アナクサゴラスのいうように、なにものとも交わらない(ἀμιγῆ)ものでなければならない。……なぜなら、理性と異質のものが理性の中に生ずれば、それは理性を妨げるからである。従って、理性の本性は、可能的であるということを除いては、なにものでもない。しからば、理性は……思惟する以前には、現実態においては存在者の中のなにものでもない。それ故、理性は肉体と混淆しない(οὐδὲ μεμῖχθαι)という説は正しい。なぜなら、もし肉体と混淆したとすれば、それは、冷たいとか熱いとかいうようななんらかの性質を帯びることになるであろうし、感覚能力の場合と同様に、なんらかの器官をもつことになろうからである。ところが、理性にはこういうものはなにもない。[133]」感覚は、感覚器官が感覚の対象から物理的影響を受け、それへと同化することにより、成立する。しかし、思惟にはそのような事態はない、とアリストテレスはいうのである。その根拠としてかれの挙げる理由は、第一に、理性は万物を思惟しうるということ、第二に、理性には外部から印象を受容する器官がないということである。すなわち、理性は、万物を思惟しうるためには、特定の性質をもった物理的存在(肉体)ではありえないのであって、いわばその中には何も書き込まれていない石版のように、[134]現実的にはいかなる本性ももたないが(μηδεμία φύσις)、可能的には万物でありうるような空白でなければならない、というのである。そして、理性には外部から思惟の素材を受容する器官がない、ということは、思惟の対象は理性自体の中に内在する、ということを意味する。このアリストテレスの主張には、深い洞察とともに様々のアポリアが含まれているが、ここはそれを追跡する場所ではない。とにかく、思惟は感覚のように外部から触発されて活動するものではないということ——思惟対象は、その由来がアプリオリであれアポステリオリであれ、理性自体の中に可能的に内在しているということ——、および、思惟は万物でありうるためには何ものであってもならないということの中に、アリストテレスは理性の根本的特徴を見ていたのである。

ところで、可能的に万物である理性がいかなるきっかけで思惟活動を開始するのか。理性には外部から活動を惹起する触発がないのだから、思惟を惹起する力は根源的な能動性として理性自体の中に内在していなければならないであろう。このような問題状況から能動理性(νοῦς ποιητικός)が現われてくるのである。「さて、すべての自然において、ちょうど技術《テクネー》がその素材《ヒュレー》に対してあるように、すべての類のものに……質料と原因もしくは作用者(τὸ αἴτιον καί ποιητικόν)があるのだから、霊魂の中にもこの差異があることは必然である。そして、一方には、万物に成ることによって質料のような理性があり、他方には、光のように……万物を創り出すことによって原因のような理性がある。なぜなら、光もまた、ある仕方で可能的に色であるものを現実的に見える色とするからである。そして、この理性が離存することができ、他のものの影響をうけず、他のものと交わらず、その実体において現実態(χωριστὸς καὶ ἀπαθὴς καὶ ἀμιγής, τῇ οὐσίᾳ ὢν ἐνέργεια)なのである。[135]」さきに「可能的に万物である」といわれていた理性、別のところでは「諸形相の座」といわれている理性[136]、すなわち、認識において概念的対象と同一化する理性は、実は、技術に対する素材のように未だ形成されうる、その意味で未だエンテレケイア理論の枠内にあって肉体的要素とつながれている質料的な理性であったのである。このような受動理性を思惟活動へと惹起する力、すなわち、光のようにそれ自体は見えずに万物を顕現させる純粋自発性としての思惟の起動力が、アリストテレスのいう能動理性であり、これのみが独立離存しうる純粋現実態としての永遠不滅の理性であった。この能動理性の働きについて、ロスは「能動理性は、(一)普遍的な概念を形成し、(二)普遍的な真理を把握し、(三)二つの普遍的な真理から第三の真理を推論する能力である[137]」、といっているが、この理解は誤っている。ロスの解釈を批判するボアマンもいうとおり[138]、抽象作用、普遍的真理の把握、推論などが能動理性の働きであるなどとアリストテレスはどこにもいっていないし、さらには、能動理性と受動理性の対象領域が異なるという示唆もない。アリストテレスのテキストを厳密に解するかぎり、ハーディやボアマンの解するとおり[139]、能動理性の働きは、ただ受動理性に働きかけて思惟活動を惹起する、という純粋自発性の一点に存するのである。

こうして、人間理性の中には二つの部分があるという理論が導入され、能動理性のみが独立離存しうる不死永遠

(ἀθάνατον καὶ ἀΐδιον)の理性であることが主張される。[140] 能動理性は不死であるから、もちろん生じたものではない。換言すれば、個体としての人間が生存し始める以前から存在しつづけていた超個人的な理性なのである。そして、この思想は『霊魂論』の中に始めて現われたのではなく、実は、『動物発生論』の次の言葉の中により明確に表現されていたものであった。すなわち、「理性のみが外から有機体の中に入ってきたのであり(θύραθεν ἐπεισιέναι)、これのみが神的なのである。なぜなら、この理性の活動には肉体的活動は全く関与しないのだから」[141]と。この能動理性は人間の有機体の中に存するかぎりは、ただの純粋自発性としてしか意識されえないであろう。また、記憶が印象の受容にもとづくかぎり、一切の受動性を超えている能動理性は、独立離存して純粋の自己自身となったとき記憶をもたないであろう。記憶は印象を受容しうる受動理性の働きであり、死とともに受動理性もまた滅びる以上は[142]、死後に一切の個体的記憶は存続しないであろう。『霊魂論』第三巻第五章終末の謎めいた三行は右のようにパラフレーズすることができると思う。

こうして、能動理性は、エンテレケイアとしての個体的人間のうちにありながら、個体の生成消滅を超えて永遠に存続する普遍的理性なのであり、『形而上学』第十二巻の神である理性の一片であり、宇宙精神であり、この精神の活動に参与することが人間には稀に許されるといわれた『ニコマコス倫理学』の観想的生活なのであった。

五　観想と倫理徳

人間の究極の幸福は観想の生である。しからば、これもまた人間の幸福と語られていた倫理徳実現の生と観想の生とは、どのような関係にあるであろうか。これが最後に残された問題である。

先ず、倫理的価値がそれ自体、自己目的であり、なにものかへの手段として意味をもつものではないという点を確認しておかなければならない。このことは、本書の第一章から第九章までの論旨で自ら明らかなことであるが、なおそれに付け加えて、アリストテレスが倫理的価値の当為性(無条件性)にしばしば言及していた点を挙げておくのがよいであろう。すなわち、アリストテレスの語る徳は、本書第六章の第一節「徳」で論じたような意味で中庸であったが、これは「健全な理性の命ずるように」行為することであり、これはまたさらに「為すべき人に、為すべきように、為すべきことを、為すべき時に、為すように命ずる理性の命法」に従うことであった。実際、この「べし」(δεῖν)という言葉は『ニコマコス倫理学』の中でもっとも頻繁に現われてくる語の一つであり[143]、この一事からだけでもアリストテレスが倫理的価値の自己目的性を充分に意識していたことが解る。だが、そうすると、アリストテレスの倫理思想のうちには、行為の究極目的が、相互に内的な連関をもたないまま、乖離した形で、二つ併存していた、ということになるであろう。これまでにも、観想と倫理徳との間に体系的な内的連関をつけようとする試みがしばしば反復されたが、それが成功しえないことは本章の第三節「観想の対象」で論じた通りである。現在の研究者は、両者の間には内的連関がないという点では、大体一致している[144]。

だが、それならば、両者の間にはなんの連関もないのであろうか。そうではない。内的には連関がないが、外的にはきわめて緊密な連関があるのである。この点を考えるためには、人間として生きるとはどういう事態を意味するかを想起しなければならない。すなわち、アリストテレスはこういっていた。「完全なる善とは自足的な(αὔταρκες)ものであるように思われる。だが、われわれは自足ということを、孤独の生を生きているおのれ一人に帰するのではなく、親、子供、妻、一般に友人や市民たちと共にある自己に帰するのである。なぜなら、人間は本性的に共同体的な存在であるからである。[145]」つまり、最高善を特徴づける自足という性格は、孤独者の生を指示するのではなく、人びとと共にある生を指示しているのであり、それは人間が本質的に共同体的な存在であるからだ、というわけである。実際、人間は一人では生きられない存在者であり、単に生存を維持するだけでも他者の助けを必要とする。「孤独な者にとって人生は困難である。なぜなら、自分一人だけでは持続的に活動することは容易ではないが、他者と共にあり他者とかかわってあるならば、それはより容易になるからである。[146]」従って、人間である限りは共同体の中で生き、他者の助けを必要とするのであるから、倫理徳の実践は人間であることの前提条件である、といえる。アリストテレスはこの点を強調してやまない。「人間が人間であり多くの人びとと共に生きるかぎり、かれは倫理徳に則した行為を選ぶのである。それ故、人間の生を営むためには(人間であるためには πρὸς τὸ ἀνθρωπεύεσθαι)、倫理徳に則した行為は必須であるだろう。[147]」そればかりではない。人間は肉体をもつ有限な存在者であるから、人間であるためには外的な善さえも必要である。すなわち、人は生きるためには、食料や衣服やその他もろもろの物質的配慮をも必要とするのである。[148]このように倫理的生と人間的生との結びつきは必然である。しかし、それならば、倫理的生はそれ自体の中に究極の価値をもっていたのであろうか。アリストテレスはそうは考えていなかった。倫理的生は自己目的的ではあるけれども、最高度の生であるとは考えていなかったのである。このことは、かれが倫理徳に従った生を「第二次的な生」(δευτέρως)と語っているところから、明らかである。[149]換言すれば、倫理徳に従った生は本質的に人間の生であり、その意味で、あらゆる人がこれを超越することのできない人間にとって必須の生であったが、しかし、なにかより高次の活動を実現するための準備段階に他ならない、ということなのである。そして、この高次の活動、第一次の生が観想の生であることは改めて指摘するまでもないであろう。この場合、倫理徳に従う生と観想の生とを、二者択一の関係にある二種類の生と理解することは、アリストテレスを全く誤解することになる。この二つの生は、同一の人物が同時に営む幸福なる生の二つの層である。すなわち、観想する哲学者は、同時に、健康を配慮し、契約を履行し、政治に参加する市井の倫理的人間である。しかし、この場合、倫理的生が人間の幸福の基底層であり、観想の生がその上に開花する実りである、とアリストテレスはいいたいのである。それ故、両者の間には一方が他方の不可欠条件であるという意味で、必然の関係がある。しかし、この必然の関係は、理論的な根拠づけという関係ではなくて、倫理徳を実現しなければ人間として生きることができず、人間として生きることができなければ観想を実現することもできない、という関係なのである。

だが、そうはいっても、観想と倫理徳との間には実は積極的な関係もある、とアリストテレスは考えていた節がある。それは、フィリアーに関するかれの思想の中に含まれているのである。先ず、フィリアーを論ずる第八巻の冒頭において、かれは愛が人間にとっていかに本質的であるかを指摘しながら次のようにいっている。「愛は、若者にとっては人生を過たないために、年老いた人々にとっては弱さによる行為の欠陥を支えるために必要である。だが、力の盛りにある壮年にとっては、美しい行為のために必要なのである。「二人して共に歩めば」といわれているように。なぜなら、二人であれば、行為においても思惟においても(νοῆσαι καὶ πρᾶξαι)より強力であるからである。[150]」愛は、第八章で論じたように、共同主体的な生すなわち倫理的な生の本質的な姿である。この愛が、もっとも他者の助けを必要としないかのように見える力盛りの人々にとっても必須であるのは、美しい行為の実現のためである、といわれている。アリストテレスにおいて、美しい行為とは倫理徳の実現と観想活動を措いて他にないことは、ここで改めて指摘するまでもない。それ故、この文脈で、行為《プラークサイ》は倫理的生を指し思惟《ノエーサイ》は観想を指すと解することは、決して読み込み過ぎとはならないであろう。アリストテレスは、共同主体的な(すなわち倫理的な)生が、倫理的な生自体をさらにより強力なものへと促進し、また観想活動をもより強力なものへと仕上げる、といっているのである。それ故、アリストテレスの語る「善き人々の共同体としての愛の共同体」とは、実はその究極の姿として、観想者の共同体を目指していた、と解することができる。「友人とは分けられた自己(αὐτὸς διαιρετός)である。従って、友人を知覚し友人を認識することは、ある意味で自己を知覚し自己を認識することになることは必然である。それ故、友人と卑俗な快楽を共有し、そのように共同生活を送ることもまた当然愉しいことではあるが、……より神的な快楽(τὰς θειοτέρας ἡδονάς)を共有するならば、その愉しさはより高度のものとなる。その理由は、より勝れた善の中に自己を眺めることは、つねにより快いからである。……さて、自己が善く生きることは愉しく、同様に友人が善く生きることも愉しく、そしてさらに、共に生きることの中には共に活動すること(συνεργεῖν)が含まれているのであるから、人と人との交わり(κοινωνία)は最高度にその目的において実現されるであろう。この故に、共に観想し(συνθεωρεῖν)共に食事をせねばならないのである。……こうして、共に生きねばならぬということ、万人がこのことをもっとも望むということ、そして、もっとも幸福でもっとも善い人は最高度にこのような人であることは、明らかである。[151]」いま、簡明にするために、倫理徳の実現を愛の実現と置き換えてみれば、この文章の中には、倫理徳と観想との積極的な関係がきわめて鮮明に現われていることが解る。すなわち、友人とはもう一人の自己であり、人と人との交わりはこのような意味で同一性の実現であり、この同一性は善を媒体にして成立するときもっとも真実のものになるということは、すでに第八章で論じた通りであるが、しからば、その善が最高度の善である観想であるならば、人と人との交わりも最高度の同一性として実現されうるであろう、というのが右の一文の趣旨である。この文脈の中で、「より神的な快楽の共有」が観想生活の共有を指すことには、疑問の余地がない。そして、最後に、愛とは共に生活することであり、共に生活するとは共に活動することであり、これの最高度の形態は観想と食事を共にすることである、とはっきり書かれているのである。

こうして、共同体的動物としての人間の最高度の共同体は観想者の共同体である、とアリストテレスが考えていたことはほぼ確実である。「幸福な」(εὐδαίμων)という形容詞は主として人間に与えられる言葉であるが、「浄福な」(μακάριος)という形容詞は本来は神々に、そしてその延長線上で人間にも与えられる言葉である。[152] アリストテレスにおいては、浄福なる神の存在の仕方が思惟の思惟である観想であったことを想起すれば、次のような文章はその含蓄をあますところなく現わすであろう。「浄福《マカリオス》なる者を孤独者と為すことは、おそらく不条理なことであろう。なぜなら、いかなる人も自分一人だけですべての善を所有しようと望みはしないであろうから。それというのも、人間は本性的に共同体的であり共に生きる者なのであるから。[153]」そして、「浄福なる者もまた共に生きることを望むのである。なぜなら、孤独者であることは浄福なる者にもっとも相応しくないからである。だが、相手と共に一緒に時を過ごすことは、互いに相手が快く、同じことを喜ぶのでなければ、不可能である[154]」。この同じことが究極的に何を指すかは、もはや付言するまでもない。

（1）　EN, X, 6, 1176 a 30–32.
（2）　EN, I, 7, 1097 a 25–30.
（3）　Ibid., 1097 a 30–32.

(4) EN, VI, 13, 1145 a 6–9.

(5) EN, I, 5, 1095 b 31–1096 a 2; 8, 1098 b 31–1099 a 7; 13, 1102 a 32–b 12.

(6) EN, X, 6, 1176 a 34–35.

(7) Ibid., 1176 b 6–7.

(8) EN, X, 6, 1176 b 28–33.

(9) Ibid., 1176 b 34.

(10) Ibid., 1176 b 33.

(11) 遊びが幸福でないことの理由として、アリストテレスは、本文に述べた主論点の他に、以下の三点をあげている。(i) 遊びによって人は肉体や財産をなおざりにするため、益を受けるよりはむしろ害を受ける(EN, X, 6, 1176 b 10–11)。(ii) 遊びに耽る人は純粋で自由な快楽(精神的な快楽)を味わいえないので、肉体的な快楽に逃げ込んでいるのである(1176 b 19–21)。(iii) 子供と大人では尊重さるべきものが異なって見えるように、悪しき人と善き人においても事情は同様である。ところで、しばしば述べられたように、善き人にとって(τῷ σπουδαίῳ)尊重さるべくまた快いと見えるものが、事実そのようなものである。そして、善き人にとっては徳に即した活動が尊重さるべくまた望ましいものなのである(1176 b 23–27)。この論点は、すべての価値の尺度は善き人《スプーダイオス》であるという『ニコマコス倫理学』に一貫して流れるアリストテレスの基本的立場の再現である。

なお、ジョアキムはアリストテレスの論点を次のようにまとめている。'If we consider these three kinds of activity (i. e. (1) virtuous actions, (2) pleasant amusements, (3) θεωρία) for which intrinsic value is claimed, the second group must clearly be dismissed. For amusement and recreation cannot be seriously regarded as the end of life. Even the more refined and intellectual forms of παιδιά are valuable not per se but as relaxation which renews our power of work.' (H. H. Joachim, The Nicomachean Ethics, p. 287)

(12) EN, X, 6, 1177 a 1–2, 10.

(13) 本書第一章「アリストテレス倫理学の基本原理」を参照。

(14) EN, X, 7, 1177 a 12–13. この主張は実に奥行きの深い問題を孕んでいる。すなわち、アリストテレスは一体どのような人間観をもっていたのかという問いがここで再提出されるのであり、それに伴って『ニコマコス倫理学』とくに第十巻の成立時期の再検討、『霊魂論』との関係、『形而上学』とくに第十二巻との関係などが続出する。さらに、倫理徳の意味づけという問題が鋭く浮び上ってくる。以下に続く諸節は、これらの諸問題に対する、筆者に可能なかぎりでの、一つの統一的な解釈の試みでもある。

(15) EN, X, 7, 1177 a 13–18. バーネットのいうように (Burnet, The Ethics of Aristotle, p. 461)、厳密にいえば、究極の幸福が観想活動であるということは、未だ明確には述べられていなかった。しかし、それを示唆する論調はところどころに展開されていた。Cf. EN, I, 5, 1095 b 14 ff.; X, 4, 1174 b 18–23, etc. なお、『哲学への勧め』の中にはこのことの明確な主張がある。Cf. Fr. 6 (Ross, Aristotelis Fragmenta Selecta, p. 36).

(16) EN, X, 8, 1178 b 25–27.

(17) Plato, Leges, IV, 716 c 4–5.

(18) Plato, Theaetetus, 176 b 1–3.

(19) Politica, VII, 1, 1323 b 21–26; VII, 3, 1325 b 14–30.

(20) J. Dudley, Gott und Theoria bei Aristoteles, Die metaphysische Grundlage der Nikomachischen Ethik, Peter Lang Frankfurt am Main, 1982.

(21) 本書第1章第四節「人間の善としての幸福の領域の画定」を参照。Cf. G. Bien, Die Grundlegung der politischen Philosophie bei Aristoteles, Verlag Karl Alber Freiburg/München, 1978, II Teil, 5 Die Ausgrenzung der Sphäre des Menschlichen, bes., S. 106–108.

(22) EE, I, 3, 1215 a 14–19.

(23) バーネットは『ニコマコス倫理学』の方法がディアレクティケーであることを充分に強調し、従って、アリストテレスの倫理学が一種の経験的帰納の学である、と考えた (Burnet, op. cit., pp. xxxix–xlvi)。ゴーティエはこの解釈を激しく論難し、ディアレクティケーは『弁論術』の方法であって、そもそも学的方法でもないし、倫理学の方法でもない、といっている。'Burnet crut qu'Aristote entendait assimiler purement et simplement la méthode de la morale à celle de la rhétorique, ... mais c'est là sans aucun doute une méprise. ... Aristote ne confond pas l'éthique et la rhétorique. Reste donc que la méthode propre de la morale soit autre chose que la dialectique.' (Gauthier, Commentaire, II, 1, p. 24) しかし、このゴーティエの

非難は極端であって、真理は両者の中間にあると思われる。すなわち、ディアレクティケーはアリストテレスにおける真正な学的方法(経験的な事象において推論の大前提となる真理を発見する方法)であるが、倫理的思索においてこの方法のみが用いられているわけではなく、人間性の構造からの演繹的基礎づけなども行なわれている。つまり、二つの方法が交錯しているというのが真相である。なお、デュデュレイは本文で問題となっている事象についてディアレクティケーの学的な意味を充分に評価している。„Dialektik ist notwendig, um die erste Prinzipien der Wissenschaft zu erstellen … Die dialektische Methode wird von Aristoteles weitgehend in NE und anderen Abhandlungen angewandt … um seine Ansicht zu überprüfen, die er wissenschaftlich deduziert hatte. Er beginnt seine Argumentation damit, daß er über Götter (Plural) spricht und beendet sie mit Gott (Singular).“(Dudley, op. cit., S. 18)

(24) Physica, VIII, 1, 251 b 19–23.

(25) Ibid., 251 b 28.

(26) Met, XII, 6, 1071 b 4–5.

(27) Met, XII, 7, 1072 a 24.

(28) Physica, VIII, 5, 256 a 18–19.

(29) Met, XII, 7, 1072 a 25; Physica, VIII, 5, 256 a 20–21.

(30) Met, XII, 6, 1071 b 19.

(31) Ibid., 1071 b 24.

(32) Met, XII, 7, 1072 a 21.

(33) Met, XII, 6, 1071 b 20.

(34) Ibid., 1071 b 32.

(35) Physica, III, 2, 202 a 8–9.

(36) Met, XII, 7, 1073 a 5–8.

(37) Physica, III, 5, 204 b 5–6; Met, XII, 7, 1073 a 10–11.

(38) De Caelo, I, 9, 279 a 11–22.

(39) Met, XII, 6, 1071 b 21.

(40) Met, XII, 7, 1072 b 6.

(41) Ibid., 1072 b 11–13.

(42) この問題については，以下の諸著を参照されたい。L. Elders, Aristotle's Theology, A Commentary on Book Λ of the Metaphysics, Van Gorcum, 1972, esp. Introduction ch. IV OPEΞIΣ (pp. 35–43)；Joachim, op. cit., pp. 291–296; Ross, Aristotle's Metaphysics (Commentary, vol. I, Introduction, ch. 4 Aristotle's Theology).

(43) καθ' αὑτήν の解釈については，ロスの注釈を参照。Ross, Commentary, vol. II, p. 379. 'thinking in itself as distinguished from the human thinking which depends on sense and imagination, etc.'

(44) Met, XII, 7, 1072 b 14–30.

(45) 神の生，神の活動が観想のみでありうるという点は，『ニコマコス倫理学』では，その他のあらゆる活動，すなわち製作活動ばかりではなく，倫理的活動でさえ神に相応しくないという点からも主張されている。この主張の要点は，あらゆる倫理的活動が質料的要素(欲望，情念)の存在を前提する，という点にある。すなわち，質料的要素を含む存在者の活動は，本質的に不安定であり，恒常性をもたず，絶えず壊廃の危険にさらされているが，倫理的活動には常にこういう性格が付着しているのであり，従って，それは神の活動としては相応しくない，ということである(EN, X, 8, 1178 b 7–23)。なお，この問題には，本書第二章「フロネーシス」の第四節でも触れている。

(46) EN, X, 7, 1177 a 16–21.

(47) Ibid., 1177 b 26–31.

(48) EN, X, 8, 1178 a 9–14.

(49) 第一巻第十二章における幸福の規定においても，アリストテレスはすでに「諸善の原理《アルケー》である幸福はなにか尊い神的なものである，とわれわれは考える」(EN, I, 12, 1102 a 3–4)といっていたことだ，ここで想起されてよいであろう。

(50) EN, X, 7, 1178 a 2–4.

(51) Gauthier, op. cit., II, 2, p. 891. 'nous avons dit à quel point elle reflétait encore le platonisme du Protreptique et était éloignée de la psychologie du traité De l'âme.' Cf. ibid., pp. 728–729.

(52) EN, IX, 4, 1166 a 16–17, 22–23; 8, 1168 b 28–35.

(53) EN, X, 7, 1177 b 1–4.

(54) Ibid., 1177 a 21–22.

(55) Ibid., 1177 a 25–26.

(56) Ibid., 1177 a 27–34.

(57) 活動の自己目的性(EN, I, 7, 1097 a 16–b 6) τὸ καθ'αὑτὸ αἱρετόν.
活動の恒常性(EN, I, 10, 1100 b 11–17) βεβαίως καὶ συνεχέστατα.
活動の快適性(EN, I, 8, 1099 a 7–31) καθ'αὑτὸν ἡδύς.
活動の自己充足性(EN, I, 7, 1097 b 6–20) αὐτάρκεια.

(58) EN, X, 7, 1177 b 31–34.「不死なる者として振舞う」(ἀθανατίζειν)とは観想の生を送るということである。それは、(i) 不死なる神の生が観想の生であること、(ii) 観想において人は永遠の真理に触れること、そして、(iii) おそらくは不滅の能動理性とわれわれ自身との或る意味での同一視が含意されていること、などの諸点から用いられた表現であろう。ただし、ゴーティエはこの第三点に関しては反対している。その趣旨は、『ニコマコス倫理学』は『霊魂論』よりも以前の作品だから、前者に能動理性の理論を適用するのはアナクロニズムだ、という点にある(Gauthier, op. cit., II, 2, p. 889)。しかし、両作品のクロノロジーはゴーティエやニュイエンスのいう通りだとしても、それだからといって『ニコマコス倫理学』の中に能動理性の祖型的理論がなかったということにはならない。その証拠がまさにこのような箇所なのである。

(59) Ross, Aristotle, p. 234.

(60) Met, VI, 1, 1026 a 18–19.

(61) Ibid., 1025 b 26–28.

(62) ゴーティエもハーディもそう解している。Gauthier, op. cit., II, 2, p. 853. 'la contemplation au sens le plus strict du mot, c'est-à-dire la contemplation de la métaphysique, à l'exclusion des mathématiques et de la physique.' Hardie, Aristotle's Ethical Theory, p. 339. 'the exclusion of physics is inevitable.' 自然学の学としての二次性は、それが存在の特定の領域のみを問題として、存在そのものを問わない、という点からも指摘されている(cf. Met, IV, 3, 1005 a 33–b 8)。

(63) Met, XIII, 3, 1077 b 33.

(64) Ibid., 1078 a 2–5.

(65) Met, IV, 3, 1005 a 19–b 2. ちなみに，ハイデガーが自己の哲学を基礎的存在論(Fundamentalontologie, SZ., 13, passim)と呼んだのも，このアリストテレスの「第1哲学」という意味の脈絡の中でである。

(66) EN, VI, 7, 1141 a 18–22; 1141 b 2–3. Gauthier, op. cit., II, 2, p. 853. 'il y a entre la définition de la philosophie dans le livre VI de l'EN et le ch. 3 de la Mét. Γ ... un parallélisme frappant.'

(67) Burnet, The Ethics of Aristotle, Arno Press, 1973, p. 438. 'the life of the philosopher, the life of artistic, scientific or religious contemplation.'

(68) Hardie, op. cit., p. 340.

(69) EN, X, 6, 1176 b 28–29.

(70) Gauthier, op. cit., II, 2, p. 858. 'la ferveur avec laquelle nous avons vu Aristote parler de la contemplation des réalités divines ... est la ferveur d'un esprit religieux épris de Dieu.' Cf. Hardie, op. cit., p. 341. 'There is certainly a religious flavour in his language!'

(71) Protrepticus, Fr. 11 (Ross, Aristotelis Fragmenta Selecta, p. 45).

(72) Ibid., Fr. 12 (Ross, p. 47).

(73) Ibid., Fr. 13 (Ross, p. 48).

(74) A. O. Rorty, 'The Place of Contemplation in Aristotle's NE'(Essays on Aristotle's Ethics, U. P. of California, 1980, pp. 377–394) ; J. A. Stewart, 'Notes on the Nicomachean Ethics', Arno Press, 1973, p. 5. 'It is in the θεωρητικὸς βίος that the ultimate standard of all conduct is found. ... The ultimate good, then, which man seeks after is the consciousness of his own εἶδος as θεῖον. It is only the Thinker, as such, in the θεωρητικὸς βίος, who has this consciousness clearly. The morally excellent man, however, acts in a manner which would be inexplicable unless the εἶδος of Human Nature were such as the Thinker is conscious of it.'

(75) EN, VI, 1, 1139 a 6–8.

（76） Met, VII, 8, 1033 b 5–8.

（77） ローティによれば、人間の本質（形相、種）の観想によって倫理的実践が基礎づけられる根拠は以下の点にある。すなわち、ある個体がある種のメムバーであるということは、その個体がその種の本質的な可能性を実現すべきものであり、そのような可能性の実現がその個体にとってもっとも自然的な活動である、ということを意味している。換言すれば、その個体の存在や活動の目的は種を規定する特性の中にすでに含まれているのである。ローティは、「エネルゲイアが無時間的であり、エネルゲイアにおいては現在が完了である」というアリストテレスの言葉は、以上の事態を意味している、と理解している。'Because the purpose or end is contained in the very description of the activity, there need be no motive for performing it. ... It is for this reason, and not because they are instantaneous, that energeiai are timeless and that performing them at all counts as having performed them.'（Rorty, op. cit., p. 382） エネルゲイアに関するこの解釈は、面白くはあるが、テキスト上の根拠はほとんどないローティの読み込みである。しかし、それは当面措くとして、かの女の解釈をさらに追うと、人間の場合、その本質（形相、種）を観想するということは、人間が理性的存在者であることを自覚するということであり、この自覚によって、人間が理論的認識とともに実践的知恵の実現を達成すべき者であることが了解される、というのである。'To be human is to be capable of practical wisdom and scientific knowledge.'（ibid., p. 379） そして、フロネーシスは個別的な事象は正確に把握するが普遍的な理論的根拠づけという要素に欠ける面があるので、この点を、人間の本質的諸可能性から基礎づけることが観想者の為すべき仕事となる。観想者は人間性とその本質的活動を思惟することにより、そのような活動を十全的に自覚する。つまり、精神としてわれわれは人間性と同一化するのであり、この意味で人間性の観想者は実現された人間性になる 'The contemplator of Humanity becomes an actualized Humanity.'（ibid., p. 388） というのがローティの解釈の要点である。

（78） Stewart, op. cit., p. 5. 'Hence it is in the θεωρητικὸς βίος that the ultimate standard of all conduct is found. The ultimate ὅρος or σκοπός, according to which the moral μεσότης is fixed, is given not by the practical, but by the speculative reason.'

（79） 本書第二章第四節「ソフィアーに対するフロネーシスの位置」を参照。

（80） EN, VI, 7, 1141 a 28–29, passim.

（81） EN, X, 8, 1178 b 7–21.

(82) Met, VI, 1, 1026 a 23–25.

(83) Cf. I. Düring, Aristoteles, Heidelberg Universitätsverlag, 1966, Die aristotelische Metaphysikbegriff, S. 594–595.

(84) Ross, Aristotle's Metaphysics, Commentary, vol. I, p. 253.

(85) Met, VI, 1, 1026 a 30–31.

(86) この点を極めて強力に主張したのがデュデュレイである。Cf. Dudley, op. cit., S. 89. „Gottes Tätigkeit Paradeigma für die Tätigkeit des vollkommenen Menschen ist."

(87) L. Elders, Aristotle's Theology, van Gorcum, Assen, 1972, p. 259.

(88) 『ニコマコス倫理学』以外では，たとえば cf. EE, VII, 12, 1245 b 15–18; Pol., VII, 3, 1325 b 28–29; VII, 1, 1323 b 25.

(89) Met, XII, 9, 1074 b 25–29.

(90) Elders, op. cit., p. 251.

(91) Met, XII, 7, 1072 b 13–14.

(92) Met, I, 2, 983 a 8–9.

(93) Met, XII, 7, 1072 a 24–26.

(94) De Generatione Animal., IV, 3, 768 b 15–20.

(95) Physica, I, 9, 192 a 16–19.

(96) Cf. Elders, op. cit., p. 35–43; Ross, Metaphysics, Commentary, vol. II, pp. 374–375.

(97) De Anima, II, 4, 415 a 24–b 2.「永遠の存在のために」という表現は二義的である。すなわち，「永遠の存在を得るために」とも解せるし，文字通り「永遠の存在のために」とも解せる。この箇所では，前者の理解の方が適当であろう。Cf. Ross, De Anima, Commentary, p. 228. 'for all things aim at eternity and divinity, and for their sake do everything that they do by nature'(but we must note that 'for the sake of which' is ambiguous, meaning either 'to attain which' or 'in whose interests').

(98) Met, XII, 7, 1072 b 3.

(99) Ibid., 1072 a 26. 神の原因性が目的因であることについてはすべての研究者が一致しているが，デュデュレイはとくにそれを強調している。Cf. Dudley, op. cit., p. 103, passim.

(100) Ross, Aristotle's Metaphysics, vol. I, Introduction p. cxlii.

(101) Cf. Dudley, op. cit., S. 141, note(83). 'A. Mansion, Le dieu d'Aristote, pp. 34–5. De Vogel, Greek Philosophy, vol. II, p. 99: "God does not know the world. He only knows Himself, and to Aristotle this knowledge does not include any knowledge of the world, etc." Nolte, Ontwikkeling in het godsbegrip bij Aristoteles, p. 232.'

(102) Dudley, op. cit., S. 100. (iii) Gott hat keine Kenntnis von der Welt.

(103) Ibid., S. 103.

(104) Met, XII, 9, 1074 b 32–33.

(105) Thomas, In Met. Lib. XII, Lectio xi, n. 2614. 'Nec tamen sequitur quod omnia alia a se sint ei ignota! nam intelligendo se intelligit omnia alia.'

(106) Met, XII, 9, 1074 b 33–35.

(107) Elders, op. cit., p. 257.

(108) Met, III, 4, 1000 b 3–5.

(109) Met, I, 2, 983 a 8–10.「神は万物の原因の1つであり或る原理である。」

(110) Elders, op. cit., p. 257–8.

(111) Cf. De Caelo, I, 9, 279 a 25–30; II, 1, 284 a 6–11.

(112) この点については、デュデュレイがよく強調している。'Also besteht die θεωρία im Studium aller Zweige der Wissenschaft, aber immer mit dem Blick darauf, sich zu Gott zu erheben.'(Dudley, op. cit., S. 119) 'Es ist unmöglich, die Werke des Aristoteles zu lesen, ohne über die Zahl der Bezugnahmen auf Gott, vor allem in seinen logischen und biologischen Abhandlungen, erstaunt zu sein.'

(113) G. Verbeke, 'L'idéal de la perfection humaine chez Aristote et l'évolution de sa noétique' Miscellanea Giovanni Galbiati (Fontes Ambrosiani 25), Milano, 1951, t. I, pp. 79–95.

(114) De Anima, II, 2, 413 b 24–28.

(115) De Anima, II, 1, 413 a 3–7. この部分についてロスとハムリンは次のようにいっている。'This is again an allusion to the activity of νοῦς ποιητικός, which in Γ 5 Aristotle describes as surviving the body.'(Ross, De Anima, Commentary, Oxford, 1961, p. 214) 'In so far as the soul consists merely of potential functions of the parts of the body, it cannot have an existence separate from the body; but Aristotle leaves it an open question whether it is entirely like this. There may be certain psychical functions which have no bodily counterpart.'(D. W. Hamlyn, Aristotle's De Anima, 1968, Oxford, p. 87)

(116) De Anima, I, 1, 403 a 3–12; II, 3, 415 a 11–12.

(117) F. Nuyens, Ontwikkelingsmomenten in de zielkunde van Aristoteles, Nijmegen, 1939 (L'évolution de la psychologie d'Aristote, Louvain, 1948).

(118) EN, X, 8, 1178 a 20–22. 'Der Geist aber hat seinen Rang in der Absonderung (von Körperbedingten Beimischungen)' — Dirlmeier, Nikomachische Ethik, S. 233. 'Au contraire, la vertu de l'intellect est une vertu qui existe à part du corps' — Gauthier, op. cit., I, 2, p. 309.

(119) EN, X, 7, 1177 b 26–28.

(120) W. F. R. Hardie, Aristotle's Ethical Theory, 1968, Oxford, ch. V, The Nature of Man.

(121) De Anima, II, 2, 413 b 27–414 a 1.

(122) De Anima, I, 1, 403 a 16–19.

(123) Ibid., 403 a 8–10.

(124) EN, X, 8, 1178 a 14–16.

(125) EN, IV, 9, 1128 b 13–14.

(126) EN, VII, 3, 1147 a 15–16.

(127) EN, X, 8, 1178 a 20.

(128) Met, VII, 10, 1035 b 14–27. 'But among the reasons for rejecting Nuyens' theory of the "transitional" doctrine is the fact that in the Metaphysics Aristotle explicitly combines the entelechy doctrine with the doctrine that the most important functions of the soul are primarily connected with a central organ, the heart or brain.' (Hardie, op. cit., p. 83)

(129) フェルベーケの論点でもう一つ誤りを指摘しておかなければならない点は、アリストテレスは『ニコマコス倫理学』で魂を理性的な部分(τὸ λόγον ἔχον)と非理性的な部分(τὸ ἄλογον)の二者に分けているが、このことはENが初期の著作であることを示している、といっている点である(Verbeke, op. cit., p. 88 ff.)。この主張には、バーネットやイェーガーも同調していて、バーネットはこれを「アカデメイアの心理学」といい('Aristotle does not wish to assume a knowledge of his own system in the course on Politics, and he therefore tries as best he may to make the popular psychology of the Academy the basis of his argument.' Burnet, The Ethics of Aristotle, p. 65)、イェーガーはこれをアリストテレス自身の思想とは異なる素朴な理論と呼んでいる(„die Ethik sich auf einer noch sehr primitiven Seelenlehre aufbaut, der Lehre von dem vernünftigen und dem vernunftlosen Seelenteil. ... In der Ethik ließ sich mit den alten Vorstellungen bequem operieren.“ Jaeger, Aristoteles, S. 355)。かれらに共通する点は、魂のこの二分説が、部分をもたない一者として魂を説く『霊魂論』の思想と調和しないという点である。しかし、アリストテレス自身の言葉をもっと注意深く読んでみよう。「さて、魂については、公刊された書物(初期の対話篇のこと)の中でも或る程度は充分に語られているのであるから、それを用いるべきである。すなわち、魂のある部分は非理性的であり、他の部分は理性的である。これらが、肉体の諸部分やすべての可分的なものと同様に、分離されてあるのか、それとも定義《ロゴス》の上では二つだが、本性上分離されえないものなのかは、……今のところは定めずにおこう」(EN, I, 13, 1102 a 26–32)。すなわち、アリストテレスが霊魂の二つの部分を語る場合、この二部分は事実分離しているといっているのではなく、ただ定義の上でのみ区別されうるということを示唆しているのであり、これがまさに『霊魂論』の主張でもあったのである(De Anima, II, 2, 413 b 27–29. τὰ δὲ λοιπὰ μόρια τῆς ψυχῆς ὅτι οὐκ ἔστι χωριστά, τῷ δὲ λόγῳ ὅτι ἕτερα, φανερόν; III, 9, 432 a 19–20; 10, 433 b 24–25)。ハーディもいうように(Hardie, op. cit., p. 70)、アリストテレスがここで二部分説という単純な説明を与えていることは、霊魂の精密な分析は倫理学のテーマにとっては不必要だということにすぎないのであって、単純な説明が『霊魂論』で展開される精密な理論と食い違っているということを意味するものではない。それ故、ENの霊魂二分説をアカデメイアやクセノクラテスに還元するいわれは何もないのである。

(130) Verbeke, op. cit., pp. 90–91.

(131) Ibid., p. 91.

(132) この点については、デューリングとゴーティエは、最晩年のアリストテレスはブーメランのように出発点に戻った、という見方をとっている。Gauthier, op. cit., II, 2, p. 854; I. Düring, Aristotle in the Protreptikus, 'Autour d'Aristote', Louvain, 1955, p. 96.

ゴーティエもフェルベーケとほぼ同じ論拠によって同じ解釈をとるが、後者の反駁によってすでに前者も反駁されているので、ここでは改めてとりあげることはしない。ただし、フェルベーケの触れていなかった論点の検討を一つだけ付加しておこう。すでに見たように、EN, X, 8, 1178 a 22 には「理性の徳は肉体からは切り離された徳である」(κεχωρισμένη) という言葉がある。伝統的にこの言葉は『霊魂論』の能動理性を指示するものと解されてきた。しかし、ゴーティエはそう理解してはならない、という(op. cit., II, 2, pp. 893–896)。なぜなら、ENでは理性は常に肉体と対立する一個の独立実体であって、それの離存がここで問題になっているのに対し、『霊魂論』では、理性と肉体とがエンテレケイア理論によって一体化し、それに伴って理性に分化が起り、能動理性のみが離存しうるとされているからである、と。しかし、(i) すでに見たようにENの中にエンテレケイア理論があること、(ii)「理性の離存に関する厳密な検討(διακριβῶσαι)は目前の課題を越えている」(EN, X, 8, 1178 a 23) というENの言葉は、『霊魂論』への言及と解するのが自然であり、従って、この「理性の離存」という単純な表現は内容的には「能動理性の離存」を指すと解しうること、(iii)『霊魂論』自体の中で、第三巻の第五章を除けば、「理性の離存」という単純な表現が反復して用いられていること、などの理由によって、ENとDe Animaの理性観の間に食い違いを跡づけようとするゴーティエの試みは、明らかな強弁であることが、解るであろう。

なお、この問題については、最近ではクーパーが筆者とほぼ同一の立場をとっている。クーパーの見方では、霊魂と肉体の合成体を人間と見なし、従って、人間の幸福を倫理徳の活動と見なす立場は『エウデモス倫理学』において基本的であって、『ニコマコス倫理学』ではむしろ知性そのものを人間と見なし、従って、人間の幸福を観想活動と見なす立場が強く現われてくるという。換言すれば、常識的了解とは逆に、晩年のアリストテレスは知性主義に強く傾いているのであり、それは『霊魂論』における能動理性の理論の形成とまさに緊密な連動関係にある、というのである。筆者は、クーパーのいうところの「アリストテレスの知性主義」には必ずしも賛同しないが、とにかく少なくとも、『ニコマコス倫理学』と『霊魂論』との相関関係についてクーパーのいうところは筆者の見方と同一である。Cf. J. M. Cooper, Reason and Human Good in Aristotle, Harvard U. P., 1975, ch. III, Intellectualism in the Nicomachean Ethics, esp. pp. 177–180.

(133)　De Anima, III, 4, 429 a 13–27.

(134) Ibid., 430 a 1.

(135) De Anima, III, 5, 430 a 10–18.

(136) Ibid., 4, 429 a 27–28.

(137) Ross, Aristotle, De Anima, Oxford, 1961, p. 47.

(138) K. Bormann, 'Wahrheitsbegriff und Nous-Lehre bei Aristoteles und einigen seiner Kommentatoren' (Miscellanea Mediaevalia, Bd. 15, Studien zur mittelalterlichen Geistesgeschichte und ihren Quellen, Walter de Gryter, 1982, S. 7 ff.)

(139) Hardie, op. cit., p. 354. 'the part which Aristotle seems to give to active reason is not to think but rather to cause thinking.'

(140) De Anima, III, 5, 430 a 22–23.

(141) De Generatione Animal., II, 3, 736 b 27–29.

(142) De Anima, III, 5, 430 a 24–25.

(143) EN, VI, 1, 1138 b 19–20. τὸ δὲ μέσον ἐστὶν ὡς ὁ λόγος ὁ ὀρθὸς λέγει ; II, 6, 1106 b 21–23. τὸ δ' ὅτε δεῖ καὶ ἐφ' οἷς καὶ πρὸς οὓς καὶ οὗ ἕνεκα καὶ ὡς δεῖ, μέσον τε καὶ ἄριστον ; III, 7, 1116 a 7. ὁ δὲ μέσως ἔχει καὶ ὡς δεῖ; IV, 3, 1123 b 14. τῷ δὲ ὡς δεῖ μέσος; IV, 6, 1126 b 5–6, 17–18; III, 7, 1115 b 12. ὡς δεῖ δὲ καὶ ὡς ὁ λόγος ; III, 12, 1119 b 17–18, ὧν δεῖ καὶ ὡς δεῖ καὶ ὅτε· οὕτω δὲ τάττει καὶ ὁ λόγος; VI, 1, 1138 b 20; III, 15, 1119 b 17; III, 5, 1114 b 29–30; VI, 13, 1145 a 9, etc.

(144) 'Le lien entre l'activité de contemplation et l'activité des vertus morales est indissoluble, — seul le contemplatif pourra être verteux et seul le verteux pourra être contemplatif, — mais il reste extrinsèque.' (Gauthier, op. cit., II, 2, p. 863) 'I dissented from the suggestion that Aristotle sees how to exhibit the life of theory, primary happiness, as continuous with the less exalted happiness of the non-theoretical. Nor did I find earlier in Aristotle's account of phronesis, practical wisdom, any sustained attempt to bridge the gulf, to show continuity, between the principles of justice which all men must respect and the contemplative activities without which no man can be truly happy.' (Hardie, op. cit., p. 357)

(145) EN, I, 7, 1097 a 7–11.

(146) EN, IX, 9, 1170 a 5–6.

(147) EN, X, 8, 1178 b 5–7.

(148) Ibid., 1178 b 33–35. ただし、このような外的善はその適量が必要なのであって、その過大は必要でもなければ、自足の要件でもない。適量の外的善から人は倫理的行為を行ないうるのであって、過大な外的善はむしろこれを減してしまうのである (cf. ibid., 1179 a 1–8)。

(149) EN, X, 8, 1178 a 9.

(150) EN, VIII, 1, 1155 a 12–16.

(151) EE, VII, 12, 1245 a 35–b 12.

(152) Bailly, Dictionnaire Grec-Français, p. 1217. s. v. μάκαρ bienheureux, en parlant des dieux, opp. aux mortels; οἱ μάκαρες les bienheureux, c. à. d. les dieux; Frisk, Griechisches etymologisches Wörterbuch, Bd. II, S. 162. s. v. μάκαρ, Beiwort von Göttern und von Menschen, etwa glückselig, selig.

(153) EN, IX, 9, 1169 b 16–19.

(154) EN, VIII, 5, 1157 b 20–23.

■岩波オンデマンドブックス■

アリストテレスの倫理思想

1985年10月8日 第1刷発行
2005年10月13日 第3刷発行
2014年5月9日 オンデマンド版発行

著 者 岩田靖夫《いわたやすお》

発行者 岡本 厚

発行所 株式会社 岩波書店
〒101-8002 東京都千代田区一ツ橋2-5-5
電話案内 03-5210-4000
http://www.iwanami.co.jp/

印刷／製本・法令印刷

ISBN978-4-00-730105-6 Printed in Japan

固有名索引	2
事項索引	5
出典索引	30
主要訳語表	47
文献表	50

固有名索引

ア 行

アカデメイア　45, 430
アキレウス　2, 35
アスパシオス　379
アテナイ　40, 224, 225, 228, 263
アナカルシス　383
アナクサゴラス　61, 193, 411
アナクシマンドロス　155, 156, 158, 171
アポロン　2
アリスティポス　190, 348, 353, 359
アルキダマス　275
アルケラオス　239
アレキサンドリア　23
アレクサンドロス(アフロディシアスの)　379
アンスコム(G. E. M. Anscombe)　119, 148, 348
アンチゴネー　226, 229, 241, 242
アンティステネス　34, 359
アンドロマケー　245
アンナス(J. Annas)　347, 373, 380
イェーガー(W. Jaeger)　51, 155, 163, 198, 345, 407, 430
イエス・キリスト　277, 287, 290, 303, 309, 310, 330, 338, 339, 343
インド　245
ウァルシュ(J. J. Walsh)　118
ウィギンス(D. Wiggins)　122
ヴィットマン(M. Wittmann)　229
ヴィノグラドフ(P. G. Vinogradoff)　256
ウィルソン(C. Wilson)　122
エウデモス　10
エウドクソス　44, 190, 354–5, 357–9, 374, 375
エウリピデス　245, 280
エピクロス　352
エムペドクレス　189, 227, 404
エルダース(L. Elders)　399, 403–4, 423, 427
エーレンベルク(V. Ehrenberg)　233
オイディプス　42, 117–8
オーエン(G. E. L. Owen)　6, 112, 347, 348, 366, 373
オーバンク(P. Aubenque)　49
オマール一世イブン・アル・ハタブ　23
オリュムポス　386

カ 行

ガスリー(W. K. C. Guthrie)　63, 75, 76, 234, 281
加藤信朗　46, 76, 77, 120, 121, 122, 147, 148, 149
金谷　治　332
カーファード(G. B. Kerferd)　234
カラチア人　245
カリクレス　153, 239, 245
カント(I. Kant)　7, 217–9, 221, 231, 299, 326
ギリシア　31, 50, 153, 172, 223, 224, 225, 226, 244, 245, 246, 249, 252, 275, 283
クセノクラテス　430
クセノファネス　50, 72
クセノフォン　81, 82
クセルクセス　223
クーパー(M. Cooper)　431
クレオン　226, 241, 242
クロノス　158
クーン(H. Kuhn)　46
ケニー(A. Kenny)　349, 373
ケール　156
ケルト人　221
孔子　332–333
ゴーティエ(R. A. Gauthier)　3, 44,

51, 52, 66, 76, 77, 120, 122, 217, 271, 277, 278, 282, 285, 340, 345, 348, 349, 350, 373, 375, 377, 379, 392, 395, 396, 407, 409, 421, 424, 425, 430, 431, 432
ゴムペルツ(T. Gomperz) 168, 200
コーンフォード(F. M. Cornford) 228, 233

サ 行

ザイドル(H. Seidl) 78
サマリア人 310
サラセン人 23
サルダナパルロス 190
サルトル(J.-P. Sartre) 140, 184, 314, 331, 333, 335
サルペドン 156
シジウィク(H. Sidgwick) 118
シモーヌ・ヴェーユ(Simone Weil) 342
ジャクソン(H. Jackson) 257, 280, 282, 285, 286
ジョアキム(H. H. Joachim) 77, 100, 119, 420
スチュアート(J. A. Stewart) 122, 264, 265, 284, 375, 397, 398, 425, 426
スペウシッポス 348, 357–9, 377
ゼウス 156, 159, 226, 228, 234, 281
ソクラテス 81–5, 92, 93, 94, 103, 112, 116, 117, 172, 211, 212, 214, 227, 360, 368, 369, 370
ソフォクレス 226, 233, 241
ソロン 224

タ 行

高田三郎 77, 148
田中享英 120
ダレイオス大王 244
タレス 61, 155, 171
ツェラー(E. Zeller) 78, 168, 169, 171, 200
ディオニュソス 226
ディカイアルコス 9
ディケー 226, 234
ディルマイアー(F. Dirlmeier) 2, 45, 52, 76, 77, 78, 114, 276, 285, 375, 377
テオフラストス 9
デカルト(R. Descartes) 242, 243, 274, 314
テーバイ 242
デマレトス 223
デモクリトス 189, 247, 351, 352, 353
デュデュレイ(J. Dudley) 385, 402, 422, 428
デューリング(I. Düring) 77, 427, 430
ドストエフスキー 112
ド・フォーゲル(C. J. De Vogel) 428
トマス・アクィナス 179, 180, 204, 206, 403
トラシュマコス 153, 239, 241, 245
トリプトレモス 197
トレンデレンブルク(F. A. Trendelenburg) 78, 280
トロイア 245

ナ 行

ニーチェ(F. W. Nietzsche) 217
ニュイエンス(F. Nuyens) 51, 407–9, 424
ニュグレン(A. Nygren) 343–4
ヌスバウム(M. C. Nussbaum) 15, 119
ネオプトレモス 245
ネメシウス 379

ハ 行

バイウォーター(I. Bywater) 121
ハイデガー(M. Heidegger) 184, 198, 204, 331, 425
パウロ 309, 339, 344
バーカー(E. Barker) 232
パスカル(B. Pascal) 295, 329, 338
ハーディ(W. F. R. Hardie) 76, 100, 117, 118, 121, 122, 257, 264, 281, 282, 283, 285, 286, 396, 408, 413, 424, 430
パトロクロス 156
バーニエット(M. F. Burnyeat) 151
バーネット(J. Burnet) 3, 101, 119,

121, 256, 263, 280, 283, 284, 375, 396, 421, 425, 430
ハムリン(D. W. Hamlyn)　204, 429
ハルトマン(N. Hartmann)　220, 231
パルメニデス　24
ピタゴラス　205, 397
ヒッピアス　245
ビーン(G. Bien)　47, 52, 76, 77
フェステュジエール(A. J. Festugière) 366
フェルベーケ(J. Verbeke)　406-7, 409-10
藤沢令夫　379
プラトン　24-6, 31, 33-4, 38-9, 45, 49, 50, 55-6, 32, 154-5, 156, 157-8, 160-1, 162-3, 172, 176, 190, 196, 202, 205, 211-2, 214, 256, 263, 265, 266, 272, 280, 281, 351, 358, 359-60, 376, 385, 387, 405, 410
プリアモス　44
フロイト(S. Freud)　249
ブロシャール(V. Brochard)　216-7, 231
プロタゴラス　56-7, 211, 234
プロタルコス　368, 370
プロメテウス　197
ペイシストラトス　225
ヘクトール　245
ヘーゲル(G. W. F. Hegel)　40
ヘシオドス　71-2, 158
ヘラクレイトス　156, 187, 227, 353
ペリクレス　61, 228
ペルシア　223, 244, 246, 249
ヘルミオネー　245
ヘルメス　222, 228
ヘロドトス　223, 244-5
ボアマン(K. Bormann)　413
ホメロス　35, 71-2, 156, 160, 238

マ 行

マルセル(G. Marcel)　296, 308, 313-5, 317, 323-4, 329, 335-6, 337, 342
マンシオン(S. Mansion)　15
ミダス王　286
孟子　332
モーゼ　277

ヤ 行

ユークリッド　286
ヨハネ　330

ラ 行

レヴィナス(E. Levinas)　339
レウキッポス　247
ロイド=ジョーンズ(P. H. J. Loyd-Jones)　234
ロス(W. D. Ross)　95, 103, 117, 120, 147, 204, 284, 394, 398, 401-3, 413, 423, 427, 428
ローティ(A. O. Rorty)　373, 374, 397-8, 426
ロビンソン(R. Robinson)　93, 99-100, 116-9

事 項 索 引

→は参照項目，⇒は参考項目を示す．

ア 行

愛　381, 417　⇒アガペー，エロース
——が生を可能にする根本条件　289
——と正義との関係　320
——と認識　296
——とは信ずること　328
——とは相互の存在肯定　306
——とは贈与　327-9
——とは同一性の実現　307, 309, 418-9
——とはペルソナとペルソナとの一致　327
——による正義の無用化　290, 319
——の応答(ἀντιφίλησις)　327, 328
——の共同体　418
——の無限に高い秩序　329
——は一種の徳　289, 317
——は究極の価値　289
——は人間の本性に根ざす　289-290
——は本質の否定　296
エムペドクレスの用語としての——　404
快楽の——　293-6
擬似的な——　289
共同体を結合するものとしての——　319
血縁的な——　306, 309-10
自己——(エゴイズム)　294, 297, 302-6
男女の(夫婦)——　338-339
敵への——　343
付随的な——　293
愛さるべきもの(τὸ φιλητόν)　290
愛欲　90, 91, 99
アガペー(ἀγάπη)　327-30, 343　⇒愛
——の特質(ニュグレンによる整理)　344
悪　83, 144, 156, 260, 402, 403
——への自由　152
根源——　278
自然(宇宙の秩序)からの逸脱としての——　156, 250, 297
人間本性の倒錯現象としての——　278
悪徳(κακία)　67, 86, 87, 88, 90, 91, 113, 133, 213, 252
悪人(悪者)　97, 118, 133, 301, 305
悪魔　145, 278
遊び　214, 383, 396, 420
アナロギア　49
アプリオリ(先天的)　136, 137, 138, 142, 185, 229, 281, 378, 412
アペイロン　155-6
アポステリオリ(後天的)　43, 138, 143, 281, 356, 412
アポリア　180, 386
アルケー(始源)　66, 124, 171
アレテー　66, 70, 195, 214, 216, 300　⇒徳
中庸としての——　220
人間に可能な善実現能力としての——　213
人間の価値としての——　228
『アンチゴネー』　226, 241-2
家(家族)　236　⇒共同体
怒り　35, 99, 118, 124, 125
意識一般　315
意志力　212
異質性(ἑτερότης)　176
一性(τὸ ἑνὶ εἶναι)　→一つであること
一致　339
一般的な原則　20
イデア　25, 45, 47-8, 57, 160, 176, 202

——の永遠性　48
——の自立存在性　202
——論者　47
——論批判　26, 29, 49, 201, 300
思惟の可能根拠としての——　161
善の——　29, 47-9, 55-7, 160, 161
普遍概念としての——　48, 160
意図　97, 111, 130, 140, 212, 263
今(τὸ νῦν)　387
『イリアス』　2
因果法則　247
動かされないで動かすもの　400
渦巻き　247
宇宙の秩序(調和としての宇宙)　59, 62, 156
生まれの良さ(悪さ)　40, 137-8, 228, 259
運動(過程, 変化, κίνησις)　18, 190-1, 193, 365, 378
——と活動(ἐνέργεια)の相違　364-6, 378-9
——の永遠性　387
——の究極の原因　387-8
運命　32, 43, 160
——的状況　60
——的な力(τὸ χρεών)　156
——としての全体　324
——の定めを超える(ὑπὲρ μόρον) 156
——論者　138
外的な——　90
永遠　22, 188, 387
——的なことがら　132
——の実体　387
——の存在のために　427
叡知的(非感性的)存在　299
栄養成長の機能　37, 187
『エウデモス』篇　34
『エウデモス倫理学』　10-3, 131, 344-5, 348-50
エゴイスト(自愛者 φίλαυτος)　302, 303-4, 314, 325
エトス　214
エネルゲイア　→活動
エピエイケイア(ἐπιείκεια)　225, 318 sqq., 332-3, 341, 342
自己放棄としての——　324
実践的判断力としての——　321
真の正義としての——　321
エピエイケース(ὁ ἐπιεικής)　302, 305, 306, 321, 325, 326, 332, 341, 342
美しさを求める人としての——　324
自己を減殺する人(ἐλαττωτικός)としての——　313
中心の変更(décentrement)を為しうる人としての——　324
エピステーメー　58-63　⇒知識
エロース(ἔρως)　236, 328-9　⇒愛
演繹　22
円環運動　→運動
エンテレケイア理論　406-14, 431
エンドクサ　1-8, 24-5, 30, 85, 91, 92, 112, 142, 278, 386　⇒通念, ドクサ
——への定位　90
客観化された理性としての——　145
共同体の倫理的規範としての——　145
真理の根拠としての——　355
精神的遺産としての——　70
黄金の時代　158
応答(ἀντιφίλησις)　291, 327-8　⇒愛
多くの人々(οἱ πολλοί)　4, 6, 31, 82, 90, 112, 157, 355　⇒ドクサ, 良識
多くを取る(πλεονεκτεῖν)　239-40, 323, 341
おおよそ(ὡς ἐπὶ τὸ πολύ)　⇒蓋然
——のことがら　20, 22
——の場合(ὡς ἐπὶ τὸ πολύ)　224, 248, 249, 251
——の論理　21, 78
『オデュセイア』　156
親子関係　306-8, 335
オルトス・ロゴス(健全な理性, ὀρθὸς λόγος)　67, 77, 87, 88, 90, 105, 142, 222, 228, 415

——に従った大前提　106
——を逸脱して(παρὰ τὸν ὀρθὸν λόγον)　144

カ行

快，快楽(ἡδονή)　128, 157, 347 sqq., 381
——が最高善　351, 379
——肯定論　351–359
——自体　370
——主義(ヘドニズム)　348, 353, 368, 369, 371
——と活動　190, 356, 366–8, 371–2, 376, 380
——の自己目的性　363, 365
——の種的な相違　368–70, 379
——の善悪　370, 380
——の分類　89
——は運動(生成)ではない　362–3
——はエネルゲイアの中にある　367
——は善　84, 358, 375–6
——否定論(者)　355, 359–64
——への希求の自然性　189–90
固有の——　356, 369, 371
混合的な——　361, 376
獣性もしくは病気による——　89
純粋な——　350, 361, 376
節度ある——(μετριότης τέρψιος) 351, 352
大小，遠近，強弱を許容する—— 84–5, 376
中間的な——　115
等質な——　369
肉体的な——　87, 90–1, 346, 352, 361, 377, 380
本性的かつ必要不可欠な肉体的—— 89–91, 115, 361
目的因としての——　356, 372
より神的な——(τὰς θειοτέρας ἡδονάς) 418–9
快感(ἥδεσθαι)
活動(ἐνέργεια)の例としての—— 362
蓋然的　63　⇒おおよそ
戒律主義　339
加害　263–4
学習(μάθησις)　32, 33, 141, 378
確信(πεῖσθαι)　87, 88, 113, 114
学的認識(ἀπόδειξις)　2–3, 172
学問(的探究)　17, 44, 49
格率　217
過失(過つ ἁμαρτάνειν)　97–8, 221
過小(不足，欠如，ἔλλειψις)　91, 216, 218–21, 257, 282, 351, 361–2
過大(過多，過度，超過，ὑπερβολή) 91, 216, 218–9, 221, 257, 282, 351, 361–2
形(εἶδος)　171, 173, 176
価値　39, 66, 110, 137, 163, 221, 240, 258, 259
——観(共同体の)　70
——と事実　2
——と能力　270
快の——　379
存在と不離な——　29, 335
倫理的(人格的)——　240, 415
活動(ἐνέργεια, 働き ἔργον, 行動)　18, 163, 365, 378, 418　⇒行為
——と——の目的との分裂　162
——としての善　36
——の善悪　369–70, 380
——の反復　139, 141
自己完結的——　18, 162, 365, 383–4, 391
自発性と倫理的責任の根拠としての——　141
人間(性)の——　35 sqq.
本来的——　163
有徳な——　41, 43, 126, 252, 384
理性的——　39
過程　162　⇒運動(κίνησις)
カテゴリー　27–8, 48, 49
寡頭主義者　259
可能性　22, 59, 388
可能態(δύναμις)　93–4, 96, 99, 215
貨幣(νόμισμα)　286

神(神々，θέος)　31–2, 49, 154, 158, 159, 191, 196, 197, 238, 246, 275, 309, 357, 386, 397, 419, 428
——が万物の尺度である　385
——の愛　→アガペー
——の思惟　399, 401–5
——の自己知(認識)　400, 402
——の生活(活動)　196, 423
——の存在証明　387–391
——の第一原因性　400, 403
——の賜物，干渉　31, 33
——の似姿(ὁμοίωμα)　196
——の配慮　228
——の非擬人化　72–3
——の復讐　226
——の不道徳性　50
——の法　226–7, 229
——への同化　385–94
愛される者としての——　401
永遠にして最善の生者としての——　390, 401
擬人的——観　50, 72
純粋理性としての——　86, 391, 397, 398
世界の支配原理としての——　155
単数形での——　391
目的因(形相因)としての——　400, 401, 402
『ガラチア人への手紙』　343
カルテジアン　314
感覚(知覚，αἴσθησις)　35, 37, 101, 102, 110, 172, 189–90, 367, 390, 412
——器官　189, 412
——的形態(μορφή)　175, 205
——的現象の束　165
——的全体者　164, 165, 167, 170, 182
——的中(αἰσθητικὴ μεσότης)　189
綜合的——作用　189
環境　27, 42, 186
関係　47, 166
カテゴリーとしての——　27, 28, 165
慣習　153, 154
間主観性　→共同主観性
間主観的な是認　1, 4–7, 355
完成態　247
完全現実態(ἐντελέχεια)　35　⇒活動，現実態
観想(テオリア θεωρία)　38, 50, 72, 73, 195, 350, 352
——学　394
——者　394, 418, 419
——的生活　38, 195, 196, 394
究極の幸福(善)としての——　381–4, 411, 414
芸術的——　396
最高度の快楽としての——　348, 390
宗教的——　396
真理の——　394
ともに——する(συνθεωρεῖν)　418
人間の本質(形相，種)の——　426
願望(βούλησις)　32, 128, 132, 137, 147
——と目的　129–30
判断と——との共通点　132–3
記憶　104, 414
気概(θυμός)　213
——的部分(θυμοειδές)　213
『機械論』　267, 285
機械論的道具主義　51, 407
『幾何学原本』　286
希求　24, 45
快楽への——　190
認識への——　17
目的の——　136, 191
「奇形」，「不具」，逸脱，倒錯，異常　247–50, 356
倫理的行為における——　250
技術　17–19, 21, 43, 44, 49, 59, 128–9, 197, 279, 315, 412
——と行為　60–1
——と自然　59–60
——の形成と破壊　141
——の定義　65
愛の——　316
徳論のモデルとしての——　151
貴族
——主義者　259

――制　240, 254
――的な倫理思想　32
基礎的存在論　425
基体(ὑποκείμενον)　165
究極的――　166
持続的――　168, 202
質料的――　170
無規定的な――　166
規定(πέρας)　171
――原理　86
――されるもの(πεπερασμένον)　172
――するものとしての理性　157
起動因　182
起動力　59
随意的な――　124
知性的な――　124, 125
人間的な――　124
パトス的な――　125, 126, 128, 144, 146
理性的な――　124
理性的な――の無力化　144
帰納的　278
――綜合　386
規範　68
義務　216
宗教的――　226
倫理的――　218
逆説(παράδοξον)　24
――の定義　25
客観
――的実在性　154
快楽の善悪の――性　370
究極的なもの　382, 396
行(ぎょう)　211
教育　70, 81
子供に徳を植える源としての――　214
『饗宴』篇　236
強制(βία)　123
共通，共同(κοινόν)　37, 176, 227, 282, 339
――性　27, 310, 317
共通感覚(κοινὴ αἴσθησις)　189
共同主観性(間主観性，共同主体性)　1, 273, 313-7
共同存在　38
――者　237
共同体　142, 192, 197, 223, 265, 266
⇒ポリス
――的生活　160
――の安全(σωτηρία τῆς κοινωνίας)　237
――の価値観　70
――の技術(πολιτικὴ τέχνη)　228
――の人倫　70
――の統率者　61
――への衝動　229
夫と妻との関係は――的　275
観想者の――　418, 419
原初的――　236
商業――　257, 282
真に人間的な――　274
非――的人間　160
法治の――　257
利益――　266
共鳴(συμφωνία, συμφωνεῖν)
有徳者の形成要因としての――　213
理性との――　214
共有財の分配　256-7
拒絶　316, 317
ギリシア語　220, 282, 285, 341, 342
ギリシア人　42, 69, 114, 155, 156, 161, 197, 206, 216-7, 229, 256, 309, 343
キリスト教　51, 278, 338, 343
均衡(συμμετρία)　360-1
近代市民社会　39
禁欲主義　348
偶然(テュケー，τύχη)　31-3, 40, 42-3, 73, 157, 247, 276
――的統一体　170
――と幸福　40-1
運命としての――　43
徳による――の超克　43
愚神崇拝　277
苦痛(苦)　83-5, 90, 97, 128, 351, 353, 357

——は悪　84
自然的なものの欠乏状態(ἔνδεια)としての——　353
『クラチュロス』篇　156
訓練　32, 33, 214
経験科学　278
経験主義者　281
形而上学　20, 21, 58, 394
——的思考としての観想　395
——の対象　398
実在——　172
「諸学の頭」としての——　396
『形而上学』　4, 17, 50, 72, 168, 169, 171, 181, 189, 201, 280, 365, 394, 395, 397, 398, 399, 403, 404, 405, 410, 414, 421
——の神学　385, 386-7
『形而上学日記』　296
芸術(活動)　396
形相(εἶδος, μορφή)　168, 169, 170, 175, 177, 178, 181, 182, 187, 201, 356
——因　186-7, 248, 249
——的規定　250
——と質料の合成体　71, 73
——による実体性の付与　181
——の永遠性　397
——の実体性　171, 183
——の抽出　185, 193
——は種差的なもの　176
——優位の人間観　250, 274
活動の根源としての——　194
形成原理としての——　250
個的な——　181
この質料に内在するこの——　205
個別化の原理としての——　180
根源的基体としての——　200
純粋——　71, 72, 73
全体——(forma totius)　176, 179
第一実体としての——　168, 201
内在——　176, 185, 300
不可分——(ἄτομον εἶδος)　176, 178
部分——(forma partis)　176, 179
目的因としての——　401
劇場　226
血縁　236, 307-9, 339
——的な愛(ἡ συγγενικὴ φιλία)　306, 309, 310
人間の共同体的存在性の地盤としての——　237
結合
男女の——　236
必要(χρεία)による——　237
決断　33
目的に関する——　134
理性的——　222, 250
決定論(的)　59
原因(αἴτιον)　187, 412
——結果の系列の無限後退　45-6, 388
真実には——でない——　32
接触による(物理的)——　388-9
第一——　46, 388, 389, 390, 401, 404
中間的な——　387
二元的な——　249
必然的——　246
健康(的なるもの)
——こそ人々にとっての最善の財　41
身体の善としての——　41
存在の帰一的構造の例としての——　28
現実(的なもの)　26, 96
——肯定主義者　275
現実態(ἐνέργεια)　36, 93, 193　⇒活動, 完全現実態
永遠の——　388
純粋——　195, 388
肉体の——　407
原子論者　276
元素　187
四——　154, 156
原則の人　88
現存(présence)　315-6
厳密学　21, 47
賢明な(賢い)人々(οἱ φρόνιμοι)　4, 25
権利　→価値
原理　21, 23, 182

——からの言論　22
——への言論　22
一般的——の欠陥　56
行為の——　88
事実という——　22
生命的な——(ἔμψυχος ἀρχή)　155
超越的——としての不文の法　228
普遍的な——　110
権力への意志　239
好意(エウノイア εὔνοια)　291
行為(行動 πρᾶξις)　17, 18, 20, 21, 23, 44–5, 84, 95, 96, 101–3, 126, 137, 308, 417–8　⇒活動
——と倫理的な人柄との関係　135
——による人間性の開示　335
——の原理，理由，論拠，始源，根源　88, 95, 101–3, 107, 124, 134, 144
——の体系化　151
——の反復　33, 43, 142, 279–80
——の必然性　136, 139
——の普遍的な原理　127
——の目的は善　17–20, 45, 137
——は習慣に規定される　141
外部からの強制による——　97
技術と——との関係　60–1, 162
究極目的への——　162–3
結論(実践的三段論法の帰結)としての——　102–3
個別的状況におけるこの——　23
無知の故に惹起された——　97
よき——の条件　60
倫理的——　366
後悔　97
——しない人　88, 113–4, 145
狡猾(πανουργία)　63
交換　263, 267–8
好機(καίρος)
時間における善としての——　26–7, 29, 48
公正　332
構想力(φαντασία)　186
後天的　→アポステリオリ
幸福(εὐδαιμονία, εὐπραξία)　30–5, 38, 40–1, 90, 126, 358, 379, 381, 384, 419
——の必要条件，十分条件　40–1
——の普遍性　33
活動としての——　34, 383
究極の——　38, 384
神的な存在への類同性としての——　384, 393
人間自身の力の中にあるものとしての——　34
公理　22, 66, 395
合理(的)　154, 192
国制　240, 254
——論(πολιτεία)　39
国有財産　→共有財の分配
個人　146, 322–3
——にとっての最高善の追求　19
——の死滅　51
——の魂　38, 51
個体性　167
国家　38–9, 224, 271
階級——(プラトンの)　39
正義(比例)が——を結合する　271
『国家』篇　33, 153, 202, 213, 256, 265, 280
克己抑制(ἐγκράτεια)　81
孤独　311, 314, 318, 333, 338, 415, 419
子供　124, 126, 142, 214
——による連帯性　339
このもの(τόδε τι)　162, 166, 168, 169, 170, 171, 181
——であること(τὸ τόδε εἶναι)　169, 177
——と感覚的個別者　168, 171, 201
個別
——化の原理　179, 180, 181, 182
——者　21, 48
——者実体論　177
——者に関する認識　66
——的状況の忘失　109
——的存在者　180
感覚的——者の一般的構図(σύνολον ὡς καθόλου)　176, 179
究極の——者　66

固有　177
――性　182
――の働き　339
人間に――の部分　37
コーラン　23
『コリント人への第一の手紙』　309
混沌(χάος)　172

サ 行

最高善　19, 375-6, 381, 416
行為の究極目的としての――　23, 358
人間にとっての――　30
才能　→能力
価値評価の基準としての――　259
裁判官(δικαστής)　261, 262
作品(ἔργον)　18, 220
――の価値　266
サディズム(サディスト)　314, 328, 369, 370
作用　400
――因(者)　412
三段論法　172
――における誤謬の原因　104
死　34, 51, 222, 342
――後の世界　35, 406
――の演習　196
――への衝動　250
自愛者　→エゴイスト
思案(βουλεύεσθαι)　61-3, 75, 133
思惟(νόησις, νοεῖν, διάνοια)　35, 102, 103, 127, 172, 186, 193, 195, 213, 367, 409, 411-2, 417-8
――されるもの，対象(τὸ νοητόν)　400, 412
運動的――　399
永遠の――　194
快楽としての――　390
自己自身における――(ἡ νόησις ἡ καθ' αὑτήν)　390
実践的な――　64
本質直観(形相の受容)としての――　193
理論的な――　64
思惟的部分(λογιστικόν)　213
思惟の思惟(νόησις νοήσεως)　50, 391, 399, 400, 401, 403, 419
自我　341
孤独な(神から離れた)――の絶対化　338
欲望としての――　341
視覚
真実の善への――(眼差し，直覚)　137, 138, 142, 145
自覚　34, 93, 94, 96, 113-4
――化された理性的判断　146
――的意志活動　37
無抑制の――　94
時間
――的系列　45
――の永遠性　387
運動と――　364, 387
カテゴリーとしての――　27, 48
始源　→アルケー
自己　192, 250, 292, 295, 303, 338, 418
――犠牲　325, 326
――自身の力の及ぶ範囲　31-2
――正当化　107, 108, 116
――疎外　277, 297
――中心主義　313
――中心性　239, 241, 292
――同一の意識(隣人愛)　304
――の手段化　325
――目的(的)　72, 378
――抑制　88
――了解(理解)　277, 314
他者との共通な――　317
他の(別の)――(ἕτερος αὖτος)　305, 307
ヌースとしての――　303-4, 390
理性が真の――　393
試行(πειρᾶσθαι)
善への――　214
事実　278, 314, 359, 386
――認識の錯誤　127
――命題　106, 107

——を扱う学問領域　278
現われ出た——　112　⇒エンドクサ
価値的——　23
価値と——　2
原初の——　358
原理としての——　22
個別的な——　21, 118
死すべきもの，滅びゆくもの　157, 193, 245, 352, 394
自然(φύσις)　20, 29, 153 sqq., 197, 251, 297, 397　⇒本性
——が善　155, 162
——的世界　22, 59, 246
——的存在者　33, 58, 139, 394
——的存在者の起動力(目的因)　401
——とは生物　248
——に従って(κατὰ φύσιν, φύσει) 68, 140, 154, 297
——に反して，反——的に(παρὰ φύσιν)　33, 68, 140, 160, 215, 241, 250, 356
——の二元性　248
——の必然的支配　156
形相的——　250
質料的——　250
支配(ἄρχειν)の源(ἀρχή)としての—— 158, 162
魂のもっとも——的な部分(植物霊魂) 37
万物が生ずる根源としての—— 155-6
無機的(もしくは有機的)——　248
目的論的な——観　356
倫理の尺度としての——　245
自然学　20, 58, 112, 394, 395
——者　186
——の対象　21, 394
——の二次性　424
『自然学』　246, 401, 405
——の神の存在証明　387
自然法　243 sqq., 277
自足　236, 237
——性　376
——的(αὔταρκες)　72, 195, 238, 415
——的活動　391
人間における——とは共に生きること 317-8
時代精神　70
自体的(自体性，καθ' αὑτό)　173, 202
究極の——目的　19, 358
主語と述語の——関係　172
実在　→存在
——の帰一的構造　28-9
真——　172
実践　49, 58, 59, 101, 102
——的推論　104, 106, 110
——的生活　397
——的認識　101, 105
——的判断　101
——理性　151, 158, 382
理論と——　273
実践的三段論法　95, 101 sqq., 116
似非——　106, 107
無抑制者における——　120
実体　26, 27, 29, 47, 164-5, 167, 178, 185
——との関連において　28　⇒実在
——とは究極主語　167
——とは最低種　174
——の一性　170, 205
——は離存するもの　164
——論　398
永遠の——　387
形相としての——　181
質料としての——　181
不動の——(οὐσία ἀκίνητος)　398
実定法　→人為法
質料(素材，ὕλη，副原因 συναιτία) 50, 86, 171, 175, 178, 181-2, 187, 193, 194, 220, 389, 412　⇒形相
——因　155, 186, 248, 249
——形相主義　51, 407
——的盲動性　214, 250, 274, 277-8, 301
——の無規定性　71-2, 167-8, 249
——は非個別化の原理　180

一般的感覚——　176, 179, 204
形相と——との不可分離的結合　185
第一——　167, 170, 175
特定感覚——　179, 180
人間において習慣化されるべき——　215
場所的——　389
思念　23　⇒ドクサ
文配　157, 194
——の平等性　39
強者による弱者の——　246
ロゴスによる——　239
文配者(κύριος)　39, 224, 310, 322
真の——　157
法の守護者としての——　241
自発性　33, 124, 189
低度の——　144
事物性(Vorhandensein)　331
自分自身
——の力の及ぶ(もしくは及ばない)範囲内の事柄　62, 129, 132
市民　39, 237
——権　256, 281
——的自由　40
——の等質性(ὁμοιότης)　39, 254
自由——　274
邪悪さ(μοχθηρία)　97, 131
社会
——的地位　259, 264
——の成立(プロタゴラスの神話)　228-9
外的な善としての——的な力　41
尺度　26, 189
無規定的な——　56, 67
種(εἶδος)　173, 175, 356　⇒類
——的一者　188
——的に異なる　364
——による類の個体化　183
——の永続性　357
最低——(ἄτομον εἶδος)　174, 176, 203
自由(ἐλευθερία, ἑκούσιον, προαίρεσις)　135, 136, 138, 140, 142, 143, 144, 146, 151, 223, 228, 239, 259, 299　⇒プロアイレシス，随意性
——人　263, 264, 275, 309
——な行為　143
——な存在者の邂逅　308
——の超自然性　140
悪への——　152
市民的——　40
真の——　146
自由意志　123 sqq.
善への志向性をもつ——　149
習慣(ἔθος)　139, 141, 214
——づけ　33
——と性格　139
——論　140
不動の——　215
ヘクシス(ἕξις)の訳語としての——　279-80
宗教　154
——的世界観　226
——と観想とのかかわり　396
獣性(θηριότης)　86
羞恥(αἰδώς)　228
修練(επιμέλεια)，習練(μελετᾶν)　→訓練
主観主義　→相対主義
宿命論　158-9
種差(διαφορά)　173, 175, 177
——的徴表　188
——をもたぬもの(ἀδιάφορα)　174
究極——　176, 177, 183
主人　157, 263, 310
主体　70
——性　223
——的判断力　21
快楽の——　363
自由な——　301, 326
手段　41, 61
直接的——　63, 132
人間の——化(もの化)　294
述語　28, 47, 166, 167, 295
受動作用(πάσχειν)　102, 189
受動理性　51, 73, 208, 409, 413
死とともに滅びる——　414

シュノロン ⇀感覚的全体者
瞬間的完結性 365, 366, 378
循環的構造 70, 142
純粋(ἀμιγῆ) 193
純粋理性 ⇀理性
浄化(感情の) 396
上機嫌(εὐθυμίη) 351–2
状態
　安定した——(διάθεσις) 215
　規定性としての—— 166
　ヘクシス(ἕξις)の訳語としての—— 148
　良き——(εὖ ἔχον) 216, 217
情念 83, 86, 122, 143, 409 ⇒パトス
浄福(μακάριος) 195, 385, 419
職業(階級としての) 39
植物
　——的な能力 188
　——人間 37
　——霊魂(τὸ τρεπτικόν) 37
触覚的活動 91
自律性 131, 386
　倫理的—— 56
試練 329
仁 332–3 ⇒エピエイケイア
神学 394, 398
人格 299, 300, 326 ⇒ペルソナ
　他者の—— 253
進化論 246
信仰 153
　愛と—— 329
　神への—— 329
　民衆の—— 396
真実の真似事(τῶν ἀληθινῶν μιμήματα) 214
身心一体論 ⇀エンテレケイア理論
身心二元論 296
人生
　——における根本姿勢 136
　贈与(don)としての—— 334–5
　不条理な悲劇(断罪)としての—— 335
身体 82
　魂の道具としての—— 41
神的なこと(もの) 32, 49, 61, 73, 155, 157, 195, 355, 356, 384, 392, 397, 401, 405, 408
　ヌースは—— 299
真にこれである(οὐσία) 164
神秘(mystère) 335
信頼(πίστις) 328–9
真理(ἀλήθεια) 1, 4–6, 24, 57, 65, 73, 132, 196, 243, 386
　——はエンドクサにもとづく 1, 4–7, 355
　——への問い 24
　行為の—— 23
心理学
　——的な考察 101
　アカデメイアの—— 430
人倫 ⇀客観的理性
神話 158, 197
　プロタゴラスの—— 228, 233, 281
随意性(ἑκούσιον) 123–7
随意的 144, 260
　——な起動力 124
推論 101, 133–4
　——的認識 390
　技術的合理化的—— 134
　実践的な—— 66
　弁証的な—— 4–5
　目的・手段連関の—— 134
　論証的な—— 2–3
数学 20, 21, 22, 47, 58, 59, 62, 172, 394, 395
勝れた人(ὁ σπουδαῖος) 31, 57, 137, 143, 342 ⇒善い人
　——が尺度である 57, 420
　カリクレス的な意味での—— 153
スコラ(哲学, 的概念) 176, 203
ストア学派 42, 343
スプーダイオス ⇀勝れた人
すべし(δεῖ, 当為) 216–7
生, 生きる, 生命(ζῆν) 40, 187–9, 408
　——とは知覚し, 思惟すること 311
　——の有限性の超越 236

——を共有する者　239
永遠の——　406
観想の——　408, 414-9
共同体的な——　417-8
幸福な——の二重構造　417
最善(最高度)の——　390, 416
第二次的な——　416
ともに——　312-3, 318, 418
人間としての——　415, 416
倫理的な(倫理徳に従う)——　42, 414-9
性格(ἦθος)　136-9
生活　⇒生
感性的——　190
観想的——　38, 195, 196, 397
幸福な——　394
実践的な——　397
植物的(眠れる)——　189
調和のとれた——　351
知を伴った快の——　376
理性的——　195
正義，正(δίκαιον, δίκη, δικαιοσύνη)　50, 68, 72, 153, 156, 158, 195, 198, 228
——と国家　271
——と徳との関係　253
——の種類　340-1
——の多義性　288
——は可変的　246
——は完全徳(徳の総体)　253, 280
——は共同体で働く徳(κοινωνικὴ ἀρετή)　280
——は徳の対他的本質の実現(ἀλλότριον ἀγαθόν)　253, 255, 280
——は本性的　277
愛と——との関係　320
書かれざる——(ἄγραφα δίκαια)　225
匡正的——　260-4
匡正的——と人間の価値　251
匡正的——への配分的——の導入　263
共同存在者である人間にとっての理法としての——　251
共同体成立の必須条件としての交換的——　265
交換的——　264 sqq., 285, 286
合法的——　241
最高度の徳としての——　252
自然的——(τὰ φύσει δίκαια)　250, 251
人為的——　250
適法としての——　159, 251-2, 253
等価交換が——　271
人間関係論としての——論　272
能力に応じて取るのが——　270-1, 287
配分的——　256-9, 270
平等としての——　251-2, 256, 257, 260, 283
法的——の限界　320-4
法的——の超越　343
ポリス的——(πολιτικὸν δίκαιον)　235 sqq., 274-5, 277
本性的——(φυσικὸν δίκαιον)　225, 250, 251, 277-8　⇒不文の法
役割の次元における——　273-4
製作(ποίησις)　18, 60, 365
技術的——　18
行為(πρᾶξις)と——　162
政治家　61
政治学(ポリティケー)　19, 62, 71
ポリスの学としての——　19
『政治学』　159, 224, 235, 240, 241, 254, 286
『政治家』篇　33, 55, 158, 159
政治参与　39
性質　48, 166
カテゴリーとしての——　26, 27, 28
ペルソナの対立概念としての——　295
正常性　249-50
生殖(γέννησις)　187-8
精神　196, 225, 315, 329, 365
——医学的　396
宇宙——　414

純粋現実態としての——活動　390
肉化した——　335
ペルソナとしての——　300
正当　153　⇒正義
生物　37, 174, 188, 401
——的自然　249
自然とは——　248
成文法　→法
生命　⇒生
——的な原理(ἔμψυχος ἀρχή)　155
——力　188
聖霊(πνεῦμα)　309
政令(ψήφισμα)　244, 275
世界　42, 404
——市民　343
——の永遠性　46
永遠的なものの——　22
学問技術の——　44
神の模倣態としての——　403
超越的——　35
人間行為の——　20
人間的——　22, 62-63, 246
変化する——　21-2
倫理的行為の——　44
責任　94, 137, 139, 144
倫理的——　89, 98, 126, 139, 140, 162
節制(σωφροσύνη)　50, 62, 68, 72, 91, 196　⇒抑制
——者　369
絶対王制(παμβασιλεία)　224, 240
絶対主義　24
節度　126, 141
——ある人　87
善　6-7, 17-20, 43, 47, 48, 83, 137, 163, 195, 216, 292, 401
——(よい)という言葉の用法　27
——と思われるもの(τὰ δοκοῦντα ἀγαθά, τὰ φαινόμενα ἀγαθά)　6, 25, 56, 137
——の原理(目的)の内在化　162
——の主観性と相対性　137-8
——の発揮する原因性　400
——は存在と同じように語られる　26, 29, 359
相手の——　290, 292
一般者としての——　64
外的な——(τὰ ἐκτὸς ἀγαθά)　10, 40, 41, 90, 416, 432
快楽は——　84, 358, 375-6
仮象の——　15
共通普遍の一者としての——　27, 49, 161
共同の——　39
行為の究極目的としての——　159, 162, 400
構造(形相)をもつ——　360
個別的な諸——　29, 161
自然の自己実現としての——　355-7
自体的な——　30, 48, 190
自分自身にとっての——　51
身体の——　41
存在の現われとしての——　36, 160, 297
端的な——(ἀγαθὸν ἁπλῶς)　57
超越的な——　49
ドクサとしての——　57
人間的な——　30-5, 61, 88, 190
派生的な——　29
ポリスの——　62
本質の自体的活動としての——　188, 195
専制政治　310
全体と部分　237-8, 338
選択　17, 44-5, 65, 127, 131-3, 137, 317
——意志　86, 88, 113
行為の——　84, 370
主体的——　159
理性的——意志　→プロアイレシス
前提　110
——命題　95
似非(自己正当化のための)大——　106, 107, 108, 120
健全な理性に従った(正しい)大——　106, 108, 109, 110, 120
行為の個別的状況の把握としての小

—— 105
小—— 95, 96, 100, 101, 102, 104, 106, 107, 108, 118, 121, 127
小——の欠落 105, 106, 108, 120, 122
大—— 95, 96, 100, 101, 102, 104, 107, 109, 127
当為命題(行為の原理)としての大—— 103, 105
働いている小—— 108
先天的 →アプリオリ
煽動政治家 275
創作(自己中心性の払拭としての) 313
想像 102, 390
想像力 35, 409
相対主義 24, 25, 355
相対的 60, 73
疎外 322
属性 28, 169, 182, 186-7
固有的——(τὰ οἰκεῖα πάθη) 173
種全体にかかわる—— 186
付帯的——(τὰ κατὰ συμβεβηκότα) 173
測定(数量的な) 85
——術(μετρητική) 84
『ソクラテスの想い出』 81, 227
素材(ὕλη) 20, 41, 56, 412 ⇒質料
組織 322-3
素質(φύσις) 32, 33, 34, 38, 43 ⇒自然, 本性
——決定論 33, 35, 138
——主義 35
自然的—— 145
自由と——との交錯 140
そのもの自体(καθ' αὑτό) 48, 161
ソフィアー 73-4, 382
ソフィスト 25, 34, 154, 155, 244, 245, 246
——的 57
ソフォス →知者
素朴実在論 7
存在
——一般 398
——根拠 163
——(ある)という言葉の用法 27
——と価値の交錯する領域 335
——としての——(ὂν ᾗ ὄν) 395
——の永遠性と神性 357
——の思惟 314
——の多義性 27-8
——の類比 49 ⇒プロス・ヘン
価値と不離な—— 29
最大の善としての—— 311
真の——(端的にある) 164-5
当為と—— 2
働き(生きること)としての—— 36
存在者
——の存在肯定 160
——の存在の究極原因 397
——の本性(目的運命) 163
——の善さ 297
習慣を創り出すものとしての可能的—— 215
分裂的な—— 144-5
有限な—— 40
『存在と時間』 331
『存在と無』 314

タ 行

第一実体(πρώτη οὐσία) 168, 201
第一性質 166
対角線的な組み合わせ 266-9, 286
対自 184
大衆 211
体制
正しい——(ὀρθαὶ πολιτεῖαι) 254
倒錯的——(παρεκβάσεις) 254
大ディオニュシア祭 225
『大道徳論』 9-10, 69, 250, 263, 264, 270, 277
第二性質 166
代表民主制 240
卓越 →アレテー
他者 38, 42, 60, 192, 237, 238, 312, 313, 416
——中心的 314

——との関係において(πρὸς ἕτερον)
235, 253, 272
——との交わりの破壊　240
——の現存(——との共同存在)　315
——の奴隷　324
——の物化(手段化)　326
——のペルソナ　316
地獄としての——　314
真の——　327
体制は——のために　254
ペルソナとしての——　317
正しい情理(δικαιοτάτη γνώμη)　225
ただしきことわり　77
脱自性　184
他のようでありうる(ἐνδέχεται ἄλλως ἔχειν)　21-2, 58, 59, 389
タブラ・ラーサ　194
魂(霊魂，プシューケー，ψυχή)　34, 41, 82, 101, 157, 191, 193, 363, 413
——が第一実体　182
——と肉体との離存関係　406-7
——の一性　205
——のエネルゲイア　189
——の機能停止(ἀργία τῆς ψυχῆς)
37
——の構造　36
——の道具としての身体　41
——の二分説　430
——の様態(πάθη)　409
運動(生)の原理としての——　154, 190-1, 206
栄養生殖(植物)——　37, 401
元素の混合(κρᾶσις)としての——
187
個人の(個的な)——　35, 38, 51, 182
徳に則した——の活動　41
肉体の完全現実態としての——　35, 406, 407
プラトンによる——の三区分　213
欲望的もしくは聴従的——(τὸ ὀρεστικόν, ἀκουστικόν)　36-7
他律的　130
知　17, 92, 96, 99, 104, 148, 157, 194, 211
⇒知識，エピステーメー
——に反した行為　85, 92-6
——の休止状態　95
——の欠如　95, 116
——の弱化(無力化)　85, 93, 99, 116
——は指導的か　157, 211
——は力なり　103
可能態としての——　93
現実的に働いている——　94
個別的状況に関する——　121
自己関係的な——　62
勝れた意味での——　111, 122
大前提と小前提とが結合した状態にある——　122
普遍的な——　121
知恵　213, 217, 223
『地下室の手記』　112
知識(ἐπιστήμη)　43, 48, 84, 211, 279
⇒知，エピステーメー
——階級　153
——の欠如　83
——の所有と使用(——の二義性)
93-4, 98, 100
一般的(普遍的)——　104-5
感覚的な——　121-2
個別的——　104
善悪についての——　83-4
「何を為すべきか」についての——
93
知者(知恵者，ソフォス，σοφός)　61, 213
知性　124
——主義　151
推論的——　66
秩序(κόσμος)　156, 157, 158, 172, 247, 257
——の流動化，絶対化　322
知徳　38, 211
中(μέσον)　218-9, 282-3
——は単なる量的平均ではない　220
算術的比例に従った——　262
質的限定としての——　220
絶対的——　220

即物的(κατ' αὐτὸ τὸ πρᾶγμα)——
219
対我的(πρὸς ἡμᾶς)——　219, 220
平等は——である　257
中心点　→実在，実体
中庸(μεσότης)　352, 360, 415
——の極点性　222
——の質的固有性　220
カントの——説批判　217-8
質料安定化の原理としての——　216
良い状態としての——　217
超越　184
——者　51, 229
直接民主制　240, 254
直覚　69
——知　66
——的認識　390
直観(νοεῖν)　193, 403
活動(ἐνέργεια)の例としての——
365, 378
神の世界認識のあり方としての——
403
通貨(についてのアリストテレスの理論)
286
通念　1-8, 35　⇒エンドクサ
——の定義　24-5
伝統的な——　35, 114-5
世の——　85, 112
償い(アナクシマンドロスの)　155-6
常に同じように(ἀεὶ κατὰ ταὐτά)　22,
248-9　⇒本来性，正常性
罪　264
罪人　343-4
ディアレクティケー　3-5, 421
定義(ὁρισμός)　48, 172-5, 202
ディケー　159, 162　⇒正義
『ティマイオス』篇　155
定立(νόμος)　20
テオリア　→観想
適度(適正)　26, 29, 216, 218, 361-2
哲学
——者　61, 213, 313, 397
——は死の演習である　196
観想する——者　417
第一——(形而上学)　395, 398, 425
『哲学への勧め(プロトレプティコス)』
163, 344, 397, 410, 421
哲人王　56, 242
テュケー(女神，盲目の力)　31, 154
⇒偶然
デュナミス(δύναμις)　279-80
当為，べし　217, 279-80, 415
——命題　103
善と——　216
反——　279-80
同一性　27
虚偽の(もしくは真の)——　326
自己と他者との——　318
事実としての——　307-8
肉体的——　309
同一律　271
等価値化　266, 268
道具　40, 310
生命なき奴隷としての——　310
魂の——　→身体
同情心(συγγνώμη)　97, 225
統帥術，統帥的な学　18, 19, 48
道徳　⇒徳
——的混乱　153
——法則　67, 118, 153, 154
動物　37, 124, 126, 128, 173, 174, 186,
191
——性　145
ともに生きる——　312
ポリス的——　39
理性をもつ——　39
ロゴスをもつ——　312
『動物運動論』　102
『動物発生論』　250, 414
同名異義的(ὁμώνυμος, ὁμωνύμως)　28,
29, 180
ト・カタ・ヘカストン(τὸ καθ' ἕκαστον)
169　⇒感覚的個別者
時の定め(χρόνου τάξις)　158
徳　26, 28, 31, 41, 64, 67, 87, 211-34,
259, 300, 339, 381

——と悪徳の区別　217-8
——の形成・破壊　141
——は知なり(ソクラテスの主張としての)　211-2
完全——(ἀρετὴ τελεία)　223, 224, 252, 253, 280
自然——(φυσικὴ ἀρετή)　67, 68, 69, 70
習慣としての——　140, 214-6
勝れた意味での徳(κυρία ἀρετή)　70
正義と——との関係　253
存在論的あるいは価値論的次元から見た——　220
秩序的協調活動としての(プラトンの)——　213
調和としての——　214
内的な——　42
人間的な——　195, 408
人間の水準を超越する——　86
人間の武器としての——　229
人間の本性の実現としての——　33
本性的——　70, 138, 215
無自覚的な自然——の自覚化　69
『メノン』篇の——　31
理性の——　408
倫理——　73, 86, 212
独我論者(ソリプシスト)　316
ドクサ(臆見, δόξα)　1-8, 24, 30, 57, 105, 107　⇒思念, エンドクサ
共通な——　355
際立った——　24
大多数の人々の——　25, 26, 40, 66, 374
フロニモスの——　26, 66
理性的な人々の——　25
独裁制　275
特殊命題　117
トデ・ティ(τόδε τι)　→このもの
どのようなものであるか(ποιόν τι)　164
『トピカ』　4
富　89, 90, 228, 259
外的な善としての——　41
取り決め(νομοθεσία)　154
奴隷　35, 157, 212, 263, 309
情念に対する知識のあり方としての——　211
生命ある道具(ἔμψυχον ὄργανον)としての——　275, 310

ナ行

内的(ἐντός)感覚者　189
内発的起動力　125
汝(toi)　323
——の神を愛せ　343
——の隣人を愛せ　343
何であるか(τί ἐστίν)　164, 168, 172, 174, 179
肉体　35, 51, 157, 186, 194, 309
——からの脱存　196
——の現実態　407
——のつながり　336
——は質料　182
精神の肉化としての——　299
ニヒリスト　289
ニヒリズム　335
人間　102, 129, 156, 185, 195-7, 213, 226, 240, 242-3, 246, 249, 304
——尺度説　56-7
——的な——　304
——的無活動(ἀργία)　188
——にとっての最高善　30, 160
——の定め　226
——の自然　249
——の実践しうる善　30
——の事物化(客体化)　294, 297
——の選別の思想　33
——の徴表　225
——の不平等性　271
——の法　226, 227
——は単独者ではない　235
——はポリスに住む動物　159, 236, 238, 239, 317, 416, 419
——はロゴスをもつ動物　238, 239, 240, 273
神々の掌中にある——　226

基準・尺度(κανὼν καὶ μέτρον)となる
—— 137
孤独な—— 311, 333
質料と形相の合成者としての——
192, 194, 197, 219, 274, 392, 393, 408, 410
超——的生活 38, 197
肉化した精神としての—— 309
普遍精神としての不滅の—— 197, 413–414
法と正義を離れた—— 229
理性的動物としての—— 144, 196
倫理的—— 416
人間性(人間の本性・本質) 17, 25, 51, 57, 100, 114, 160, 164, 188, 190, 192, 197, 278, 281, 295, 297, 326, 343, 391–3
——とはペルソナ(ヌース) 298–301, 302, 326
——の活動 35–44
——の声 229, 241–3
——の実現 34, 290, 335
——の特異性 298
——の二重性 192, 274, 407
——への問い 164
神性と同一なる—— 393
素質としての—— 138
普遍的な—— 39, 70
歴史的社会的に客観化された——
112, 138
人間的(ἀνθρωπικός) 392
認識 18, 208, 335, 397, 411
——活動 273
——は感覚知に由来する 185
——への希求 17
神の—— 398
客観的—— 315
個別的な状況についての—— 95–6, 101, 110, 121, 125, 127
実践的—— 101–5
真(偽)なる—— 193
直覚的(推論的——に対する)——
390
普遍的な原理についての—— 95, 96
倫理的な責任と決断を伴う—— 110
ヌース →理性
ネメイン(分ける, νέμειν) 159
農業の始源(トリプトレモスの神話)
197
能動 102
——者(受動を可能にする究極の)
208
——的測定作用 189
能動理性(νοῦς ποιητικός) 34, 51, 208, 397, 409, 412–4
——の独立離存性 407, 431
純粋自発性としての—— 413–4
超個人的な意識一般としての——
51, 414
超個体的な不滅の—— 73
能力(δύναμις) 38–9, 43, 270–1, 279, 287
ノエーマ 193
ノモス 159 ⇒法

ハ 行

媒概念(中項, メソン) 172
排他的選民意識 343
『パイドン』篇 34, 196, 202
配分 →分配
場所
カテゴリーとしての—— 27
第一原因は——の中にない 399
働き →活動
罰 155, 156, 264
ハデス 226
パトス(πάθος) 50, 68, 71, 74, 87, 110, 111, 122, 124, 144, 145, 197, 211, 212, 213 ⇒情念
——的衝動(盲動性) 38, 212
——的生活質料 219
——の統制 91
徳の素材としての—— 215
ロゴスと——の軋轢 88, 114
パリサイ人 277, 324, 343
バルバロイ 69, 114, 190
『パルメニデス』篇 202

範型(παράδειγμα)　49
判断　101, 105, 110, 128, 133
　プロアイレシスと——との相違　132
判断力　21, 57
『範疇論』　168
万人　243, 358
反比例(ἀντιπεποθός)　267-9
火　244
　生命の原因としての——　187
　プロメテウスの——　197
美(美しさ，美しいもの)　44, 157, 352
光(φάος)　168, 413
悲劇　226
　——的なもの　42
　ギリシア——　42, 225-7
非合理的なもの(ἄλογον)　86, 192
ピタゴラス学派　168, 171, 185, 187, 360
羊飼い　159
必然(ἀνάγκη)　186
　——的に存在または生成するもの　59
　——論者　247
　因果的——　276
　形式的(論理的)——　103
　習慣化を許容しない——的なもの　215
必要(需要，χρεία)
　価値尺度としての——　269, 286
　すべてを結合するものとしての——　265
人柄(ἦθος, ἕξις)　86, 133, 137　⇒ヘクシス
　行為と倫理的な——との関係　135
　それぞれの——に従って(καθ' ἑκάστην ἕξιν)　137
　目的定立の究極の根底としての——　134-136
一つであること，一性(τὸ ἑνὶ εἶναι)　169-70
　定義の——　173-4
ヒュパルコンタ(事物に内在する根本的特徴，ὑπάρχοντα)　173-4
ヒューマニズム　50
ヒュレー　→質料
平等(等しさ)　239, 245, 254, 282　⇒正義
　——化　261
　——かつ等質　39
　算術的比例(ἀριθμητικὴ ἀναλογία)による——　239, 259-61
　人格的——　274
　人間的共同体の成立根拠としての——　240
　人間の——　243, 271, 287
　物財の生産・取得における——　271
　法による——　227
非理性　157
　——的な衝動(ἄλογα πάθη)　124
　——的理性者　38
　魂の——的部分　36, 37
比率(λόγος)　188
　——の等しさ　259
比例　269, 270
　——が国家を結合する　271
　——的な与え返し(τὸ ἀντιπεπονθὸς κατ' ἀναλογίαν)　266, 267
　——的な等価値化　268
　——に従った等しさ　267
　幾何学的——　260
　算術的——にもとづく平等，不平等　260
『ピレボス』篇　157, 213, 368
フィリアー(φιλία)　328　⇒愛
　伝統的通念としての——　329
不可能なもの(τὰ ἀδύνατα)　128, 132
不可分(ἄτομον)　173
　——者　174, 193
　——であること(τὸ ἀδιαιρέτῳ εἶναι)　185
不機嫌　352
復讐(応報)　262, 263
不死なる者として振舞う(ἀθανατίζειν)　73, 192, 394, 406, 424
プシューケー　→魂
不随意性(τὸ ἀκούσιον)　97, 117

——と随意性の混合形態　124
不随意的　260, 263
不正(ἀδικία)　155, 156, 272, 283
——とは不平等　257, 260
合法的——　241
物質　300
——性　174, 175, 178
——的自然界　247
——のメカニズム　248
物体　329
第一原因は非——的存在　388-9
プネウマ　309　→聖霊
不平等　261
比率関係からの逸脱としての——　259
不正としての——　257, 260
不文の法(刻まれぬ法, νόμος ἄγραφος)　222 sqq., 241, 243, 252
——の普遍性, 永遠性, 神与性　225-6
オルトス・ロゴスの背後にある——　228
行為の根拠としての——　229
超越的原理としての——　228
普遍　28, 178, 225, 227
——概念　23, 27, 28
——概念としてのイデア　48
——概念の特殊化　117
——概念の無時間性　48
——者(τὸ καθόλου)　21, 49, 66, 168, 177
——主義　343
——命題　106
倫理法則の——妥当性　246
フュシコース(φυσικῶς)　99, 100, 101
フュシス　→自然, 本性, 素質
プラトニスト　47, 48, 161, 185-6, 345, 360, 406
プラトニズム　168, 196, 385, 392, 407, 410
プロアイレシス(理性的選択意志, προαίρεσις)　126, 137, 342
——と判断(δόξα)との相違　132
——における無知　131
——に従って行為しない者　134
——に従って行為する者　143
——にもとづく同一行為の反復　215
——に由来する真の極頂的性格　222
——の技術的側面　134
——の無活動　134
——は願望ではない　128-9
——は手段にかかわる　129-31
——は人間に固有　128
——は欲望(激情)ではない　128
人間的自由の根源としての——　146
無抑制者は——に従わない　148-9
プロス・ヘン　→アナロギア, 実在
『プロタゴラス』篇　82, 211, 281
『プロトレプティコス』篇　→『哲学への勧め』
フロニモス(φρόνιμος)　25, 26, 30, 55, 56, 57, 66, 67, 143, 145, 146, 151
——のドクサ　26, 66
具体的な人間像としての——　61
フロネーシス　21, 24, 212, 229, 242, 243, 426
——とオルトス・ロゴス　67-8
——のかかわる善　73
——の使命　64
——の定義　65
——を守る(σῴζειν φρόνησιν)　62
⇒節制(σωφροσύνη)
——をもつ人の判断　24, 57
行為の原理としての——　61
思案の能力としての——　63
分割可能(διαιρετόν)　170
分割法(διαίρεσις)　172, 202
憤激者(無抑制の一つとしての)　115-6
『分析論後書』　2-3
『分析論前書』　104, 119
分配　256, 282, 283
分別　58, 77, 126
ヘクシス　43-4, 65, 86-7, 216, 253, 300-1, 356
——形成の要因としての師弟関係

141–2
——の恒常性　279
——の諸義　148
——の訳語　76, 279
善への——(行為能力)　253
無抑制者の——　151
倫理的な——　142–3
ペシミズム　158
ヘドニズム　→快楽主義
ペリパトス学派　270, 285
ペルソナ　298, 300, 301, 304, 339　⇒人格
——と——との間の同一性　305
他者の——　316
人間性とは——　299, 300, 302, 326
ヌースとは——　298
ヘレニズム　10, 264
変化　→運動
弁証法(弁証学, διαλεκτικὴ ἐπιστήμη)　3–4, 202
『弁論術』　421
法(法律)　197, 223, 254
——的規定を越える善悪　224
——に適う(適法, νόμιμα)　223–4, 251–3, 320
——の可変性　246
——の限界　55, 241
——の硬直性　55
——の所有もしくは非所有　238–9
——の相対性　244–5
——の聴従者(ὑπηρέτης νόμοις)　224
——は人間本性に根ざす　241–2
——への畏敬の無視　343
——を超える者　56
神々の——　226, 227
君主(δεσπότης)としての——　223
次善の策としての——　55
杓子定規に——を振り廻す者(ὁ ἀκριβοδίκαιος)　224, 321, 324
人為——　244–6, 277
体制の基礎としての——　254
秩序・体制としての——　322
人間の——(ἀνθρώπειοι νόμοι)　226, 227
平等の秩序の保証としての——　240
普遍的——(κοινὸς νόμος)　225
理性としての——　224
防衛者　213
忘却　43–4
暴君　239, 327
法則(宇宙の, 道徳の, 社会の)　154, 172, 216, 228
『方法叙説』　274
放埒(ἀκολασία)　91, 126
——者(ἀκόλαστος)　87, 88, 113, 114, 151, 368, 369
——は可能か　212
『法律』篇　263
——の神の存在証明　155
ポリス　19, 226, 229, 235, 240, 266　⇒共同体
——的動物(ζῷον πολιτικόν)　238
——とは自由人の共同体　39, 254, 269
生の自足性のために——はある　235
非——的な人間　238
村の集合としての——　236
本質(τὸ τί ἦν εἶναι, εἶδος)　163, 377
——に従って活動する　163
——の一性　170
——の同一性　178
トマスの解釈による——　179
本性(本来, 本来性, 本性的 κατὰ φύσιν)　17, 34, 43, 47, 101, 142, 159, 190, 247, 248
——からの逸脱　250
——の声　229
——を腐敗させた者　371
存在者の——　297
人間の——的な働き　36

マ 行

まさにこれである(ὅπερ ἐστιν)　164, 182
交わり(κοινωνία)　314, 320, 328, 418
——のない交通　315

生きた——　316
言葉と思念の——　312
他者の経験との——　313
我と汝との——　322-3, 326
マゾヒスト　369
マゾヒズム　314, 325, 328
『マタイによる福音書』　287, 343
『マルコによる福音書』　343
見ること　377
活動(ἐνέργεια)の例としての——　18, 354, 355, 378
ミレトス学派　155, 171
民衆　41, 226, 242
——の神観念　386
——の声　243
民主制　40, 275
無　331, 339-40
無為　384
無規定　63
——者　171
——な原理　56
——なもの(τὸ ἄπειρον)　155, 188
——なものとしての快楽　157
——なものの開発・現実化　59
無限恐怖(horror infiniti)　45
無知(ἄγνοια)　83, 84-5, 118, 154
——の状態で(ἀγνοοῦντα)と——の故に　97-8
——の故に行なわれた行為　124
行為の原理に関する——　97, 125, 131
個別的状況に関する——　97, 123, 125
プロアイレシスにおける——　131
無抑制　143, 145, 349
——とは無知　84
——の原因　101
——の自覚　94
——の自己矛盾的構造　92
——の種類　115-6
無抑制者(ὁ ἀκρατής)　81, 82, 85, 88, 93, 94, 96, 97, 98, 104, 105, 106, 107, 109, 113-4, 118, 126, 127, 128, 133-4, 372
——の知の無効力性　99
——の知は可能態の中にある　99
——は分裂的人間　151
現実を知らない——　96
人間は本質的に——　145
無条件的な意味での——　90
類比的な意味でもしくは類似的な——　90
名辞　173
命法　107, 216
絶対——　217
命令　103
絶対——　218
命令するもの(命令者, ἐπιτακτική)　68
絶対的——　158
メソン　→中, 媒概念
メトリオテース(デモクリトスの用語)　352
『メノン』篇　31
モイラ　156, 157, 158, 159, 162
目的　17-9, 276, 381
——因　186, 187, 246, 367
——性　248
——の希求　136, 191
——の系列における無限背進　45
——のない世界　248
——論　159
——論的　34, 68
外在的——　378
完結的——　31
究極——　19, 45, 60, 162, 358
行為の——は善　17, 45
自己——　72, 378, 382
勝義の——因　247
存在者の完成態としての——　160
物質的自然にとって——は無用　247
目的手段連関　18, 60, 65
——の推論　134
——の無限遡行　19
もの　296, 298, 335
——そのもの(αὐτοέκαστον)　48

——ではない主体，自由　331
——の地平では愛は成立しない　296
モラリスト　297
——風箴言　359

ヤ 行

約束事(約定)　240, 277
貨幣は——　286
勇敢　50, 68, 72, 141, 221
勇気　72, 195, 213
有機体　237, 414
友情(φιλία)　329–30
恩寵(贈物)としての——　341
奇蹟としての——　341
友人　143, 289, 302, 305, 418
——とは別の自己　312
——の規定　304
エピエイケイアを体現する——　325
外的な善としての——　41
有徳な人　87, 88, 113, 213, 373
有能さ(δεινότης)　63
ユダヤ
——教　343
——人　309, 343
善い人(ὁ ἀγαθός)　57, 300, 304　⇒勝れた人
——がすべてのものの尺度　370
——にとってそう見えるもの(τὸ φαινόμενον τῷ σπουδαίῳ)　370
人間性の実現者としての——　301, 371
欲情的部分(ἐπιθυμητικόν)　213
抑制　84, 87, 191, 213　⇒無抑制，節制
——者　87, 88, 116
——とは知　84
あらゆる徳の基礎としての——　84
欲望(ἐπιθυμία, ἐπιθυμεῖν)　37, 38, 50, 87, 99, 102, 105, 107, 108, 109, 111, 114, 124, 125, 127, 186, 213, 333, 351
——と理性的決断との抗争　127
——による他者の物化(手段化，我有化)　323, 333
強力なかつ悪しき——　87
自然的な——　81
放埒者の原理としての——　151
欲求(ὄρεξις)　35, 65, 135, 190–1
——の対象(τὸ ὀρεκτόν)　400, 401
——は目的にかかわる能力　64–5, 135
思考的——(ὄρεξις διανοητική)　149
正しい——に調和した真理　64
『ヨハネによる福音書』　330, 341

ラ 行

利益，利得　254, 262
——共同体　266
普遍的な——(τὸ κοινῇ συμφέρον)　254
利己的，利己主義　296, 325
理性(λόγος, νοῦς)　24, 32, 36–7, 38, 45, 49, 50, 64, 66, 69, 70, 86, 88, 112, 126, 127, 145, 157, 183, 191, 193, 208, 213, 243, 274, 298, 382, 384, 392, 394, 411–2
——が真の自己　393
——支配　212
——的な起動力　124
——的なもの　26, 128, 172
——的人間のしるしとしての行為の統一的体系化　145
——に由来し帰一する　29
——の活動と表象　193
——の事実　146
——の離存　194, 196, 208, 406–11, 431
生きている——　77
宇宙的——　73
可能的に万物である——　411–3
神と同義としての(神的な)——　26, 414
完全現実態としての——　196
観想する——　405–414
客観的——　142, 143, 145
健全な——　→オルトス・ロゴス
根源的によいものとしての——　29

実践——　151, 158, 243
質料的な——　208, 413
支配者(κύριον)・優秀者(ἄμεινον)としての——　192
純粋——　37, 50, 72, 74
諸形相の座としての——　194, 413
諸善を善として統一している究極の根拠としての——　29
善への視覚としての——　142
肉体の現実態としての——　411　⇒エンテレケイア理論
人間の本質としての——　29, 146, 192, 194, 298
人間の——　50, 71, 406
目的・手段連関の発見にかかわる——　134-5
欲望と——的決断との抗争　127
欲求的——(ὀρεκτικὸς νοῦς)　149
理性的選択意志　→プロアイレシス
理想境　158
理想国家論　38-40, 213-4
律法　142, 277, 339
——化　69
——学士　277, 339, 343
立法者　56, 224, 319, 342
理念　66, 110
理由(τὸ διότι, αἰτία τοῦ εἶναι)　172, 276
量　166
カテゴリーとしての——　26, 27, 28, 165
良識　82, 92, 242
良心　158, 212, 216, 217
理論学(θεωρητική)　21, 394, 405
理論的認識　58
吝嗇　116, 218
隣人　110, 280, 304, 306, 342
——愛　302-306
倫理　42, 47, 67, 156, 157, 163, 196, 217, 397, 398
——性　71, 72, 89
——的(ἠθική)　139
——的規範(原理)　20, 25, 26, 57, 63, 222, 223, 228, 229, 234, 244
——的行為　18, 44, 46, 71, 72, 162, 195
——的自立　39
——的責任　89, 98, 126, 139, 140
——的断罪　89, 97
——的に無記　63, 66
——徳　37, 64, 73, 212, 381, 382, 384, 392, 397, 409, 415, 416
——徳の安定性　43
——能力　218
——法則の普遍妥当性　246
古代——　216
個別的具体的な事実としての——的価値　66
倫理学　19, 71, 112
——の対象領域において問題となる自然　20, 249
——の二つの基礎づけ　30
——方法論　1-7, 20-26, 30, 278, 386
根本的政治学としての——　19
類(γένος)　173, 174, 175, 176　⇒種
——実体論　183
——種関係的存在構造　192
——的次元　183
最高——　174
種による——の個体化　183
『ルカによる福音書』　343
ルコネッサンス(承認, 感謝, 受容, 歓待, reconnaissance, accueil)　308, 314, 316, 317, 335
霊魂　→魂
『霊魂論』　4, 35, 36, 51, 73, 186, 298, 299, 396, 397, 401, 406-11, 421, 424, 430, 431
連帯性　236, 310, 316
——からの脱落　312
家族的——　335
子供による——　339
精神的——　237
生物学的——　236, 237, 308
人間的——　308
人間の本性としての——　311

ロゴスの共有としての―― 317
労働 270
――者 213, 287
ロギコース(λογικῶς)な考察 99–100
ロギゼイン 172
ロゴス(λόγος) 64, 65, 77, 87, 105, 107, 113, 116, 134, 143, 172, 191, 192, 214
――主義 172
――的なもの 168, 171, 188
――とパトスの軋轢 88, 114
――による実体の開示 172
――による支配 239
――を離れた人間 239
――をもつ動物 312
技術・共同体・法の集約としての―― 197
共同存在の―― 238
魂の――に与る部分(μετέχουσα λόγου) 36
秩序としての―― 273
倒錯した―― 88
論証(理論的，実践的) 66, 101
論証的な学(ἐπιστήμη ἀποδεικτική) 2–3
論理(おおよその) 21, 78 ⇒おおよそ

ワ 行

分け前(運命 μοῖρα) 157
われわれ(一人称複数) 312, 313, 314, 317
――自身に依存するもの・しないもの 42
――に関して(πρὸς ἡμᾶς)の中 219

出典索引

凡例：

Ethica Nicomachea

Ⅶ, 2, 1146a31–b2 ……………………………Ⅲ, (39), 88

『ニコマコス倫理学』の上記の箇所は，本文の第3章88頁において論ぜられ，同章注(39)において指示もしくは展開されている，ということを意味する．Ⅴ, (40)のような表記は，当該の原典が第5章注(40)においてのみ論ぜられ，本文には現われないことを示す．

なお，DKはDie Fragmente der Vorsokratiker(Diels-Kranz)の略記号，Aはその中の教説，Bは断片を表わす．また，アリストテレスの断片はすべてAristotelis Fragmenta Selecta(Ross)の断片番号である．

Anaximandrcs
DK B1 ……………………
Ⅴ, (12), 155; Ⅴ, (78), 171
DK B2 ……………Ⅴ, (12), 155
DK B3 ……………Ⅴ, (11), 155
Anaximenes
DK B2 ……………Ⅴ, (11), 155
Aristoteles
Analytica Posteriora
Ⅰ, 4, 73a21–23 …………Ⅱ, (14), 58
Ⅰ, 4, 73a21–73b5 ………序, (2), 2
Ⅰ, 4, 73a34–b3 ………Ⅴ, (88), 173
Ⅰ, 22, 83a24–35………Ⅴ, (62), 167
Ⅰ, 22, 83a37–38………Ⅴ, (63), 167
Ⅰ, 34, 89b10–20………Ⅴ, (83), 172
Ⅱ, 2 …………………Ⅴ, (84), 172
Ⅱ, 5 …………………Ⅴ, (123), 185
Ⅱ, 13, 96a33–35 ……Ⅴ, (85), 173
Ⅱ, 13, 96b15–97a22 …Ⅴ, (87), 173
Analytica Priora
Ⅰ, 30, 46a9–10……………序, (7), 4
Ⅱ, 21, 57a33–b5 ……Ⅲ, (93), 104
Categoriae
5, 2a11–13……………Ⅴ, (62), 167
5, 2a34–b6 …………Ⅴ, (57), 166
5, 3a7–32 …………………Ⅴ, (61)
5, 3b10–16……………Ⅴ, (52), 164
5, 4a10–22……………Ⅴ, (55), 165
8, 8b27–28 ……………………
Ⅵ, (27), 215; Ⅷ, (39), 300
De Anima
Ⅰ, 1, 402b21–25 ……Ⅴ, (128), 186
Ⅰ, 1, 403a3–12………Ⅹ, (116), 407
Ⅰ, 1, 403a5–10…………Ⅰ, (68), 35;
Ⅴ, (130), 186; Ⅷ, (35), 299
Ⅰ, 1, 403a8–10………Ⅹ, (123), 409
Ⅰ, 1, 403a16–19 ……Ⅹ, (122), 409
Ⅰ, 2, 403b20–25 ……………序, (8)
Ⅰ, 3, 407a9–10 ………Ⅷ, (28), 298
Ⅰ, 3, 407b20–26 ……Ⅴ, (129), 186
Ⅰ, 5, 411a7–8…………Ⅴ, (11), 155
Ⅰ, 5, 411a26–b3 …………Ⅴ, (137)
Ⅰ, 5, 411b5–6 ……………Ⅴ, (137)
Ⅰ, 5, 411b6–14 …………Ⅴ, (137)
Ⅱ, 1, 412a7–9 ………Ⅴ, (115), 181
Ⅱ, 1, 412b4–9 ……………………
Ⅰ, (67), 35; Ⅷ, (35), 299
Ⅱ, 1, 413a3–7 ………Ⅹ, (115), 407
Ⅱ, 1, 413a4–7 ………Ⅴ, (126), 185
Ⅱ, 2, 413b2–4 ………Ⅴ, (164), 190
Ⅱ, 2, 413b24–28 ……Ⅹ, (114), 406
Ⅱ, 2, 413b25–27 ……Ⅷ, (34), 299
Ⅱ, 2, 413b27–29 …………Ⅹ, (129)
Ⅱ, 2, 413b27–414a1 ………………
Ⅹ, (121), 408
Ⅱ, 2, 414a19–20 ……Ⅷ, (36), 300
Ⅱ, 3, 415a11–12 ……Ⅹ, (116), 407
Ⅱ, 4, 415a22–26 ……Ⅴ, (146), 188
Ⅱ, 4, 415a23–b7 ……Ⅸ, (29), 357
Ⅱ, 4, 415a24–b2 ……Ⅹ, (97), 401

II, 4, 415a26-b7 ………Ⅶ, (7), 237
II, 4, 415a28-b7 ……V, (145), 188
II, 4, 415a29 ………V, (144), 188
II, 4, 415b12-14 …………V, (142)
II, 4, 415b13 ……………I, (71), 36
II, 4, 416a9-13 ……V, (139), 187
II, 4, 416a13-18 ……V, (141), 188
II, 4, 416a19-b30 …V, (138), 187
II, 5, 417a9-b7 ……V, (154), 189
II, 5, 417b19-28 ……V, (151), 189
II, 11, 423b17-26 …V, (155), 189
II, 11, 424a2-7 ……V, (157), 189
II, 12, 424a17-21 …V, (156), 189
II, 12, 424a24-27 …V, (155), 189
II, 12, 424a28-32 …V, (192), 194
II, 12, 424b1 ………V, (157), 189
II, 12, 424b3-18 ……V, (154), 189
III, 1…………………V, (158), 189
III, 2…………………V, (158), 189
III, 3, 428a5sqq. ……V, (186), 193
III, 4, 429a10-22……V, (188), 194
III, 4, 429a13-27……X, (133), 412
III, 4, 429a24-25……………………
V, (189), 194; Ⅷ, (29), 298
III, 4, 429a27-28……X, (136), 413
III, 4, 429a31-b3 …V, (192), 194
III, 4, 429b3-4 ……V, (193), 194
III, 4, 430a1…………X, (134), 412
III, 5, 430a10-14…………V, (190)
III, 5, 430a10-18……X, (135), 413
III, 5, 430a14-15…………V, (190)
III, 5, 430a15-18…………V, (190)
III, 5, 430a17-18 ……Ⅷ, (30), 298
III, 5, 430a18 ………V, (194), 194
III, 5, 430a22-23 …V, (195), 194;
Ⅷ, (34), 299; X, (140), 414
III, 5, 430a24-25……X, (142), 414
III, 6, 430a27-28……V, (184), 193
III, 6, 430b6-20 ……V, (185), 193
III, 6, 430b20-30 …V, (187), 193
III, 8, 432a8-9………V, (183), 193
III, 9, 432a15-19……V, (168), 191
III, 9, 432a19-20…………X, (129)
III, 9, 432b13-26 …V, (169), 191
III, 9, 433a1-3 ………IV, (11), 127
III, 9, 433a1-8………V, (170), 191
III, 10, 433a9-14……V, (173), 191
III, 10, 433a10-12 …V, (172), 191
III, 10, 433a21………V, (171), 191
III, 10, 433a25-29 …V, (176), 191
III, 10, 433b5-10 …V, (173), 191
III, 10, 433b10-12 …V, (171), 191
III, 10, 433b24-25 ………X, (129)
III, 11, 434a16-21 …III, (103), 110
De Bono
Fr. 2 ………………V, (125), 185
De Caelo
I, 9, 279a11-12………X, (38), 389
I, 9, 279a25-30 ……X, (111), 404
II, 1, 284a6-11 ……X, (111), 404
II, 3, 286a8-9 ……………I, (71);
V, (48), 163; Ⅷ, (22), 297
De Generatione Animalium
I, 2, 716a23…………………………
V, (48), 163; Ⅷ, (22), 297
II, 1, 731b24-732a1 …IX, (29), 357
II, 3, 736b27-29 ……X, (141), 414
IV, 4, 770b9-17 ……Ⅶ, (52), 250
IV, 3, 768b15-20 ……X, (94), 400
IV, 8, 777a19-21 ……Ⅶ, (48), 249
V, 1, 778a16-28……V, (132), 186
V, 1, 778a28-b7 …V, (133), 186
V, 8, 789b2-4 ………Ⅶ, (44), 247
De Generatione et Corruptione
I, 8, 325a21-22 ………II, (11), 57
I, 8, 325a21-23…………I, (40), 25
De Memoria
452a26-28……………VI, (28), 216
452a27-28……………Ⅷ, (39), 300
De Motu Animalium
6, 700b28-29 ………………II, (6)
7, 701a11-15…………III, (87), 103
7, 701b16-22 ………III, (84), 102
8, 702a11-17…………III, (86), 102
De Partibus Animalium
I, 1, 640a11-25 ……V, (134), 187

I, 1, 641a5–14 ……… V, (135), 187
I, 1, 642a11 …………… I, (88), 41
I, 5, 645a23–26 ……… V, (30), 160
De Somno
1, 454b23–455a3 …… V, (148), 188
1, 454b24–25 …………… V, (164)
Ethica Eudemia
I, 1, 1214a22–25 ……… I, (53), 31
I, 3, 1215a14–16 ……… I, (54), 31
I, 3, 1215a14–19 …… X, (22), 386
I, 5, 1216b2–25 …………… VI, (1)
I, 6, 1216b26–32 ……… 序, (8), 5
I, 8, 1217b26–34 ………… V, (34)
I, 8, 1217b34–1218a1 …… V, (34)
I, 8, 1217b35–1218a1 …… I, (42)
I, 8, 1218a1–10 …………… V, (34)
I, 8, 1218a2–9 …………… I, (42)
I, 8, 1218a9–16 …………… I, (42)
I, 8, 1218a10–14 ……… V, (2), 153
I, 8, 1218a10–16 ………… V, (35)
I, 8, 1218a17–32 ………… V, (34)
I, 8, 1218a34–37 ………… V, (36)
I, 8, 1218a34–b7 ………… I, (42)
I, 8, 1218a36–b7 ………… V, (36)
II, 1, 1218b37–1219a13 ……………
V, (46), 163
II, 1, 1218b38–1219a13 ……………
VIII, (22), 297
II, 1, 1219a8–13 ……… V, (2), 153
II, 1, 1219a13–17 ………… V, (40)
II, 10, 1225b26–27 … IV, (13), 128
II, 10, 1225b28–29 … IV, (14), 128
II, 10, 1225b35–37 … IV, (18), 129
II, 10, 1226a5–7 …… IV, (28), 133
II, 10, 1226a7 ……… IV, (30), 133
II, 10, 1226a8–12 …… IV, (25), 131
II, 10, 1226a15 ……… IV, (29), 133
II, 10, 1227a30–31 … VIII, (24), 297
II, 11, 1227b35–1228a4 … IV, (25)
III, 1, 1229a1–12 …… VI, (55), 222
III, 2, 1231b2–4 ……… IX, (7), 349
III, 4, 1231b27–33 … VI, (55), 222
VII, 2, 1235b13–19 …… 序, (10), 5
VII, 2, 1237b12–13 … VIII, (145), 329
VII, 2, 1237b27–29 … VIII, (146), 329
VII, 8, 1241b18–22 …… I, (88), 41
VII, 12, 1244b25–26 … VIII, (91), 312
VII, 12, 1244b28–29 … VIII, (88), 312
VII, 12, 1245a35–b12 ………………
X, (151), 418
VII, 12, 1245b15–18 ……… X, (88)
Ethica Nicomachea
I, 1, 1094a1–2 …………… I, (1), 17
I, 1, 1094a1–3 ………… V, (1), 153
I, 1, 1094a2–3 …………… I, (4), 17
I, 1, 1094a3 ………… IX, (24), 354
I, 1, 1094a3–5 …………… I, (7), 18
I, 1, 1094a4–6 ………… II, (19), 60
I, 1, 1094a10–14 ……… I, (10), 19
I, 2, 1094a18–20 ……………………
I, (11), 19; II, (42), 65
I, 2, 1094a18–22 …… IX, (37), 358
I, 2, 1094a18–23 ……………………
V, (1), 153; V, (28), 159
I, 2, 1094a21 …………… I, (12), 19
I, 2, 1094a24–25 ……… I, (14), 19
I, 2, 1094a27 …………… I, (15), 19
I, 2, 1094b7–8 ………… I, (16), 19
I, 3, 1094b11–12 ……… I, (18), 20
I, 3, 1094b12–23 …… VII, (49), 249
I, 3, 1094b14–22 …… VIII, (118), 321
I, 4, 1095a14–15 …………… I, (3)
I, 4, 1095a16–20 ……… I, (49), 31
I, 4, 1095a30–32 ……… I, (28), 22
I, 4, 1095b6–7 ………… I, (29), 22
I, 5, 1095b14sqq. ………… X, (15)
I, 5, 1095b31–1096a2 ……………
X, (5), 383
I, 5, 1095b32–33 …… V, (150), 189
I, 6, 1096a17–23 ……………………
I, (42); V, (34)
I, 6, 1096a19–22 …… V, (54), 165
I, 6, 1096a23–29 ……… I, (44), 27;
V, (34); IX, (43), 360
I, 6, 1096a29–34 ……………………
I, (42); V, (34)

I, 6, 1096a34-b3 ……………………
I, (42) ; V, (35)
I, 6, 1096b3-5 …I, (42) ; V, (35)
I, 6, 1096b16-26 ……………………
I, (42) ; V, (37), 161
I, 6, 1096b27-28……………I, (47)
I, 6, 1096b31-35 …………I, (42)
I, 6, 1096b32-35 …………V, (36)
I, 6, 1096b35-1097a14 ……………
I, (42) ; V, (36)
I, 7, 1097a7-11 ……X, (145), 416
I, 7, 1097a16……………………I, (3)
I, 7, 1097a16-b6 …………X, (57)
I, 7, 1097a18-23………V, (2), 153
I, 7, 1097a25-30………X, (2), 382
I, 7, 1097a30-32………X, (3), 382
I, 7, 1097a30-b6 ………I, (9), 18
I, 7, 1097a33-34 ………I, (50), 31
I, 7, 1097b6-20 …………X, (57)
I, 7, 1097b24-28 ………I, (70), 36
I, 7, 1097b24-33 ……………………
V, (47), 163; VIII, (22), 297
I, 7, 1097b33-1098a4 ……………
I, (74), 37; V, (149), 188;
V, (167), 190
I, 7, 1098a3-4 …………II, (38), 64
I, 7, 1098a16-17 ……V, (50), 163
I, 7, 1098a4…………V, (177), 191
I, 7, 1098b1-3 ……………I, (29)
I, 8, 1098b9-11 ……………………
I, (32), 24; II, (7), 57
I, 8, 1098b18-20 ……V, (42), 162
I, 8, 1098b27-29 ………II, (52), 67
I, 8, 1098b31-1099a7 ……………
X, (5), 383
I, 8, 1098b33-1099a3 ……………
V, (150), 189
I, 8, 1099a7-11………IX, (88), 373
I, 8, 1099a7-31……………X, (57)
I, 8, 1099a8 …………IX, (60), 363
I, 8, 1099a31-b7 ………I, (85), 41
I, 9, 1099b14-16 ………I, (55), 32
I, 9, 1099b18-20 ………I, (61), 34
I, 9, 1099b21-22 ………I, (62), 34
I, 9, 1099b24-25 ………I, (57), 32
I, 9, 1099b32-1100a2 ……………
IV, (10), 126
I, 10, 1100a12-14………I, (65), 34
I, 10, 1100b3-10 ………I, (92), 43
I, 10, 1100b11-17 ………X, (57)
I, 10, 1100b12-13 ……I, (93), 43
I, 10, 1100b17 …………I, (95), 43
I, 10, 1100b30-33 ……I, (96), 44
I, 10, 1100b35 …………I, (94), 43
I, 12, 1102a3-4……………X, (49)
I, 13, 1102a5-6………IX, (45), 360
I, 13, 1102a26-32 ………X, (129)
I, 13, 1102a32-b2 …V, (146), 188
I, 13, 1102a32-b3 ……I, (74), 37
I, 13, 1102a32-b12 …X, (5), 383
I, 13, 1102b3 ………V, (149), 188
I, 13, 1102b3-6 ……V, (150), 189
I, 13, 1102b3-8 ……V, (147), 188
I, 13, 1102b4-8 ………I, (75), 37
I, 13, 1102b14-21 ………IV, (11)
I, 13, 1102b14-25 …V, (174), 191
I, 13, 1102b16-25 ……I, (76), 37
I, 13, 1102b27-28 …V, (178), 191
I, 13, 1102b30-31 ……I, (76), 37
I, 13, 1102b31-1103a1 ……………
V, (177), 191
I, 13, 1103a2-10……V, (180), 192
II, 1, 1103a17-18 ……IV, (49), 139
II, 1, 1103a18-24 ………I, (60), 33
II, 1, 1103a19-22 ……VI, (19), 215
II, 1, 1103a20-23 ……IV, (50), 139
II, 1, 1103a23 ………IV, (52), 140
II, 1, 1103a24-25 ……IV, (53), 140
II, 1, 1103a24-26………II, (64), 68
II, 1, 1103a26-27 ……VI, (20), 215
II, 1, 1103a31-b2 ……IV, (54), 141
II, 1, 1103b6-8 ……………………
VI, (25), 215; VIII, (38), 300
II, 1, 1103b6-13 ……IV, (55), 141
II, 1, 1103b7-8 ……………IV, (56)
II, 1, 1103b21-22 ………IV, (56) ;

Ⅵ, (25), 215; Ⅷ, (38), 300
Ⅱ, 2, 1103b26–34 ……Ⅵ, (55), 222
Ⅱ, 2, 1104a7–9 ……………………
Ⅰ, (20), 21; Ⅷ, (117), 321
Ⅱ, 2, 1104a11–13 ……Ⅵ, (31), 216
Ⅱ, 2, 1104a25–27 ……Ⅵ, (32), 216
Ⅱ, 2, 1104a33–b3 ……Ⅵ, (33), 216
Ⅱ, 3, 1104b18–21 ……Ⅵ, (24), 215
Ⅱ, 3, 1105a3–4 ………Ⅵ, (24), 215
Ⅱ, 3, 1105a10–16 ……Ⅵ, (23), 215
Ⅱ, 4, 1105a17–19 …………Ⅳ, (56)
Ⅱ, 4, 1105a26–b5 …………Ⅳ, (65)
Ⅱ, 4, 1105a26–33 …… Ⅴ, (41), 162
Ⅱ, 4, 1105a30–33………Ⅱ, (22), 60
Ⅱ, 4, 1105b2–18 ……………………
Ⅵ, (29), 216; Ⅷ, (38), 300
Ⅱ, 4, 1105b4–5 ……………Ⅳ, (56)
Ⅱ, 6, 1106a15–17 ……Ⅵ, (30), 216
Ⅱ, 6, 1106a24–b7 ……Ⅵ, (40), 219
Ⅱ, 6, 1106b8–14 ……Ⅵ, (42), 220
Ⅱ, 6, 1106b18–23 ……Ⅵ, (43), 220
Ⅱ, 6, 1106b21–23 ………Ⅹ, (143)
Ⅱ, 6, 1106b21–23 ……Ⅵ, (35), 217
Ⅱ, 6, 1106b28–35 ……Ⅵ, (45), 220
Ⅱ, 6, 1107a3–6 ………Ⅵ, (35), 217
Ⅱ, 6, 1107a6–8 ………Ⅵ, (47), 220
Ⅱ, 6, 1107a10–14 ……Ⅵ, (49), 221
Ⅱ, 6, 1107a20–27 ……Ⅵ, (50), 221
Ⅱ, 8, 1109a12–19 ……Ⅵ, (44), 220
Ⅱ, 9, 1109b7–12 …………Ⅸ, (89)
Ⅲ, 1, 1109b35 ………Ⅳ, (1), 123
Ⅲ, 1, 1110a1 …………Ⅳ, (6), 124
Ⅲ, 1, 1110b2–3 ………Ⅳ, (1), 123
Ⅲ, 1, 1110b17–23 ……Ⅲ, (70), 97
Ⅲ, 1, 1110b24–27 ……Ⅲ, (73), 97
Ⅲ, 1, 1110b28 ………Ⅲ, (71), 97
Ⅲ, 1, 1110b31–33 …………………
Ⅳ, (7), 125; Ⅳ, (23), 131
Ⅲ, 1, 1110b33–1111a1 ……………
Ⅲ, (72), 97; Ⅳ, (8), 125
Ⅲ, 1, 1111a15–17 ……Ⅳ, (8), 125
Ⅲ, 1, 1111a22…………Ⅳ, (6), 124
Ⅲ, 1, 1111a23…………Ⅳ, (2), 124
Ⅲ, 1, 1111a24–25 ……Ⅳ, (3), 124
Ⅲ, 1, 1111b1–2 ………Ⅳ, (4), 124
Ⅲ, 2, 1111b6–9 ………Ⅳ, (5), 124
Ⅲ, 2, 1111b10–12 …Ⅳ, (12), 128
Ⅲ, 2, 1111b12–13 …Ⅳ, (13), 128
Ⅲ, 2, 1111b13–14……Ⅳ, (36), 134
Ⅲ, 2, 1111b14–16 …Ⅳ, (15), 128
Ⅲ, 2, 1111b16–18 …Ⅳ, (16), 128
Ⅲ, 2, 1111b19–23 …Ⅳ, (17), 128
Ⅲ, 2, 1111b25 ………Ⅳ, (19), 129
Ⅲ, 2, 1111b26 …………Ⅱ, (42), 65
Ⅲ, 2, 1111b26–30 …Ⅳ, (20), 130
Ⅲ, 2, 1111b31–33 …Ⅳ, (27), 132
Ⅲ, 2, 1112a1–3 ……Ⅳ, (31), 133
Ⅲ, 2, 1112a9–11 ……Ⅳ, (31), 133
Ⅲ, 3, 1112a21–26………Ⅰ, (26), 22
Ⅲ, 3, 1112a21–30 ……Ⅱ, (31), 62
Ⅲ, 3, 1112a30–31 …………Ⅱ, (30)
Ⅲ, 3, 1112a34 …………Ⅱ, (32), 62
Ⅲ, 3, 1112b8–9 ………Ⅱ, (33), 63
Ⅲ, 3, 1112b11–12 ……Ⅱ, (34), 63
Ⅲ, 3, 1112b11–16 …Ⅳ, (37), 134
Ⅲ, 3, 1112b27 …………Ⅰ, (23), 21
Ⅲ, 3, 1112b28 …………Ⅰ, (25), 22
Ⅲ, 3, 1112b31 …………Ⅰ, (25), 22
Ⅲ, 3, 1112b32 ……………Ⅱ, (30)
Ⅲ, 3, 1113a2–5………Ⅳ, (34), 134
Ⅲ, 4 …………………Ⅳ, (44), 137
Ⅲ, 4, 1113a15 ff. ………Ⅰ, (5), 17
Ⅲ, 4, 1113a23–25……Ⅳ, (45), 137
Ⅲ, 4, 1113a26–29 ………Ⅱ, (8), 57
Ⅲ, 4, 1113a29–33 …………………
Ⅰ, (41), 26; Ⅱ, (10), 57
Ⅲ, 5, 1113b26–29 …Ⅳ, (51), 140
Ⅲ, 5, 1113b30–33 ……Ⅲ, (74), 98
Ⅲ, 5, 1114a4–6………Ⅳ, (61), 144
Ⅲ, 5, 1114a4–10 ……Ⅳ, (48), 139
Ⅲ, 5, 1114a13–21……Ⅳ, (41), 135
Ⅲ, 5, 1114a31–b3 …Ⅳ, (43), 137
Ⅲ, 5, 1114b6–12 ……Ⅳ, (42), 137
Ⅲ, 5, 1114b27–28 …Ⅳ, (40), 135
Ⅲ, 5, 1114b29 …………Ⅱ, (54), 67
Ⅲ, 5, 1114b29–30 …………………

Ⅱ, (58), 67; Ⅹ, (143)
Ⅲ, 6, 1115a6-b6 ……Ⅵ, (52), 221
Ⅲ, 7, 1115b10-13 …Ⅵ, (51), 221
Ⅲ, 7, 1115b10-20 …Ⅵ, (55), 222
Ⅲ, 7, 1115b12 …………Ⅹ, (143)
Ⅲ, 7, 1115b19-20 …Ⅵ, (51), 221
Ⅲ, 7, 1115b24-28 …Ⅵ, (53), 221
Ⅲ, 7, 1116a7 ……………Ⅹ, (143)
Ⅲ, 8, 1116b3-23 ……Ⅵ, (54), 222
Ⅲ, 8, 1117a5………………Ⅳ, (24)
Ⅲ, 8, 1117a5-10 ……Ⅵ, (55), 222
Ⅲ, 11, 1119a11-20 …Ⅵ, (55), 222
Ⅲ, 12, 1119b13-18 …Ⅵ, (35), 217
Ⅲ, 12, 1119b17-18 ……Ⅹ, (143)
Ⅳ, 1, 1121a1-4………Ⅵ, (35), 217
Ⅳ, 1, 1121b2-5 ……Ⅵ, (35), 217
Ⅳ, 1, 1121b12 ………Ⅵ, (35), 217
Ⅳ, 3, 1123b14 …………Ⅹ, (143)
Ⅳ, 5, 1125b26-1126a1 ……………
Ⅵ, (55), 222
Ⅳ, 6, 1126b5-6 …………Ⅹ, (143)
Ⅳ, 6, 1126b12-21 …Ⅷ, (137), 325
Ⅳ, 6, 1126b17-18 ………Ⅹ, (143)
Ⅳ, 6, 1126b11-12 ………Ⅷ, (44)
Ⅳ, 9, 1128b13-14 …Ⅹ, (125), 409
Ⅴ, 1, 1129a6-9……………Ⅶ, (64)
Ⅴ, 1, 1129a6-19……………………
Ⅵ, (26), 215; Ⅷ, (39), 300
Ⅴ, 1, 1129a13 ……………Ⅶ, (64)
Ⅴ, 1, 1129a13-17……Ⅳ, (59), 143
Ⅴ, 1, 1129a14 ……………Ⅶ, (64)
Ⅴ, 1, 1129a26 ……………Ⅶ, (57)
Ⅴ, 1, 1129a33-b1 …Ⅵ, (56), 223
Ⅴ, 1, 1129a34 ………Ⅶ, (58), 251
Ⅴ, 1, 1129a34-b1 …………………
Ⅶ, (74), 256; Ⅷ, (115), 320
Ⅴ, 1, 1129b14-16 …Ⅶ, (66), 254
Ⅴ, 1, 1129b14-19 …Ⅵ, (57), 223
Ⅴ, 1, 1129b19-23 …Ⅵ, (58), 223
Ⅴ, 1, 1129b24 ………Ⅶ, (60), 252
Ⅴ, 1, 1129b26 ………Ⅶ, (61), 252
Ⅴ, 1, 1129b27-30 …Ⅵ, (59), 223
Ⅴ, 1, 1129b30 ………Ⅶ, (62), 252
Ⅴ, 1, 1129b30-33 ………Ⅶ, (65)
Ⅴ, 1, 1129b32 ………Ⅶ, (72), 255
Ⅴ, 1, 1130a3-4……………Ⅶ, (65)
Ⅴ, 1, 1130a7-9……………Ⅶ, (65)
Ⅴ, 1, 1130a8-10 ……Ⅵ, (59), 223
Ⅴ, 1, 1130a12-13……Ⅶ, (63), 253
Ⅴ, 2, 1130b30-32 …Ⅶ, (75), 256
Ⅴ, 2, 1131a1-9………Ⅶ, (93), 260
Ⅴ, 3, 1131a13 ………Ⅶ, (81), 257
Ⅴ, 3, 1131a17-18……Ⅶ, (82), 257
Ⅴ, 3, 1131a19-20……Ⅶ, (83), 258
Ⅴ, 3, 1131a20-26……Ⅶ, (84), 258
Ⅴ, 3, 1131a25-29……Ⅶ, (90), 259
Ⅴ, 3, 1131a31 ………Ⅶ, (87), 259
Ⅴ, 3, 1131b5-6 ……Ⅶ, (85), 258
Ⅴ, 3, 1131b9-10 ……Ⅶ, (86), 259
Ⅴ, 3, 1131b17 ………Ⅶ, (88), 259
Ⅴ, 4, 1131b25-1132a2 ……………
Ⅶ, (92), 260
Ⅴ, 4, 1131b27-31 ………Ⅶ, (80)
Ⅴ, 4, 1132a2-3………Ⅶ, (95), 261
Ⅴ, 4, 1132a9-14……Ⅶ, (101), 262
Ⅴ, 4, 1132a10-12 …Ⅶ, (100), 262
Ⅴ, 4, 1132a18-19……Ⅶ, (96), 261
Ⅴ, 4, 1132a25-27……Ⅶ, (97), 261
Ⅴ, 4, 1132a28-29……Ⅶ, (98), 261
Ⅴ, 4, 1132a31-32……Ⅶ, (99), 262
Ⅴ, 5, 1132b23-25 …Ⅶ, (111), 265
Ⅴ, 5, 1132b28-31 …Ⅶ, (102), 263
Ⅴ, 5, 1132b33-34 …Ⅶ, (117), 266
Ⅴ, 5, 1133a2 ………Ⅶ, (118), 266
Ⅴ, 5, 1133a5-11……Ⅶ, (122), 267
Ⅴ, 5, 1133a12………Ⅶ, (120), 266
Ⅴ, 5, 1133a12-13 …Ⅶ, (119), 266
Ⅴ, 5, 1133a16-18 …Ⅶ, (115), 266
Ⅴ, 5, 1133a18………Ⅶ, (121), 266
Ⅴ, 5, 1133a20……………Ⅶ, (132)
Ⅴ, 5, 1133a21-25 …Ⅶ, (123), 267
Ⅴ, 5, 1133a25-27 …Ⅶ, (126), 269
Ⅴ, 5, 1133a25-29 ………Ⅶ, (132)
Ⅴ, 5, 1133a27………Ⅶ, (112), 265
Ⅴ, 5, 1133a31……………Ⅶ, (132)
Ⅴ, 5, 1133a32-33 …Ⅶ, (125), 267

V, 5, 1133b6–8 ……Ⅶ, (113), 265
V, 5, 1133b10–14 ………Ⅶ, (132)
V, 6, 1134a26…………Ⅶ, (3), 235
V, 6, 1134a27…………Ⅶ, (4), 235
V, 6, 1134a27–28……Ⅶ, (15), 239
V, 6, 1134a35–b1 …Ⅶ, (17), 239
V, 6, 1134b9–10 …………Ⅶ, (31)
V, 6, 1134b11 ……………Ⅶ, (31)
V, 6, 1134b14–15 …Ⅶ, (16), 239
V, 7, 1134b18–19 …………………
Ⅵ, (75), 225; Ⅶ, (32), 244
V, 7, 1134b19–20 …Ⅵ, (77), 225
V, 7, 1134b24 ………Ⅶ, (33), 244
V, 7, 1134b24–26 …Ⅵ, (77), 225
V, 7, 1134b24–27 …Ⅶ, (34), 244
V, 7, 1134b27–29 …Ⅶ, (41), 246
V, 7, 1134b34–35 …Ⅶ, (53), 250
V, 9, 1136b15–20 …Ⅷ, (129), 323
V, 9, 1136b19–21 ………Ⅷ, (126)
V, 10, 1137a31–1138a3…Ⅷ, (114)
V, 10, 1137b8–9 …………………
Ⅵ, (70), 225; Ⅷ, (123), 321
V, 10, 1137b8–29 ……Ⅰ, (19), 20
V, 10, 1137b9 ……Ⅷ, (113), 320
V, 10, 1137b11–13 ………………
Ⅷ, (124), 321
V, 10, 1137b13–16 ………………
Ⅷ, (116), 320
V, 10, 1137b14–19 …Ⅵ, (68), 224
V, 10, 1137b17–19 ……Ⅱ, (4), 56;
Ⅷ, (120), 321
V, 10, 1137b22 ……Ⅷ, (124), 321
V, 10, 1137b24 ……Ⅷ, (123), 321
V, 10, 1137b26 ……Ⅷ, (124), 321
V, 10, 1137b27–32 …Ⅵ, (71), 225
V, 10, 1137b29 ……Ⅷ, (118), 321
V, 10, 1137b29–30 ……Ⅱ, (5), 56;
Ⅱ, (59), 67
V, 10, 1137b29–32 ………………
Ⅷ, (122), 321
V, 10, 1137b39 ……Ⅷ, (123), 321
V, 10, 1137b33–1138a2 …………
Ⅷ, (128)
V, 10, 1138a1………………………
Ⅵ, (69), 224; Ⅷ, (121), 321
V, 11, 1138a9–10 …………………
Ⅱ, (55), 67; Ⅳ, (62)
Ⅵ, 1, 1138b18–34 …Ⅵ, (55), 222
Ⅵ, 1, 1138b19–20 ………Ⅹ, (143)
Ⅵ, 1, 1138b20 ………Ⅱ, (54), 67;
Ⅱ, (57), 67; Ⅹ, (143)
Ⅵ, 1, 1138b25–29 ……Ⅱ, (54), 67
Ⅵ, 1, 1139a6–8………Ⅹ, (75), 397
Ⅵ, 1, 1139a12 …………Ⅱ, (12), 58
Ⅵ, 2, 1139a25–26 ……Ⅱ, (43), 65
Ⅵ, 2, 1139a27–31 ……Ⅱ, (41), 64
Ⅵ, 2, 1139a31–34……Ⅳ, (38), 134
Ⅵ, 2, 1139a31–b5 …Ⅷ, (31), 298
Ⅵ, 2, 1139b1–3 ………Ⅱ, (19), 60;
Ⅱ, (21), 60; Ⅳ, (37), 134
Ⅵ, 2, 1139b4–5 …………Ⅳ, (39)
Ⅵ, 2, 1139b12 …………Ⅱ, (40), 64
Ⅵ, 3, 1139b19–23 ……Ⅱ, (13), 58
Ⅵ, 4, 1140a1–2 ……………………
Ⅰ, (24), 22; Ⅱ, (15), 59
Ⅵ, 4, 1140a1–6………V, (38), 162
Ⅵ, 4, 1140a10 …………Ⅱ, (45), 65
Ⅵ, 4, 1140a11–14 ……Ⅱ, (16), 59
Ⅵ, 4, 1140a14–15 ……Ⅱ, (17), 59
Ⅵ, 5, 1140a30–31 …………Ⅱ, (29)
Ⅵ, 5, 1140a31–33 ……Ⅱ, (30), 62
Ⅵ, 5, 1140b3 …………Ⅰ, (22), 21
Ⅵ, 5, 1140b4–6 ………Ⅱ, (44), 65
Ⅵ, 5, 1140b6–7 ……………………
Ⅱ, (20), 60; V, (43), 162
Ⅵ, 5, 1140b8–10 ………Ⅱ, (25), 61
Ⅵ, 5, 1140b11–12 ……Ⅱ, (28), 62
Ⅵ, 5, 1140b21–22 ……Ⅱ, (47), 66
Ⅵ, 7, 1141a18–22……Ⅹ, (66), 396
Ⅵ, 7, 1141a20–22 ……Ⅱ, (78), 71
Ⅵ, 7, 1141a28–29……Ⅹ, (80), 398
Ⅵ, 7, 1141b2–3 ……Ⅹ, (66), 396
Ⅵ, 7, 1141b3–8 ………Ⅱ, (24), 61
Ⅵ, 8, 1141b23–26 ……Ⅱ, (26), 62
Ⅵ, 8, 1142a16–20 ……Ⅱ, (27), 62
Ⅵ, 9, 1142b18–20 …Ⅳ, (33), 133

Ⅵ, 9, 1142b31-33 …………Ⅱ, (29)
Ⅵ, 9, 1142b33 …………Ⅱ, (48), 66
Ⅵ, 11, 1143a8 …………Ⅱ, (63), 68
Ⅵ, 11, 1143a19-23 …Ⅵ, (73), 225
Ⅵ, 11, 1143a21-22…Ⅷ, (134), 324
Ⅵ, 11, 1143a33-b5 ……Ⅱ, (49), 66
Ⅵ, 12, 1144a8-9 ………Ⅱ, (35), 63
Ⅵ, 12, 1144a13-20 …Ⅳ, (22), 130
Ⅵ, 12, 1144a21-22 ……Ⅱ, (35), 63
Ⅵ, 12, 1144a23-29 ……Ⅱ, (37), 63
Ⅵ, 12, 1144a26-30 …Ⅳ, (59), 143
Ⅵ, 12, 1144a31-33……Ⅴ, (2), 153
Ⅵ, 12, 1144a34 ……………………
Ⅰ, (39), 25; Ⅱ, (9), 57
Ⅵ, 12, 1144a34-36 ……Ⅱ, (66), 68
Ⅵ, 13, 1144b3-5 ………Ⅱ, (65), 68
Ⅵ, 13, 1144b3-6 ……Ⅳ, (46), 138
Ⅵ, 13, 1144b4-6 ……Ⅵ, (21), 215
Ⅵ, 13, 1144b5-6 ………Ⅱ, (67), 68
Ⅵ, 13, 1144b8-9 ………Ⅱ, (68), 68
Ⅵ, 13, 1144b9-14 …………………
Ⅱ, (71), 69; Ⅳ, (57), 142
Ⅵ, 13, 1144b10-12 …Ⅵ, (22), 215
Ⅵ, 13, 1144b16-17 ……Ⅱ, (73), 69
Ⅵ, 13, 1144b17-21 …Ⅵ, (8), 213
Ⅵ, 13, 1144b21-23 ……Ⅱ, (60), 67
Ⅵ, 13, 1144b21-28 …Ⅵ, (55), 222
Ⅵ, 13, 1144b27-28 ……Ⅱ, (61), 68
Ⅵ, 13, 1144b30-31 ……Ⅱ, (39), 64
Ⅵ, 13, 1144b30-32 ……Ⅱ, (76), 70
Ⅵ, 13, 1145a1-2 ………Ⅱ, (62), 68
Ⅵ, 13, 1145a6-9………Ⅹ, (4), 382
Ⅵ, 13, 1145a6-11 ……Ⅱ, (85), 74
Ⅵ, 13, 1145a9………………………
Ⅱ, (63), 68; Ⅹ, (143)
Ⅶ, 1, 1145a16-20 ……Ⅲ, (21), 86
Ⅶ, 1, 1145a27…………Ⅲ, (24), 86
Ⅶ, 1, 1145a30-31…………Ⅲ, (44)
Ⅶ, 1, 1145b1-2 ………Ⅲ, (25), 87
Ⅶ, 1, 1145b2-7 …………序, (9), 5
Ⅶ, 1, 1145b9-10 ……Ⅲ, (65), 94
Ⅶ, 2, 1145b21-29 ……Ⅵ, (6), 212
Ⅶ, 2, 1145b25-26 …………………
Ⅲ, (1); Ⅲ, (15), 85
Ⅶ, 2, 1145b25-27 ……Ⅲ, (6), 83
Ⅶ, 2, 1145b27-28 ……Ⅲ, (16), 85
Ⅶ, 2, 1145b28-29 ……Ⅲ, (19), 85
Ⅶ, 2, 1145b30 ………Ⅲ, (17), 85
Ⅶ, 2, 1146a9-11………Ⅲ, (26), 87
Ⅶ, 2, 1146a31-32 ……Ⅲ, (32), 88
Ⅶ, 2, 1146a31-b2 ………Ⅲ, (39)
Ⅶ, 3, 1146b31-35 ……Ⅲ, (61), 92
Ⅶ, 3, 1147a1-4 ……………………
Ⅲ, (67), 95
Ⅶ, 3, 1147a4-7……………Ⅲ, (68)
Ⅶ, 3, 1147a9-10………Ⅲ, (69), 96
Ⅶ, 3, 1147a10……………Ⅲ, (104)
Ⅶ, 3, 1147a10-17 ……Ⅲ, (76), 98
Ⅶ, 3, 1147a15-16 …Ⅹ, (126), 409
Ⅶ, 3, 1147a24-31……Ⅲ, (83), 101
Ⅶ, 3, 1147a27-28……Ⅲ, (90), 103
Ⅶ, 3, 1147a31-b3 …Ⅲ, (94), 105
Ⅶ, 3, 1147a33 ………Ⅲ, (96), 106
Ⅶ, 3, 1147b1 ………Ⅲ, (100), 107
Ⅶ, 3, 1147b9-12 …………………
Ⅲ, (97), 106; Ⅲ, (101), 110
Ⅶ, 3, 1147b14-15 …………………
Ⅲ, (20), 85; Ⅲ, (60)
Ⅶ, 3, 1147b15-17 …Ⅲ, (104), 111
Ⅶ, 4, 1147b24-25 ……Ⅲ, (45), 89
Ⅶ, 4, 1147b25-26 ……Ⅲ, (53), 90
Ⅶ, 4, 1147b26-27 ……Ⅲ, (54), 90
Ⅶ, 4, 1147b27-28 ……Ⅲ, (58), 91
Ⅶ, 4, 1147b29 ………Ⅲ, (50), 90
Ⅶ, 4, 1147b30-31 ……Ⅲ, (47), 89
Ⅶ, 4, 1147b31-34 ………Ⅳ, (62)
Ⅶ, 4, 1147b34-35 ……Ⅲ, (52), 90
Ⅶ, 4, 1148a4 …………Ⅲ, (49), 90
Ⅶ, 4, 1148a4-11 ……Ⅸ, (10), 349
Ⅶ, 4, 1148a6-10 …………Ⅳ, (36)
Ⅶ, 4, 1148a6-11………Ⅲ, (54), 90
Ⅶ, 4, 1148a13-14 ……Ⅲ, (58), 91
Ⅶ, 4, 1148a16-17…………Ⅳ, (36)
Ⅶ, 4, 1148a23…………Ⅲ, (46), 89
Ⅶ, 4, 1148a25 ……………Ⅲ, (57)
Ⅶ, 4, 1148a25-26 ……Ⅲ, (47), 89

Ⅶ, 4, 1148a28…………Ⅲ, (48), 89
Ⅶ, 4, 1148b2-4 …………Ⅲ, (49)
Ⅶ, 4, 1148b5-6 ……………………
Ⅲ, (42), 89; Ⅲ, (65), 94
Ⅶ, 4, 1148b10 ………Ⅲ, (51), 90
Ⅶ, 4, 1148b11-12 ……Ⅲ, (58), 91
Ⅶ, 5, 1148b15-16 ……Ⅲ, (46), 89
Ⅶ, 5, 1148b15-18 ……Ⅲ, (41), 89
Ⅶ, 5, 1148b21-22 ………Ⅲ, (44)
Ⅶ, 5, 1148b34-1149a1 ……………
Ⅲ, (43), 89
Ⅶ, 5, 1149a9-20……Ⅴ, (166), 190
Ⅶ, 5, 1149a10-11…………Ⅲ, (44)
Ⅶ, 5, 1149a16-20 ……Ⅲ, (43), 89
Ⅶ, 5, 1149a21-24 ……Ⅲ, (55), 91
Ⅶ, 6, 1149a24-25…………Ⅲ, (59)
Ⅶ, 6, 1149a33-34…………Ⅲ, (59)
Ⅶ, 6, 1149b1 ……………Ⅲ, (59)
Ⅶ, 6, 1149b3 ……………Ⅲ, (59)
Ⅶ, 6, 1149b31-35 ……Ⅳ, (9), 126
Ⅶ, 6, 1150a1………………Ⅲ, (24)
Ⅶ, 6, 1150a1-5………Ⅷ, (32), 299
Ⅶ, 6, 1150a3 …………Ⅲ, (23), 86
Ⅶ, 7, 1150a16-18 ……Ⅲ, (56), 91
Ⅶ, 8, 1150b29-30 ……Ⅲ, (33), 88
Ⅶ, 8, 1150b29-1151a5 …Ⅲ, (39)
Ⅶ, 8, 1150b31 ………Ⅲ, (34), 88
Ⅶ, 8, 1151a5-7……………Ⅳ, (36)
Ⅶ, 8, 1151a6-7 ……………………
Ⅲ, (36), 88; Ⅳ, (24)
Ⅶ, 8, 1151a10…………Ⅲ, (37), 88
Ⅶ, 8, 1151a11-28……Ⅵ, (55), 222
Ⅶ, 8, 1151a13-14 ……Ⅲ, (29), 87
Ⅶ, 8, 1151a15……………………
Ⅲ, (30), 88; Ⅲ, (39)
Ⅶ, 8, 1151a15-17……Ⅳ, (63), 144
Ⅶ, 8, 1151a15-19 ……Ⅱ, (69), 69
Ⅶ, 8, 1151a15-20…………Ⅳ, (65)
Ⅶ, 8, 1151a17-19……Ⅳ, (46), 138
Ⅶ, 8, 1151a20-22 …………………
Ⅱ, (55), 67; Ⅳ, (62), 144
Ⅶ, 8, 1151a24-26…………Ⅳ, (65)
Ⅶ, 8, 1151a25-26 ……Ⅲ, (38), 88
Ⅶ, 9, 1151b10 ……………Ⅲ, (59)
Ⅶ, 9, 1151b12-17 ………Ⅲ, (59)
Ⅶ, 9, 1151b21-22 ……Ⅸ, (9), 349
Ⅶ, 9, 1151b33-34 ……Ⅲ, (27), 87
Ⅶ, 9, 1151b34-1152a6 ……………
Ⅸ, (9), 349
Ⅶ, 9, 1152a1-3 ………Ⅲ, (28), 87
Ⅶ, 10, 1152a6-9 ……Ⅳ, (58), 143
Ⅶ, 10, 1152a9-15…………Ⅲ, (77)
Ⅶ, 10, 1152a13-14 …Ⅳ, (60), 143
Ⅶ, 10, 1152a17……………Ⅳ, (24)
Ⅶ, 10, 1152a24 ………Ⅲ, (31), 88
Ⅶ, 12, 1152b33 ……Ⅸ, (44), 360
Ⅶ, 12, 1153a14………Ⅸ, (70), 366
Ⅶ, 12, 1153a14-15 …Ⅸ, (28), 356
Ⅶ, 13, 1153b17-25 ……Ⅰ, (89), 41
Ⅶ, 13, 1153b25-28 ………Ⅸ, (25)
Ⅶ, 13, 1153b31-32 …Ⅸ, (27), 356
Ⅶ, 14, 1154a13-14 …Ⅸ, (53), 362
Ⅶ, 14, 1154a16-18 …Ⅸ, (52), 362
Ⅶ, 14, 1154b21-26 …Ⅶ, (50), 249
Ⅶ, 14, 1154b24-28 ………………
Ⅴ, (197), 195
Ⅷ, 1……………………Ⅷ, (2), 289
Ⅷ, 1, 1155a4 …………Ⅷ, (4), 289
Ⅷ, 1, 1155a12-16 …Ⅹ, (150), 417
Ⅷ, 1, 1155a16…………Ⅷ, (3), 289
Ⅷ, 1, 1155a21…………Ⅷ, (3), 289
Ⅷ, 1, 1155a22-28 …Ⅷ, (109), 319
Ⅷ, 1, 1155a26-27 ……Ⅷ, (5), 290
Ⅷ, 1, 1155a29…………Ⅷ, (4), 289
Ⅷ, 2, 1155b17-19 ……Ⅷ, (8), 290
Ⅷ, 2, 1155b27-31 ……Ⅷ, (9), 291
Ⅷ, 2, 1156a3-5 ………Ⅷ, (7), 290
Ⅷ, 3, 1156a12-14……Ⅷ, (15), 293
Ⅷ, 3, 1156a14-16……Ⅷ, (14), 293
Ⅷ, 3, 1156a17-21……Ⅷ, (16), 293
Ⅷ, 3, 1156b7-8 ……Ⅷ, (20), 297
Ⅷ, 3, 1156b9-10 ……Ⅷ, (46), 302
Ⅷ, 3, 1156b10-11 …Ⅷ, (21), 297
Ⅷ, 3, 1156b11-12 …Ⅷ, (40), 301
Ⅷ, 4, 1157a14-16……Ⅷ, (14), 293
Ⅷ, 5, 1157b20-23 …Ⅹ, (154), 419

Ⅷ, 8, 1159a26–28 …Ⅷ, (144), 328
Ⅷ, 8, 1159a33–35 …Ⅷ, (144), 328
Ⅷ, 9, 1159b25–27 …Ⅷ, (110), 320
Ⅷ, 9, 1160a7–8 ……Ⅷ, (111), 320
Ⅷ, 11……………………Ⅷ, (81), 310
Ⅷ, 11, 1161a34–35 ……Ⅰ, (88), 41
Ⅷ, 11, 1161b4–8 …………Ⅶ, (31)
Ⅷ, 11, 1161b5–8 …………………
Ⅶ, (19); Ⅷ, (82), 310
Ⅷ, 12……………………Ⅷ, (72), 306
Ⅷ, 12, 1161b18–19 …Ⅷ, (73), 307
Ⅷ, 12, 1161b27–29 …Ⅷ, (74), 307
Ⅷ, 12, 1161b30–33 …Ⅷ, (75), 307
Ⅷ, 12, 1162a16–29 ……Ⅷ, (108)
Ⅸ, 4, 1166a1–2………Ⅷ, (58), 304
Ⅸ, 4, 1166a2–8………Ⅷ, (59), 304
Ⅸ, 4, 1166a13–14……Ⅷ, (63), 305
Ⅸ, 4, 1166a14–17……Ⅷ, (60), 305
Ⅸ, 4, 1166a16–17……Ⅹ, (52), 393
Ⅸ, 4, 1166a17–19……Ⅷ, (61), 305
Ⅸ, 4, 1166a22–23……Ⅹ, (52), 393
Ⅸ, 4, 1166a23–24……Ⅷ, (62), 305
Ⅸ, 4, 1166a27 ………Ⅷ, (64), 305
Ⅸ, 4, 1166a30–31……Ⅷ, (65), 305
Ⅸ, 4, 1166a31–32……Ⅷ, (66), 305
Ⅸ, 4, 1166b7–8 ……………………
Ⅷ, (41), 301; Ⅷ, (70), 306
Ⅸ, 4, 1166b8–11 ……Ⅷ, (67), 305
Ⅸ, 4, 1166b13–14 …………………
Ⅷ, (42), 301; Ⅷ, (68), 305
Ⅸ, 4, 1166b14–16 …Ⅷ, (69), 306
Ⅸ, 4, 1166b17–19 …Ⅷ, (71), 306
Ⅸ, 4, 1166b19 ………Ⅷ, (41), 301
Ⅸ, 4, 1166b25–26 …Ⅷ, (42), 301
Ⅸ, 5, 1166b30–32 …Ⅷ, (10), 291
Ⅸ, 5, 1167a1–2………Ⅷ, (11), 291
Ⅸ, 5, 1167a3…………Ⅷ, (13), 291
Ⅸ, 5, 1167a10–12……Ⅷ, (12), 291
Ⅸ, 6, 1167b4–6 …………Ⅷ, (140)
Ⅸ, 6, 1167b4–11 ………Ⅷ, (127)
Ⅸ, 8, 1168a31–32……Ⅷ, (43), 302
Ⅸ, 8, 1168a33–35……Ⅷ, (45), 302
Ⅸ, 8, 1168b1–3 ……Ⅷ, (46), 302
Ⅸ, 8, 1168b2–3 ……Ⅷ, (47), 302
Ⅸ, 8, 1168b3–4 ……Ⅷ, (48), 303
Ⅸ, 8, 1168b7–8 ……Ⅷ, (49), 303
Ⅸ, 8, 1168b15–17 …Ⅷ, (51), 303
Ⅸ, 8, 1168b19–21 …Ⅷ, (52), 303
Ⅸ, 8, 1168b25–28 …Ⅷ, (54), 303
Ⅸ, 8, 1168b28–31 …Ⅷ, (55), 304
Ⅸ, 8, 1168b28–35 …Ⅹ, (52), 393
Ⅸ, 8, 1168b31–32 …Ⅷ, (56), 304
Ⅸ, 8, 1168b33 ………Ⅷ, (57), 304
Ⅸ, 8, 1168b34–35 …Ⅷ, (55), 304
Ⅸ, 8, 1169a2 ………………………
Ⅷ, (26), 298; Ⅷ, (55), 304
Ⅸ, 8, 1169a2–3 ……Ⅷ, (139), 327
Ⅸ, 8, 1169a11–12……Ⅷ, (57), 304
Ⅸ, 8, 1169a17–18 ………Ⅷ, (139)
Ⅸ, 8, 1169a18–22 ………Ⅷ, (133)
Ⅸ, 9………………………Ⅷ, (107)
Ⅸ, 9, 1169b10–12 …Ⅷ, (144), 328
Ⅸ, 9, 1169b16–19 …………………
Ⅷ, (83), 311; Ⅹ, (153), 419
Ⅸ, 9, 1170a5–6 ……Ⅹ, (146), 416
Ⅸ, 9, 1170a14–15……Ⅷ, (86), 311
Ⅸ, 9, 1170a18–19……Ⅷ, (87), 311
Ⅸ, 9, 1170a19 ………Ⅷ, (84), 311
Ⅸ, 9, 1170a32–33…………Ⅷ, (89)
Ⅸ, 9, 1170a25–28……Ⅷ, (84), 311
Ⅸ, 9, 1170a33 ………Ⅷ, (88), 312
Ⅸ, 9, 1170b4–7………Ⅷ, (90), 312
Ⅸ, 9, 1170b5–7 ……Ⅷ, (66), 305
Ⅸ, 9, 1170b10–12 …Ⅷ, (92), 312
Ⅸ, 9, 1170b13–14 …Ⅷ, (85), 311
Ⅸ, 12, 1171b32–1172a1 …………
Ⅷ, (93), 312
Ⅸ, 12, 1171b33–34 …Ⅷ, (66), 305
Ⅹ, 1, 1172a21–23……Ⅵ, (35), 217
Ⅹ, 1, 1172a33–b7 …Ⅸ, (41), 359
Ⅹ, 2, 1172b9–10 …………………
Ⅰ, (4); Ⅴ, (163), 190
Ⅹ, 2, 1172b9–13 ……Ⅸ, (23), 354
Ⅹ, 2, 1172b15–16 …Ⅸ, (40), 359
Ⅹ, 2, 1172b18–20 …Ⅸ, (32), 357
Ⅹ, 2, 1172b20–23…Ⅴ, (162), 190;

Ⅸ, (36), 358
X, 2, 1172b23-25 ………Ⅸ, (39)
X, 2, 1172b23-35 …Ⅸ, (39), 358
X, 2, 1172b31-32 ………Ⅸ, (39)
X, 2, 1172b35-1173a2 ……………
Ⅸ, (25), 355
X, 2, 1172b36-1173a1 ……………
序, (12), 6
X, 2, 1173a2-5………Ⅸ, (26), 355
X, 2, 1173a5-8………Ⅸ, (34), 357
X, 2, 1173a10-12 …Ⅸ, (35), 358
X, 3, 1173a13-15……Ⅸ, (42), 359
X, 3, 1173a15-17……Ⅸ, (46), 360
X, 3, 1173a20-22……Ⅸ, (47), 360
X, 3, 1173a22-23……Ⅸ, (50), 361
X, 3, 1173a25-27……Ⅸ, (48), 361
X, 3, 1173a28 ………Ⅸ, (49), 361
X, 3, 1173a29-31……Ⅸ, (54), 362
X, 3, 1173a32-33……Ⅸ, (55), 362
X, 3, 1173b3-4 ……Ⅸ, (56), 362
X, 3, 1173b7-9 ……Ⅸ, (57), 363
X, 3, 1173b12 ………Ⅸ, (59), 363
X, 3, 1173b13-15 …Ⅸ, (58), 363
X, 3, 1173b20-28 ………Ⅸ, (61)
X, 4…………………V, (160), 190
X, 4, 1174a13-19……Ⅸ, (62), 364
X, 4, 1174a27-28……Ⅸ, (63), 365
X, 4, 1174b5-6 ……Ⅸ, (64), 365
X, 4, 1174b9 ………Ⅸ, (65), 365
X, 4, 1174b14 ………Ⅸ, (75), 367
X, 4, 1174b18-20 …Ⅸ, (76), 367
X, 4, 1174b18-23 ………X, (15)
X, 4, 1174b23 ………Ⅸ, (71), 366
X, 4, 1174b29 ………Ⅸ, (75), 367
X, 4, 1174b31-33 …Ⅸ, (72), 366
X, 4, 1175a13-15……Ⅸ, (78), 368
X, 5, 1175a21-22……Ⅸ, (77), 368
X, 5, 1175a29-36……Ⅸ, (86), 371
X, 5, 1175b2-8 ……Ⅸ, (87), 372
X, 5, 1175b24-28 …Ⅸ, (81), 369
X, 5, 1176a15-24……Ⅸ, (84), 371
X, 6, 1176a30-32 ……X, (1), 381
X, 6, 1176a33-b2 …V, (150), 189
X, 6, 1176a34-35 ……X, (6), 383
X, 6, 1176b6-7 ………X, (7), 383
X, 6, 1176b10-11 ………X, (11)
X, 6, 1176b19-21 ………X, (11)
X, 6, 1176b23-27 ………X, (11)
X, 6, 1176b28-29 …X, (69), 396
X, 6, 1176b28-33 ……X, (8), 383
X, 6, 1176b33 ………X, (10), 384
X, 6, 1176b34 ………X, (9), 383
X, 6, 1177a1-2 ……X, (12), 384
X, 6, 1177a10 ………X, (12), 384
X, 7, 1177a12-13……X, (14), 384
X, 7, 1177a12-21 …V, (207), 196
X, 7, 1177a13-18……X, (15), 384
X, 7, 1177a15 ………Ⅷ, (33), 299
X, 7, 1177a16-21……X, (46), 391
X, 7, 1177a19-b6 ……Ⅱ, (83), 72
X, 7, 1177a21 ………Ⅷ, (33), 299
X, 7, 1177a21-22 …………………
V, (198), 195; X, (54), 393
X, 7, 1177a23-27 …V, (199), 195
X, 7, 1177a25-26……X, (55), 393
X, 7, 1177a27-34……X, (56), 393
X, 7, 1177a27-b1 …V, (200), 195
X, 7, 1177b1-4 ……………………
V, (201), 195; X, (53), 393
X, 7, 1177b4-25 …V, (202), 195
X, 7, 1177b26-27 ……I, (78), 38
X, 7, 1177b26-28 …X, (119), 408
X, 7, 1177b26-31 …………………
V, (203), 195; X, (47), 392
X, 7, 1177b30 ………Ⅷ, (33), 299
X, 7, 1177b31-34 …X, (58), 394
X, 7, 1177b31-1178a3 ……………
V, (181), 192
X, 7, 1177b33…………Ⅱ, (84), 73
X, 7, 1177b34 ………Ⅷ, (55), 304
X, 7, 1178a1-3 ……………………
Ⅷ, (26), 298; Ⅷ, (138), 326
X, 7, 1178a2-3………Ⅷ, (55), 304
X, 7, 1178a2-4………X, (50), 392
X, 7, 1178a7…………Ⅷ, (55), 304
X, 8, 1178a9 ………X, (149), 416

X, 8, 1178a9–14 ……X, (48), 392
X, 8, 1178a9–21……V, (180), 192
X, 8, 1178a14–16 …X, (124), 409
X, 8, 1178a19–21 …V, (210), 197
X, 8, 1178a20………X, (127), 410
X, 8, 1178a20–22 …X, (118), 408
X, 8, 1178a22 ……V, (208), 196; Ⅷ, (33), 299; X, (132)
X, 8, 1178a23……………X, (132)
X, 8, 1178a23–b7 …V, (200), 195
X, 8, 1178b4–5 ………I, (89), 41
X, 8, 1178b5–7 ……X, (147), 416
X, 8, 1178b7–21 ……X, (81), 398
X, 8, 1178b7–22 ………………… I, (56); V, (204), 196
X, 8, 1178b7–23 …………X, (45)
X, 8, 1178b8–10 ………II, (81), 72
X, 8, 1178b10–14 ……II, (82), 72
X, 8, 1178b23 ……V, (206), 196
X, 8, 1178b25–27 …X, (16), 385
X, 8, 1178b25–28 …IX, (31), 357
X, 8, 1178b25–32 …V, (207), 196
X, 8, 1178b33–35 …X, (148), 416
X, 8, 1179a1–8 …………X, (148)
X, 8, 1179a1–13 ………I, (89), 41
X, 8, 1179a22–24 ………………… V, (207), 196; Ⅷ, (33), 299

Magna Moralia
I, 5, 1185b5–12 ………序, (19), 9
I, 34, 1193b39–1194a6 …………… Ⅶ, (130), 270
I, 34, 1194a15–17 …Ⅶ, (131), 271
I, 34, 1194a18–21 …Ⅶ, (129), 270
I, 34, 1194a31–36 …Ⅶ, (105), 263
I, 34, 1194a36–b3 …Ⅶ, (107), 264
I, 34, 1194b30–1195a4 …………… Ⅶ, (54), 250
I, 34, 1195a7–8……………Ⅶ, (55)
I, 35, 1197a14–20………序, (20), 9
II, 3, 1199b38 …………II, (70), 69
II, 3, 1200a6–11……………II, (61)
II, 7, 1206b8–29………序, (21), 10
II, 7, 1206b18–19 ……II, (70), 69

Mechanica
3, 850a39–b5 ………Ⅶ, (124), 267

Metaphysica
I, 1, 980a1 ………………I, (2), 17
I, 1, 980a21–23 ……V, (159), 190
I, 2, 983a8–9…………X, (92), 400
I, 2, 983a8–10……………X, (109)
I, 5, 985b23–26 ……V, (80), 172
I, 5, 986a15–21………V, (79), 172
I, 6, 987a29–b10 ……V, (32), 161
I, 9, 990b1–8 ………………I, (42)
I, 9, 990b8–14 ………V, (32), 161
I, 9, 991b1–3 ………V, (120), 185
II, 2, 994a1 ff.………………I, (13)
III, 4, 1000b3–5 ……X, (108), 404
IV, 1, 1003a33–b1 ……I, (46), 28
IV, 3, 1005a19–b2 …X, (65), 395
IV, 3, 1005a33–b8 ………X, (62)
IV, 7, 1011b26 …………序, (15), 7
V, 1, 1013a20 ………V, (24), 158
V, 6, 1015b18–19 …V, (70), 169
V, 6, 1016a9–10 ……V, (71), 169
V, 6, 1016a22–24……V, (72), 169
V, 6, 1016a22–28……V, (98), 175
V, 6, 1016a32–b3 …V, (74), 170
V, 6, 1016b10–11 …V, (75), 170
V, 6, 1016b11–12 …V, (71), 169
V, 6, 1016b13–14 …V, (75), 170
V, 8, 1017b17–18 ………V, (68)
V, 8, 1017b24–26 ………V, (68)
V, 16, 1021b14–25 …VI, (46), 220
V, 16, 1021b21–25 …V, (49), 163
V, 17, 1022a6–9 ……V, (49), 163
V, 18………………………V, (77)
V, 18, 1022a27–29 …V, (88), 173
V, 18, 1022a29–32 ………V, (61)
V, 20, 1022b10–11 ………Ⅶ, (64)
VI, 1, 1025b26–28 …X, (61), 394
VI, 1, 1026a18–19……X, (60), 394
VI, 1, 1026a23–25……X, (82), 398
VI, 1, 1026a30–31……X, (85), 398
Ⅶ, 1, 1028a11–12…………V, (67)
Ⅶ, 2, 1028b8–13 ……V, (51), 164

Ⅶ, 3, 1029a2–3 …………Ⅴ, (61)
Ⅶ, 3, 1029a8–9………Ⅴ, (62), 167
Ⅶ, 3, 1029a10–16……Ⅴ, (58), 166
Ⅶ, 3, 1029a20–26……Ⅴ, (59), 166
Ⅶ, 3, 1029a27–28…………Ⅴ, (68)
Ⅶ, 3, 1029a28 ………Ⅴ, (60), 166
Ⅶ, 3, 1029b1–12 ………序, (14), 7
Ⅶ, 4 …………………Ⅴ, (91), 173
Ⅶ, 4, 1030a3–6……………Ⅴ, (68)
Ⅶ, 4, 1030a18–19…………Ⅴ, (68)
Ⅶ, 4, 1030b11–12 ………Ⅴ, (67)
Ⅶ, 5 …………………Ⅴ, (91), 173
Ⅶ, 5, 1030b16–18 ………Ⅴ, (68)
Ⅶ, 7, 1032b1–2 …………Ⅴ, (76)
Ⅶ, 8, 1033b5–8 ……Ⅹ, (76), 397
Ⅶ, 8, 1033b19–22 ………Ⅴ, (66)
Ⅶ, 10, 1035a7–9……Ⅴ, (114), 181
Ⅶ, 10, 1035b1–3 …Ⅴ, (113), 180
Ⅶ, 10, 1035b14–27 ………………
Ⅹ, (128), 410
Ⅶ, 10, 1035b27–29 ………………
Ⅴ, (104), 176
Ⅶ, 11, 1036a26–28…Ⅴ, (122), 185
Ⅶ, 11, 1036b8–13 …Ⅴ, (124), 185
Ⅶ, 11, 1036b23–24 ………Ⅴ, (68)
Ⅶ, 11, 1036b28–30 ………………
Ⅴ, (127), 185
Ⅶ, 11, 1037a5–10 …Ⅴ, (116), 182
Ⅶ, 12, 1037b11–14 …Ⅴ, (89), 173
Ⅶ, 12, 1037b18 ……Ⅴ, (90), 173
Ⅶ, 12, 1037b25–26 …Ⅴ, (96), 174
Ⅶ, 12, 1038a1–3 ……Ⅴ, (92), 174
Ⅶ, 12, 1038a5 ………Ⅴ, (93), 174
Ⅶ, 12, 1038a5–8 ……Ⅴ, (99), 175
Ⅶ, 12, 1038a6–9……Ⅴ, (102), 176
Ⅶ, 12, 1038a16………Ⅴ, (95), 174
Ⅶ, 12, 1038a21–34 …Ⅴ, (94), 174
Ⅶ, 12, 1038a25–26 …Ⅴ, (97), 174
Ⅶ, 13, 1038b8–11 …Ⅴ, (106), 177
Ⅶ, 13, 1038b11–12 ………………
Ⅴ, (107), 178
Ⅶ, 13, 1038b14–15 ………………
Ⅴ, (108), 178; Ⅴ, (118), 183
Ⅶ, 13, 1038b23–24 ………Ⅴ, (68)
Ⅶ, 14, 1039a30–33 ………Ⅴ, (66)
Ⅶ, 14, 1039b2–4 …………Ⅴ, (68)
Ⅶ, 16, 1040b5–10 …Ⅴ, (112), 180
Ⅶ, 16, 1040b27–29 …Ⅴ, (53), 164
Ⅶ, 17, 1041b6–7 …………Ⅴ, (68)
Ⅷ, 1, 1042a7–11 ……Ⅴ, (51), 164
Ⅷ, 1, 1042a26–29…………Ⅴ, (61)
Ⅷ, 1, 1042a27–28…………Ⅴ, (67)
Ⅷ, 1, 1042a28–29…………Ⅴ, (68)
Ⅷ, 1, 1042b1–3 …………Ⅴ, (66)
Ⅸ, 6, 1048b18–36 …………………
Ⅰ, (7); Ⅴ, (40), 162
Ⅸ, 6, 1048b21–23 …Ⅸ, (67), 366
Ⅸ, 6, 1048b23–24…Ⅴ, (197), 195;
Ⅸ, (66), 365
Ⅸ, 6, 1048b26 ………Ⅸ, (68), 366
Ⅸ, 6, 1048b29 ……………Ⅸ, (69)
Ⅸ, 6, 1048b33–34 …Ⅸ, (66), 365
Ⅸ, 6, 1048b33–35 …Ⅴ, (197), 195
Ⅸ, 7, 1049a24–28……Ⅴ, (59), 166
Ⅸ, 7, 1049a34–35…………Ⅴ, (68)
Ⅹ, 1, 1052a22–23……Ⅴ, (75), 170
Ⅹ, 1, 1052a33–34……Ⅴ, (73), 170
Ⅹ, 1, 1052b15–17 …Ⅴ, (69), 169
Ⅹ, 7, 1057b7 ………Ⅴ, (93), 174
Ⅹ, 8, 1057b35–1058a1 ……………
Ⅴ, (100), 175
Ⅹ, 8, 1058a6–8 ……Ⅴ, (101), 176
Ⅹ, 8, 1058a16–21 …Ⅴ, (101), 176
Ⅹ, 8, 1058a19–21……Ⅴ, (95), 174
Ⅹ, 8, 1058a22 ………Ⅴ, (93), 174
Ⅹ, 8, 1058a23–24……Ⅴ, (99), 175
Ⅺ, 2, 1060a37–b2 ………Ⅴ, (67)
Ⅻ, 2, 1069b10–11 ………Ⅴ, (66)
Ⅻ, 3, 1070a4 ………………Ⅰ, (13)
Ⅻ, 3, 1070a11–15…………Ⅴ, (68)
Ⅻ, 5, 1071a20–29 …Ⅴ, (117), 182
Ⅻ, 6, 1071b4–5 ……Ⅹ, (26), 387
Ⅻ, 6, 1071b19 ………Ⅹ, (30), 388
Ⅻ, 6, 1071b20 ………Ⅹ, (33), 388
Ⅻ, 6, 1071b21 ………Ⅹ, (39), 389
Ⅻ, 6, 1071b24 ………Ⅹ, (31), 388

XII, 6, 1071b32 ………X, (34), 388
XII, 7, 1072a21 ………X, (32), 388
XII, 7, 1072a24 ………X, (27), 387
XII, 7, 1072a24–26……X, (93), 400
XII, 7, 1072a25 ………X, (29), 388
XII, 7, 1072a26 ………X, (99), 401
XII, 7, 1072b3 ………X, (98), 401
XII, 7, 1072b6 ………X, (40), 389
XII, 7, 1072b11–13 …X, (41), 390
XII, 7, 1072b13–14 …………………
IX, (30), 357; X, (91), 400
XII, 7, 1072b14–30 …X, (44), 390
XII, 7, 1073a5–8………X, (36), 389
XII, 7, 1073a10–11……X, (37), 389
XII, 9, 1074b25–29 …X, (89), 399
XII, 9, 1074b32–33 …X, (104), 403
XII, 9, 1074b33–35 …………………
V, (205), 196; X, (106), 403
XIII, 3, 1077b33 ………X, (63), 395
XIII, 3, 1078a2–5 ……X, (64), 395
XIII, 5, 1079b24–26 …………I, (42)
XIII, 10, 1087a18 …………V, (67)
Physica
I, 3, 186a24–32………V, (56), 165
I, 7, 190a13–16………V, (56), 165
I, 9, 192a16–19………X, (95), 401
II, 4, 195b31–196b9………VII, (43)
II, 4, 196a24–28 ……VII, (45), 247
II, 5, 196b10–12 ………I, (27), 22
II, 5, 197a14 ……………I, (59), 32
II, 5, 197a30–32 ………I, (58), 32
II, 8, 198b10–32 ……VII, (42), 246
II, 8, 198b35–36 ……………………
I, (27), 22; VII, (47), 249
II, 8, 199a15–17 ………II, (18), 59
III, 2, 202a8–9 ………X, (35), 389
III, 4, 203b6–26 ……V, (11), 155
III, 5, 204b5–6 ………X, (37), 389
VIII, 1, 251b19–23 ……X, (24), 387
VIII, 1, 251b28 ………X, (25), 387
VIII, 5, 256a18–19 ……X, (28), 388
VIII, 5, 256a20–21 ……X, (29), 388
VIII, 5, 256a29 ………………I, (13)
Politica
I, 1, 1252a3–4 …………I, (5), 17;
I, (38), 25; II, (6), 57
I, 2 ……………………VII, (5), 235
I, 2, 1252b27–1253a7 ……………
V, (29), 160
I, 2, 1252b34–1253a1 ……………
V, (2), 153
I, 2, 1253a2–3 ………VII, (11), 238
I, 2, 1253a5 …………VII, (13), 238
I, 2, 1253a9–10 ……V, (175), 191
I, 2, 1253a9–18………VII, (14), 239
I, 2, 1253a14–18……V, (179), 192
I, 2, 1253a20–29 ……VII, (10), 237
I, 2, 1253a23 ………………………
V, (48), 163; VIII, (22), 297
I, 2, 1253a29…………VII, (12), 238
I, 2, 1253a29–39 ……VI, (95), 229
I, 9, 1257b10sqq. ………VII, (132)
I, 12, 1259a39–b10 ………VII, (31)
II, 2, 1261a30sqq. ……I, (83), 39
III, 4, 1276b18sqq.……VII, (9), 237
III, 6, 1279a8sqq. …………………
I, (81), 39; VII, (67), 254
III, 6, 1279a13–15…………VII, (68)
III, 6, 1279a21………………………
I, (80), 39; VII, (70), 254
III, 7, 1279a28–31……VII, (69), 254
III, 7, 1279a32 ………VII, (71), 254
III, 7, 1279a37sqq. ……I, (82), 39
III, 11, 1281a39–b10 ………………
VII, (28), 242
III, 11, 1281a40–b10 …II, (53), 67
III, 11, 1281b4–5 ……VI, (96), 229
III, 13, 1283a38–40 ………VII, (65)
III, 14, 1285b29–31 …VI, (61), 224
III, 15 ……VI, (65); VII, (18), 240
III, 15, 1286a24–31 …VII, (25), 242
III, 15, 1286a31–35 …VII, (29), 243
III, 16…………………VII, (18), 240
III, 16, 1287a8–10……VI, (62), 224
III, 16, 1287a10sqq. ……I, (84), 39
III, 16, 1287a12–13 …VII, (19), 240

Ⅲ, 16, 1287a10–17 …Ⅵ, (63), 224
Ⅲ, 16, 1287a18………Ⅶ, (20), 240
Ⅲ, 16, 1287a21–22 …Ⅵ, (64), 224
Ⅲ, 16, 1287a28–32…………………
Ⅵ, (65), 224; Ⅶ, (21), 240
Ⅲ, 16, 1287a30……………Ⅶ, (17)
Ⅳ, 4, 1292a4–21 …………Ⅶ, (33)
Ⅵ, 2, 1317b3–10 …………Ⅶ, (90)
Ⅶ, 1, 1323b21–26 …Ⅹ, (19), 385
Ⅶ, 1, 1323b25 ……………Ⅹ, (88)
Ⅶ, 3, 1325b9–10 ………………
Ⅴ, (31), 160; Ⅷ, (23), 297
Ⅶ, 3, 1325b14–29 …Ⅹ, (19), 385
Ⅶ, 3, 1325b28–30 ………Ⅹ, (88)
Ⅶ, 13, 1331b26–29……Ⅱ, (23), 60
Protrepticus
Fr. 6 (pp. 34–35)……Ⅴ, (24), 158
Fr. 6 (p. 35) ………………………
Ⅴ, (45), 163; Ⅷ, (22), 297
Fr. 6 (p. 36) ………………Ⅹ, (15)
Fr. 11 (p. 45) ………Ⅹ, (71), 397
Fr. 12 (p. 47) ………Ⅹ, (72), 397
Fr. 13 (p. 48) ………Ⅹ, (73), 397
Fr. 16 (p. 52) ………Ⅴ, (165), 190
Rhetorica
Ⅰ, 5, 1360b19sqq.………Ⅰ, (90), 42
Ⅰ, 6, 1363a17–18 ………Ⅰ, (34), 24
Ⅰ, 7, 1363b12–15 ………Ⅰ, (33), 24
Ⅰ, 7, 1364a1–3…………Ⅴ, (2), 153
Ⅰ, 10, 1368b7 ………Ⅵ, (75), 225
Ⅰ, 10, 1368b10 ………Ⅵ, (76), 225
Ⅰ, 10, 1369a3–4 ……………………
Ⅰ, (37), 25; Ⅱ, (6)
Ⅰ, 12, 1373a14–18……Ⅵ, (89), 227
Ⅰ, 13, 1373b4–6 ……Ⅵ, (75), 225
Ⅰ, 13, 1373b4–9 ……Ⅶ, (24), 242
Ⅰ, 13, 1373b13–15 …Ⅵ, (77), 225
Ⅰ, 13, 1373b18 ……………Ⅶ, (31)
Ⅰ, 13, 1373b21 ………Ⅵ, (75), 225
Ⅰ, 13, 1374a16–18……Ⅵ, (67), 224
Ⅰ, 13, 1374a18–20……Ⅵ, (75), 225
Ⅰ, 13, 1374a26–28……Ⅶ, (24), 242
Ⅰ, 13, 1374a28–29……Ⅵ, (70), 225
Ⅰ, 13, 1374b5 ………Ⅵ, (74), 225
Ⅰ, 13, 1374b10–18 ………Ⅷ, (135)
Ⅰ, 15, 1375a27–b5 …Ⅵ, (98), 229
Topica
Ⅰ, 1, 100a29–b18 ………序, (7), 4
Ⅰ, 1, 100b21–23 ………Ⅰ, (35), 25
Ⅰ, 1, 100b23–26…………Ⅱ, (7), 57
Ⅰ, 11, 104b32–34 ………Ⅰ, (36), 25
Ⅵ, 3, 141a15–18…………Ⅷ, (128)
Ⅵ, 3, 141a16–18……Ⅷ, (132), 324
Democritus
DK A 131–135 …Ⅴ, (153), 189
DK B 4 ……………Ⅸ, (14), 351
DK B 71 …………Ⅸ, (15), 351
DK B 188 …………Ⅸ, (14), 351
DK B 189 …………Ⅸ, (18), 352
DK B 191 …………Ⅸ, (17), 351
DK B 194 …………Ⅸ, (19), 352
DK B 214 …………Ⅸ, (16), 351
Diogenes Laertius
Ⅱ, 86 …………………Ⅸ, (22), 353
Ⅱ, 87 …………………Ⅸ, (21), 353
Ⅱ, 88 ……………………………
Ⅴ, (161), 190; Ⅸ, (20), 353
Empedocles
DK B 84–89 ……Ⅴ, (152), 189
DK B 135 …………Ⅵ, (89), 227
Euclides
Elementa Ⅵ, 15…………Ⅶ, (124)
Euripides
Andromacha 100–102 ……Ⅰ, (91)
170–177 ……………
Ⅶ, (37), 245
Heraclidae 1–4……………Ⅶ, (65)
Medea 410–411………Ⅴ, (23), 158
Phoenissae 499–502…Ⅶ, (38), 245
Heraclitus
DK B 2 ……………Ⅵ, (83), 227
DK B 33 …………Ⅵ, (86), 227
DK B 41 …………Ⅵ, (85), 227
DK B 44 …………Ⅵ, (87), 227
DK B 89 …………Ⅵ, (88), 227
DK B 114 …………Ⅵ, (84), 227

Herodotus
III, 38…VII, (35), 244; VII, (36), 245
VII, 102–104 ……VI, (60), 223
Hesiodus
Erga 273–289 ……V, (26), 159
763–764 ……IX, (25)
Theogonia 217–222 …V, (15), 156
Homerus
Ilias
6, 488–489……V, (14), 156
9, 63 ……VII, (13), 238
16, 433–438 ……V, (13), 156
Odyssea
I, 32–39……V, (16), 156
XI, 203–224 ……I, (66), 35
XI, 487sqq. ……I, (66), 35
Kritias
DK B 25 ……V, (211), 197
Parmenides
DK B 9 ……V, (64), 168
Plato
Apologia
33a1–5……VI, (5), 212
Charmides
163b1–e2 ……V, (39), 162
170e–171b ……IV, (37)
Cratylus
412d4–e2 ……V, (17), 157
Critias
109b5–c4 ……V, (27), 159
Definitiones
414c8……VI, (17), 214
Euthudemus
292a4–12 ……V, (20), 157
Gorgias
460b1–8 ……VI, (4), 212
467c–468c ……I, (13)
483b4–d2 ……V, (4), 153
499e……I, (13)
499e8–9……I, (4)
512d–513b ……VI, (5)
Leges
I, 630d9–631a8 ……VI, (59)
I, 643b4–d5 ……VI, (15), 214
II, 653a5–c4 ……VI, (16), 214
III, 678–679……VII, (116), 266
IV, 716c4–5 ……X, (17), 385
VIII, 843c–d ……VII, (104), 263
IX, 875c3–d5 ……V, (20), 157
X, 886a9–b8 ……V, (6), 154
X, 889b1–890a9 ……V, (7), 154
X, 892a2–c7 ……V, (9), 154
X, 896b10–899b9 ……V, (8), 154
Lysis
218c–219d ……I, (13)
Meno
99e5–100a1 ……I, (51), 31
Parmenides
135b5–c3 ……V, (33), 161
135c8–136c5……V, (82)
Phaedo
62b6–8 ……V, (27), 159
64c4–8 ……V, (77)
65c7–9 ……V, (77)
65d11–66a8 ……V, (81), 172
67c5–d2 ……V, (77)
79e8–80a5……V, (18), 157
80d5–81a2 ……V, (209), 197
85e3–86d4 ……V, (140), 187
86e6–88b8 ……V, (140), 187
Phaedrus
245c5–246a2 ……V, (142)
246a–247c ……V, (137)
265e1–3……V, (86), 173
Philebus
12d7–e2 ……IX, (79), 368
13b6–c2 ……IX, (80), 369
16c5–18b4 ……V, (82)
20e–22e……IX, (39)
22d ……IX, (51)
24e……IX, (51)
28c7–8 ……V, (21), 157
28c9–30e3……V, (22), 157
30c1–d9 ……V, (20), 157
52c–d ……IX, (51)
60a–61b ……IX, (39)

64e5–8 ······ VI, (14)
Politicus
271d3–e5 ······ V, (25), 158
271e5–6 ······ V, (27), 159
294a8 ······ II, (1), 55
294b–c ······ II, (1), 55
295c–d ······ II, (2), 55
296e–297a ······ II, (3), 56
Protagoras
320c sqq. ······ VII, (73)
320c8–323a4 ······ V, (212), 197
322a3–c3 ······ VI, (93), 228
322c3–d5 ······ VI, (94), 229
352a8–c7 ······ VI, (2), 212
352b–c ······ III, (5), 82
352b1–d3 ······ V, (19), 157
353c5–d7 ······ III, (10), 84
353c6–8 ······ III, (7), 83
353e3 ······ III, (8), 83
355b ······ III, (9), 84
355e3 ······ III, (11), 84
357a1 ······ III, (12), 84
357a2–e8 ······ VI, (3), 212
357d3–7 ······ III, (13), 84
358c2–3 ······ III, (14), 84
Respublica
I, 338e1–339a4 ······ V, (5), 153
I, 343c3 ······ VII, (65)
I, 352d7–353d2 ······ V, (44), 163
II, 360c ······ VII, (65)
II, 369b–c ······ VII, (8)
III, 369b–e ······ VII, (114), 265
IV, 435b–445b ······ V, (137)
IV, 438d11–441c3 ······ VI, (9), 213
IV, 440e8–441a4 ······ VI, (10), 213
IV, 441e4–6 ······ VI, (11), 213
IV, 442c10–11 ······ VI, (13), 213
IV, 444c1–e6 ······ VI, (18), 214
IX, 590a5–c7 ······ VI, (12), 213
Sophista
267d4–e2 ······ V, (86), 173
Symposium
192b–193a ······ VII, (6), 236
205a2–4 ······ IX, (38), 358
205a6sqq. ······ I, (4)
210c6–211b5 ······ V, (77)
Theaetetus
176b1–3 ······ X, (18), 385
Timaeus
47e3–48a7 ······ V, (20), 157
69a–73b ······ V, (137)
Sophocles
Ajax 1130–1131 ······ VI, (79), 226
Antigone
441–525 ······ VI, (80), 226
450–457 ······ VI, (81), 226
456–457 ······ VII, (23), 241
523 ······ VI, (97), 229
683–700 ······ VII, (26), 242
739 ······ VII, (27), 242
Rex Oedipus 1526–1530 ······ I, (91), 42
Tereus Fr. 515(Nauck) ··· V, (182)
Thucydides
II, 36–37 ······ VI, (91), 228
Xenophanes
DK B 7 ······ V, (131)
DK B 11 ······ II, (79), 72
DK B 14 ······ II, (80), 72
Xenophon
Historia Graeca VI, 3, 6 ······ V, (212), 197
Memorabilia
I, 5 ······ III, (2), 81
I, 5, 3–4 ······ III, (3), 82
III, 9, 4–5 ······ III, (4)
IV, 4, 14 ······ VII, (39), 245
IV, 5 ······ V, (174), 191
IV, 5, 6 ······ III, (4), 82
IV, 5, 11 ······ III, (4)
IV, 15–25 ······ VI, (90), 227

主要訳語表

ἀγαθόν　善
ἀγαθὸν ἁπλῶς　端的な善
ἀγαθός　善い人
ἄγνοια　無知
ἄγραφον δίκαιον　書かれざる正義
ἀδελφικὴ φιλία　兄弟愛
ἀδιάφορα　それ以上に種差をもたないもの
ἀδικία　不正
ἀθανατίζειν　不死を営む
αἰδώς　羞恥
αἴσθησις　感覚，知覚
αἰτία　原因，理由
ἀκόλαστος　放埒者
ἀκούσιον　不随意性
ἀκουστικόν　聴従的霊魂
ἀκρασία　無抑制
ἀκρατής　無抑制者
ἀκριβοδίκαιος　杓子定規に法を振り廻す者
ἀκρότης　極頂
ἄλογον　非合理的なもの，無理
ἁμαρτάνειν　過失におちいる，過つ
ἀμεταμέλητος　後悔をしない人
ἀναισθησία　無感覚
ἀνάπαυσις　休息
ἀνδρεία　勇気，勇敢
ἄνισον　不平等
ἀντιπεπονθός　反比例，与え返し，交換的正義
ἀντιφίλησις　愛の応答
ἀξία　価値
ἄπειρον　無規定なもの
ἀπόδειξις　論証，学的認識
ἀργία　機能停止
ἀρετή　徳，卓越性
ἀρετὴ τελεία　完全徳，徳の完結態
ἀριθμητικὴ ἀναλογία　算術的比例
ἀρχή　始源，原理，源
ἀρχιτεκτονική　統帥術，統帥的な学
αὔξησις　生長
αὐτάρκεια　自足
αὐτοέκαστον　ものそのもの
αὐτόματον　自発的なもの，偶然
βία　強制
βουλεύεσθαι　思案する
βουλευτόν　思案されたもの
βουλή　思案
βούλησις　願望
γαμικὸν δίκαιον　婚姻的正義
γέννησις　生殖
γνῶσις　認識
δειλός　臆病な人
δεινότης　有能さ
δεσποτικὸν δίκαιον　主人的正義
διάθεσις　安定した状態，有様
διάνοια　思惟，推論的思考
διανομή　分配
διαφορά　種差
δίκαιον　正，正義，正当，権利
δικαιοσύνη　正義
δοκοῦντον ἀγαθόν　善とおもわれるもの
δόξα　考え，判断，臆見
δύσκολος　気難しい人
ἐγκράτεια　抑制，克己
ἐγκρατής　抑制者
ἔθος　習慣
εἶδος　形，形相，本質，種
ἐκτὸς ἀγαθά　外的な善
ἐλαττωτικός　自己の権利を主張しない人，自己を減殺する人
ἔλεος　憐み，憐憫
ἐλευθερία　自由
ἔλλειψις　過小，不足
ἔμψυχον ὄργανον　生命ある道具
ἔμψυχος ἀρχή　生命的な原理
ἔνδεια　欠乏状態

ἔνδοξα　通念，伝統的通念，多くの人々の是認する考え，間主観的合意
ἐνέργεια　活動，働き，行動
ἐντελέχεια　現実態，完全現実態
ἕξις　人柄，後天的に獲得された行為能力，能力の所有[状態]
ἐπιείκεια　慈しみ，慈愛，善さ
ἐπιθυμητικόν　欲望的部分
ἐπιθυμία　欲望
ἐπιστήμη　知，知識
ἐπιστημονικόν　理性的認識を営む部分
ἐπιτακτικόν　命令する部分
ἔργον　働き，作品，仕事，事実
ἑτερότης　異質性
εὐδαιμονία　幸福
εὖ ἔχον　良い状態にある
εὐθυμίη　上機嫌
εὔνοια　好意
εὐπραξία　幸福
ζημία　損失，罰
ἡδονή　快，快楽
ἠθική　倫理的
ἦθος　性格，人柄
θαρρεῖν　快活である
θεωρία　観想
θηριότης　獣性
θρεπτικόν　植物霊魂
θυμοειδές　気概的部分
θυμός　怒り，激情，気概
ἰσχυρογνώμων　頑固者
καθ' αὑτό　自体的
καθόλου　普遍的，普遍者，一般者
καιρός　好機
κακία　悪徳
καλόν　美，美しいもの
κανών　尺度，基準
κέρδος　利得
κίνησις　運動，過程，変化
κοινότης　共通性，連帯性
κοινωνία　交わり
κύριος　支配者
λογισμός　推論
λογιστικόν　分別をめぐらす部分，思惟的部分
λόγος　言葉，理性，生きている理性，ことわり，比率
λύπη　苦痛，苦
μάθησις　学習
μακάριος　浄福な者
μεγαλοψυχία　高邁な精神
μέσον　中，中間，媒体，中項，媒概念
μεσότης　中庸
μεταμέλεια　後悔
μετρητική　測定術
μέτριος　柔和な人
μέτρον　尺度
μοῖρα　分け前，運命
μορφή　感覚的形態，形相
μοχθηρία　醜悪，邪悪さ
νόησις, νοεῖν　思惟(する)，直観(する)
νοητόν　思惟されるもの
νομικόν　人為的
νόμιμα　法に適うこと
νόμισμα　通貨，貨幣
νομοθεσία　取り決め，立法
νόμος　法，法律，定立
νόμος ἄγραφος　不文の法，刻まれぬ法
νοῦς　理性，合理的な力
νοῦς ποιητικός　能動理性
οἱ πολλοί　多くの人々，大部分の人々，多数者，大衆
ὁμοιότης　等質性，同質性
ὁμοίωσις　同化
ὁμώνυμος　同名異義的
ὀργή　怒り，憤怒
ὀρεκτικόν　欲望的霊魂
ὀρεκτικὸς νοῦς　欲求的理性
ὄρεξις　欲求
ὁρισμός　定義
οὐσία　実体，真にあるもの
πάθος　感覚，情念，衝動，属性，様態
παιδιά　遊び
παμβασιλεία　絶対王制

πανουργία　狡猾
παράδειγμα　範型
παρέκβασις　倒錯的体制
πατρικὸν δίκαιον　父親的正義
πέλας (οἱ)　隣人
πέρας　限界
πίστις　信頼
πλεονεκτεῖν　多くを取る，貪る
πλεονεξία　搾取
ποίησις　制作
ποιητόν　技術的産物
πολιτικὸν δίκαιον　ポリス的正義
πρακτόν　行為されることがら
πρᾶξις　行動，行為
προαίρεσις　理性的選択意志
προαιρετόν　選択されたもの
σοφία　知恵
σοφός　知者，知恵者
σπουδαῖος　勝れた人，善い人
συγγένεια　血縁，血のつながり
συγγενικὴ φιλία　血縁的な愛
συγγνώμη　同情，同情心
συγγνωμονικός　同情心の厚い人
συμβεβηκός　属性，偶性
συμμετρία　均衡，適正
συμφέρον　利益，利得
συμφωνία　共鳴，調和
συναιτία　副原因
συνάλλαγμα　契約，商取り引き，人と人とのかかわり合い
συνεργεῖν　ともに活動する
σύνολον　感覚的全体者，属性偶性の総体
σωφροσύνη　節制
ταὐτότης　同一性
τέλος　目的，目的因，完成態
τέρας　奇形，異常，不具
τέχνη　技術
τιμή　名誉
τὸ διότι　理由，根拠
τὸ ἑνὶ εἶναι　一性，一つであること
τὸ καθ' ἕκαστον　個物，個別者
τὸ τί ἦν εἶναι　かつてこれこれのものであり続け今もそうあるもの，本質
τροφή　栄養
τύχη　偶然，盲目的な力
ὑπερβολή　過大，過多，過度，超過
ὑποκειμένη ὕλη　問題とされることがら
ὑποκείμενον　基体
ὑπόληψις　思想
φαινόμενα　世の通念
φαινόμενον ἀγαθόν　善と思われるもの，仮象の善
φαντασία　想像，構想力
φαυλότης　悪さ
φίλαυτος　自愛者，エゴイスト
φιλητόν　愛さるべきもの
φιλία　愛，親和，友情
φίλος　友人
φρονεῖν　思慮深くある
φρόνιμος　賢明な人，立派な人，善い人
φύσει　自然的に，本性的に，素質的に
φυσικὴ ἀρετή　本性的徳，自然徳
φυσικὸν δίκαιον　本性的正義
φύσις　自然，本性，素質
χρεία　需要，必要
χρῆμα　財産
χρήσιμον　有用なもの
ψήφισμα　政令
ψυχή　魂，霊魂
ὡς ἐπὶ τὸ πολύ　おおよその場合，おおよその在り方
ὠφέλεια　利益

文 献 表

本書において使用されている文献のうち主要なものにかぎる.

I アリストテレス倫理学に関する原典, 注釈, 翻訳

Ackrill, J. L., Aristotle's Ethics, Introduction and Translation, 1973, Faber & Faber, London.

Armstrong, G. C., Aristotle, Magna Moralia with an English Translation (The Loeb Classical Library 287), 1973.

Bekker, I., Aristotelis Opera, II, 1831, Berlin.

Bien, G., Aristoteles Nikomachische Ethik auf der Grundlage der Übersetzungen von Eugen Rolfes herausgegeben mit Einleitung, Anmerkungen, Register und Bibliographie, 1972 (Ph B 5), Felix Meiner.

Burnet, J., The Ethics of Aristotle, edited with an Introduction and Notes, 1973, reprinted edition by Arno Press, New York.

Bywater, I., Ethica Nicomachea recognovit brevique adnotatione critica instruxit, 1933, Oxford U. P.

Dirlmeier, F., Nikomachische Ethik übersetzt und kommentiert (Aristoteles Werke Bd. 6), 1969, Akademie Verlag, Berlin.

Dirlmeier, F., Eudemische Ethik übersetzt und kommentiert (Aristoteles Werke Bd. 7), 1969, Akademie Verlag, Berlin.

Dirlmeier, F., Magna Moralia übersetzt und kommentiert (Aristoteles Werke Bd. 8), 1966, Akademie Verlag, Berlin.

Gauthier, R. A. et Jolif, J. Y., L'éthique à Nicomaque, 4 volumes, Introduction (tome 1, 1ère partie), traduction (tome 1, 2ème partie), Commentaire (tome 2, 1ère et 2ème parties), 1970, Presse Universitaire de Louvain.

Grant, A., The Ethics of Aristotle, Essays and Notes, 1973, reprinted edition by Arno Press, New York.

Greenwood, L. H. G., Aristotle, Nicomachean Ethics Book Six with Essays, Notes and Translation, 1973, reprinted edition by Arno Press, New York.

Jackson, H., Aristotle, The Fifth Book of the Nicomachean Ethics, 1973, reprinted edition by Arno Press, New York.

Joachim, H. H., Aristotle, The Nicomachean Ethics, A Commentary by the late H. H. Joachim edited by D. A. Rees, 1951, Oxford U. P.

加藤信朗訳『ニコマコス倫理学』(アリストテレス全集第13巻，1973年，岩波書店)．
茂手木元蔵訳『大道徳学』『エウデモス倫理学』(アリストテレス全集第14巻，1968年，岩波書店)．
Rackham, H., Aristotle, the Nicomachean Ethics with an English Translation (The Loeb Classical Library 73), 1947.
Rackham, H., Aristotle, the Eudemian Ethics with an English Translation (The Loeb Classical Library 285), 1971.
Ross, W. D., Aristotelis Fragmenta Selecta (Oxford Classical Text), 1974.
Ross, W. D., The Nicomachean Ethics of Aristotle, Introduction and Translation (The World Classics 546), 1954, London.
Stewart, J. A., Notes on the Nicomachean Ethics of Aristotle, vol. I, II, 1973, reprinted edition by Arno Press, New York.
高田三郎訳『ニコマコス倫理学』上，下(岩波文庫，青604-1, 2)，1983年．
Woods, M., Aristotle's Eudemian Ethics, Book I, II and VIII, Translated with a Commentary, 1982, Oxford U. P.

II　アリストテレスのその他の著作についての原典と注釈

Aristotelis Opera, ex recensione I, Bekkeri, 5 Bde., 1831–70, Berlin.
アリストテレス全集，全17巻，出隆他訳，1968–1973年，岩波書店．
Ackrill, J. L., Aristotle's Categories and De Interpretatione, Translated with Notes and Glossary (Clarendon Aristotle Series), 1963, Oxford U. P.
Aubonnet, J., Aristote, Politique texte établi et traduit, Livre I et II, III et IV, V et VI, 1968, Société d'édition《Les belles lettres》.
Barnes, J., Aristotle's Posterior Analytics, Translated with Notes (Clarendon Aristotle Series), 1975, Oxford U. P.
Cope, E. M., The Rhetoric of Aristotle with a Commentary, volume I, II, III, 1973, reprinted edition by Arno Press, New York.
Elders, L., Aristotle's Theology, A Commentary on Book Λ of the Metaphysics, 1972, Van Gorcum, Assen.
Hamlyn, D. W., Aristotle's De Anima, Books II, III, Translated with Introduction and Notes (Clarendon Aristotle Series), 1974, Oxford U. P.
Joachim, H. H., Aristotle on Coming to be and Passing away, A Revised Text with Introduction and Commentary, 1922, Oxford U. P.
Nussbaum, M. C., Aristotle's De Motu Animalium, Text with Translation, Commen-

tary and Interpretative Essays, 1978, Princeton U. P.
Ross, W. D., Aristotle De Anima, Edited with Introduction and Commentary, 1961, Oxford U. P.
Ross, W. D., Aristotle Parva Naturalia, A Revised Text with Introduction and Commentary, 1955, Oxford U. P.
Ross, W. D., Aristotle Physics, A Revised Text with Introduction and Commentary, 1936, Oxford U. P.
Ross, W. D., Aristotle Metaphysics, volumes I, II, A Revised Text with Introduction and Commentary, 1953, Oxford U. P.
Ross, W. D., Aristotle Prior and Posterior Analytics, A Revised Text with Introduction and Commentary, 1949, Oxford U. P.
Wagner, H., Aristoteles Physikvorlesung, übersetzt mit Einleitung und Anmerkungen (Aristoteles Werke Bd. 11), 1967, Akademie Verlag, Berlin.

III　アリストテレス倫理学に関する研究文献(研究書，論文)

Ackrill, J. L., Aristotle's Distinction between Energeia and Kinesis (New Essays on Plato and Aristotle, edited by R. Bambrough, pp. 121–141, 1965, Routledge & Kegan Paul).
Aristote et les problèmes de méthode, Communications présentées au Symposium Aristotelicum tenu à Louvain en 1960, 1980, Louvain-la-Neuve.
Anscombes, G. E. M., Thought and Action in Aristotle, What is 'Practical Truth'? (New Essays on Plato and Aristotle, pp. 143–158).
Aubenque, P., La prudence chez Aristote, 1962, Paris.
Aubenque, P., Les origines de la doctrine de l'analogie de l'être (Les études philosophiques, n°1/1978, Centre Léon Robin à la Sorbonne).
Aubenque, P., Die Kohärenz der aristotelischen Eudaimonia-Lehre (Problemata 74, S. 45–57, 1978, fromann-holzboog).
Barker, E., The Political Thought of Plato and Aristotle, 1959, New York.
Bien, G., Die Grundlegung der politischen Philosophie bei Aristoteles, 1980, Verlag Karl Alber, Freiburg.
Bien, G., Die menschlichen Meinungen und das Gute. Die Lösung des Normproblems in der aristotelischen Ethik (Rehabilitierung der praktischen Philosophie, Bd. I, S. 345–371).
Bormann, K., Wahrheitsbegriff und Nous-lehre bei Aristoteles und einigen seiner

Kommentatoren (Miscellanea Mediaevalia, Bd. 15, Studien zur mittelalterlichen Geistesgeschichte und ihren Quellen, 1982, Walter de Gryter).

Burnyeat, M. F., Aristotle on Learning to be Good (Essays on Aristotle's Ethics edited by A. O. Rorty, pp. 69–92, 1980, California U. P.).

Cooper, J. M., Reason and Human Good in Aristotle, 1975, Harvard U. P.

Defourny, P., Contemplation in Aristotle's Ethics (Articles on Aristotle, vol. 2, pp. 104–112).

Dudley, J., Gott und Theoria bei Aristoteles, die metaphysische Grundlage der Nikomachischen Ethik, 1982, Peter Lang, Frankfurt am Main.

Düring, I., Aristotle's Protrepticus, an Attempt at Reconstruction, 1961, Göteborg.

Festugière, A. J., Aristote le plaisir, introduction, traduction et notes, 1946, Paris.

Furley, D. J., Aristotle on the Voluntary (Articles on Aristotle, vol. 2, pp. 47–60).

Gauthier, R. A., La morale d'Aristote (Initiation philosophique 34), 1963, Paris.

Gigon, O., Die Sklaverei bei Aristoteles (Fondation Hardt pour l'étude de l'antiquité classique, II, pp. 245–283, 1965, Genève).

Hardie, W. F. R., Aristotle's Ethical Theory, 1968, Oxford U. P.

Jaeger, W., Aristoteles Grundlegung einer Geschichte seiner Entwicklung, 1923, Berlin.

加藤信朗『行為の根拠について』I の 1(東京都立大学人文学報 161 号).

Kenny, A., The Aristotelian Ethics, A Study of the Relationship between the Eudemian and Nicomachean Ethics of Aristotle, 1978, Oxford U. P.

Kenny, A., Aristotle's Theory of the Will, 1979, Yale U. P.

Kuhn, H., Der Begriff der προαίρεσις in der Nikomachischen Ethik (Festschrift für Hans Georg Gadamer zum 60. Geburtstag, S. 123–140), 1960, Tübingen.

Kuhn, H., Aristoteles und die Methode der politischen Wissenschaft (Rehabilitierung der praktischen Philosophie, Bd. II, S. 261–290, 1974, Freiburg).

Mansion, S., Contemplation and Action in Aristotle's《Protrepticus》(Aristotle and Plato in the Mid-Forth Century, Papers of the Symposium Aristotelicum 1957, pp. 56–75, 1960, Göteborg).

Mansion, S., Le plaisir et la peine, matière de l'agir moral selon Aristote (Études Aristotéliciennes, Recueil d'articles, pp. 447–461, 1984, Louvain-la-Neuve).

Monan, J. D., Two Methodological Aspects of Moral Knowledge in the Nicomachean Ethics (Aristote et les problèmes de méthode, pp. 247–271, 1961, Louvain).

Nuyens, F., L'évolution de la psychologie d'Aristote, 1948, Louvain.

Owen, G. E. L., Aristotelian Pleasures (Articles on Aristotle, vol. 2, pp. 92–103).

Owen, G. E. L., Τιθέναι τὰ φαινόμενα (Aristote et les problèmes de méthode, pp. 86–103).

Ritter, J., Zur Grundlegung der praktischen Philosophie bei Aristoteles (Rehabilitierung der praktischen Philosophie, Bd. II, S. 479–500).

Robinson, R., Aristotle on Acrasia (Essays in Greek Philosophy, pp. 139–160, 1969, London).

Rorty, A. O., Akrasia and Pleasure: Nicomachean Ethics Book 7 (Essays on Aristotle's Ethics, pp. 267–284, 1980, California U. P.).

Rorty, A. O., The Place of Contemplation in Aristotle's Nicomachean Ethics (Essays, pp. 377–394).

Seidl, H., Zum Verhältnis von Wissenschaft und Praxis in Aristoteles' 《Nikomachische Ethik》 (Zeitschrift für philosophische Forschung 19, S. 553–562, 1965).

Verbeke, G., L'idéal de la perfection humaine chez Aristote et l'évolution de sa noétique(Miscellanea Giovanni Galbiatti, Fontes Ambrosiani 25, Milano, 1951, t. I, pp. 75–95).

Walsh, J. J., Aristotle's Conception of Moral Weakness, 1963, New York.

Wiggins, D., Weakness of Will (Essays edited by Rorty, pp. 241–265).

Wittmann, M., Die Ethik des Aristoteles in ihrer systematischen Einheit und in ihrer geschichtlichen Stellung untersucht, 1920, Regensburg.

Ⅳ　アリストテレス哲学全般に関する概説書

Ackrill, J. L., Aristotle the Philosopher, 1981, Oxford U. P.

Allan, D. J., The Philosophy of Aristotle, 1970, Oxford U. P.

Articles on Aristotle, edited by J. Barnes, M. Schofield, R. Sorabji, vol. I, Science, vol. II Ethics & Politics, vol. III Metaphysics, vol. IV Psychology & Aesthetics, 1979, Duckworth.

Bonitz, H., Index Aristotelicus, 1955, Akademische Druck-und Verlagsanstalt, Graz (Nachdruck aus dem Aristotelis Opera V).

Düring, I., Aristoteles: Darstellung und Interpretation seines Denkens, 1966, Heidelberg Carl Winter Universitätsverlag.

Guthrie, W. K. C., Aristotle, an Encounter (A History of Greek Philosophy, vol. VI), 1981, Cambridge U. P.

Lloyd, G. E. R., Aristotle, the Growth and Structure of his Thought, 1968, Cambridge

U. P. (『アリストテレス——その思想の成長と構造』川田殖訳，1973 年，みすず書房).

Mansion, S., Études aristoteliciennes, Recueil d'articles, 1984, Louvain-la-Neuve.

Ross, W. D., Aristotle, 1923, Methuen.

Solmsen, F., Aristotle's System of the Physical World, a Comparison with his Predecessors, 1960, Cornell U. P.

Wieland, W., Die aristotelische Physik, 1970, Vandenhoeck & Ruprecht, Göttingen.

V その他

Bowra, C. M., The Greek Experience, 1975, Mentor Book (『ギリシア人の経験』水野一，土屋賢二共訳，1978 年，みすず書房).

Brochard, V., Études de philosophie ancienne et moderne, 1967, Librairie philosophique J. Vrin, Paris.

Burnet, J., Platonis Opera, tomus I–V, 1976, Oxford U. P.(プラトン全集，全 16 巻，1975–1978 年，田中美知太郎他訳，岩波書店).

Diels, H., Die Fragmente der Vorsokratiker, 3 Bände, 1951, Weidmannsche Verlagsbuchhandlung, Berlin.

Diels, H., Doxographi Graeci, 1965, Walter de Gryter, Berlin.

Dodds, E. R., The Greeks and the Irrational, 1951, California U. P.(『ギリシァ人と非理性』岩田靖夫，水野一共訳，1976 年，みすず書房).

Fränkel, H., Dichtung und Philosophie des frühen Griechentums, 1968, Becksche Verlagsbuchhandlung, München.

Gomperz, T., Greek Thinkers, translated by L. Magnus & G. G. Berry, 4 volumes, 1955, London.

Guthrie, W. K. C., A History of Greek Philosophy, 6 volumes, 1962–1981, Cambridge U. P.

Guthrie, W. K. C., In the Beginning, Some Greek Views on the Origins of Life and the Early State of Man, 1957, Methuen(『ギリシア人の人間観』岩田靖夫訳，1978 年，白水社).

Jaeger, W., The Theology of the Early Greek Philosophers, 1947, Oxford U. P.

Kirk, G. S. & Raven, J. E., The Presocratic Philosophers, 1962, Cambridge U. P.

Nauck, A., Tragicorum Graecorum Fragmenta, 1889, Leipzig.

Nestle, W., Vom Mythos zum Logos, 1941, Stuttgart.

Robinson, R., Plato's Earlier Dialectic, 1953, Oxford U. P.

Schofield, M. & Nussbaum, M., Language and Logos, Studies in Ancient Greek Philosophy presented to G. E. L. Owen, 1982, Cambridge U. P.
Zeller, E., Die Philosophie der Griechen, 6 Bde., 1923, Leipzig.

私は東北大学文学部哲学科の大学院学生諸君にも言及したい。数年にわたって行なわれた『アリストテレス倫理学』の演習において、原典解釈においても、アリストテレス思想の理解においても、私は若い諸君の鋭い議論によってたびたび啓発された。討論のうちに時の経つのを忘れたアリストテレスの演習の時間は、私の人生のうちでもっとも楽しい時間の一つであったし、今後もありつづけるであろう。さらに、荆妻諒は本書の原稿が出来上るたびに最初の読者として忌憚のない感想を述べてくれた。このことを併せて、私に研究生活を可能にするために自分の人生を大きく犠牲にしているかの女に、心からの感謝を捧げたい。原稿の浄書、索引の作成には、東北大学大学院の学生諸君を煩わせたが、とくに篠沢和久君には多大なお骨折りをいただいた。また、本書の出版に関しては、最初にその機縁をひらいてくださった滝浦静雄氏に、実際に仕事が進行し出してからは岩波書店の大塚信一、中川和夫の両氏にこの上なく親身なお世話をいただいた。以上すべての方々に、心からの感謝の意を表することは、私の快い義務である。

最後に、本書を亡き母と年老いた父に捧げたい。

一九八五年八月

仙台にて

岩田靖夫

ろうが、そのような点については、忌憚のない御教示を心から待ち望んでいる。

本書で用いられている記号は大体常識に従っているので特別の説明を要しないと思うが、主要な点のみを記すと以下のようになる。

〔……〕はギリシア語テキストの翻訳において、原文にない言葉を筆者が補足した部分を示す。

(……)はギリシア語テキストの翻訳においては、原典の校訂者が付した括弧をそのまま表わしており、その他の場合においては、言いかえ、説明、補足など常識的用法に従っている。

アリストテレス原典の省略記号としては次の四種のみを用いた。

EN＝Ethica Nicomachea

EE＝Ethica Eudemia

MM＝Magna Moralia

Met＝Metaphysica

ここで、私は本書の成立を支えてくださった多くの方々に御礼を申し述べなければならない。私は数えきれないほど多くの師友の恩恵をこうむっているが、とくに、桂寿一、松本正夫、故岩崎武雄、斎藤忍随、大森荘蔵、今道友信、山本信の諸先生、井上忠、加藤信朗、宇都宮芳明の諸氏の名を記したい。これらの方々は、私をギリシア哲学に導入し研究の基礎を与えてくださった人々として、或いは、私に「哲学すること」を教えてくださった人々として、さらにまた、私の長年にわたる対話討論の相手として、なんらかの意味で本書成立の背景におられる方々である。また、

トテレス思想の有する哲学的射程の了解の深度において、未だ非力を感じさせる箇所もなくはない。さらに、アリストテレス哲学を理解する際に、現代哲学からの逆照射が強すぎる、と感ぜられる箇所もある。しかし、これらの諸論文における全体としてのアリストテレス理解の方向は現在の理解と基本的に同一であり、また、本書を草するにあたって、必要な場合にはこれら初期の論文にも手を入れて、全体を可能なかぎり整合的なものとして仕上げることに努めたつもりである。

こういう次第で、「アリストテレスの倫理思想」という研究テーマを設定してから書きおろした部分は、第一、第二、第三、第四、第九、第十の諸章と第七章の第四節ならびに序章である。この研究の仕上げは一九七九年から一年半にわたって与えられたルーヴァン大学とケルン大学における研究生活であったから、これらの諸章はかの地においてあたためられ帰国後の数年間に一気に書きつがれたものである。そのうち、第一章は「アリストテレス倫理学の基本原理」(『思索』第一六号、東北大学哲学研究会、一九八三年)として、第二章は「アリストテレスのフロネーシスとギリシアの伝統」(『現代思想』第一〇巻第五号、青土社、一九八二年)として、すでに公表されている。

ところで、わが国でもアリストテレスの哲学は着実に研究されはじめていて、個別的なテーマについての優れた論文はかなり現われてきてはいるが、しかし、その哲学のどの領域についてであれ本格的な研究書は二、三の労作を別にすれば未だ殆んど書かれていないに等しい。かれの倫理思想についても、極めて優秀な『ニコマコス倫理学』の翻訳が二種(高田三郎訳と加藤信朗訳)および『エウデモス倫理学』と『大道徳論』の翻訳が一種(茂手木元蔵訳)刊行されてはいるが、その思想の細部に分析のメスを入れながら、その全体的構造を呈示するような研究書は未だ書かれていない。本書はこの課題に立ち向おうとした試みである。もちろん、私の力不足の故に不充分な点が見出されるであ

あとがき

私が『ニコマコス倫理学』の研究に手をつけたのは修士論文を書いたときであるから、今から二十七、八年前のことになる。それ以来、私は興味の赴くにまかせていろいろな思想にかかわってはきたが、それでも断続的にアリストテレスをずっと読みつづけてきた。その結果、自然に私の思索はアリストテレスの思索と深くからまり合って離れ難いような状態になり、自分自身の思索を確かめるためにも、アリストテレスについて考えをまとめなければならないと思うようになった。

もともと私は倫理という事柄に深い関心をもっていて、そのために、修士論文に『ニコマコス倫理学』をとりあげもしたのであるから、それ以来、アリストテレスの倫理思想に話を限っても、このテーマについていくつかの論文を書いている。そこで、先ず、これらの仕事を土台として、倫理思想という場面において、自分のアリストテレス研究を客観化しようと思い立ったわけである。

土台となった諸論文とは、第五章「人間性」と第六章「徳」については、「アリストテレスに於ける人間と倫理」(『哲学雑誌』第七四二号、有斐閣、一九五九年)であり、第七章「正義」の第一～第三節については、「ポリス的存在としての人間」(『社会の哲学』徳永恂編、学文社、一九七五年)であり、第八章「愛」については、「アリストテレスのフィリアー考をめぐる人間観試論」(『北海道大学文学部紀要』第二四号、一九七二年)である。いま、現在の私自身のアリストテレス理解から、以前に書かれたこれらの諸論文を見直すと、ときとして原典解釈にやや図式的な点があり、またアリス